福祉国家の可能性

岡本英男［著］

東京大学出版会

The Possibility of the Welfare State
Hideo OKAMOTO
University of Tokyo Press, 2007
ISBN 978-4-13-046093-4

はしがき

　本書の目的は，1980年代以降のアメリカ，ヨーロッパ，日本をはじめとした先進資本主義諸国の福祉国家システムがどのように変容してきたかを明らかにすることにある。

　このようなテーマに本格的に取り組む必要があると痛感するようになったのは，1981年に「小さな政府」というスローガンを掲げて華々しく登場したレーガン政権の経済政策と財政政策について研究しているときであった。このレーガンの登場とその後の政策展開をみて，多くの研究者は「新自由主義革命が進行しており，今や1つの新しい時代に突入したのであり，もはや大きな政府の時代，そしてニューディール以降の福祉国家体制は終わったのだ」と述べるようになった。しかし，当時わたしが手がけたレーガン財政についての実証分析によれば，政権発足期の華々しいレトリックにもかかわらず，「レーガン革命」それ自体がアメリカ福祉国家財政に与えたインパクトはそれほど大きくないように思われた。と同時に，財政分析で捉えることのできない大きな地殻変動のようなものがアメリカ社会に生じつつあるのではないか，という最初に抱いた印象もまた拭いがたく残った。

　なぜ，このような評価の相違が生じるのであろうか（そして，この違った評価が自分自身のなかにも並存するのはなぜだろうか），というのが吉田震太郎編著『80年代の国家と財政』（同文舘，1988年）にて「アメリカ―レーガン政権の歴史的位置」を執筆していたころの疑問であった。もちろん，レーガンが用いるレトリックと現実に実施しえた政策の間には相当な距離があるということは十分に承知していたが，よくよく考えてみると問題はそれだけではなかった。分析者が同じ福祉国家という言葉を使いながらも，その言葉に含意する内容，すなわち各人の福祉国家の定義が相当に異なっていることも大きな原因だ

った。それゆえ，福祉国家において生じた変化を正確に理解し，できるだけわかりやすく説明しようとすれば，その福祉国家という言葉にどのような内容をもたせようとしているのかがまず問われなければならない。本書がかなりの頁数を割いて，欧米あるいは日本において福祉国家はどのようなものとして理解され，定義されてきたかについて考察を加えているのは，このような理由からである。

このばあい，定義はおおよそ各国の歴史的経験や学問的伝統に根ざしたものであり，定義の優劣それ自体が問題なのではない。より重要な問題は，現代資本主義の政治，経済，社会を統合するシステムとしての福祉国家の特質とその動態をトータルに把握しうる福祉国家の定義や理論的枠組みは何かということである。わたしは内外の代表的な福祉国家論を検討した結果，このような課題に答える理論的枠組みの原型は，大内　力『国家独占資本主義』（東京大学出版会，1970年）以降の現代資本主義分析についての日本の研究伝統，とりわけ林　健久と加藤榮一の福祉国家論のなかに存在していると考えるに至った。そして，そこから（他にも，カール・ポラニーの「社会の防衛」という考え方からインスピレーションを得てはいるが），「広義の福祉国家」と「福祉国家システム」という概念を導き出した。この2つの概念を用いることによって，各国福祉国家の特質や動態がより正確に理解しうるようになると考えたからである。本書の研究やこのテーマを選択するに至るまでの学問形成において，わたしはカール・ポラニーやグンナー・ミュルダールといった欧米の研究者に多くを負っている。また，1992年秋，留学先のコーネル大学で手にしたエスピン-アンデルセンの *The Three Worlds of Welfare Capitalism* （Princeton University Press, 1990）の魅力に惹きこまれ，その後しばらく彼の著作や論文をむさぼり読んだことなど，まだ鮮明な記憶として残っている。それにもかかわらず，戦前の日本資本主義論争以来積み重ねられた資本主義分析についてのわが国の学問伝統とその分厚い研究成果を十分に消化・吸収したうえで，欧米研究者のとの学問的交流を図るという態度がいま切実に要請されているのではないかと考えている。

このほかにも，本書の目的を達成するために心がけた点がいくつかある。

そのうちの1つは，全体的な福祉国家の変容を捉えるうえでどの国を中心的な研究対象とすべきかという問題に関するものである。福祉国家の変容をある

程度具体的に明らかにしようとすれば，主要先進資本主義諸国で生じている福祉国家にまつわる改革や再編についての共通の部分をとり出し，それを一般的なパターンとしてまとめ上げるだけでは不十分であることは言を俟たない。改革の方向性や程度は各国によってかなりの相違があるからである。考えてみれば，各国の世界経済における位置によって，そして政治的力関係や制度のあり方，人口動態の変化の程度によって，福祉国家の危機の度合いや危機に対応する仕方が異なるのは自然なことである。それゆえ，可能であるならば，アメリカ，イギリス，ドイツ，スウェーデン，日本といった，それぞれタイプの異なる代表的な国々の変化を明らかにすることが望ましい。しかし，本書ではそれらの国々をすべて詳細にとり上げる余裕はなく，アメリカとスウェーデンのみをとり上げることにした。

　本書がこの2国に絞り込んだのは，以下の理由からである。アメリカについては，戦後パクス・アメリカーナの中心国であり，アメリカの動向が善きにつけ悪しきにつけ世界の福祉国家システムの趨勢を大きく規定してきたからである。また，アメリカ福祉国家それ自体について言うと，福祉国家としての地位は二流国にすぎないものの，1980年代以降の福祉国家システムの再編という面においては，実践面でも理論面でもイギリスと並んで先導的役割を果してきたからである。このことは，「レーガノミックス」という言葉が今なお多くの人の口にのぼっていることからも明らかであろう。スウェーデンについていうと，社会民主主義型福祉国家レジームを代表するスウェーデンこそアメリカの対極に位置する福祉国家であるということが第1の理由であるが，そればかりではない。もう1つの重要な理由は，スウェーデンが1980年代以降，分権化，民営化，税制改革，年金改革をはじめとして福祉国家システムの根幹部分について世界のモデルとなるような改革を次々とおこなってきたからである。このように，スウェーデンは福祉国家中の福祉国家であるのみならず，その方向性は異なっているものの，イギリスと並んで先進資本主義諸国のなかで福祉国家システムについて最も大胆な改革をおこなってきた国でもあったのである。

　1980年代以降の福祉国家システムの変容を明らかにしようとすれば，多くの国で実施されている分権化，民営化などの検討が不可欠になる。しかし，これらの改革の内容は各国ごとにかなり多様であり，それらを正確に理解し，福祉国家発展史上どのような意義をもっているかを正しく位置づけることは難し

い課題である。たとえば，本書でとり上げるスウェーデンの分権化や民営化も相当複雑な性格をもっている。それらは低成長や財政逼迫を背景にした福祉国家財政の合理化のための改革という側面は否定できないものの，官僚制の縮小，よりいっそうの市民参加，選択の自由の拡大という市民の要求に応えたものでもあった。そして，このような市民の要求の背後には，スウェーデンのみならず，現在先進資本主義諸国で広まりつつある既存の福祉国家像に取って代わる新しい福祉国家像を求める根強い欲求がある。それらの要求は，新しい社会運動や市民社会理論の興隆とも強く連関しており，本書はこれらの福祉国家の新しい潮流が福祉国家の発展史上どのような意味をもつのかについても明らかにするよう心がけた。

　ところで，この間アメリカ福祉国家とスウェーデン福祉国家が同じような危機に直面しながら，両国の福祉国家に対する市民の態度はなぜかくも対照的であったのであろうか。この問題も福祉国家論に課された大きな問題であり，本書はこの問題にも光を当てるよう心がけた。この相違については，両国の置かれた社会経済的条件の相違が原因となっていることは言うまでもないが，両国の福祉国家の正統性の強弱もまた岐路を決する重要な要因となっている。福祉国家の正統性を維持するには安定した経済基盤と政治的支持が必要なことはもちろんであるが，国民の多くが自国の福祉国家の道徳的公正を確信しているばあい，たとえ経済危機に直面しても強靱な力を発揮してきたという経験から，本書は福祉国家が体現している道徳的ロジックの意義（とりわけ，福祉国家が公平な仕方で実施されているかどうかにかかわる手続き上の正義の意義）をとくに重視している。林　健久は名著『財政学講義（第3版）』（東京大学出版会，2002年）のなかで，福祉国家型財政が避けがたくもっている難点の1つとして社会保障給付の難点をあげ，「故意であるにせよないにせよ，不正受給・不適正受給が避けがたく，非効率や無駄も多い」と述べている。わたしもまたこのような問題はあらゆる福祉国家にとって付きものであると考えるが，それでも各国福祉国家によってその問題の強弱はかなり異なると考えている。端的に言うと，ミーンズ・テスト付のプログラムの多いアメリカのような選別主義的福祉国家よりもスウェーデンのような普遍主義的福祉国家のほうがこのような問題をはるかに回避しやすい，と考えている。今わが国において，年金改革，税制改革，地方分権改革が避けられない課題となっているが，これらを制度設

計するにあたって福祉国家の道徳的ロジックという視点はますます重要になるであろう。

以上，本書の目的とそれを達成するために心がけた4つの点を述べてきたが，それらをできるだけわかりやすく体系的に叙述するために，本書は以下のようなかたちに構成されている。

第Ⅰ部「資本主義と福祉国家」においては，現代資本主義の特質とそのダイナミックな展開をトータルに認識するうえで，どのような福祉国家理論が有効であるかを論じる。1章「福祉国家論の生成と展開」では，欧米の福祉国家論を概観した後，日本における福祉国家論の生成過程を振り返る。その後，現代資本主義の福祉国家的側面を分析するうえで優れた理論的枠組みと評価しうる，林　健久と加藤榮一の福祉国家論をとり上げ，それらが生まれた歴史的背景と理論的背景，そして最後に欧米福祉国家論との比較を交えながらその理論的特質を明らかにする。

ところで，林　健久や加藤榮一によって切り拓かれてきた福祉国家論は財政研究と強い結びつきをもっていた。この「福祉国家」という分析枠組みを用いながら現代財政を分析する「福祉国家財政論」は現在までにかなりの成果をあげ，今やわが国の財政研究において1つの新しい研究伝統を形成しつつある。2章「福祉国家財政論の到達点と課題」では，この福祉国家財政論という理論的枠組みによって現代財政の状況や動向がいかに整合的に理解しうるようになるかを主に戦後日本財政を対象にしながら明らかにする。しかし，既存の福祉国家財政論では1990年代に急速に進展したグローバル化に伴う福祉国家の再編について必ずしも説得的な評価を下しえない。それには，狭義の福祉国家と広義の福祉国家システムという両面から福祉国家の転換の有無を捉えなおす必要性があることを論じる。本書の以下の各章は，まさにこの2章で設定した福祉国家財政論の課題に本格的に答えるために書かれたと言っても過言ではない。

第Ⅱ部「グローバル化の進展と福祉国家」では，上記の課題に答えるために，現実の福祉国家がグローバル化の進展のなかでどのような展開を示しているかを具体的に明らかにする。3章「アメリカ福祉国家システムの再編」では，アメリカ福祉国家の特質を踏まえたうえで，既存のアメリカ福祉国家システムが1980年代と90年代にどのように再編を遂げたかを明らかにする。そのばあい，

狭義の福祉国家とその財政がどのように再編されたかをみるだけではなく，1970年代後半以降，そして80年代以降加速度的に進行した規制緩和とそれがアメリカ経済に及ぼした影響をもみていく。というのは，アメリカの規制緩和こそ，当のアメリカのみならずアメリカ発の経済のグローバル化を通じて世界の資本主義と福祉国家システムの性格を大きく変容させる震源の役割を果したからである。なお，補論「ブッシュ政権下におけるアメリカ福祉国家システムの展開」では，ブッシュ政権（2001年〜現在）による対イラク戦争，2度にわたる大幅減税，そして社会保障制度の代表的改革といえる2003年メディケア改革をとり上げることによって，ブッシュ政権期においてアメリカ福祉国家システムはどのような展開を遂げたかを明らかにする。

4章「スウェーデン福祉国家の危機と再編」では，1980年代以降の世界的な新自由主義の興隆，90年代以降のグローバル化や深刻な経済危機を前にして，スウェーデン福祉国家はどのような対応をしたか，そしてどのような変化を遂げたかを明らかにする。狭義の福祉国家の変化の度合いを明らかにするために，社会福祉の経費構造の変化とその制度改革について考察する。そして，広義の福祉国家システムがどのように再編されたかを明らかにするために，賃金交渉の分権化，税制改革，金融市場の規制緩和について考察する。

1990年代後期に入ると，ヨーロッパ系の研究者やヨーロッパを研究対象としている研究者の間で，グローバル化の進展にもかかわらず福祉国家システムはかなり根強く存続している，またはグローバル化を契機にして改革をおこない，それが経済パフォーマンスの向上をもたらしている，という研究が増えてきた。そこでなされる議論の主流は，社会コーポラティズムの下での福祉国家システムの改革（とくに，サプライサイドの改革）は各国経済の競争力の強化をもたらしているというものである。それに対して，経済のグローバル化の進展にもかかわらず，マクロ経済政策の自律性が存在することを正面から主張する研究は少ない。5章「マクロ経済政策と福祉国家」で紹介・検討するトン・ノータマンズの説は数少ないそのうちの1つである。本書で，グローバル化と福祉国家の関係を研究する糸口としてノータマンズの説を検討するのは，彼の議論が広い歴史的視野に立ち，しかも新しい理論的視点でもってヨーロッパ福祉国家の現状と問題点を批判的に分析し，現実味を帯びた新しい福祉国家システムの方向性を積極的に提示しているからである。

第Ⅲ部では，福祉国家解体説や福祉国家行き詰まり説を検討するなかで，そして既存の福祉国家に対するオルタナティヴの意義を明らかにするなかで，福祉国家の新たな可能性を探る。

　福祉国家の可能性を展望するには，既存の福祉国家の変化のプロセス，変化の度合い，そして現在の潜在力を正確に理解することが重要な出発点となる。そこで，6章「福祉国家はどのように変容したか」では，第Ⅰ部と第Ⅱ部の各章で明らかにしたことを受けて，福祉国家の変化の性格とその度合いを概括的に明らかにする。そこで，クラウス・オッフェや加藤榮一に代表される福祉国家解体説もポール・ピアソンに代表される福祉国家存続説も一面的な議論であり，1980年代以降の福祉国家の変容とその意義を正確に理解するには，福祉国家を広義の福祉国家と狭義の福祉国家に分けて考えることが必要であると述べる。広義の福祉国家は近年の経済社会の大変容に伴って大きく転換しつつあるが，狭義の福祉国家はいくつかの重要な再編や改革をおこないながらも全体的には根強く存続している。ただし，3章と4章の研究が示すように，福祉国家の再編の仕方は各国で相当異なっている。それらのこと（狭義の福祉国家の持続性と各国間の相違）は，アメリカ，イギリス，ドイツ，スウェーデン，日本といった代表的な国において，1980年代以降ジニ係数でみた所得分配と財政による所得再分配がどのように変化したかをみることによっても確認することができる。

　7章「福祉国家の正統性の危機」と8章「グローバル社会における福祉国家の可能性」では，福祉国家は今その正統性を問われているものの，福祉国家の歴史的使命はまだ終わっていないこと，むしろ時代に対応するいくつかの改革をおこなうことによってその可能性は広がることを，市民社会論や規範的な問題をも考慮に入れながら明らかにする。そのために，7章では，福祉国家は現在行き詰っており，持続的な政治経済システムとしての将来展望がないという主張のそれぞれの根拠について検討を加え，そのような見方は一面的であることを明らかにし，さらに，現在，福祉国家に取って代わり経済と社会を組織する有力な原理となりうると目されている新自由主義についてもその限界を明らかにする。その後で，既存の福祉国家の困難と新自由主義アプローチの矛盾の両方を解決しようとして，1980年代以降，とりわけ新自由主義の失敗が明らかになった1990年代以降，多くの国で人気を博するようになった市民社会と

いう考え方（狭義の福祉に限定すると福祉社会という考え方）を検討し，福祉国家と市民社会はトレードオフの関係にあるのではなく，相互補完的あるいは相互促進的な関係にあることを明らかにする。

　それでは，既存の福祉国家の可能性を広げるにはどのような改革が必要であるのか。これが8章のテーマである。この課題に正確に答えるためには，既存の福祉国家に対して現在どのような新思潮や新展開（とくに将来，福祉国家の可能性を拡大すると見込まれる展開）が存在するのか，それらの思想や展開（福祉における当事者主権や福祉多元主義，民営化と分権化）はどのような歴史的文脈で生まれ，どのようなかたちで定着しつつあるのかを明らかにする必要がある。とくに，民営化や分権化などの手段を用いて「選択の自由」を拡大する改革は福祉国家の発展史上どのような意義を有するのかを新しい個人主義の台頭との関連で明らかにする必要がある。そのような知見を得た後，福祉国家がよりよく機能するためのロジックの考察に進み，そのロジックを十分考慮に入れながら，グローバル化をはじめとした現在進行中の社会経済の根本的変化を前にして，どのような福祉国家の改革が必要とされるのか，また現実性があるかを明らかにする。

目 次

はしがき

第Ⅰ部　資本主義と福祉国家

1章　福祉国家論の生成と展開　………………………………………………3
1. はじめに　3
2. 欧米における福祉国家論　5
3. 日本における福祉国家論　11
    3.1　国家独占資本主義論から福祉国家論へ　11
    3.2　1980年代における福祉国家論の展開　15
4. 福祉国家論の理論的特質　18
    4.1　福祉国家の定義　18
    4.2　福祉国家の段階論的把握　21
    4.3　広義の福祉国家論　25
    4.4　福祉国家システムというアプローチ　26
5. むすびにかえて　32

2章　福祉国家財政論の到達点と課題　………………………………………41
1. はじめに　41
2. 福祉国家財政論の現状分析力　42
    2.1　広義の福祉国家論と戦後日本の政策システム　42
    2.2　福祉国家システムという概念の重要性：政府間財政関係を例として　45
    2.3　社会主義としての福祉国家：プライヴァタイゼーション運動の歴史的意義　47
    2.4　福祉国家段階の終焉か，それとも段階内の修正・再編か　49

3. 福祉国家財政論の課題　51
   3.1　福祉経費の動向　51
   3.2　広義の福祉国家システムの転換：フィスカル・ポリシーを例にして　55
   3.3　経済のグローバル化と福祉国家システム　59

第II部　グローバル化の進展と福祉国家

3章　アメリカ福祉国家システムの再編 …………………………………69
1. はじめに：本章の課題　69
2. 社会福祉支出の動向と福祉国家の三層構造　71
   2.1　社会福祉支出の動向　71
   2.2　福祉国家の三層構造　76
3. 福祉国家システムの再編　78
   3.1　税制改革　78
   3.2　1996年福祉改革法　80
   3.3　勤労所得税額控除（EITC）の拡大　82
   3.4　都市政策，雇用政策，フィスカル・ポリシー　87
   3.5　ヘゲモニー国家の性格変化：国際金融システムの自由化を例にして　95
4. 規制緩和とアメリカ資本主義の変容　100
   4.1　広義の福祉国家とアメリカの経済規制　100
   4.2　規制改革：電力と電気通信産業を例として　103
5. アメリカ経済の変化と所得格差の拡大　109
6. むすびにかえて　114

補論　ブッシュ政権下におけるアメリカ福祉国家システムの展開　118
   A.1　対イラク戦争　118
   A.2　ブッシュ減税　120
   A.3　メディケアの改革　124

4章　スウェーデン福祉国家の危機と再編 …………………………………139
1. はじめに　139
2. 福祉国家の再編をめぐる代表的研究　140

2.1　転換説　140
    2.2　継続説　143
  3. スウェーデン福祉国家の変容と危機　145
    3.1　スウェーデン・モデル　145
    3.2　石油危機と経済の不振　150
    3.3　1980年代の危機打開策：いわゆる「第三の道」　153
    3.4　インフレの昂進と1990年代初頭の経済危機　157
  4. 社会福祉経費構造の変化と制度改革　161
    4.1　スウェーデン福祉国家の特質　161
    4.2　社会福祉支出の推移　163
    4.3　福祉国家の改革　166
  5. 広義の福祉国家の再編　172
    5.1　賃金交渉の分権化　172
    5.2　1991年税制改革　174
    5.3　金融の規制緩和と為替管理の撤廃　177
  6. むすびにかえて：福祉国家システム再編の歴史的評価　181

5章　マクロ経済政策と福祉国家——トン・ノータマンズの所説の検討…191
  1. グローバル化と福祉国家　191
  2. ノータマンズの所説　192
    2.1　ヨーロッパの経済戦略とその問題点：自由主義的社会民主主義の提唱　193
    2.2　ヨーロッパにおける経済政策の歴史：レジームとその転換　199
    2.3　マクロ経済拡張政策の理論的根拠　201
  3. ヨーロッパ福祉国家の現状：ノータマンズ理論からの視点　205

第III部　福祉国家の可能性

6章　福祉国家はどのように変容したか……215
  1. はじめに　215
  2. 福祉国家解体説と存続説　215
    2.1　福祉国家解体説　215

    2.2　福祉国家存続説　220
  3. 広義の福祉国家の重要性とその転換　222
    3.1　福祉国家の諸定義と広義の福祉国家の重要性　222
    3.2　規制緩和と財政金融政策の転換　223
    3.3　資本主義の再編　225
  4. 狭義の福祉国家の持続性とその分岐：財政再分配の推移を手がかりにして　226
  5. むすびにかえて　234

7章　福祉国家の正統性の危機　241

  1. はじめに　241
  2. 福祉国家は行き詰まったのか　242
    2.1　行き詰まり説とその問題点　242
    2.2　福祉国家が存続する理由　252
  3. 市民社会と現代国家　254
    3.1　現代における市民社会論：代表的市民社会論の検討　254
    3.2　ナショナリズムと福祉国家　272
    3.3　福祉国家と市民社会　276
  4. むすびにかえて　280

8章　グローバル社会における福祉国家の可能性　293

  1. はじめに　293
  2. 福祉国家における新たな展開　295
    2.1　新しい社会運動と福祉における当事者主権　295
    2.2　既存福祉国家に対するオルタナティヴとヴォランティア組織　299
    2.3　民営化と分権化　303
  3. スウェーデン福祉国家における新しい動き　306
    3.1　スウェーデンにおける民営化と分権化　306
    3.2　新しい個人主義と選択の自由　310
    3.3　民営化・民間委託と福祉国家　313
  4. グローバル社会における福祉国家の可能性　318
    4.1　福祉国家の経済的・政治的・道徳的ロジック　318
    4.2　福祉国家の新たな姿に向けて　326

参考文献　343
あとがき　369
初出一覧　374
人名索引　375
事項索引　377

第Ⅰ部

資本主義と福祉国家

1章 福祉国家論の生成と展開

1. はじめに

　世界的な通貨危機以降，グローバル資本主義の不安定性を強く訴えるようになった[1]投機家兼慈善家ジョージ・ソロスとアジア経済危機を見事に予測したとしてとみに名声を高めたポール・クルーグマンとの間の以下のような議論[2]は，現代資本主義の変化に強い関心をもつ者にとって見過ごすことはできない内容を含んでいる。

　　クルーグマン：「私を驚かせたのは，多くの人が先進国において市場の支配力を広げる非常に些細な動きを捉えて，最終的に市場志向の価値へ移行したかのように考えていることです。」
　　ソロス：「国家が資本に課税する権限を失った場合，それまで提供してきた公的な社会福祉サービスを提供することができなくなります。私は，フランスにおける社会福祉サービスを擁護しようとしているのではありません。グローバルな競争が自由放任主義のイデオロギーとあいまって，国家の力を弱めたのは確かなのです。」[3]

　この討論のなかで，ソロスがグローバルな資本移動とグローバルな競争激化によって福祉国家の存立が危うくなっていると言うのに対して，クルーグマンは政府規模の顕著な縮小がみられないことを根拠にして混合経済体制は依然健在であると述べている。次に，この2人が「大きな政府」の代表として取り上げているフランスのベストセラーであり，かつ世界的にも大きな影響力を与えたミッシェル・アルベールによる『資本主義対資本主義』(1991年) の現状認識についてみてみよう。

　　「今われわれは，資本主義の第3の段階に入ったところである。『国家の代わりとしての資本主義の時代』である。それに気づくのに，10年かかった。実際にすべてが始まったのは1980年，サッチャーとレーガンが，ほとんど同時に選挙に出た時であった。」[4]

アルベールは，ソロスと同様に 1980 年代の「新保守主義革命」の成功とそのことによってますます強化されてきた市場万能主義の潮流を歴史的大転換の印として真剣に受け止めている。

クルーグマン，ソロス，アルベールといった人々が同一の今日の資本主義をみているにもかかわらず，なぜこのような隔絶した認識の相違を示しているのであろうか。もちろん，認識のもとになるデータが異なることも大きな理由であろう。それゆえ，認識のギャップを埋めるためには，何を措いても各国の財政や社会福祉関連経費の国民経済に占める比率の推移，各国の社会福祉制度改革，各国の資本流出入の規模，各国のイデオロギーと政策の変化，政府介入の国際協調のあり方，さらにはグローバルな競争が各国の政策に及ぼす影響についての実証研究が必要である。しかしそれと同時に，この認識のギャップには今日の資本主義の動きにおいて各人が重視することがらが異なるということも大きな原因となっているように思える。たとえば，ソロスが金融市場安定の欠如からくるグローバル・エコノミーの不安定性や経済格差の拡大を強調するのに対して，クルーグマンは「ソロス氏が批判しているのは現実の資本主義ではなく理想的資本主義（純粋資本主義…筆者）のイデオロギーや基本原理に対してである」と述べている。また，ソロスが近年における資本移動の急増とドイツ等ヨーロッパ諸国における税率および失業率の高さを結びつけて考えているのに対して，クルーグマンは集計量でみるとドイツもわずかながら純資本流入国に入っていると答えている。すなわち，現実の複雑な出来事から何を重点的に選び出すかによっても，さらに選び出した事実を全体にどのように関連づけるかによっても，現状の診断はかなり異なってくるのである。そして，複雑な現実のなかから何を重視するかを決定する基準になるのは，現状分析のための分析枠組みである。だからこそ，おうおうにして分析枠組みの相違が現状認識の決定的な相違をもたらすのである。

第 1 次世界大戦・世界大恐慌・第 2 次世界大戦といった激動の 30 年間のなかから生まれた現代資本主義国家を福祉国家体制として捉える筆者は[5]，この体制が 1980 年代以降大きな転換を遂げつつあるのかどうかについて強い関心を抱いており，本書においてそれについて考察しようと思っている[6]。そして，それをもたらした最も重要な原因は何か，ということも明らかにしたいと思っている。しかし本章では，福祉国家体制の転換についての考察に入る前に，福

祉国家とはなにか，どのような福祉国家論が現状をトータルに認識するうえで有効であるかということを明確にしておきたいと思っている。というのは，ソロスとクルーグマンとの議論でもみたように，福祉国家体制の継続や転換を議論するにあたっても，そもそも福祉国家の定義や捉え方に相当の隔りがあるために議論がかみ合ってないケースがしばしばみられるからである。また，現状を過不足無く認識するうえで最も有効な理論枠組みを設定することが現代資本主義の歴史的位置を捉えるうえで最も有効な戦略であると考えるからである。このように考えるとき，林　健久と加藤榮一の福祉国家論は現状のダイナミックスをトータルに把握しうる福祉国家論を改めて構築したいと考える者にとって重要な手がかりを提示しているように思われる。というのは，日本においても多くの福祉国家研究が存在するが，それを意識的に現代を認識する理論的枠組みとしての福祉国家論として練り上げたものは意外に少なく，まして日本の研究伝統のなかから一定の必然性をもって誕生した福祉国家論は両者のそれを除けばほとんどみられないのが現状であるからである[7]。

　そこで，以下本章では，2人の福祉国家理論の特質をひとまず大きく捉まえるために欧米の福祉国家論としてはどのようなものがあるかをまず概観する。ここでは，欧米の福祉国家論（あるいは，福祉国家という用語法）においても，ウィレンスキーやアーサ・ブリッグズに代表される主流派の福祉国家論以外のものが存在することを強調したい。次いで，2人の福祉国家論が生まれた理論的背景（とくに，大内　力の国家独占資本主義論とそれをめぐる若干の論争）と歴史的背景（福祉国家の危機と社会主義についての認識変化）を明らかにしたい。最後に，2人の福祉国家論の理論的特徴を明らかにし，現代資本主義の現状を分析するうえでどのような福祉国家理論が望ましいかを提示したい。

2. 欧米における福祉国家論

　欧米における福祉国家研究の主流派は福祉国家という言葉を社会保障制度とほぼ同義のものとして使用している。その好例として，福祉国家の国際比較の研究書として評価の高い『福祉国家と平等』におけるアメリカの研究者ウィレンスキーの用い方をみてみよう。

　彼はまず「福祉国家の本質は所得・栄養・健康・住宅・教育の政府による最

低限の保障である。それは慈善としてではなく政治的権利としてすべての市民に保障される」と一般的に定義する。そしてより具体的に福祉国家の範囲を確定する段になると，(1) 老齢・遺族・障害年金保険，(2) 疾病出産給付，健康保険，国民保健サービス，(3) 家族手当ないし児童手当，(4) 労働者補償・労働災害援護，失業補償，それらと関連した労働市場政策，(5) 公的扶助，障害者・貧困者層に対する多様な援助を含んだ社会扶助，(6) 戦争犠牲者への給付，といった保険・福祉支出を「福祉プログラム」と名づけ，それを「福祉国家」と同義に用いている[8]。

福祉国家研究においてしばしば引用される「〈福祉国家〉とは，市場の諸力の働きを少なくとも3つの方向で修正しようとする努力において，組織された権力が（政治と行政を通じて）意図的に用いられる国家である」[9]というアーサ・ブリッグズによる定義なども福祉国家を国家論として理解しようとしているために，ウィレンスキーによる定義よりもやや広いようにみえるが，具体的内容となると国家による公的扶助，社会保険，普遍的社会サービスの提供を越えるものではない。福祉国家をこのように狭く定義する研究アプローチのなによりの強みは，問題領域を限定・固定化することによって，相対的に緻密で正確な分析がおこなえることである。ただし，このように狭い福祉国家の捉え方では現実に生起し変化していく福祉国家のダイナミズムが十分に捉えきれないという弱点をもつ。

そのことをかなりの説得力をもって展開したものとして，ミシュラによる『福祉国家と資本主義』がある。

> 「わたしは『社会政策』という用語を『福祉社会』とほとんど互換性があると見なすのは何か紛らわしいと思う。わたしが提示したいのは，『社会政策』は包括的な概念である一方，『福祉国家』はかなり特殊で歴史的な（戦後の），そして政策上の（制度的な）無視することのできない含意をもっているのである。我々の福祉国家の定義の明らかな特徴は，それが完全雇用という目的と政策を含んでいるということである。これは多くの政治学者や社会学者が用いる接近法から隔たったものである。」[10]

ここでミシュラは，(1) 福祉国家は歴史的な存在であること，(2) 福祉国家にとって完全雇用政策は不可欠な要素であること，を強調している。完全雇用政策を戦後の福祉国家の定義から落とし，福祉国家を暗黙のうちに公的社会支

出と同一視してしまう見方（＝社会変化の公共財政的視点）では，多数の重要事項を看過してしまう危険がある。たとえば，失業をインフレの鎮静と賃金引下げの手段として用いる新保守主義政策が戦後の福祉国家に与えたインパクトを過小評価してしまうことになる[11]。ミシュラのこのような視点に筆者も基本的に賛成する。

　福祉国家を社会保障と完全雇用政策（またはケインズ主義政策）の制度的・機能的複合体であるという見解[12]からさらに進んで（あるいは幾分違った次元から），国家による労使関係の安定化政策もそれに劣らず重要な要素であるという考え方がある。それは「社会国家」と呼ばれる戦後のドイツ福祉国家を特徴づけるさいに必ずといっていいほど言及される視点である。

　在来の分配状況を維持し，たんに「秩序」を守るにすぎないブルジョア的自由主義的法治国家とは異なり，社会国家は立法を通じて積極的に「社会秩序の創造」を目指す国家であるが[13]，今日のドイツ歴史学界を代表する歴史家であるリッターはその社会国家を次のようにかなり具体的に特徴づけている。「社会国家の任務には，老齢，廃疾，疾病，災害や失業に際して所得保障の措置にもとづく最低生活水準の確保や，大家族への援助，公衆衛生での扶助，社会住宅の建設を通じて個人の社会的安定の保護が含まれるだけではない。さらに社会国家を特徴づけるものとして一人一人の人生のスタート・チャンスでの著しい格差の公教育制度による是正，租税体系をとおしての所得の部分的再分配，さらには被用者に対するさまざまな保護措置をとおして労働市場および労働条件の調整がある。また社会国家概念はとりわけ労働者に団結権とストライキ権を保証することによって，経済過程への参加者がもつ自助組織の意義を強調する」[14]。

　ドイツにおけるマルクス主義の研究伝統を引き継いでいるクラウス・オッフェによる福祉国家の特徴づけもまたドイツ社会国家のあり方を強く反映したものである。「第2に福祉国家は，団体交渉と公共政策策定の双方における労働組合の正式の役割の承認に基づいている。福祉国家のこれらの構造的な構成要素は階級的コンフリクトを制限し緩和する，労働と資本の不均衡な権力関係を均衡させる，こうして福祉国家以前のあるいは自由主義的な資本主義のもっとも顕著な特徴であった破壊的闘争や諸矛盾の条件を克服する，と見なされている」[15]と。

リッターとオッフェとは同じドイツ人とはいえ学問的立場やイデオロギー的スタンスをかなり異にしているが，彼らの定義はともに，ドイツ福祉国家が成立したドイツの歴史的経験を反映して，労働者と労働組合の同権化，体制内化，そして積極的な社会改良政策によって社会主義の衝撃力を吸収する過程を何よりも重視したものとなっている。

　以上，社会福祉や福祉国家（社会国家）を専門的に研究している社会学者や政治学者そして歴史学者の福祉国家の諸定義をみてきたが，更に注意深くみると，福祉国家という言葉はもっと漠然と，戦後体制一般，とくに旧来型の自由主義的資本主義でもなく社会主義でもない体制として用いられている場合がある。

　たとえば，覇権安定理論の提唱者として名高いロバート・ギルピンは『国際関係の政治経済学』のなかで「レーニンが資本主義のもとではありえないことだと述べたことは，20世紀半ばに福祉国家という形で実現した」[16]と述べている。そのさい，彼のいう福祉国家とは，たんなる社会保障制度のみならず，ケインズ主義的需要管理，累進所得税と移転支払制度による所得再分配政策，労働組合の擁護，市場経済のもとでは自立困難な地域や零細企業への対策など，きわめて広範な政策体系である（表1を参照）。要するに，彼は福祉国家や福祉資本主義という概念をレーニン＝カウツキー論争時代の資本主義体制とは大きく性格を異にする第2次世界大戦後の資本主義体制を特徴づけるものとして用いているのである。

　振り返って考えれば，「福祉国家」と社会保障制度とをますます同一視するようになっている今日の言葉使いは，福祉国家という言葉が広まっていった第2次世界大戦直後の用法では決してない。むしろ，ここでギルピンが用いているような，社会的公平と経済的公平に責任をもった国家という意味で用いられていたのであり，そのためには何よりも完全雇用政策が最も重要な政策であるとみなされていた。そして，あのグンナー・ミュルダールが福祉国家についての古典的著作『福祉国家を越えて』（1960年）のなかで福祉国家に言及するとき，それは「広い意味での計画経済へと向かっている富裕で進歩的な西欧諸国の体制」のことを指していたのであった[17]。

　しかもここで何よりも注目すべきは，ミュルダールをはじめとした福祉国家の政策形成者たちが社会的公平と経済的公平を達成するうえで経済政策を社会

表1　福祉国家によるマルクス主義の法則の無効化

マルクス主義の法則	福 祉 国 家
(1) 不均衡の法則	財政金融政策を通しての需要管理
(2) 蓄積の法則	累進所得税と移転支出を通しての所得再分配
	労働組合に対する支持
	地域政策・零細企業政策
(3) 利潤率低下の法則	すべての生産要素の効率性を高めるための教育および研究に対する政府援助

出典）Gilpin（1987），p. 59.

政策よりも上位に置いていたということである。たとえば，スウェーデンにおける戦後計画化委員会の一部門として社会政策，家族政策，女性の地位に関連する問題を審議するためにミュルダールによって設立された小委員会は，経済政策は国民所得の形成・分配・利用に関することなので社会政策と経済政策は区別することができないと考えていた。そして，報告書においては社会政策についてよりも資本形成と社会分配を議論するのにより多くのページを費やしていた[18]。もし社会政策と経済政策が同じ目的をもっているならば，主たる仕事をするのは当然経済政策であり，社会政策は経済政策でもって達成不可能な仕事をする，すなわち補完的な仕事をするという位置づけを与えられる。

　要するに，欧米においても福祉国家を戦後の経済を含めた体制一般，すなわち現代資本主義を論じるのに用いられていたこと，そのさい体制の核心は完全雇用政策であり，広い意味の経済の計画化であったことをここで確認しておこう。

　エスピン-アンデルセンは，社会権の付与を通して人々の地位がどの程度非商品化しているか（人々が市場への依存からどの程度解放されているか）を基準にして，世界に存在する福祉資本主義（福祉国家）を3つのレジームに分類している[19]。

　第1のレジームは，自由主義的な福祉国家レジームであり，アメリカ，カナダ，オーストラリアによって代表される。ここでは，ミーンズテスト付きの援助，つつましい規模の普遍的移転，つつましい額の社会保険が支配的である。このレジームにおいては，社会権は労働の業績に付着するというよりはむしろ証明可能なニードに付着している。しかしながら，厳格なニード証明の必要性と給付額がつつましいため，非商品化効果は限られたものでしかない。実際にアングロ・サクソン諸国においては国家のほうも，市場で失敗する人々以外の

すべての人に民間部門の福祉と契約するように奨励するので，事実上市場を強化するよう作用した。その結果，国家福祉受給者の間の相対的に平等な貧困，大多数の人々の間の市場を通じた格差のある福祉，そして二者の間の階級的―政治的デュアリズムが生まれる。

　第2のレジームは，保守的でコーポラティスト的福祉国家である。オーストリア，ドイツ，フランス，イタリアなどが代表的諸国である。このレジームにおいては，かなり強いエンタイトルメントをもった強制的社会保険制度が支配的である。しかしこれもまた，個人の地位の実質的な非商品化を自動的に保証することはない。というのは，これは受給資格の適格性と給付規則の組合わせに多くを依存しているからである。ドイツの社会保険制度に典型的にみられるように，目的は所得再分配というよりは国民の地位の格差維持であり，そのため社会的権利もたんに国民であるだけでは付与されず，あくまで階級と地位に付着したものである。

　第3のレジームは，社会民主義的福祉国家レジームである。スウェーデン，ノルウェーといった北欧諸国によって代表される。これらの国々では，アングロ・サクソン諸国のように，国家と市場の間のデュアリズムを放置せずに，最小限のニードの平等ではなく，最高水準の平等を促進する福祉国家（たとえば，通常公務員や高級ホワイトカラー層が享受していような最小限の医療上の証明でもって所得喪失なしに仕事を休む権利を一般労働者にまで拡大する）を追求している。そのため，国民の地位の非商品化はこれらの国々において最も進んでいる。

　筆者はエスピン-アンデルセンと異なり，戦後においてはすべての先進国（アメリカにおいては非常に希釈化されていたが）で社会民主主義的考え方が貫徹していたことをより強調したいが，それでもこの3つの分類の仕方にはおおむね賛成である。ここで，いままで概観してきた福祉国家のもろもろの定義の仕方とこの3分類とを較べてみると，1つの興味深い事実が浮かびあがる。ウィレンスキーやアーサ・ブリッグズに代表されるような，福祉国家＝社会保障制度といった具合に福祉国家の定義を狭く捉えるのは，主に自由主義的福祉国家の理論家たちであるということである。他方，ミュルダールに代表されるように，福祉国家を計画経済に向かいつつある戦後の社会体制全般と考える人々は，社会民主主義的福祉国家出身の理論家たちが多い。ドイツをはじめと

したコーポラティスト型の福祉国家に住む理論家たちにとっては，古いギルドの伝統をもつ保守的な福祉国家を民主的福祉国家に転換するうえで，労働者階級の政治的・経済的・社会的同権化，とくに国家の経済政策や社会政策への労働組合の参加が決定的に重要な意味をもつ．

要するに，欧米において主流を占めている福祉国家を狭くとる見方（アメリカにおいては福祉は公的扶助やAFDC（要扶養児童家族扶助）と同義で使われてさえいる）は，自由主義的福祉国家レジームの現実である，福祉を社会の主流から分離するデュアリズムを反映したものといえる．今日，このような福祉国家の捉え方がわが国の学界においてもますます影響力をもつようになってきているということは，戦後福祉国家体制の変容を考えるうえで興味深い事実であるが，ここではこのような福祉国家理論では激動の30年間に成立し，戦後に定着した各国の福祉国家システムの特色ある発展を跡づけたり，国際比較をするうえでは不十分な分析装置でしかないということを述べておこう．

各国の特色ある福祉国家の発展やそれをもたらした基本的な政治経済的背景と動因を理解するうえにおいては，後に明らかにするように現代資本主義を福祉国家資本主義や福祉国家システムとして把握する方法が有効であるが，このような研究は日本のマルクス経済学の研究伝統からかなりのオリジナリティをもって生まれた．次節において，それが生まれた過程や，時代背景，理論的特徴についてみてみよう．

3. 日本における福祉国家論

3.1 国家独占資本主義論から福祉国家論へ

日本において福祉国家研究が本格的に取り組まれるようになったのは，多くの国々で福祉国家の危機が叫ばれるようになった1980年代に入ってからであった．しかし，名前こそ福祉国家論として掲げられていなかったものの，1970年前後にもなると福祉国家的側面（現代資本主義の柔構造的側面）をかなり重視した現代資本主義論があちこちで唱えられるようになった．その代表的なものとして大内 力の国家独占資本主義論がある[20]．以下，大内の議論のエッセンスと福祉国家論との相違をみてみよう．

ロシア革命の成功によって資本主義崩壊の危機は現実性を帯びるようになり，いわゆる「全般的危機」が始まる。その全般的危機が，1929年恐慌のような広く，深く，長い恐慌によって資本主義諸国に内面化されたとき，資本主義体制ははじめて決定的な危機を迎えることになる。そのため，この時期以降，国家権力の発動による恐慌克服が危機回避のための至上命令となる。この恐慌回避を至上目的とした体制こそ国家独占資本主義と呼ばれるものの本質である。すなわち，金本位制の最終的な放棄＝管理通貨制のうえに立って，主として通貨の側面からおこなわれる経済の介入，あるいは広義のフィスカル・ポリシーを媒介とした経済の国家管理こそ，国家独占資本主義に固有の国家活動である，と大内は主張する[21]。

広義の福祉国家の重要な政策といえる，社会保障制度の拡充，農産物価格支持の拡充，社会資本の充実等の存在に大内は気づいていたが，それらの政策は労働者や農民の要求に国家が積極的に応えたものとしてではなく，景気調整のための有力手段であるとか，金融資本の体制を維持するための買収費であると捉えた。また，管理通貨制度のうえに立つ国家介入の拡大がインフレーションをもたらす傾向をもつという正しい指摘をしながらも，大内はこのインフレ政策の本質を実質賃金の切下げを目的とした「金融資本の政策」であると誤って捉えた[22]。

1930年代以降になると，とりわけ第2次世界大戦以降にもなると，国家は政策決定のさいに農民や労働者の要求や意思を取り込まざるをえなくなったこと，そして彼らの要求の拡大が通貨当局の金融緩和政策とあいまってインフレを呼び起こしたということ，そういう意味でインフレは所得分配についての政治闘争を緩和する機能をも果たしているということを，大内は過小評価したのであった。

石油ショック前後にもなると，わが国のマルクス経済学の研究伝統のなかから，大内のこのような一面的な現代資本主義理解に対して批判を企てるものが現れてきた[23]。本章が主たる検討対象としている加藤は，その代表的存在であった。

加藤は，社会主義の問題を現代資本主義論に積極的に取り込む大内の方法を高く評価しながらも，大内の国家独占資本主義論には，いまなお危機と恐慌の二分法的思考が付きまとい，資本主義発展史における第1次世界大戦の意義を

見失っていると批判する。資本主義の体制的危機の要因は，すでに第1次大戦の遂行自身の内部に生み出されており，この危機に対応するために，資本主義はファシズム型対応策，強権的抑圧型対応策，民主主義型対応策のいずれかを取らざるをえなかった。このうち第2次大戦後に定着するのはいうまでもなく「民主主義」的危機対策であったが，これは「福祉国家」理念を国家の現実的政策課題とするものであり，対労働者対策としては労働基本権の承認と「完全雇用」の約束が中心であった。これは賃金変動の下方硬直性をもたらし利潤に対して抑圧的作用をもたらすため，ブルジョア民主主義のたんなる拡張ではなく，資本の実質的負担を伴う階級的譲歩であった[24]。

このことから，現代資本主義国家は，一方では利潤圧迫につながる現代的労働諸権利の承認を余儀なくされ，他方では利潤圧迫要因を除去しつつ資本蓄積の活況を持続させていかねばならないという，二律背反的課題を背負わされるようになる。これを可能にするには，最終的には持続的な生産性の上昇が必要であるが，それは現実的にはなかなか困難であり，生産性上昇による賃金コスト吸収までの間をつなぐ機構であるインフレ・メカニズムが必要になる。この現代資本主義のインフレ体質とそれを可能とする国際的条件の整備によって，現代国家は社会主義的要求をかなりスムーズに取り込めるようになったのである[25]。

以上のように，加藤は大内と異なり，資本主義の内部に労働基本権に代表されるような社会主義的要素を取り込んだところに現代資本主義の最大の特質があると明瞭に述べたのであった。

上でみた加藤論文と同時に掲載された，関根友彦「現代経済における脱資本主義化傾向」と萩原進「戦後資本主義の組織化と限界」の二論文もまた，わが国における福祉国家論の発展を考えるうえで見逃すことができない内容を含んでいた。

関根は，第1次世界大戦，世界大恐慌（ニューディール政策のなかでも金融資本に決定的な打撃を与えた「銀行法」や「証券法」などの改正），第2次世界大戦を経るなかで生まれた金融資本不在の現代資本主義を「脱資本主義過程」と呼ぶ。これはいうまでもなく，「国家独占資本主義」なる名称でもって，現代資本主義の本質を国家権力と独占資本の癒着に求める正統派マルクス主義学説に対する明白なアンチテーゼであった。脱資本主義化の諸指標としては，

①政府経済の規模拡大，②通貨管理制度，③企業の公的規制，④経営者組織の発達，⑤技術進歩と労使関係の現代化，⑥労働力の非商品化，の6点をあげている。そして，(1) 現代の民間経済は全面的に政府経済に依存しており，自立的とは言えない，(2) 商品経済を自立させる基礎ともいうべき貨幣は管理通貨としてしか存在しない，(3) 企業は独占禁止法や証券取引法などにみられるように，法的に規制されており金融資本的な発展をすることはできない，(4) 現代企業は技術的な経営・管理の組織があれば十分であって資本家的に運営される必要はない，(5) 経営者組織の発達には現代産業の技術的根拠があり，この根拠が同時に無理な労働強化に代表される資本主義的な労働支配を不要にしている，(6) 完全雇用政策の結果，ほぼ確実に売れる商品となっている労働力はもはや本来の意味での労働力商品ではない，という理由でもって，現代経済はもはや本来の意味での資本主義ではなく，別の経済秩序に移行する過程にあると結論づけていた[26]。

この関根論文は確かに加藤が指摘しているように，管理通貨制度，企業規制，資本家に代わるテクノストラクチャーの台頭といった現代資本主義の諸特徴を経済学の原理規定によって尺度し，それに適合しないという理由でもって現代社会はもはや本来の資本主義でないと早急に結論づけている側面をもっていた[27]。また，混合経済の発足・発展の分析を世界経済の中心地アメリカを対象におこなうのは正当であるが，ニューディールの「銀行法」や「証券法」が旧来の金融資本や資本主義体制一般に与えた打撃を過大に評価しすぎている側面もあった[28]。それにもかかわらず，戦後の福祉国家を支える蓄積メカニズムであるフォーディズム的傾向（技術開発による高蓄積と高賃金政策）をレギュラシオン学派などよりも早く，そして完全雇用政策や失業保険制度が労働力商品の非商品化を推進しつつあることをエスピン-アンデルセンなどよりも相当以前に指摘していたということは記憶にとどめておくべきであろう。

萩原もまた，第1次大戦以降顕著となる資本主義の組織化という現象に対して「国家独占資本主義」という言葉を用いなかった。この用語は，国家による資本主義の組織化が，あたかも金融資本による経済政策に基づくかのような印象を与えるということが，その理由であった。萩原はそれに代わるものとして「福祉国家」という言葉を用いた。しかも，その福祉国家の指標として「完全雇用の達成」をきわめて重視することが，萩原の議論の特徴であった。「工業

資本の蓄積の急速な進行は，雇用の拡大と実質賃金上昇の不可欠な条件であり，この条件を欠いた『福祉国家』は砂上の楼閣にすぎない。逆に，完全雇用と実質賃金の持続的上昇という二つの条件がととのえば『福祉国家』はおのずと形成されるといってよい」[29]とまで，言いきっている。

産業民主制のもとでの資本の高蓄積や高度成長政策が即福祉国家を形成するという萩原の主張はもちろん誤ってはいたが[30]，1970年代初めに戦後日本資本主義もまた広い意味で福祉国家体制として括りうることを直感的ではあれいちはやく明言した点は萩原の卓見であったと言わなければならない。

3.2　1980年代における福祉国家論の展開

70年代中頃にもなると，マルクス経済学研究のなかにおいても，いくつかの先駆的な福祉国家的傾向を重視した議論が存在していたが，まだ多くの研究者は現代資本主義研究を国家独占資本主義＝反革命体制という理論的枠組みでおこなっていた。そのことは，先に掲げた「現代資本主義の歴史的位置」と題された加藤論文の副題が「『反革命』体制の成功とその代価」となっていることからもわかるであろう。

加藤の現代資本主義研究における前期[31]の完成品とも言える「現代資本主義論の視角」（1976年）ですら，現代資本主義の政治環境は大衆民主主義であることを従来のどの研究よりも強調しながらも（この点に関して言えば，1980年代に加藤が華々しく展開する福祉国家論まであと2，3歩というところであった），依然国家独占資本主義という理論枠組みのもとで現代資本主義の分析を考えている。また，「現代資本主義における資本—賃労働関係は国家の介入によって著しく変容し，すべての階級がいわば中間階級化するような現象を呈してきているが，かかる変容によっても労働力が商品たることをやめるのではない」，そして「改良主義的施策じしんを否定する必要はないが，その積み重ねの延長上に社会主義の実現を期待することになると，封建制から資本主義への過渡期と資本主義から社会主義への過渡期との歴史的性格の差異を弁えないものといわなければならない」[32]と意識的に述べることによって，資本主義社会の本質は依然階級社会であること，それは改良主義的施策では容易に排除することはできないことを強調している。

しかし，3年後の経済理論学会第27回大会（1979年9月）の共通論題「現

代資本主義と国家」における「現代資本主義と国家—その福祉国家的側面—」と題された報告において，加藤はもはや国家独占資本主義という言葉を使うことはやめ，「福祉国家は基本的には第一次大戦以降現代資本主義を特徴づけるシステムとして登場し，第二次大戦を経過することによって完全に定着した」と述べるようになった。そして，「福祉国家は大きく見直されようとしておりますけれども，支配体制としても福祉国家を全部やめてしまうというわけにはいかない。ぼくは，福祉国家という方向は不可逆な方向であるというふうに考えている」といった具合に，福祉国家が強固な基盤をもって定着していること，すなわち福祉国家の不可逆性を強調している[33]。

また，この加藤報告のほぼ同時期の1979年秋から5年間にわたって，東京大学社会科学研究所にて「福祉国家」についての学際的な共同研究がおこなわれてきた。その成果は，1984年から85年にかけて，合計40編の論文から構成された『福祉国家』全6巻として結実し，質量とも日本における福祉国家研究の分水嶺を印すものであった。さらに，この研究は当時進行中の福祉国家の再編を扱った『転換期の福祉国家（上・下）』（1988年発行）でもって補完させることになった。本シリーズの「刊行にあたって」における戸原の言葉が示唆しているように[34]，福祉国家研究については，社会保障や社会福祉の専門家によって個別の研究がおこなわれてきたものの，マルクス経済学をはじめとした社会科学の研究者によって本格的に取り組まれることは少なかった。

それでは，なぜ，1980年前後にマルクス経済学の研究者は福祉国家について本格的に取り組むようになったのであろうか。

1つの理由として，1973年の石油危機をきっかけにして多くの国で「福祉国家の危機」が叫ばれるようになったことがあげられる。「福祉国家の危機」が叫ばれるようになると，どの国においてもおのずから「福祉国家の改革」が重大な政治的争点になるのであったが，資本側の福祉国家攻撃に対して労働組合や社会民主主義勢力はその防戦に努めた。わが国においても同様な状況が1980年前後にみられた。そして，わが国の知識層レベルにおいて，かつてマルクス主義やマルクス経済学に対抗してミュルダールなどの議論を紹介していた漸進的改革派が80年前後に明白な新保守主義に転向し[35]，民営化や福祉国家の縮小を叫ぶようになると，かつて「福祉国家は資本主義の延命策」でしかないと考えていたマルクス経済学者も福祉国家が社会の諸構造に深く浸透して

おり[36]，現代資本主義の骨格を形成していることに遅まきながら気づいたのである。政治経済や社会の個別の部門を対象とするのではなく，社会全体の動きを批判的に考察しようとしているマルクス経済学が「福祉国家」の発見に遅れたのは，その学問の性格上いたしかたない面があった。

　この時期に福祉国家を発見するようになったもう1つの大きな理由として，マルクス経済学の研究者の間における既存の社会主義に対する深刻な幻滅（この時期においては，経済的な失敗よりもむしろ官僚主義的な独裁体制への幻滅）と先進資本主義諸国における福祉国家体制がもたらした紛うこと無き成果を再評価するようになったことがあげられよう。林の「もし社会主義理念の核心が社会による大衆の生活保障だとすれば，崩壊したソ連よりも大方の福祉国家のほうがそれに近いのではないだろうか」とか「福祉国家はむろん資本主義国家であって，基本的な財貨はすべて私有の対象となっているが，大衆の政治参加とその意思に従った社会剰余の再配分がそれなりに行われている点で，『独裁的な社会主義国』に較べてなしくずし的により多くの社会主義的要素を取り込んでいるといってもいいのかもしれない。福祉国家の相対的な安定性の根拠はそこにあるといえるのではないか」[37]という言葉は，そのような感情を率直に吐露したものといえる。

　加藤は，「福祉国家化史観」によって宇野段階論の修正と「社会主義の多様化と現実化」に対する積極的評価を企てた，東京大学社会科学研究所での全体報告「福祉国家と社会主義」のなかで，小谷義次の1966年公刊の『福祉国家論』（筑摩書房）と1977年公刊の『現代福祉国家論』（筑摩書房）とを比べ，小谷の福祉国家評価がかつての「国家独占資本主義の粉飾形態，えせ民主主義形態」という評価から「民主勢力の攻勢にたいする支配階級の譲歩」という具合に大きく変化していることを例にあげ，「少なくとも10数年前までは，小谷氏に限らずマルクス主義的社会主義者の多くが福祉国家にたいして全面的に否定的な態度をとっていた」[38]と述べている。しかし，このような福祉国家に対するこのような態度の変化は，小谷をはじめとしたマルクス主義者ほどではないとしても，マルクス経済学の研究伝統のなかで現代資本主義の研究を続けてきた加藤自身にもあてはまることであった。その違いは，加藤の国家独占資本主義論には労働者階級の政治的，経済的，社会的同権化が重要なポイントとして含まれていたため，この報告以降全面的に展開される「福祉国家化史観」と

内容的に不自然なほど大きな飛躍はみられないこと，加藤がこの間ヒルファーディングの組織資本主義を積極的に評価するなど[39]，改良主義が現実の資本主義改造に及ぼした影響を学問的に明らかにすることによって，自説の変化のプロセスを自ら確認していくと同時に学問的成果としてその都度公開していったことである。その結果として，「社会主義は，資本主義の次にくる未来社会の設計図（Gedankenbild）を説いたものでない。……社会主義は資本主義の批判思想としてみるとき初めてその歴史的意義が明らかになる」とか『『資本主義の反世界としての社会主義』を除けば，かつてマルクス主義的社会主義が要求した課題は全て福祉国家システムのなかに包摂されてしまっているといってよい」[40]という考え方にたどり着いたのであった。

それでは，このような過程を経て生まれた林や加藤の福祉国家論は他の福祉国家論に対して，とくに欧米の主要な福祉国家論に対してどのような特徴をもっているのであろうか。節を変えてみていくことにしよう。

4. 福祉国家論の理論的特質

林と加藤の福祉国家論の特徴を明らかにするには，彼らが福祉国家をどのように定義していたかをまずみていく必要がある。

4.1 福祉国家の定義

林の福祉国家の定義は，「福祉を国の中心とし，主たるプリンシプルとしている国家」といった具合に，ごくシンプルである。それは内容を展開する前に与える定義は無内容であるという理由からである。しかし，林は欧米の福祉国家研究がおこなっているような福祉制度や社会保障制度を福祉国家と同等とみなすことには反対する。「国家と呼ぶ以上，単に福祉や社会保障制度の発展や理念を論ずるだけでは福祉国家論とはいえず，統治形態や軍事まで含んだ行財政構造全体が，以前とは不連続に変わったことを示し，しかもその変化が社会福祉・社会保障制度を核として生じたことを示してこそ，福祉国家論が国家論として成り立つのではなかろうか」[41]という言葉が端的に示しているように，林は福祉国家を国家論として論じようとしているのである。

このように福祉国家論を「国家」の方に重心を置く国家論として構成しよう

図1 現代資本主義における国家社会，経済
福祉的機能
軍事機能
産業機能
その他
国家または政府
a
b
影響
福祉の側面
からの分析
c
d
社会経済

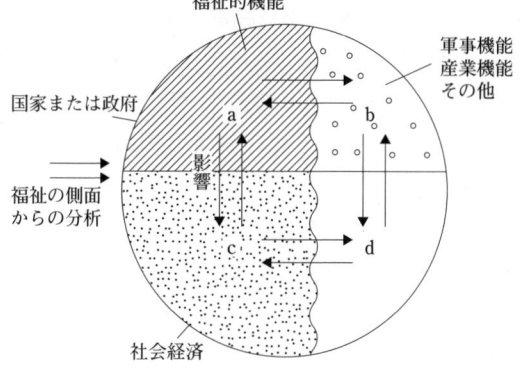

ともくろむ林は，第1次世界大戦以降社会主義国家に対抗して出現した現代資本主義国家の総体（軍事に代表される対外的機能をも含む）を福祉国家と呼ぶ。それは，かつての自由主義国家，帝国主義国家がそうであったのと同じような意味合いで，福祉国家が現代という「時代の全政策体系を一言で要約し，象徴」しているからである。それゆえ，林の福祉国家の定義をわかりやすくするために図示すれば，図1の（a+b）の部分を福祉国家として捉えていることになる。

軍事をも含んだ現代国家の総体を，しかも一般に低福祉国といわれるアメリカを含めて（いやそれどころか，林にとってはアメリカこそ西側福祉国家連合の中心的位置を占めるのである）現代国家を福祉国家と捉える林の立場はやや特異にみえるが，資本主義の発達史観とそれを裏付ける実証研究（主に，国家の物質基盤である財政の変化についての）に則しており，定義それ自体としては十分に可能である。

加藤は〈福祉国家化〉を「現代資本主義の最も特徴的な側面」であるといい，福祉国家を次のように定義している。

「福祉国家とは，労働者階級の政治的，社会的，経済的同権化を中核にして形成され，全国民的な広義の社会保障制度を不可欠の構成要素とする，現代資本主義に特徴的な国家と経済と社会の関係を表現する用語である。」[42]

このように，加藤にあっては，現代資本主義それ自体を福祉国家体制と捉えているようにみえる。ただし，慎重にも加藤は「〈福祉国家化傾向〉は〈国家

4. 福祉国家論の理論的特質　19

独占資本主義〉のように自らを〈体制概念〉であるとは主張しない」[43]と断っているように，〈福祉国家化傾向〉を〈純粋資本主義化傾向〉と対立する概念として使っており，この言葉によって大不況期以降の資本主義の発展を全面的に概念化できるとは考えていない。この点を考慮に入れるならば，加藤は福祉国家を（a＋b＋c＋d）の部分ではなく，福祉の側面から光を当てた（a＋c）の部分として考えている。

　筆者の見解は加藤の見解とほとんど同じである。ここでの文脈上必要な限りで，その定義を示せば，次のようになる。

　　「福祉国家とは，資本主義生産システムを基本的に維持しつつ，民主的で政府主体の福祉システムを新たに設け，市民に対して広義の社会保障と社会保護を提供する，現代資本主義に特徴的な一つの社会形態である。」

　筆者が福祉国家をaの部分のみならず，a＋cの部分にまで拡張するのは，後に福祉国家システムの説明のところで詳しく述べるように，公と私の混合領域の拡大を本質的特徴とする現代福祉国家の場合には，国家の機能範囲を社会経済領域と厳然と切り離して理解することはできないと考えるからである。しかし，それでも福祉国家の焦点はあくまでも図aの部分であるということを強調したい（このことは，ミュルダールが用いているように，現代資本主義の総体（図で示すとa＋b＋c＋d），とくにヨーロッパの高福祉国を福祉国家と呼ぶことを排除するものではない）。このa部分には，社会保険やさまざまな社会サービスのみならず，労働者や農民・中小企業者を保護するための諸規制，累進課税制度や社会的弱者に対するさまざまな租税優遇措置，また近年福祉国家の財源として重要性を高めつつある付加価値税，さらには市民の平等や保障を促進するような経済政策も含まれる。また，a部分のあり方によってc部分（たとえば，家族制度や企業制度）が変容したり，企業や労働組合が福祉国家の機能を補完・代替することがあるために，（a＋c）が問題になるばあいがある。また，b部分の国家の産業機能（たとえば，経済規制や国有企業）が福祉機能によって影響を受けたり，産業機能が福祉機能を果たすばあいがある。それゆえ，福祉国家体制全体が問題になるばあいがしばしば生じる。このように，福祉国家の領域や組織を画然と設定することはできないし，さらにその領域や組織の編成自体も歴史的に変化する。このようなことを十分に承知したうえで，筆者は福祉国家分析の焦点を当面a部分に置く（このことは後に「福祉国家は

解体しつつあるかどうか」をめぐる議論で重要な意味をもつ)。ここで展開した定義はやや曖昧に聞こえるかもしれないが，ミュルダール以来の福祉国家研究の伝統を踏まえたものであり，現実に即した（戸原の言葉を借りれば，「同時代人によって観念された」）福祉国家の用語法であるからである[44]。

4.2 福祉国家の段階論的把握

それでは，このような福祉国家はいつ生じたのであろうか。林は，第1次大戦を境にしたドイツとイギリスにおける財政の総支出水準と社会費比率の不連続な飛躍を1つの重要な手がかりにして，これらの国々ではこの時期に福祉国家が成立したと主張する[45]。また，同様の根拠でもって，アメリカにおいてはニューディール期を境にして，日本においては第2次大戦後に福祉国家が成立したという[46]。さらに，国家論としての福祉国家論を論じるうえで社会福祉費とならんで重要とされた，軍事費の動向と性格も両大戦を境に大きく変わったという。すなわち，ヨーロッパの地位低下，アメリカの台頭という勢力変化のもとで，軍事費の意味は，帝国主義国家相互を仮想敵国とする費用から，資本主義諸国連合対社会主義諸国連合の対立（時にはファシズム陣営対反ファシズム陣営という対立）のための費用（ヘゲモニー国家となったアメリカが陣営全体の軍事費の大きな部分を負担するかたち）へと変わった，と主張する。そして，このような内政政策と対外政策の大変化が生じた究極の理由を，林は2つの大戦を契機にして旧国家統治体制の社会統合能力が著しく衰弱したことに求めている。このため，大衆の政治参加を土台にした福祉国家化を図ることによってしか，資本主義体制による大衆統合はもはや不可能となったのである[47]，と主張するのである。

福祉国家は労働者階級の政治的，社会的，経済的同権化を中核に形成されたと考える加藤は，福祉国家の成立について，「その生成の端緒は前世紀末葉のいわゆる大不況期にまで遡るが，福祉国家が飛躍的な発展の基礎を形成したのは，第1次世界大戦から第2次世界大戦直後にいたる激動の30数年間においてであり，戦後の高度成長期にそれは全面開花し，そして結実した」[48]と述べる。このような加藤の福祉国家の定義と時期区分は，19世紀中葉のイギリスにおける国家干渉を福祉国家の起源として捉える「系譜論」的把握を明白に退ける[49]「段階論」的把握となっている。

それでは、福祉国家の段階論的把握のエッセンスは何であろうか。それは福祉国家が、経済過程や世界システムから独立して運動しているのではなく、他の諸要素と密接に連関しながら運動して、全体として1つの資本主義の発展段階を形成しているという捉え方である。先にみた林の福祉国家論においても、第1次大戦と第2次大戦を境にして、社会福祉や内政政策のみならず、対外政策、統治構造、世界システムが1つのセットとなって変化したことを強調していたが、これもまた福祉国家の段階論的把握ということができよう。

　加藤や林の段階論としての福祉国家論の特徴をより明瞭にするために、ここでヘクロによる福祉国家の段階区分と比較してみよう。表2にみられる通り、ヘクロは政治経済の発展との関連で福祉国家の変化・展開を考えており、また戦後の福祉国家の重要な特徴として完全雇用政策を考えていることから、欧米の一般的な研究者よりはずっと福祉国家の範囲を広くとっていることがわかる。また、福祉国家が本格的に確立するうえで、大恐慌と戦争が重要な契機となっている点、1970年代のスタグフレーションを契機に再編期に入るとみなしている点で、加藤や林の福祉国家段階区分とよく似ている。ただし、次の点が決定的に異なっている。第1に、実験期（1870年代〜1920年代）における選挙権の拡大と社会保険の発明が福祉国家発展史上に占める意義をきわめて重視している点[50]、第2に、戦後の持続的成長を予想外としている点である

　社会保険立法こそ現代福祉国家の制度上のブレークスルーであると考える筆者は、ヘクロと同様にこの時期における社会保険の出現（表3を参照）と選挙権の拡大（表4を参照）とを重視する。確かに、1880年代のドイツの社会保険立法を皮切りに、この時期ヨーロッパ各国に導入された保険制度（一般的には、労働災害保険、健康保険、老齢年金保険、失業保険の順序で）ははじめのうち、カバーされるリスクが限られていたり、また被保険者も工業労働者や特殊な産業の労働者に限られており、制度の未成熟とあいまって財政の膨張要因としてはまだ小さかった。にもかかわらず、この時期急激に進行していった選挙権の拡大と同様に[51]、社会保険制度の拡大・充実は非可逆的に進行していったのであり、今日では福祉国家財政の柱としての役割を占めているのである。したがって、福祉国家システムに占める大衆民主主義や社会保障制度の役割を重視する理論であればあるほど、福祉国家システムの成立を第1次大戦以降に截然と区切ることはますます困難になるということは留意しておく必要がある

表2　ヘクロによる福祉国家の段階区分

		実験期 (1870年代〜1920年代)	基礎固め期 (1930年代〜1940年代)	拡張期 (1950年代〜1960年代)	再編期 (1970年代〜?)
経済	重大な出来事	景気循環の国際的普及；工業化の混乱	戦時計画，破壊耐乏生活の状況下での再建	予想外の持続的な経済成長	景気後退とインフレーションの予期せざる結合
	反応	政治経済「法則」に対する特別の例外処置としての救貧	社会支出を需要管理理論に結びつける	完全雇用へのコミットメントの強化；経済のトレードオフの解決策としての成長主義	社会政策を新しい欠乏感に従属させようとする場あたり的な試み
政治	重大な出来事	労働運動，選挙権の拡張，大衆政党の成長	全国政府の積極主義に反対する人々の信頼失墜	痛みの伴わない政策を求める政治的競争と集団間競争	政治からの離反，選挙の浮動性，伝統的訴えに対する不信
	反応	自由主義・保守主義・社会主義の諸原理に合わせようと努める政策革新	戦時における挙国一致政府；戦後再建についての合意形成	政治的コミットメントと合意形成の必要性の低下；「イデオロギーの終焉」というイデオロギー	期待の引下げと不人気を避けるための競争；租税・支出・官僚制といった争点に対する新自由主義の攻撃
社会政策	形態	プログラム作成における革新と活動性の境界問題についての「基本原理」をめぐる議論	先行期の諸実験の統一	ギャップの補填と既存政策の拡張	「基本原理」にかかわる論争の再開；社会政策の諸領域における不本意な拡大
	内容	救済に値する貧困者と労働者に対する施し；社会保険の発明	全市民の共有するリスクに対する救済	上昇する生活水準を維持するための補償；増分の相対的分け前をめぐる集団間競争	支出とプログラム作成における限界的スローダウン；同一の社会目標のための安あがりの代替手段
	価値選択	自由・平等・保障を和解させようとする試み	3つの価値が相互促進的であるという証明	価値選択の重大性の否定	「陰うつな」選択という新たな認識；ポジティブ・サム関係の探求

出典）Heclo (1981), pp. 386-387.

であろう[52]。

　戦後の高度成長を予期せざるものとみる点については，産業構造の重化学工業化が安定した福祉国家の生産力基盤を生み出したという経済学的観点や，戦後アメリカのヘゲモニーのもとでつくられたIMFやGATTに代表される世界市場の組織化や西側諸国の軍事的連携が経済の持続的に成長に貢献したという世界システム論的観点が，ヘクロのばあい希薄であることを示している[53]。

表3 各種社会保険の導入年度（OECD諸国）

	労災保険	健康保険	老齢年金	失業保険	家族手当
ベルギー	1903	1894	1900	1920	1930
オランダ	1901	1929	1913	1916	1950
フランス	1898	1898	1895	1905	1932
イタリア	1898	1886	1898	1919	1936
ドイツ	1871	1883	1889	1927	1954
アイルランド	1897	1911	1908	1911	1944
イギリス	1897	1911	1908	1911	1945
デンマーク	1898	1892	1891	1907	1952
ノルウェー	1894	1909	1936	1906	1946
スウェーデン	1901	1891	1913	1934	1947
フィンランド	1895	1963	1937	1917	1948
オーストリア	1887	1888	1927	1920	1921
スイス	1881	1911	1946	1924	1952
オーストラリア	1902	1945	1909	1945	1941
ニュージーランド	1900	1938	1898	1938	1926
カナダ	1930	1971	1927	1940	1944
アメリカ合衆国	1930	――	1935	1935	――

注）これらの年代は，強制加入保険と同様に最初は任意保険であっても後に国庫補助を受けるようになった保険制度をも含めて示したものである。補助を伴う仕組みを含めてある。
出典）Pierson (1991), p. 108, 邦訳，p. 208.

表4 各国における普通選挙権の導入年度

	男子普通選挙権	男女平等普通選挙権
ベルギー	1894	1948
オランダ	1918	1922
フランス	1848	1945
イタリア	1913	1946
ドイツ	1871	1919
アイルランド	1918	1923
イギリス	1918	1928
デンマーク	1849[a]	1918
ノルウェー	1900	1915
スウェーデン	1909	1921
フィンランド	1907	1907
オーストリア	1907	1919
スイス	1848	1971
オーストラリア	1902[a]	1902
ニュージーランド	1979[b]	1893[a]
カナダ	1920	1920[a]
アメリカ	1860[b]	1920

a 事実上，かなりの制限があった。
b おおむねヨーロッパ人／白人だけに制限されていた。
出典）Pierson (1991), p. 110, 邦訳，p. 211.

この点に関するかぎり，後にみるように，福祉国家の展開は資本主義の組織化と密接に結びついていると考える，そして世界システムの安定も福祉国家の安定的発展に大きく寄与していると考える，福祉国家システム論のほうが数段優れている。

4.3 広義の福祉国家論

広義の福祉国家論とは，国家が果たす福祉的機能をできるだけ広く捉えようとする態度と方法のことである。このような方法が必要であるのは，現代国家がさまざまな政策や制度を通じて再分配機能や福祉機能を果たしているからである。国家が中央銀行を通じて信用量をコントロールするのも広い意味の再分配政策に入る。そして，それが高雇用を維持することを目的としているならば福祉国家的政策であるといえる。また，規制，補助金，税制を通じたさまざまな中小企業保護政策も広い意味の福祉政策である。市場経済の社会に対する解体作用から社会を防衛する方法は多様であり，また各階層に対する国家の保護政策や再分配政策も各国において実にさまざまなかたちをとっている。わが国については，林によって描かれたユニークな図2（中央政府レベルで描いた広い意味での福祉関連経費の概念図）を用いながら説明するのがわかりやすいであろう[54]。

図の中心部にある公的扶助と租税で賄われる社会保障関係費は福祉国家財政の核心部分であり，いかなる社会においてもこれと類似の支出はおこなわれていた。それより外にあるc，d，eは現代の福祉国家のもとで新たに採用されたものであり，外へいけばいくほど扶助的色彩が薄れ，所得水準の高い階層も利用する分野となる。一般の社会保障財政論は図のaとbとdを研究対象としてきたが，林のオリジナリティはc部分とe部分も福祉国家財政の重要な構成要素であるという主張にある。このc部分の代表的なものとして林は，地方交付税，義務教育費国庫負担金，後進地域や僻地への公共事業のための資金散布，旧国鉄関係助成費，中小企業や農業など弱小部分に対する保護，食糧管理制度による農民や低所得階層の保護，公共事業を通ずる住宅や下水道建設などをあげている。

これらの経費は低所得，低資産の地域，階層，産業などに所得を再分配したり稼得機会を付与するものであり，大衆の要求に応え，社会的安定をもたらす

図2　林による福祉関連の財政領域

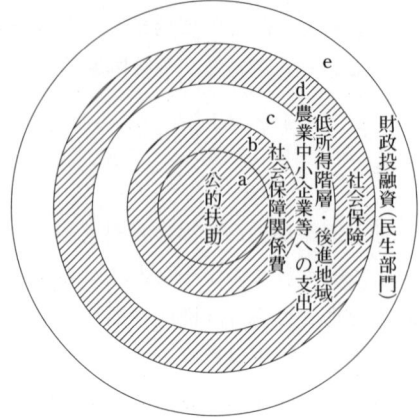

(図中ラベル：公的扶助 a／社会保障関係費 b／農業中小企業等への支出 c／低所得階層・後進地域 d／社会保険／財政投融資（民生部門） e)

出典）林（1992），p.149 より引用。

機能をしている。米価支持制度や中小企業対策，そして公共事業に代表されるような生産活動と結びついた形での所得追加は失業者や低所得者に対する現金給付に比べて労働意欲を損なわないと考えられたため，また保守党の票田と深く結びついていたため，わが国において長い間人気のあった政策である。これらの政策はわが国の社会保障制度の不備を機能上補っており，それゆえ広い意味におけるわが国の福祉国家の重要な特質を形成している。

　この広義の福祉国家のあり方は各国の経済構造によってのみならず，政治的・文化的伝統や政治的・社会的力関係に規定されており，またこの福祉国家のあり方が各国の経済構造を独特なものにつくり上げる。したがって，この広義の福祉国家論というアプローチによってはじめて立体的な福祉国家の国際比較も可能になる。また，これらは資本主義の発展に伴って，そして社会的な力関係の変化に伴って歴史的に変化していくのであり，この広義の福祉国家というアプローチによって動態的な福祉国家論の展開も可能になる。

4.4　福祉国家システムというアプローチ

　広義の福祉国家論が国家による福祉機能（安定機能と再分配機能）にできるだけ広く焦点を当てるのに対して，福祉国家システムというアプローチは狭い意味の国家や政府に代わって福祉機能を果たしている組織や制度をも含めて，1つの社会システムとして考えようとするものである。発達した資本主義にお

ける秩序や支配は裁判所や警察に代表される狭い意味の国家装置によってのみならず，政党や団体，文化制度といった複雑な社会システムによっても支えられているというグラムシの指摘は，権力や支配を考えるうえで国家装置を広くとる必要性をわれわれに教えているが，福祉国家を問題にするばあいにもまったく同様のことがいえる。神野が「社会保障や福祉政策そのものも，所得再分配を意図した現金給付にせよ，対人社会サービスを中心とする現物給付にせよ，日本では企業と自治体という2つのチャネルを通じて供給されている」[55]点に着目し，日本型福祉国家財政の特質を鮮やかに描いたように，福祉国家システムというアプローチを意識的にとることによってはじめて各国の個性的な社会構造の特質やひいては福祉国家の特質を明らかにしうるのである。

『自由放任の終焉』(1926年) のなかでケインズは，「多くの場合において，支配と組織の単位の理想的な規模は，個人と現代国家の中間のどこかにあると私は考えている。したがって私は，国家の枠内における半自治的組織体の成長と認知の中にこそ進歩が存在すると示唆したい」[56]と述べることによって，またミュルダールは「このような展開（自由市場経済に代わる団体交渉のこと……筆者）の結果として，われわれの国民社会の性格はすべて変化しつつある。現実に――憲法上の形態は別にして――公共政策に相当するものは，いまでは多くのさまざまな部門で，またさまざまなレベルで，決定され実行されている。すなわち，この過程でますます多くの責任をもつことになる中央の国家当局や地方および都市の当局が，直接にこれをするだけでなく，集団の利益と共同の主張とを高める目的で組織化された一連の『私的』な力の集団が，ますますそのようにするのである」[57]と述べることによって，福祉国家の政策形成と実施の組織的特徴である集団主義を高く評価している。

このように集団主義や社会コーポラティズムが資本主義諸国において人気を博した理由は，自由と市民社会に対して大きな敬意を示しながら，すなわちソ連のような指令経済に足を踏み入れることなしに意味ある計画化はいかに可能かという西側の政策形成者が探し求めていた解答に，このコーポラティズム型の調整がぴったりと収まったからである。これはとくにスウェーデンの社会民主労働党によって好まれた方法であった。もう1つの調整方法はフランスに代表される，中央集権計画化と呼ばれる国家の官僚装置に頼るものであった。また，アメリカのように歴史的に国家に対して恐怖を抱いてきた国においては，

集団主義は国家の権威を回避するうえで好都合なものであったため,集団が多くの公共政策を担うようになった[58]。

以上のことから,わが国のみならずどの国においても,現実に人々が暮らしている福祉国家なり福祉社会なりを分析するにあたっては,国家のみならず地方自治体,さまざまな社会保障基金,労働組合その他の中間団体,さらには企業をも視野にいれた分析が必要となる。

次に,福祉国家システム論的アプローチを採用している加藤が描いた「組織資本主義と福祉国家システムの構造的連関」についての構図と,ヨーロッパにおける福祉国家研究の第一人者ともいえるペータ・フローラたちによって描かれた「福祉国家発展のセクター・モデル」を比較することによって,どのような点で福祉国家システム論的アプローチが優れているかをみることにしよう。

フローラたちの図（図3を参照）は,いくつかの点で非常に優れている。第1は,福祉国家の発展を促す問題圧力として,市場経済が生み出す社会問題と並んで,労働者階級の社会的結集と政治的結集が生み出す圧力をも重視している点である。第2は,慈善組織（救貧）,互恵的な協同組合（保険,住宅）,労働組合（失業援助）といった共同組織の活動を十分考慮に入れている点である。というのは,これらの共同組織はセーフティ・ネットとして機能しており,社会問題を大いに緩和しているからである。第3は,これらの共同組織の活動を重視することによって,社会問題の解決のためにとられる政府の介入方法には2つの方法があるということを鮮明にしている点である。すなわち国家は,労働立法,強制的保険制度の設立,公共財（住宅・教育・保健サービスなど）の提供,といった直接的介入という方法以外に,民間の慈善機関や任意保険制度を補助したり,労働組合を育成・強化することによる「共同組織による解決」という方法もとることができるという事実を明示している。福祉国家における「中間組織」の役割や地方自治体の役割を重視する視点こそ[59],筆者が「福祉国家システム」論的アプローチと呼ぶもののエッセンスである。

しかし,フローラたちのアプローチにもいくつかの欠点がある。その第1は,やはり福祉国家の対象とする領域を狭くとっているため,あるいは固有の福祉国家は金融資本段階の社会問題に対する反応であるという段階論的視点が希薄であるために,大量失業や完全雇用政策を問題にする視点が欠如していることである。大量で長期の失業こそ工業労働者にとって最も切実で,最も政治的結

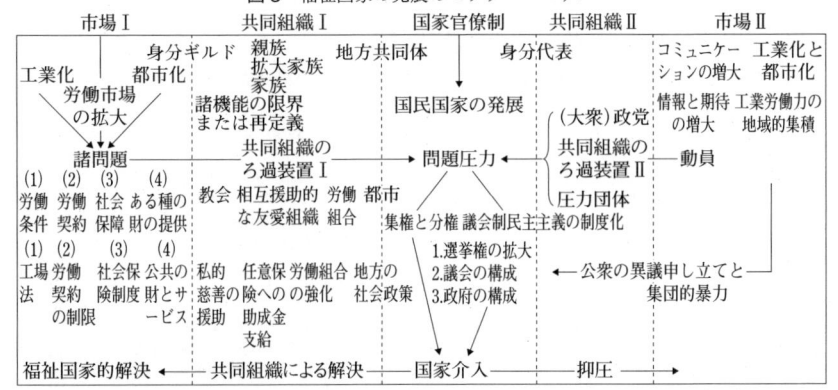

図3 福祉国家の発展のセクター・モデル

市場Ⅰ	共同組織Ⅰ	国家官僚制	共同組織Ⅱ	市場Ⅱ
工業化　身分ギルド　都市化　労働市場の拡大	親族　拡大家族　家族　諸機能の限界または再定義	地方共同体　国民国家の発展	身分代表　(大衆)政党	コミュニケーションの増大　工業化と都市化　情報と期待の増大　工業労働力の地域的集積
↓	共同組織のろ過装置Ⅰ	→ 問題圧力	共同組織のろ過装置Ⅱ　圧力団体	動員
諸問題 (1)(2)(3)(4) 労働条件　労働契約　社会保障　ある種の財の提供	教会　相互扶助的な友愛組織　労働組合　都市	集権と分権　議会制民主主義の制度化 1.選挙権の拡大 2.議会の構成 3.政府の構成		
(1)(2)(3)(4) 工場法　労働契約　社会保険制度　公共財とサービスの制限	私的慈善援助　任意保険への強化　労働組合への援助　地方社会政策　助成金支給		← 公衆の異議申し立てと集団的暴力 →	
福祉国家的解決 ←	共同組織による解決 ←	国家介入 ←	抑圧 ←	

注) この図では，社会は3つのセクター(市場，共同組織，国家官僚制)に分割されるが，市場と共同組織はさらに2つのサブ・セクターに分割されている。市場Ⅰでは，福祉と保障の諸問題を生み出す発展的諸側面が要約されている。市場Ⅱでは社会の動員過程を促す発展的諸側面が描かれている。また共同組織Ⅰでは，国家とは独立して福祉と保障の諸問題に関心をもつ共同組織が描かれている。共同組織Ⅱでは，政治的支援を動員して国家から福祉と保障を要求する共同組織が描かれている。
出典) Flora and Alber (1981), p. 42 より引用。

集を呼んだ問題であるにもかかわらず。第2に，企業内福祉をどう位置づけるかという視点が欠如していることである。近年，NPOを始めとしたボランタリー・セクターによる福祉サービスの提供が著しく増大しているが，実際には雇用主によって提供されるものが民間社会支出の大部分を占めるのであり[60]，企業が提供する福祉を欠如させては，今日の福祉国家や福祉社会の十分な輪郭は描けない。

以上のことを念頭に置きながら，加藤が描いた図4の方をみてみよう。この図は，本来「資本主義の組織化は，産業構造の重化学工業化と福祉国家化による国家介入の増大という2つの方向からモメンタムを与えられており，民間部門における組織化と公共部門における組織化は，互いに相手を前提にしながら，相補的に拡張していく関係」を示した[61]，組織資本主義の構造を描いたものであるが，本章の文脈においては，各国の資本主義の組織化と福祉国家化の動きが有機的に結合することによって，各国の個性ある福祉国家システムが生み出されるプロセスを描いたものとして読むことができる。

またこの図によって，戦後の福祉国家に内実を与えた，完全雇用と生産性基準原理にもとづく高賃金は，産業構造の重化学工業化を起点とする株式会社の普及（企業の社会的性格の増大＝脱私有財産化），科学的労務管理，労働者保

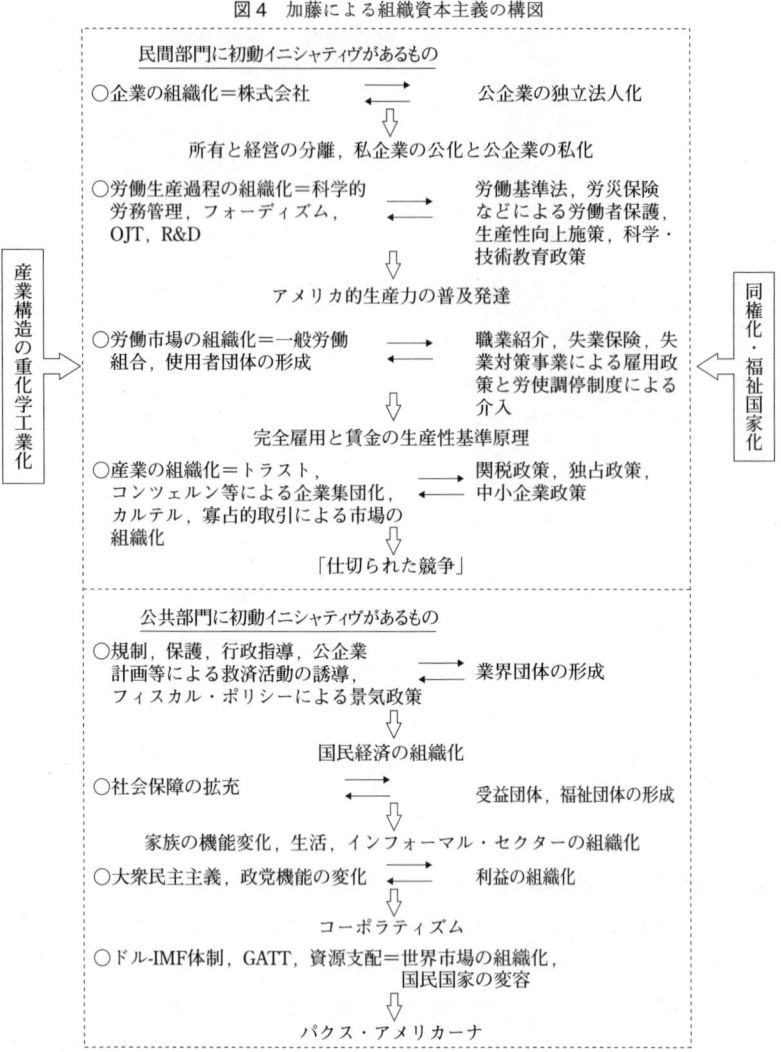

図4 加藤による組織資本主義の構図

```
┌─────────────────────────────────────────────────────────────┐
│         民間部門に初動イニシャティヴがあるもの                │
│  ○企業の組織化＝株式会社  ⇔  公企業の独立法人化             │
│              ⇩                                              │
│      所有と経営の分離，私企業の公化と公企業の私化            │
│  ○労働生産過程の組織化＝科学的   労働基準法，労災保険        │
│    労務管理，フォーディズム，⇔  などによる労働者保護，      │
│    OJT，R&D                     生産性向上施策，科学・       │
│                                 技術教育政策                 │
│              ⇩                                              │
│         アメリカ的生産力の普及発達                          │
│  ○労働市場の組織化＝一般労働 →  職業紹介，失業保険，失      │
│    組合，使用者団体の形成  ←    業対策事業による雇用政      │
│                                 策と労使調停制度による      │
│                                 介入                         │
│              ⇩                                              │
│         完全雇用と賃金の生産性基準原理                      │
│  ○産業の組織化＝トラスト，                                   │
│    コンツェルン等による企業集団化，→ 関税政策，独占政策，   │
│    カルテル，寡占的取引による市場の ← 中小企業政策          │
│    組織化                                                    │
│              ⇩                                              │
│             「仕切られた競争」                              │
├─────────────────────────────────────────────────────────────┤
│         公共部門に初動イニシャティヴがあるもの                │
│  ○規制，保護，行政指導，公企業                               │
│    計画等による救済活動の誘導，⇔ 業界団体の形成             │
│    フィスカル・ポリシーによる景気政策                        │
│              ⇩                                              │
│             国民経済の組織化                                │
│  ○社会保障の拡充  ⇔  受益団体，福祉団体の形成              │
│              ⇩                                              │
│      家族の機能変化，生活，インフォーマル・セクターの組織化  │
│  ○大衆民主主義，政党機能の変化 ⇔ 利益の組織化              │
│              ⇩                                              │
│             コーポラティズム                                │
│  ○ドル-IMF体制，GATT，資源支配＝世界市場の組織化，          │
│                             国民国家の変容                  │
│              ⇩                                              │
│           パクス・アメリカーナ                              │
└─────────────────────────────────────────────────────────────┘
```

（左側縦書き：産業構造の重化学工業化）
（右側縦書き：同権化・福祉国家化）

出典）加藤（1995），p. 214より引用。

護政策，科学・技術教育政策，労働組合や使用者団体の形成，失業保険，雇用政策や労使調停制度による国家介入といった条件に支えられて可能であったことがよく理解できる。

さらに，一言で社会保障の拡充といっても，国家が国民一人ひとりに対して

1章 福祉国家論の生成と展開

直接生活を保障するというのはあまり多くは無く（生活保護制度やわが国の基礎年金はそうであるが），実際にはかなりの部分を各組織が引き受けているという事実をこの図はうまく示している。加藤はその例として，ドイツの労働者年金保険や職員年金保険をあげているが，健康保険組合や厚生年金基金，共済組合に代表されるわが国の社会保険制度にも当然あてはまる。

　加藤やエスピン-アンデルセンは「福祉国家は不平等の構造に介入し，可能であれば是正するメカニズムであるばかりでない。福祉国家はそれ自身の権利において階層化のシステムである」[62]ということを強調するが，そのさいに彼らの念頭にあるのは第1にコーポラティスト型福祉国家における公務員（Beamten）に対する特権的な福祉給付の存在であり，第2にベバリッジ・タイプの均一拠出均一給付にもとづく国民年金が高度成長の過程において老後保障制度として機能しなくなった事実である。このような国においては，国民のなかでも富裕な層は小額の平等な給付に自分たちにふさわしいと考える福祉を追加しようとするために，民間の保険と契約したり，企業とのフリンジベネフィットの交渉に目を向けるようになる。また，このような集団が国に政治的圧力を加えれば，国のほうも税制上の優遇措置などによって企業年金をはじめとしたフリンジベネフィットを奨励するようになる。

　このベバリッジ型の国民年金の機能不全に対して，典型的な所得比例年金であるドイツの労働者年金保険や職員年金保険は頼りになる老後保障制度として高度成長を乗り切ることができた。その最大の理由は，加藤によれば，これらの制度が異質なメンバーを排除し，それぞれに同質的なメンバーから構成されていたことにある[63]。

　この組織内の構成員に対する平等と組織外に対する事実上の差別という組織原理は，社会保障に直接にかかわる組織のみならず，IMF，OECD諸国，企業集団，一部上場企業，労働組合などの組織にもあてはまり，各人はこれらのさまざまな組織にさまざまなかたちで所属し，このことが「重層的に組織された資本主義に対応して重層的に編成された福祉国家システム」[64]を全体として構成するのである。これは現実の組織された資本主義と現実の福祉国家システム，そしてそこで生活する現実の組織人としての現代人の姿をうまく言い表している。

　そして今，産業構造が重厚長大型から軽薄短小型に変化し，銀行と製造業の

分離が進展し，労働組合が衰退し，国家の経済的介入能力が低下しつつある。すなわち，かつて福祉国家システムを支えていた組織資本主義がいたるところで大きなほころびを見せつつある。これは当然福祉国家システムに大きな影響を及ぼすことになるであろう。それが全体としての福祉国家システムを構成している個々の制度にどのような再編を迫っているかについての探求は以下の章に譲るが，一般におこなわれている狭い福祉国家研究ではなく，広い福祉国家システム研究というアプローチによってこそ，現在生起している社会・経済の大変化とそれが意味するものを十分に把握することができるというのが，本章における筆者の基本的な主張である。

5. むすびにかえて

今まで，主として林と加藤の福祉国家論を紹介・検討しながら，現代資本主義に特徴的な福祉国家的発展を十分に捉えようとするならば，(1) 福祉国家を系譜論的にではなく段階論的に把握するほうがよい，(2) 福祉国家の機能をできるだけ広く捉えるほうがよい，(3) 狭い意味の国家や政府に代わって福祉機能を果たしている組織や制度をも含めた分析が望ましい，といったことを明らかにしてきた。

その具体的適用と問題点については次章以下で明らかにするつもりであるが，ここでは，このような視角を重視した福祉国家論の枠組みを用いることによって，今日急速に進行しつつある現代政治経済における変化はどのように理解しうるか，その論点を若干示唆することによって，本章のむすびにかえたい。

(1) 福祉国家の段階論的把握のエッセンスは，福祉国家が経済構造や世界システムから独立して運動しているのではなく，他の諸要素と密接に連関しながら運動して，全体として1つの資本主義段階を形成しているという捉え方である。今日，経済のサービス化・情報化に代表される産業転換と多国籍企業の本格的浸透に代表される経済のグローバル化と金融のグローバル化が急速に進行している。まず第1に押さえておかねばならないことは，情報技術の急激な進展とそれに伴って進行する世界経済の一体化によって，どの国の政府も国民経済を管理する能力を急速に失いつつあるということである。大規模な民営化や経済の規制緩和は国が経済の管制高地から撤退しつつあることの表れなので

ある。財政金融政策や経済規制政策によって景気循環と長期的な成長を管理することは完成度の高い福祉国家をつくるための不可欠な要素であったことを考えれば，このことは今後の福祉国家の性格を大きく変えることになるであろう。また，産業構造の転換は工業労働者に代わって知識労働者やサービス労働者を社会の前面に押し出すが，このことは，職業的身分の安定と所得再分配を旨とした既存の福祉国家のありようを大きく変えることであろう。また，ソロスが恐れていたように，金融のグローバル化や多国籍企業の本格的台頭は，企業や資本に対する増税を困難にする傾向をもつ。それゆえ，従来の租税システムの延長線上では福祉国家のこれ以上の拡張はいちじるしく困難となることが予想される。このことがさらに現在の福祉国家の解体につながっていくのか。それとも，福祉国家はグローバル化をはじめとしたこれらのことを前提としながら，新しい方向性を切り拓いていくのか。これらが問われるべき重要な問題として登場するようになる。

　(2)　広義の福祉国家論は，地方財政調整制度，補助金を使った後進地域への公共事業の重点配分，食糧管理制度による農民や低所得階層の保護を福祉政策の重要な一環と位置づけるのが特徴である。たしかに，アメリカの農民がニューディール連合の一翼を担っていたことからもわかるように，農民は多くの国で戦後福祉国家の重要な柱であった。そうであるならば，ニューディール農政体系から大きな転換を示したアメリカの1996年農業法やわが国の農業基本法の大規模改正にみられるように，今日世界規模で進行している農業政策の変更や公共事業廃止論は，福祉国家システムが大きく転換しつつあることの1つの証拠として考えられないであろうか。そして，その場合，既存の政策は消失し，それに代わるものは何も登場しないのであろうか。それとも，その空白を埋めるために，新しい社会政策や社会保障政策が登場しつつあるのだろうか。

　(3)　福祉国家システム論というアプローチは狭い意味の国家や政府に代わって福祉機能を果たしている組織や制度を含めて，1つの社会システムと考えようとするものであるが，筆者はとくに企業福祉の行方に強い関心をもっている。近年における経済構造の流動化とともに，ますます多くの企業は企業経営に硬直性をもたらす確定給付型年金を嫌うようになり，確定拠出型に切り替えるようになっている。これは従業員の退職所得の潜在的利益と潜在的リスクを集団の責任から個人の責任へと移すものであり，やはり福祉国家システムの転

換を示す1つの証拠として考えられないであろうか。また,福祉国家システム論的アプローチは,各国の福祉国家システムの安定にとっては何よりも安定した世界システムの存在が必要であると考えるのであるが,パックス・アメリカーナの衰退や冷戦構造の終焉は戦後福祉国家システムあり方に大きな転換へと導きつつあるのであろうか。それとも,冷戦の終了は軍事的脅威の軽減によって長期的には福祉国家の拡充の方向に導く可能性をもつのであろうか[65]。

　以上のような現在問われている重要な問題についての考察は,以下の章にておこないたいと思っているが,福祉国家論の段階論的把握,広義の福祉国家論,福祉国家システム論といったアプローチは,経済構造の転換,政治構造の転換,世界システムの転換に伴って人々の福祉のありかたも大きく変化している現実を明らかにするうえで効力ある分析枠組みであるということを再度述べることによって本章を終えることにしよう。

注

1) Soros (1998) を参照。
2) 対論 ジョージ・ソロスvsポール・クルーグマン「グローバル・エコノミーは何をもたらすか」クルーグマン(1998), p. 250.
3) クルーグマン(1998), p. 250.
4) Albert (1991), 邦訳, p. 320.
5) 激動の30年間において福祉国家が成立する過程については,岡本(1997a)と岡本(2003a)を参照せよ。
6) 80年代以降,福祉国家システムが大きく転換しつつあるという試論については,岡本(1997a),岡本(1997b),岡本(1998)を参照せよ。なお,転換説の代表的なものとしては,加藤(1987)をはじめとした一連の論稿があるが,最近広く読まれている著書の中では,Hobsbawm (1994), Mishra (1990), Mishra (1999), Yergin and Stanislaw (1998), Bryan and Farrell (1996), Hirsch (1990), Hirsch (1995), Strange (1996), Teeple (1995), Cox (1987) が説得力をもって展開している。他方,継続説の代表としては,林(1992)があるが,その他にも,日本政治学会編(1989), Pierson (1991), Pierson (2001) などが重要な継続説として位置づけることができよう。なお,「福祉国家の終焉かそれとも変質か」を扱った論稿として,相澤(1999)がある。
7) その他に,筆者が優れていると考える福祉国家理論として,戸原四郎の福祉国家論がある。とくに,「福祉国家のように,それ自身はイデオロギー的な名称でありながら社会的に定着した概念は,それが同時代人によっていかに観念されたかという客観的事態に即して内容を判断されるしかないのである」(戸原(1984a), p. 3) という説は,強い説得力をもっている。そして,戸原の資本主義の発展と社会保障の関連づけの仕方に筆者は洗練されたものを感じるが,それでもやはり欧米流の社会保障研究に強く傾いた福祉国家論と事実上なっている。このような理由から,本章では戸原の福祉国家論の検討を割愛することにした。戸原

(1984a), pp. 1-28, 戸原 (1984b), pp. 99-113 を参照。なお，社会保障制度と福祉国家（福祉国家資本主義）との関係については，田多 (1994), pp. 1-24 の説明が優れているので，参照されたい。

8) Wilensky (1975), p. 1, 邦訳, p. 33. ウィレンスキーがこのように福祉国家の領域を狭くとったのは，彼が他の人々よりも厳格に「絶対的な平等」をさらに促進するような政策領域と主として「機会の平等」を促進する政策領域を区別しようとしたからである。しかし，このような定義では富裕でない家庭出身の子供むけの高等教育のための奨学金などが福祉国家プログラムから抜け落ちてしまう。実際にはダーレンドルフが説得力をもって指摘しているように，社会民主主義者が好むジャスティスの1つとして平等があり，それも「通常，収入や一般的な社会的位置の平等ではなく，『市民権の平等』と定義されるものであり，『結果の平等』ではなく『機会の平等』と定義されるもの」であった。要するに，機会の不平等と結果の不平等は概念上は区別することができるが，階級システムと結びついたこれらの不平等は実際には重なりあっているのであり，現実の歴史的存在としての福祉国家はこの両方に対して是正措置をとらざるをえなかった。以上については，Dahrendorf (1979), 邦訳, pp. 144-145 と Flora and Heidenheimer (1981), pp. 30-31 を参照。しかし，興味深いことにウィレンスキーが最も情熱を注いだ生涯の研究テーマは「広義の福祉国家」（彼はそれを rich democracies や political economy という言葉で表現している）の国際比較であった。その成果は Wilensky (2002) として結実したが，その大著のなかで彼は事実上アメリカに対するヨーロッパ福祉国家の安定性と優位性を主張することになった。

9) Briggs (1961), p. 218.
10) Mishra (1990), pp. 123-124, 邦訳, pp. 143-144.
11) Mishra (1990), p. 103, 邦訳, p. 121.
12) ピーター・ドラッカーもまた，第2次世界大戦後40年間の先進諸国の国内体制はケインズ主義的福祉国家体制であったと考えている。Drucker (1995), 邦訳, pp. 346-347 を参照。
13) 伊東 (1999), p. 78. なお，社会国家についての説明は，ザップ (1990), pp. 170-171 も参考になる。
14) Ritter (1991), 邦訳, p. 12.
15) オッフェ (1988), p. 311.
16) Gilpin (1987), 邦訳, p. 58.
17) ミュルダールは Myrdal (1960) 第5章「福祉国家での計画」で次のように述べている。「過去半世紀に，西欧的世界のすべての富国を通じて，国家は民主的な福祉国家となり，経済発展，完全雇用，青年にとっての機会均等，社会保障，および，すべての地域と社会階層の人々に対して所得だけでなく栄養，住宅，健康ならびに教育に関しても最低水準を護るという広範な目標を，かなり明示的に確約しているのである」(p. 45, 邦訳, p. 63)。なかでも，完全雇用については，「福祉国家での経済計画の最大の公約」(p. 49, 邦訳, p. 68) であると述べている。財政予算については，「公共財政の諸問題は，現在では，国際貿易および国際収支，賃金および所得，貨幣および信用などの諸問題と，不可分に絡み合っている。その理論的組織化の仕組みが国民的予算であり，これは，国家による経済予測と経済計画の総体的な網の目をつくるのに役立ち，簿記原理による中央統制であると考えられている」(p. 52, 邦訳, p. 72) と述べ，予算が経済計画の中心に位置していることを強調している。そして，福祉国家が発展するにつれて，「経済計画」の1つの極端な亜種である「国有化」に代わって，私的産業企業に対する国家規制が「より広い社会目的」に沿うようなかたちで経済全体の調整をおこなうようになると，これまた鋭い指摘をしている。pp. 54-56, 邦訳,

pp. 74-77 を参照。
18) Klausen (1998), pp. 3-4. なお，クローセンが以下に指摘しているように計画化（プランニング）の核心を「計画の作成」と見ることは狭い見方であり，計画化はコーディネーションの問題であり，多くの手段によって達成可能であった。「実際に，計画化の諸目標はその他の政策の上に乗っかることができた。その結果として，計画化はさまざまな政策の心構え，または一側面として見なすことができる。フィスカル・ポリシーは政府支出を賄うために十分な歳入を調達することを目的とするが，完全雇用目標に関連する目的に役立ちうるのである。罰金や租税の払い戻しは産業が利益を再投資し新規の雇用を創出するのを奨励するのに用いることができる。『計画』と銘打たれた政府文書の存在が計画化が行われた唯一の指標であることは決してない」（Klausen (1998), p. 4）と正しい指摘をおこなっている。
19) 以下については，Esping-Andersen (1990), pp. 21-33 を参照。
20) 大内力の「国家独占資本主義論」がその名称にもかかわらず，内容的にはかなり「福祉国家的傾向」を強く打ち出した現代資本主義論（とくに，「国家独占資本主義の不朽性」についての研究は）となっていると筆者は考えているが，同様の指摘は日高 (1991) にもみられる。『国家独占資本主義』は，「レーニンの造語を取り上げてその語義内容を追求するといった科学的にいって到底意味あるとは思えないところから出発した。そして結局現代資本主義の福祉国家化傾向の理論化という輝かしい鉱脈を掘りあててしまったのである」(p. 113) と大内の議論の柔構造的側面を日高は高く評価している。ただし，筆者は日高に比べて，大内力の「国家独占資本主義」という概念が時代の変遷とともに微妙に変化していることをより重視している。とくに，大内 (1983)，大内 (1985) のように時代が下れば下るほど，国家独占資本主義の福祉国家的側面がより強く打ち出されるようになっている。このような理由から，福祉国家論の前史として大内「国独資」論を位置づけている本章は，大内の主張がはじめて体系的に，かつ全面的展開された大内 (1970) における議論を主な検討対象としている。
21) 大内 (1970)，とくに 3 章「国家独占資本主義の本質」を参照。
22) 大内 (1979) では，インフレ政策は「金融資本の政策」であるという自説をより積極的に展開している。その論拠として，1930 年代に採用された管理通貨体制は大恐慌によって生まれた危機を回避する手段であって金融資本が直接に欲する政策ではなかったが，管理通貨制度が成立した後には，金融資本はそれを積極的に支持し，インフレ政策を利用しつつ蓄積をすすめてきたことをあげている (p. 23)。管理通貨制度，完全雇用政策，インフレ政策などは金融資本，国家管理層，労働者，その他の社会勢力の富と権力の分配をめぐる闘争の産物であるという観点が大内には弱い。なお，インフレは政治闘争を反映したものであり，さらに政治闘争を調停する役割を果たしているという議論については，Hirsch and Goldthorpe ed. (1978)，2 章，8 章，むすびを参照せよ。なお，資本主義国家と支配的資本との関係については，「支配階級は支配しない（the ruling class does not rule）」と主張するフレッド・ブロックの議論が参考になる。Block (1987) の 1, 2, 3, 4, 5 章を参照せよ。
23) この背景としては，この時期に「資本主義の組織化と民主主義」(1946 年) と題する宇野論文における「…29 年の大恐慌に続く 30 年代の各国に於ける国家主義的傾向を，ただちに金融資本の自主的活動によるものと看做することは…なお幾多の疑問がある」という宇野の認識に対して積極的評価と修正が頻繁におこなわれるようになったことがあげられる。
24) 加藤 (1974), pp. 36-41. なお，加藤がこのような現代資本主義論を打ち出すにあたっては，加藤 (1973) として結実する，過去十数年に及ぶワイマル期ドイツ資本主義の研究があった。とくに，ワイマル研究と現代資本主義論との関係については，加藤 (1973) の序章第

Ⅲ節「『早生的』国家独占資本主義」（pp. 55-83）を参照せよ。
25) 加藤（1974），pp. 41-43.
26) 関根（1974），pp. 26-31.
27) 加藤（1976），pp. 10-13.
28) たしかに「証券法」や「銀行法」は経済制度における公的権威の行使を強化することを目標としたものであった。しかし，W. O. ダグラス教授が「19世紀的な立法」であるとして相手にしなかったという逸話からもうかがえるように，それらはNIRAに代表されるような「近代的な型の中央計画経済」を目指すコーポラティズム思想とは180度性格を異にする，アメリカの伝統的な競争的企業様式の復活を目指すものであった。そういう意味で，NIRAではなく，これらの政策が戦後アメリカ社会に定着したことが，ヨーロッパと比べてアメリカの混合経済体制の進展に歯止めをかけたという解釈も十分に成り立ちうるのである。Shonfield（1968），pp. 312-315, 邦訳，pp. 289-291を参照。
29) 萩原（1974），pp. 45-54.
30) 萩原の福祉国家論の問題点は「完全雇用と実質賃金の持続的上昇という二つの条件」が福祉国家の必要十分条件であると考える点にある。これは戦後日本の高度成長を念頭に置いた議論であるが，「二つの条件」はあくまでも福祉国家の必要条件であり十分条件とはいえず，実際に戦後日本でも国民各層の要求に答えて，農業保護政策，後進地域に対する公共土木事業，さらには不十分ながらも住宅政策をはじめとした都市政策，国民皆保険，皆年金政策でもって補完したのであった。
31) 筆者は，「国家独占資本主義」という理論枠組みでの加藤の現代資本主義研究を「前期」と呼び，加藤が1980年代に入ってから精力的に行う「福祉国家」という理論的枠組みでの現代資本主義研究を「後期」と呼ぶ。
32) 加藤（1976），pp. 15-16.
33) 加藤（1980），pp. 10-15.
34) 戸原（1984a），p. ii.
35) たとえば，第2臨調の第2特別委員会の部会長であり，国鉄の分割・民営化において中心的役割を果たす加藤 寛も，60年代においてはミュルダールの議論をわが国に積極的に紹介し，1970年代前半には厚生省の人口問題審議会に参加し，成長第一主義に代えて福祉を重視する主張を展開していた。これらについては，大嶽（1997），pp. 229-256を参照。
36) 実際に，石油危機以前の1970年における一般政府財政支出の対GDP比率はOECD諸国平均で30.5%であったが，1980年には40.5%へと約10ポイントも上昇しており，公共部門，とくに社会福祉支出の大きさが誰の目にも目立つようになっていた。とくに，わが国のこの期間における広義の社会保障支出の伸張は著しく，その平均増加率を名目GDPの平均成長率で割った比率であるGDP弾性値は，1966～72年の1.06から，73～75年には2.01，そして76～81年には1.71と急激な伸張を示した。このように日本においても社会保障制度が急速に社会的に大きな存在となっているという事実のうえに，福祉国家が広く世界において政治の重要争点になったことが加わり，マルクス経済学者も福祉国家の行く末とその過去の歩み，そして現代社会での役割について重大な関心を払わざるをえなくなったのである。
37) 林（1992），pp. 20-21.
38) 加藤（1987），pp. 268-269.
39) 加藤（1979），pp. 10-20を参照。
40) 加藤（1991），pp. 120-121.
41) 林（1992），pp. 4-5。林と同様にウォリンもまた，国家の福祉活動は軍事をはじめとした

国家の他の関心から切り離して理解することはできない，福祉は国家権力の文脈において考慮されるべきである，と強く述べる。Wolin (1987), pp. 467-470.
42) 加藤（1988），p. 219.
43) 加藤（1987），p. 276.
44) 福祉国家の諸定義についてのより詳細な研究は，岡本（1992b）を参照せよ。なお，同論文において，筆者は福祉国家をシティズンシップ発展の帰結としての社会的諸権利の制度化として理解する T. H. マーシャルの説の有効性と限界について明らかにしている。
45) 林（1992），pp. 8-10.
46) 林（1992），pp. 111-114, pp. 126-132.
47) 林（1992），p. 13.
48) 加藤（1988），p. 219.
49) 福祉国家の「系譜論」的把握に対する加藤の批判については，加藤（1978），pp. 295-299 を参照せよ。
50) ヘクロは，実験期においては福祉国家はまだ成立しないと断ってはいるが，19世紀後半における社会保険技術の創出と普及に関しては高い評価を与えている。「それは一挙に，全国的で，標準化された，そしてスティグマの伴わない機能しうる公共モデルを提供した」と述べ，その現代性と機能性を認めている。Heclo (1981), p. 389.
51) 19世紀末から20世紀初頭にかけて，ヨーロッパ諸国において選挙権が急激に拡大していった事実については，Flora ed. (1983), Vol. 1, pp. 89-151 を参照せよ。
52) 加藤はこのことを自覚し，一方では1890年代におけるドイツの公的年金制度創設やイギリスの1910年代の失業保険制度の創設を「現代福祉国家システムの中枢をなす制度の濫觴」としての歴史的意義を認めている。加藤（1995），pp. 207-208 を参照。なお，福祉国家はいつどのように成立したかについての筆者の見解については，岡本（2003a）を参照せよ。そこで，古典的帝国主義段階（1870年代から第1次世界大戦まで）において福祉国家の萌芽がみられ，第2次世界大戦中に「体制としての福祉国家」が確立すると主張している (pp. 8-12, pp. 22-25 を参照せよ）。
53) ヘクロもまた，「福祉国家の基礎を固めるうえでの西ヨーロッパのリードは社会政策に関するアメリカの無能力によって保証された」(Heclo (1981), p. 392) と述べていることからもわかるように，アメリカの西側陣営の軍事費負担がヨーロッパの高福祉を可能にしたことは十分に認めている。しかし，そのような軍事的連携と経済的連携が高度成長に貢献したという認識は希薄である。
54) 以下の説明は，林（1992），pp. 148-150 に拠る。この図は，bの社会保障関係費がdの社会保険と渾然一体となって運用されているわが国の社会保障財政の最も重要な特徴を描き切れていないという難点を含んではいるが，広義の福祉国家をわかりやすく説明するうえで優れている。
55) 神野（1992），p. 217.
56) Keynes (1931), p. 313, 邦訳，p. 345.
57) Myrdal (1960), p. 34, 邦訳，p. 48.
58) Lowi (1979), pp. 34-35, 邦訳，pp. 67-67 を参照。なお，岡本（1990a），pp. 135-136 も参照せよ。
59) 金子の「制度の政治経済学」という視点もまた，社会における中間組織の役割を重視している。金子（1997），pp. 30-31 を参照。
60) Salamon たちによって1996年に公刊された研究によれば，社会サービスの分野において

NPOによる支出は，ドイツでGDPの0.9%，イギリスで0.6%，アメリカで0.7%，住宅についての支出については，ドイツで0.4%，イギリスで0.2%，アメリカで0.1%と推測されている。なお，1993年における雇用主によって提供される社会支出（主に非強制の企業年金と健康保険）は，ドイツでGDPの1.5%，スウェーデンで1.0%，イギリスで3.2%，アメリカで7.8%と推測されている。OECD（1999a），p. 53.
61) 加藤（1995），p. 213.
62) Esping-Andersen（1990），p. 23.
63) 加藤（1995），pp. 214-215.
64) 加藤（1995），p. 215.
65) ここで冷戦の終了が福祉国家にどのような影響を及ぼすかについての筆者の見解をごく簡単に述べておく。短期的にはソ連・東欧の市場経済化による市場原理主義の強大化とグローバル化の進展によって先進資本主義諸国の福祉国家システムは打撃を受けるものの，長期的には核戦争による人類文明の危険の低下，先進国間での紛争解決手段として戦争が用いられる可能性の低下によって，人権と民主主義支配の強化，国際的不平等の除去，すべての地域での基本的生活水準の確保，地球環境問題への協力，など福祉国家の一層の発展に重要な寄与をすると思われる諸条件は大きく進展するものと考えている。もちろん，アメリカ発のグローバル化やイラク戦争にみられるように，これらのことが今のところ現実化していないのは明らかであり，それゆえ福祉国家の一層の充実を現実化するには，南北間の不平等の是正，環境問題への地球規模での取組み，人権と少数民族の擁護，民主的原理を国際介入の原理に据えること，軍事力使用の極小化などの課題が着実に解決される必要がある。このような考え方のより詳細な展開については，Shaw（1994）を参照せよ。

2章　福祉国家財政論の到達点と課題

1. はじめに

　前章において，林　健久と加藤榮一によって切り拓かれてきた福祉国家論の生成の背景とその特徴について概観した。

　ところで，この福祉国家論の開拓と彫琢は財政研究と強い結びつきをもっていた。林の福祉国家論は，文字通り長年に及ぶ日本財政の実態分析やニューディール財政の研究過程から生まれたものであった。ワイマール体制の経済構造の分析から出発した加藤の福祉国家論は労使関係など財政以外も重要な研究対象としていたが，その中心的対象は広い意味の財政（たとえば，財政金融政策と強い連関をもつ管理通貨制度や公企業などをも含む）であった。筆者もまた財政支出を伴う福祉政策以外の規制による労働者や農民に対する保護政策なども福祉国家論の重要な研究対象として含まれるべきだと思っているが，福祉国家分析の中心はまず何よりも広い意味の財政に置かれるべきだと考えている[1]。

　このように現代国家を福祉国家と捉え，その財政を福祉国家財政と押さえ，そのような視点でもって日本をはじめとした先進資本主義諸国の福祉国家の財政を分析する研究は福祉国家財政論と呼ばれるようになった。この「福祉国家」という分析枠組みを用いながら現代財政を分析する福祉国家財政論は現在までにかなりの成果をあげ[2]，今やわが国の財政学研究において1つの新しい研究伝統を形成するに至っている。

　本章では，この福祉国家財政論という分析枠組みによって現代財政の歴史的展開過程や現状がどのように整合的に理解しうるようになるかを主に戦後の日本財政を用いて明らかにしたい。そのことを果たした後に，既存の福祉国家財政論の議論のなかで現状の動きを解明するうえで今なお不十分であると思われるいくつかの点を指摘し，それに対する筆者の見解を提示したい。

2. 福祉国家財政論の現状分析力

　前章において，林と加藤の議論に代表される福祉国家論は，欧米の多くの福祉国家研究者のように国家のなかの社会政策分野や社会保障制度を福祉国家と等値するのではなく，福祉国家を歴史的な性格をもった1つの国家体制として捉えようとしていることを指摘した。そして，このような基本姿勢をもつ福祉国家論の最も重要な特質を，①広義の福祉国家論，②福祉国家システム論，③福祉国家の段階論的把握，というかたちで整理した。本章においては，これらの諸特質の上に社会主義としての福祉国家理解というもう1つの重要な特質を加え，福祉国家論という理論的枠組みは，現代資本主義や現代財政（とりわけ戦後の日本財政）の特質や現代進行中の変化を整合的に理解するうえで他の理論的枠組みに比べていかなる優位性を有しているかを，4つの特質に沿ってより具体的に明らかにしていきたい。

2.1　広義の福祉国家論と戦後日本の政策システム

　広義の福祉国家論とは，現実の国家の再分配政策や社会安定化政策にはさまざまなものが存在するという事実に注目して，福祉国家の機能をできるだけ広く捉えようとする態度と方法のことを指す。財政経費として具体的に述べると，公的扶助，年金や医療，介護やその他の社会サービス以外にも，地方交付税，義務教育費国庫負担金，後進地域や農村部への公共事業，中小企業や農業対策費，などの経費が広義の福祉国家経費に含まれると考える（これについては，1章を参照せよ）。

　戦後日本において重要な役割を果してきたこれらの経費や政策がなぜ，福祉国家的な経費として考えられるのかを，近年わが国のみならず欧米やアジア諸国においても影響力をもつようになった村上泰亮の「開発主義」概念と対比しながら説明していくことにしよう。

　「開発主義」とは，戦後日本の経済的成功と近年におけるNIEs諸国の成功経験を政策モデルとして村上が一般化したものであるが，資本主義を基本枠組みとするものの，産業化の達成を目標として市場に対して長期的視点から政府が介入する経済システムである。それは，おおよそ次のような原則，制度，政策群から構成される。①私有財産制に基づく市場競争原則，②新規有望産業の

育成を中心とした産業政策，③輸出指向型製造業の重視，④中小企業の育成，⑤農地の平等型配分をはじめとした農民に対する平等化政策，⑥国民に対する分配の平等化，それを通じた大衆消費中心の国内市場の育成，⑦初等・中等教育の拡充，⑧公平で有能な官僚制の育成[3]。

筆者の見解によれば，これらは皆福祉国家段階における政策システムであり，とりわけ，④以降の項目は広義の福祉国家政策である。というのは，中小企業政策にしても農業政策にしても大衆民主主義のもとで中小企業者や農民の要求に国家とその財政が応えたものであり，そのことが何よりも国内における「二重文化」の創出を防ぎ，日本社会の安定化に貢献したからである。

全国総合開発計画以降の，日本の地域政策についてもほぼ同様のことがいえる。農村やその他地域に滞留する過剰労働力に対処する伝統的な手法は労働訓練プログラムや移動促進計画といった労働力流動化政策であるが，大衆民主主義的な住民の生存権を認めている福祉国家体制のもとにおいては，住民は移動を促されること自体に強い抵抗を示す。そこで，国家のほうとしても労働力構造の変化のショックを何らかのかたちで吸収する政策を採用せざるをえなくなるが，その方法は1つではない。1つは，新古典派経済学が主張するような，失業者に対する福祉給付に代表されるところの生産活動と切り離されたかたちの，すなわち価格形成に関わらないかたちでの分配政策である。これは市場の働きを歪めて資源配分を非効率にすることを回避するという利点をもつが，生産と縁を切ったかたちでおこなわれるため労働意欲を高める誘因とはならず，悪くすると労働力の劣化現象を招く。もう1つの手法は，米価支持制度に代表されるような，価格や生産量に関連づけておこなわれる再分配である。これは，今後相対的に衰退していく旧産業を価格支持などの手段で維持していくため，資源配分上マイナスであるが，他方，旧産業で働く人々の労働意欲が保存されることによって，従来の家計単位が維持され，消費需要の安定した源泉になるのみならず，何よりも政治的心理の安定化に貢献する[4]。

筆者は，1962年の全国総合開発以降の一連の日本の地域開発政策[5]やさまざまなかたちの地域政策はちょうどこの2つの手法の中間に位置する政策であると考えている。というのは，地域開発政策というのは，農民をはじめとした生産者それ自体を直接保護するのではなく，農業の傍らに工業を創出したり，公共事業でもって雇用を創出したりすることによって，農家の兼業化や比較的近

い地域間での労働力移動をスムーズに推し進め，いわば農民をはじめとした旧中間階級を間接的に保護する働きをしたと考えるからである。

　1795年スピーナムランド法は産業革命の怒濤から伝統的な農村の組織を防衛するうえで重要な役割を果たした，とカール・ポラニーは述べている。というのは，それは経済的な進歩を遅らせることによって，数世代にわたって破滅を避け，新しい対応のための時間的余裕を与えたからである，と[6]。戦後の日本においては，国家はまず自国の経済を世界経済の成長のリズムに適合させねばならなかった。そのため，経済全体の進歩を遅らせるということは難しかったし，また実際に国家はそのような選択をしなかった。むしろ，進歩を積極的に速める成長戦略を採用したが，それは当然過疎・過密の問題や経済格差の拡大をもたらした。これに対して，農民や中小企業者は農業政策，中小企業政策，地域政策を要求し，国家もこの要求に応えた。それはアングロサクソン的な意味での福祉政策とはいえないにしても，それを補完・代替するものであり，地域社会の崩壊，労働意欲の減退，国内の社会的分裂などを防ぐうえで大きく貢献した。

　村上はこれらの政策を産業政策とセットにした「システムとしての開発主義」と呼んでいる。しかし，そもそも産業政策というのも，競争のもつ動機づけの力を弱めないことを目的とする一方で，過当競争を抑制することによって競争過程での破産や失業のコストを少なくすることをも重要な目的としていた。また，村上は，「開発主義は，ナショナリズムの立場に立つ産業化の理論ないし政策であり，かつての重商主義やドイツ歴史学派の発展形である」[7]とやや系譜論的に捉える傾向にある。それに対して，筆者は産業政策（これ自体，欧米資本主義に対抗すると同時に，過当競争を抑制することによって競争過程での破産や失業のコストを少なくすることを重要な目的としていた）を補完する中小企業政策，農業政策，地域政策はいずれも，大衆民主主義が格段に強化され完全雇用が重要な国家目標とならざるをえない段階における，すなわち戦後福祉国家段階における広い意味での特殊日本的な福祉国家政策であると考えている。

　このように，広義の福祉国家論というアプローチによってはじめて，資本主義の世界史的な発展段階と各国資本主義の特殊性によって二重に規定された個性ある福祉国家の現実とその変化のあり方をよりリアルに捉えることができる

のである。

2.2 福祉国家システムという概念の重要性：政府間財政関係を例として

　広義の福祉国家論が国家による福祉機能（安定化機能と再分配機能）にできるだけ広く焦点を当てるのに対して，福祉国家システムという概念は狭い意味の国家や政府に代わって福祉機能を果たしている組織や制度をも含めて，1つの社会システムとして捉えようとするものである。

　福祉国家についてはそのようなアプローチが必要であることを，福祉国家論の理論的開拓者であるグンナー・ミュルダールは次のように的確に表現している。

>　「国家活動の量と強度が増すにつれて，国民国家は個々人の日常生活にとってよりいっそう重要になってきている。そして，ここでわたしは『国家』という言葉のなかに，公式の立法や行政以外のずっと多くのものを含めている。わたしがすでに述べてきたように，現代福祉国家について重要なことは，それが『組織国家（organisational state）』へ発展しつつあるということである。福祉国家はあらゆる種類の公共組織，半公共組織，民間組織のなかに細分化されながら枝状の広がりをみせつつある。そして，これらの組織がそれぞれの会員を代表して団体交渉をおこなったり，お互いの組織の間で，そして国家との間で協定を結ぶのである。」[8]

　ここでミュルダールは，企業団体や労働組合団体による社会コーポラティズム的慣行（労使の頂上団体が国家に代わって，あるいは国家と協調して，物価や賃金の決定，職場におけるセニオリティ・ルールの確定，教育や住宅政策の決定等の公共政策をおこなうこと）を念頭において語っているが，このような関係は何も労働組合団体だけにかぎらない。農民団体と国家との関係，国家と地方政府との関係，国家と社会保障基金や共済組合との関係，その他全般にあてはまるのである。ここでは，日本における国（中央政府）と地方自治体（地方政府）との財政関係を例にとって，福祉国家の「組織国家」的側面，システム国家的側面の意義について明らかにしよう。

　周知のように，日本の地方政府は，国庫支出金，起債許可制度，そして地方交付税といった財政手段を通じて中央政府によって大きくコントロールされている（このことは多かれ少なかれ，他の多くの先進資本主義諸国にも共通して

いる)。しかし，このことをもって地方自治が制度的に不十分であった戦前と同じレベルで中央―地方の支配関係が貫徹していると捉えることは間違いである。というのは，現在におけるコントロールは，国と地方政府の間に存在する非対称的な権力関係を是正するために地方自治に関する制度保障条項が憲法のなかに設けられるようになった段階における国の介入・統制だからである。

それゆえ，現在の中央と地方の行財政関係は中央政府と地方政府の機能分化が進んだ段階における福祉国家の「組織国家」的側面，システム的側面の貫徹として理解するほうがよい。すなわち，全国民にできるだけ等しく社会保障や社会福祉を行き渡らせるという大きな目標があって，そしてそのことに対する国民的合意の上に立って，補助金を通じた地方政府に対する国の誘導・統制があり，地方政府の財源保障と地方政府間の財政力格差是正のための地方交付税制度があり，マクロ経済政策に地方財政を動員するための地方債の統制や交付税の事業費補正等の手段が存在するのだ[9]，とひとまず理解しておくほうがよい。もちろん，この関係にはしばしば行き過ぎがあり，その結果中央―地方を貫く非効率な縦割り行政が生まれたり，地方の財政責任が希薄化するなどモラル・ハザードが生まれたりするのであるが，しかしそれでもこの関係を一部の経済学者や政治学者のように「1940年体制」であるとか「垂直的統制モデル」として戦時体制の直線的延長として捉えたり，先進国欧米に対する後進国モデル一般に解消してしまうことは間違っている[10]。あくまでも，世界史的にみて福祉国家段階に現れた日本における社会システムとして，すなわち日本の国家が自国の歴史的構造に応じて各水準の地方政府に役割分担を与え，再度それを統合する現代福祉国家のメカニズムとして考察すべきである。

また，この福祉国家システムというアプローチによって，われわれは真の意味の福祉国家の国際比較が可能になると考えている。たとえば，アメリカにおいては公的な社会保障が貧弱である一方で，企業年金，雇用主提供の健康保険など企業福祉のウェイトが高く，それらは平均より上のアメリカ人の生活保障を支えるうえで大きな役割を果たしている。しかも，これらの民間福祉は租税優遇措置（租税支出）によって国家の支援を受けたり，エリサ法にみられるように国家の規制を受けているために，もはや純然たる民間部門による自主的活動とはいえない。それゆえ，このような公的支出の項目に直接的には現れない企業福祉なども福祉国家システムの一部を構成するものとして各国福祉国家の

比較をおこなわないとその比較像に偏りが生まれる恐れがある。

この企業福祉の例が示すように,また先に述べた日本の農業政策や地域政策の例が示すように,各国の歴史のなかで生じた個々の現実の企業福祉制度や経済政策こそが,「重層的に組織された資本主義に対応して重層的に編成された福祉国家システム」[11] を全体として構成しているのである。それゆえこのような観点を欠如させた国際比較は,その手法がいかに洗練されたものであれ,静態的で彫りの浅い非歴史的な比較分析に終わらざるをえない[12]。

2.3 社会主義としての福祉国家:プライヴァタイゼーション運動の歴史的意義

所得税制度や医療保険制度のような福祉国家的政策に対して「社会主義的」であるとレッテルをはる自由主義者は多くいた。とくに,アメリカにおいてそのような反社会主義的な人々の政治的影響力はかなり強く,そのことが今なお国民的な医療保険制度が実現しない大きな原因となっている。他方,スウェーデンの社会民主主義者やイギリスのフェビアン社会主義者,そしてフランスのレオン・ブルジョアなどの連帯主義者は福祉国家的政策を当然社会主義的政策として積極的に擁護していった。

しかしながら,福祉国家的政策を資本主義の段階的発展とそれに伴う社会主義運動の発展・変化のなかに位置づけ,学問的に社会主義的政策であることを明示した研究は意外に少ない。その少数の例として,アメリカ経済学会における「社会主義への前進」という講演(1949年12月)でのシュンペーターの主張,経済史家ピーター・テミンの1989年のライオネル・ロビンズ記念講義における主張をあげることができるであろう。これらは,資本主義の歴史的展開という歴史的観点から福祉国家を1つの社会主義のあり方として学問的に位置づけており,現時点でも学ぶべきところが大きい[13]。

わが国の福祉国家財政研究者の「福祉国家(財政)は社会主義のインパクトを受けて成立した」という考え方も世界的なこのような流れのなかに位置づけることができるであろう。なかでも,「福祉国家システムとは,資本主義が社会主義の現実的な要求を包摂するかたちで展開する資本主義の自己改造である」と主張する加藤の議論は福祉国家と社会主義の関係(そして,また福祉国家と資本主義の関係)を正面から明らかにしようとするものであり,今なお重要な論点を含んでいる。

加藤は，社会主義を資本主義の次にくる未来社会の設計図としてではなく，資本主義の批判思想として再定義すべきだと主張する。そして，そのような観点から社会主義を捉えた場合，社会主義からの要求は①資本主義の反世界としての社会主義を主張する部分，より具体的には公企業を社会主義のための「管制高地」とせよという要求，②元来商品経済にはなじまない労働力と土地にかかわる社会主義的要求，すなわち土地利用規制や労働者階級の同権化要求，③人間の生活そのものや生活を通じての人間の再生産にかかわる要求，より具体的には非現役世代の養育や養老といった社会保障制度にかかわる要求，の3つの構成要素に区分しうる[14]。

　この社会主義要求の3つの区分は，後に福祉国家システムの転換を問題にするばあいに非常に重要な区分となるのであるが，それはともかく，これらの社会主義的要素の相当部分は第1次世界大戦後の現実の福祉国家システムのなかで実現していくことになった。これらの要求の実現，とくに労働者階級の同権化の実現にとって，最も重要な条件は経済の生産性の上昇であった。この条件がないと，ヴァイマル共和国での例が示すように，単位当り労働コストを急増させ，投資を抑制し，経済成長を鈍化させ，大量失業を生み出す可能性が高くなる。戦後の高度成長期においては，生産性の持続的成長を前提に高投資と高賃金とを両立させる均衡帯がうまく形成され，社会主義の構成要素が資本主義的商品経済にうまく溶け込み，福祉国家システムは安定した[15]。

　それに対して，生産性上昇率が急落するようになった1970年代半ば以降，資本主義的商品経済の容量が急速に減少したために社会主義的要素が飽和状態になった。その結果，公企業の民営化，連帯主義的コーポラティズムの解体，福祉国家システムの社会連帯的側面の削除など，広い意味でのプライヴァタイゼーション運動が生じた。加藤によれば，このプライヴァタイゼーションは「結晶化した社会主義的要素を福祉国家システムの外に排斥する試み」であり，ソ連・東欧の社会主義体制崩壊もまた世界史的観点からすれば，プライヴァタイゼーションという世界的潮流を構成する1つの要素ということになる[16]。

　このように福祉国家を社会主義的要素の結晶化したものと理解することによって，先進資本主義諸国のみならず旧ソ連・東欧をも含めた世界各国で生じた広い意味でのプライヴァタイゼーション運動の歴史的意義がはじめて明らかになる。それと同時に，筆者は「効率重視」の観点から実行された規制緩和や民

営化が現在各国において「安全性」や「環境保護」の観点から見直されつつあることを重視している。とくに，金融や電気通信分野で大胆な規制緩和を先導したアメリカにおいてすら，医薬品規制などに関しては政府による規制が強化・拡充している事実を重視している。要するに，いずれの国においても，健康や福祉にかかわる政府の規制は容易に削減することはできなかった。また，非現役世代の養育や養老といった社会保障制度，すなわち人間の生活そのものにかかわる社会主義的要求は，80年代の大々的なプライヴァタイゼーション運動にもかかわらず，そして既存の社会主義国家の崩壊という事実を前にしても生き残ったということは，現在福祉国家システムが解体しつつあるかどうかを論じるさいに考慮すべき最も重要な事実である。

さらに，福祉国家と社会主義の関係を正面から問題にする場合，近年ヨーロッパを中心に社会主義についての考え方がいっそう大きく見直されつつあることも注意しなければならない。社会主義とは計画経済を意味するものでは決してなく，デモクラシーの拡大・深化，すなわち権力の分権化や多元的システムと同義であるという考え方が勢いを増してきている。それゆえ，従来の基準から考えると一見反社会主義的にみえる福祉国家改革も深いところではデモクラシーのいっそうの拡大を意味するばあいがあるのである（これについては，8章を参照せよ）。

2.4　福祉国家段階の終焉か，それとも段階内の修正・再編か

　林や加藤に代表されるような福祉国家財政論の理論的特徴の1つとして段階論的把握があげられる。これは，19世紀中葉のイギリスにおける国家干渉を福祉国家の起源と捉える「系譜論」的把握と異なり，福祉国家が産業構造や資本蓄積様式や世界システムから独立して運動しているのではなく，他の諸要素と密接に連関しながら運動して，全体として1つの体制を構成しているという捉え方である。

　林は，第1次世界大戦を境にしたドイツとイギリスにおける財政支出水準と社会費支出を手がかりにして，これらの国々においてこの時期に福祉国家体制が成立したと述べる。同様の根拠でもって，アメリカにおいてはニューディール期を境に，日本においては第2次世界大戦後に福祉国家体制が成立したという[17]。加藤もまた，福祉国家の萌芽期を19世紀末葉に求めるものの，その確

立期を第1次世界大戦から第2次世界大戦直後の激動の30年間に求める点では林とほぼ同じである（これらについては，1章を参照せよ）。

しかし，1970年代後半以降の福祉国家に対するバックラッシュ，そして80年代における新保守主義の興隆，そして90年代以降誰の目にも明らかになったグローバル化が福祉国家に及ぼす影響についての見方において，両者は決定的に異なっている。加藤は「福祉国家体制がいま解体修正過程にあることは紛れもない事実である。それは明白な方向転換であって，短期的な意味しか持ちえない単なるバックラッシュではない」[18]と経済や社会における国家の役割を縮小しようとする方向は時代を画する大転換を示すものであると主張している。それに対して，林は「一見過激にみえた『レーガノミックス』や『サッチャーイズム』の政策自体，先行する福祉国家財政の枠組や果実を前提としてなり立っていたのである。したがって，一見逆方向を指しているようにみえる二つの財政イデオロギー（再分配を強く要求するイデオロギーと国際競争力の強化を要求するイデオロギー……筆者）は，実は福祉国家財政を支える二つのイデオロギーなのであって，負担，給付とも拠るべき規準のない福祉国家財政は，この二つのポールの間をゆれ動く政策イデオロギーに導かれて，左右にゆれ動くことこそその本質なのである。……その意味では，反福祉国家的立場からの批判も，それが中間階層をまき込んで実行に移されてみれば，むしろこの体制を補修し，強化しているとみなすことができる」[19]と福祉国家体制の継続性を強く主張している。

この1970年代末期から今日まで続いている「小さな政府」志向と福祉国家抑制を福祉国家システムの解体・再編として捉えるか，それともシステムの基本的存続を目的として調整を図るものとして捉えるかという問題は，福祉国家財政を研究する者にとって残された最も重要な課題である。

福祉国家財政の研究者の多数を結集して約10年前に編まれた『福祉国家財政の国際比較』の「はしがき」において，編者である林と加藤は「福祉国家システム再編成の評価と展望にかんする執筆者相互の意見の隔たりもなお十分にうめられていない」[20]とその隔たりが存在することを率直に吐露していたが，その隔たりは21世紀となった今でも埋められていない。むしろ，90年代に急速に進展した経済のグローバル化が福祉国家システムに及ぼした影響をめぐってその隔たりは拡大しているとすら言える。たしかに対象は依然流動的である

ため確定的な評価を下すのは難しいが、学問的に福祉国家財政の変化のあり様を研究しようとする者にとって最も重要な課題と思われる。それゆえ、以下において現時点における筆者の評価を明らかにしていこう。

3. 福祉国家財政論の課題

3.1 福祉経費の動向

1980年代を境にして福祉国家財政が転換したかどうかを判断するためには、まず何よりも狭義の福祉国家経費が1980年代と90年代においてどのように推移しているかをみる必要がある。

図1は、アメリカ、イギリス、ドイツ、スウェーデン、日本の5カ国の1980年以降における公的社会支出の対GDP比率の推移をみたものである。いずれの国も若干の変動はあるものの、長期的にみるとほとんどの国において増加してきている。とくに、近年、ドイツと日本において、その数字が高くなっているのが目につくが（スウェーデンにおいては、1990年代初頭の経済悪化の時期にこの比率が高騰している）、これは両国の経済停滞によって分母のGDPの伸び率が低いこと、失業等に関する経費が急増したことに強く関連している。要するに、国民経済の規模に対して公的福祉経費が大きく削減されたという事実はみられない。

アメリカの公的社会支出の対GDP比率は、1980年の13.1%から1990年には13.4%、2001年には14.8%へと推移している。内訳で目立った動きをしているのは医療費で、1980年の3.7%から2001年には6.2%へとかなりの上昇を示している[21]。レーガン政権は反税闘争の波に乗って華々しく登場したため、多くの人は80年代のアメリカにおいて福祉国家の解体が相当に進んだと信じているが、レーガンが福祉削減に成功したのはその初年度においてのみであった。レーガン保守革命の旗手であったデヴィッド・ストックマンは『政治の勝利』のエピローグにおいて「流産したレーガン革命は、アメリカの選挙民が資本主義の過酷さから自分たちを保護してくれる穏健な社会民主主義を望んでいることを証明した」[22]と述べているが、彼の診断は大筋において正しいと思われる。というのは、世論調査でみても、1981年の急激な予算削減後、福祉国

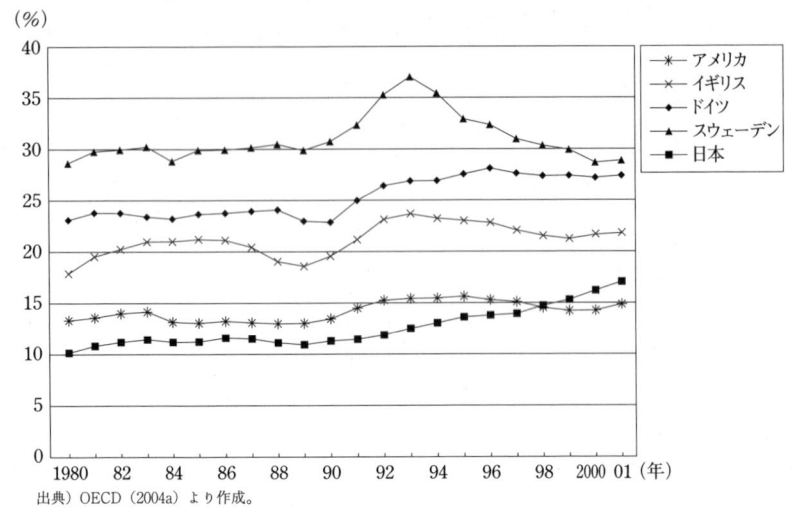

図1 公的社会支出の対GDP比率の推移（1980-2001年）

凡例：アメリカ、イギリス、ドイツ、スウェーデン、日本

出典）OECD（2004a）より作成。

家に対する国民や連邦議会議員の支持は増大しているからである[23]。90年代にはニューディールに端を発するAFDC（要扶養児童家族扶助）に終止符をうつ画期的な1996年福祉改革法が制定された。その改革はそれ自体としては公的扶助政策の大転換を印すものであるが，他方では低所得労働者を援助する勤労所得税額控除（EITC）が拡大されており，狭義の福祉経費に関するかぎり一方的な福祉削減が進んだわけではない[24]。

イギリスは1979年から20年近くも保守党が政権についていた。また，労使関係や公営企業の民営化において，サッチャーの改革はかなり成功を収めた。しかし，イギリスの公的社会支出の対GDP比率は1980年の17.9％から1990年には19.5％へ，そして2001年には21.8％へと上昇している。とくに，年金給付支出が80年の5.5％から2001年の8.1％へと上昇しているのが目につく。新自由主義的な制度改革としては，サッチャー政権下での公営住宅の民営化とSERPS（国家所得比例型年金計画）の改革が成功したといえる[25]。しかし，サッチャー政権は国民の怒りを恐れて，NHS（国家保健サービス）にはまったく手をつけることができなかった。その他，さまざまなプログラムについていくつかの漸進的な削減を達成することはできたものの，制度のラジカルな再編や削減には成功しなかった[26]。そのことを最も雄弁に示すのは，地方政府の

福祉支出の縮小を意図した人頭税の導入がサッチャー政権の崩壊へと導いた事実である。これらの一連の出来事の背後には，サッチャーの福祉攻撃以降，イギリスの世論が社会給付の維持・拡大により強く賛成するようになったことがある[27]。

ドイツ福祉国家の最大の特徴は動態的年金制度に求められ，それは労働者や一般職員に退職後も現役時代と同等の経済的・社会的地位を保障することによって彼らを中間階級化することを目標にしていた[28]。このような性格をもつ年金制度は少子高齢化に対しては弱く，そのため1989年，1992年，2001年には給付水準の引下げをはじめとした，かなり大きな年金改革がおこなわれた[29]。しかし，ドイツ福祉国家の財政努力を示す公的社会支出の対GDP比率は，1980年の23.0％から，1992年に26.4％，そして2001年には27.4％へと推移し，90年代ではかなりの増大となっている。もちろん，この増加にはドイツ統一にかかわるコスト増大があり，必ずしもドイツ国民が福祉国家のいっそうの拡大を希求した結果とはいえない。そのため，この統一以降の財政状況の悪化はドイツ産業の競争力の低下とあいまって福祉国家批判を強めた。しかしその一方で，1994年の「介護保険法」の成立や家族現金給付や家族サービス費用の最近の拡大などは，ドイツ福祉国家が決して縮小の一途をたどるのではなく，ある面ではまだ拡大される可能性があることを示すものである[30]。

スウェーデン福祉国家は1930年代以降，非常に成功した社会民主労働党と強力な労働組合に支えられてきた。そのため，ほとんどすべての社会福祉プログラムにおいて普遍性が高く，世界で最も再分配的性格の強い国家として広く知られてきた。1976年から1982年にかけて，ブルジョア政党連合が政権を掌握したが，福祉国家の大胆な縮小を図る重要な改革をおこなうことはなかった。1982年に政権に返り咲いた社会民主労働党は金融の規制緩和や国有企業の部分的な民営化などを実行したものの[31]，狭義の福祉国家にはほとんど手をつけることはなかった。むしろ，両親休暇の延長や公立保育園の充実などジェンダー平等主義的政策を図ろうとした[32]。

スウェーデン福祉国家の真の意味の試練は1980年代末のバブル崩壊とそれに続く経済危機であった。GDPは1991年，92年，93年と3年連続でマイナスを記録した。1990年には1.8％であった失業率は，93年には9.5％にまで跳ね上がった。スウェーデン福祉国家は完全雇用で運営されることを前提に制度

設計がなされていたため,歳入の下落と支出の上昇を招く高失業率は福祉国家にとって深刻な危機を意味した。実際に,1993年の一般政府歳出の対GDP比率は67.5%にも達し,財政赤字はGDPの12%に上った。このような深刻な財政危機に対応するために,福祉国家に対する改革が着手された。失業給付と疾病手当における待機日数の延長,失業給付の代替率の90%から80%への引下げ,児童手当における物価調整の凍結,年金支給年齢の65歳から66歳への引上げなどであった[33]。1999年から実施された,わが国においても有名な年金制度改革もこの経済危機が背景にあった。この年金改革も,①給付建て制度から拠出建て制度への転換,②積み立て方式の一部導入,など一部新しい機軸を打ち出してきているものの,公的年金制度をその基本的原理に挑戦することなく低成長下でも,そして高齢化の進展の下でも安定的で長期的な土台に乗せようとするものであった[34]。

　日本の福祉国家もその政策トーンは1982年以降かなり抑制基調であるが,それがストレートに社会保障財政の抑制につながっているわけではない。むしろ,公的社会支出の対GDP比率は,1980年の10.1%から1990年には10.8%,そして2001年には16.9%と上昇している。とくに,上昇著しいのはやはり年金関係の支出であり,高齢化の進展に対して財政が対応せざるをえないことを物語っている。また,政策基調も少し立ち入ってみれば,年金や医療に関しては抑制基調であるものの,1989年のゴールド・プラン,1995年の新ゴールド・プラン,そして1997年の介護保険法と,介護サービス関係については明らかに拡大基調である。このことを捉えて,富永は「これらは『福祉の下方修正』に終始した1980年代に比して,1990年代に入るとともにその動きが逆転し,日本『福祉国家』が新しい段階に到達したことを示す」[35]と述べているが,筆者もまた福祉サービスに限定すればそのような見方は正しいと考えている。というのは,この90年代の一連の動きは少子化と女性の社会進出によって家族による介護サービスが社会化せざるをえない現実を何よりも明瞭に示すものだからである。それゆえ,わが国においては今後いっそう脱工業化が進み,家族構造のラジカルな変化が生じると予想されるため,狭義の福祉国家は福祉サービスを中心にいっそう拡大していく可能性が高い。

　高齢化の進展と経済の低成長のなかで,どの国においても福祉国家財政は資本主義社会にとって重荷となっている。そのため,医療費の本人負担の強化,

年金の個人積立て制度の一部導入,疾病手当・労災・失業保険制度における代替率の切下げと受給資格条件の厳格化など,いわゆる福祉国家の「再商品化」の方向を歩んでいるのは事実である。また,福祉国家の理念にしても社会権や公的責任を強調するものから労働への参加や個人の責任を強調するものへと移り変わってきているのも事実である[36]。それにもかかわらず,少なくとも現在までは,このような動きは福祉国家それ自体に挑戦するというよりも,むしろ福祉国家を長期安定的な基盤に乗せるための改革であり変容であると筆者は考えている。

3.2 広義の福祉国家システムの転換:フィスカル・ポリシーを例にして

上に述べたように,狭義の福祉国家についていえば,従来の福祉国家のあり方に根本的に挑戦するような再編は生じなかったといってよい。しかし,広義の福祉国家や福祉国家システム全体に目を転じたばあい,きわめて大きな変化が生じたと筆者は考えている。それは公企業の民営化や労使関係の領域,そして規制緩和などの領域である[37]。ここでは紙幅の関係上,福祉国家財政にとってとくに重要な意味をもつ広い意味のフィスカル・ポリシー(財政金融政策)に焦点を当てることにする。

財政や金融を政策的に操作することによって景気を高位に安定させ完全雇用や完全稼動を実現させようとするフィスカル・ポリシーは広義の福祉国家政策のなかでも最も重要な政策であった[38]。そのことを,エスピン-アンデルセンは次のように述べている。

> 「社会民主主義的福祉国家レジームの最も顕著な特徴は,おそらく福祉と労働が一体となっていることであろう。それは完全雇用の保証に真にコミットすると同時に,完全雇用の達成にも全面的に依存しているのである。一方において,働く権利は所得保護の権利と同等の地位を占めている。他方において,連帯主義的,普遍主義的,脱商品化的福祉システムを維持するための膨大なコストは,福祉システムが社会問題を最小化し,歳入を最大化しなければならないことを意味する。このことは明らかに,大部分の人が就労し,社会的移転によって生活する人の数をできるだけ少なくすることによって最もよく達成される。」[39]

この完全雇用を目標にした財政金融政策は金本位制を前提としては無理であった。1930年代における金本位制廃止後,はじめて各国の政策形成者は為替

相場の安定と金融の開放性よりも国内の景気回復を最優先するようになったし，また制度上もそのことが可能になった[40]。そして，第2次世界大戦後，この完全雇用あるいは高雇用と高い経済成長を目標とした各国の体制はアメリカのヘゲモニーのもとで国際的連携をもつ世界的な福祉国家体制として成立したのであった。

この戦後福祉国家体制の特徴を一言で述べると，高成長，高雇用と相対的に安定した物価，国際収支のバランスの両立を目標とするものであった。そのための手段として，管理通貨制度のもとで，柔軟な貨幣政策が用いられた。そのばあい，投資を奨励するための低金利政策が基調であった。また，固有の意味の財政政策も緩やかな拡張的政策が基調であったし，反景気循環的なフィスカル・ポリシーを意識的に採用しないばあいでも，国民経済に占める国家予算の規模が福祉経費を中心として一貫して増大したため，財政は景気安定化効果をもった。

しかし，このような高成長と高雇用を目指す体制も1970年代半ばあたりから転換を迫られることになる。その転換のきっかけとなったのは，アメリカの過剰なドル散布や石油ショックを契機としたインフレの昂進であった。このインフレに最も敏感に反応したのは各国の中央銀行であった。まずドルの固定相場制が放棄された1973年に，ドイツとスイスの中央銀行がインフレ期待を打破するために利子率を急激に引き上げる貨幣政策における転換を実行した。1979年には，加速するインフレを阻止するためにアメリカとイギリスにおいても同様の緊縮的な貨幣政策が採用された[41]。1981-83年におけるフランスのマクロ経済政策の転換が示すように，基軸通貨国アメリカの金融政策の転換は世界各国にきわめて大きな影響を与えた[42]。以後，各国は国際面からも緊縮的な貨幣政策をとらざるをえなくなる[43]。

フォーシス＝ノータマンズはこのインフレとの戦いを最優先する政策レジームを「デフレ・レジーム」と呼び，それは1970年代半ばから現在まで続いているという。筆者もまた，現在の政策レジームに対して，このような特徴づけは可能であると考えている。もちろん，国家がデフレそれ自体を目標としているというのでなく，70年代前半の大インフレへの反動から名目価格水準の安定と両立可能な成長と雇用を目指す体制に転換したという意味で用いており，「ディスインフレ・レジーム」と名づけるほうがより適切ではあろう。この目

表1 実質長期利子率の動向（1960-2000年）

国＼年	60-73	74-79	80-89	90-00年
アメリカ	1.5	-0.6	5.1	4.5
日本		-0.1	4.6	3.4
ドイツ	2.6	3.1	4.5	4.2
イギリス		-2.2	3.5	4.2
スウェーデン	1.4	-1.1	3.8	5.4

注) 数字は各期間における平均実質利子率を表わす。
出所) OECD (1996), p.128 と OECD (2001a), p.94 より作成。

標を達成するための政策手段は主に緊縮的な金融政策であり，各国においてインフレ期待を打破するために実質利子率は高く維持された（表1を参照）。また，固有の意味の財政政策についても，過度な財政赤字は国債格付けの低下や資本逃避をもたらすことから，引締め基調へと転化したのであった[44]。

このような財政金融政策の方向転換には各国においてマクロ経済政策形成のための制度条件の変化が伴った。そのなかで最も著しい制度上の変化は中央銀行の政府からの独立であった。わが国においては，1985年以降のニュージーランドの中央銀行改革が有名であるが，それらはほぼ同時期に世界的に生じた[45]。たとえば，イタリアにおいては，1981年以降，競争入札で売れ残った財務省証券を購入する義務から中央銀行は免除されるようになり，貨幣政策は財政政策から独立するようになった。スウェーデンやフランスでも中央銀行の独立性を強化するような方向で法律改正がなされた。このような流れを世界史的に定着させたのは，言うまでもなく，ドイツ連邦銀行をモデルにしたヨーロッパ中央銀行の設立（1998年）であった[46]。これらの流れはいずれも物価の安定を最優先に置き，そのために貨幣政策から国家や政治を排除しようとするものであった。

1930年代における雇用優先政策への転換は，金本位制のもとでのデフレ圧力から国内金融市場を切り離すことによって達成されたのであるが，このことは国内金融市場に対する国家による規制強化の前提条件をつくり出した。そして，この金融市場の規制は国家がミクロレベルで選択的な産業政策を実施するための制度能力を建設することを可能にした。たとえば，第2次世界大戦後のフランス，スペイン，イタリアといったヨーロッパ諸国において，国家は特定の産業や企業に対して市場利子率以下で融資するために信用システムに対する国家の広範な統制力を用いた。また，スウェーデンやノルウェーといった北欧

3. 福祉国家財政論の課題

諸国においては，この国家による信用割当は産業政策ではなく低コストの住宅建設の拡大に用いられた[47]。わが国においても，戦後財政投融資の仕組みを利用して，国家は重要な経済分野や住宅建設などの社会的な目的のために資金を優先的に配分していったのである。

しかしながら，1970年代半ば以降，このような国家による信用コントロールの多くは修正されるか廃止されることになった。インフレの昂進のもとで，行政的に信用を管理する仕組みはノンバンクの成長や新しい金融商品の登場によって不可能となってきたし，長年にわたって国家機構と密接な関係を維持してきた企業や銀行に貸付を削減することは実際上困難であった。その結果，ついに各国の規制当局は根強いインフレ期待を打破するためには倒産，リストラ，レイオフが必要であるという結論に達し，市場利子率の高騰という非政治的なメカニズムを通じた改革の実行を選んだのであった[48]。

インフレとの戦いは金融の規制緩和を導いたのみならず，失業率を上昇させることによって労働組合をも弱体化させた。さらに，中央銀行が急激な引締め政策を採用する特権を保持するようになったため，労働組合，雇用者連合，政府のあいだの経済政策をめぐるコーポラティズム的協議体制をも崩壊させた。また，インフレと戦うことが主要な目標となったため，不況下で需要を支えると考えられてきた社会福祉プログラムは労働コストの硬直的上昇を招くものとして抑制されるべきものとなった。

このように，1970年代後半以降，財政金融政策はインフレ抑制を主要な目標とするものに転換し，そのことがさらに福祉国家体制全体の性格をも大きく転換させる重要な契機ともなったのである。しかし，この財政金融政策の転換や国際金融取引の規制緩和は，国内要因としてはインフレ退治が筆頭にあげられるものの金融のグローバル化によって強制された面もあった。そのことは，1970年代において所得政策でもってインフレを抑制するのに成功したオーストリア，スウェーデン，ノルウェーといった国々も，ドイツとアメリカが1979年以降高金利政策に転換してからは，それらの準備通貨国の方針に従わざるをえなくなったことからも理解しうるであろう[49]。

そこで，次に金融のグローバル化をはじめとした経済のグローバル化が福祉国家システムに与えた影響について考察することにしよう。

3.3 経済のグローバル化と福祉国家システム

1980年代以降,経済のグローバル化が急速に進展するようになったのは誰の目にとっても明らかである。そこで,まず経済のグローバル化を貿易のグローバル化,金融のグローバル化,多国籍企業による生産のグローバル化に分け,それぞれが福祉国家にどのような影響を及ぼしているかについて考察することにしよう[50]。

貿易のグローバル化は市場の発展を促進し,各国経済はより開放的になるので国際経済の影響を非常に受けやすくなり,国家の経済管理能力は一般的に低下する。とくに,国の輸入性向が高くなればなるほど,フィスカル・ポリシーの効果は小さくなる。また,近年,国内経済に占める貿易比率の拡大は福祉国家政策にますます圧力をかけるようになっている。NIEsや途上国との貿易拡大によって低熟練労働者の失業が増大するにもかかわらず,貿易産業の雇用主はグローバルな競争力を理由に福祉支出の削減を要求したり,社会保険料負担金の引上げに抵抗するからである。また,WTO体制下の今日では,旧GATT体制に比べると農業や福祉国家を守るための保護貿易政策はいっそう困難となっている。

金融のグローバル化は伝統的な金融政策の有効性を侵食する傾向をもつ。資本の移動性,信用の国際化,資産を瞬時に転換させる金融機関の能力によって,政府と中央銀行は国内の貨幣供給を管理することは言うに及ばず,それを明確に認識することすら困難になった。当然このことは,貨幣供給や利子率,それらが産出高とインフレに及ぼす影響をコントロールする政府の能力を低下させた。クリントン政権が長期利子率の引下げに異常にこだわったことが例証するように,今日の世界において長期利子率の動向は投資の決定ひいては経済の成長にきわめて重要であると考えられている。もし,金融市場が借入政府のリスクは高いと見なし評価を下げると,借入側は最終的に利子率の上昇,為替レートの下落に直面する。かくして,長期利子率は一般的に財政赤字が大きく,国債累積高の大きい政府に対しては高くなる。この点において,資本市場のグローバル化,資本の移動性増大,変動相場制へのシフトはオーソドックスなケインズ的マクロ管理戦略の有効性を大きく侵食することになった。

多国籍企業による生産のグローバル化は福祉国家の経済政策の有効性を低下

させている。ある国の所得増大は多国籍企業によって他国への投資資金として吸い上げられる可能性があることから需要管理政策はかつてに比べ影響力を喪失してきている。利子率を引き上げても多国籍企業は海外で簡単に借入することができるし，逆に海外プロジェクトの資金調達のために低い国内利子率を利用することができるため，国家の金融政策の有効性も低下してきている。また，多国籍企業の勃興とグローバルな生産ネットワークの成長は日本やフランスで実施されてきたような国家による産業政策を困難にしている。また，生産を海外に移す多国籍企業の能力は資本に対する国家の課税能力を侵食している。さらに，このような多国籍企業の能力は，各国の国内市場内部にグローバルな競争を持ち込んだ。その結果，グローバル・コンペティションとそのイデオロギーが企業のみならず，国家や社会にまで深く浸透するようになった。

このように，第2次世界大戦後，各国経済の相互依存が強化され，さらに1970年代前半のブレトンウッズ体制の崩壊に伴う変動相場制移行などを契機にして経済のグローバル化がいっそう進展していくと，各国は失業の削減を第一に置く国家から国際競争力を最重視する国家へと変容していった。そして，冷戦の終了がこの傾向にいっそう拍車をかけた。このことを非常に真剣に受け止めて，多数の論者はグローバリゼーションが race to the bottom を生み出し，福祉国家を解体するか，解体しないまでもアメリカやイギリスのような低水準の自由主義的色合いの濃い福祉国家へと収斂していくと主張する[51]。他方，ギャレットのように「左翼の政治権力と市場が生み出す不平等を緩和する経済政策との関係はグローバリゼーションによって弱体化しなかった」[52]と真っ向から反対する者がいる。また，ポール・ピアソンのように「福祉国家はじっさいに未曾有の予算逼迫に直面しているけれど，この圧力は先進国内部に生じている一連の『脱工業的』変化に主に関係している可能性が高い。……グローバリゼーションに焦点を当てることは問題の基本的性格を誤認することになる」[53]と主張する者もいる。

筆者は本章においてすでに述べてきたように，狭義の福祉国家はグローバリゼーションの圧力にもかかわらず生存しているが，広義の福祉国家は，とくにケインズ的フィスカル・ポリシーや規制緩和の面ではグローバリゼーションによって大きな打撃を受けたと考えている。もちろん，グローバリゼーションと福祉国家の関係についてもう少しきめ細かい理解を得ようとするならば，各国

福祉国家体制の詳細な実証分析と今後の推移を見るための時間を必要とする。ただ最後に，戦後福祉国家体制とグローバリゼーションの関係をここでやや概括的に振り返っておくことは，両者の関係を今後より立ち入って研究する際にも有益であろう。

前にも触れたように，福祉国家の萌芽期は19世紀末葉に求められるが，体制としての成立を促したのは2つの世界大戦と戦間期の世界恐慌であった。この激動の30年間に，大量失業に起因する経済と社会の不安定化，産業セクターの巨大な変容，伝統的な職業資格の価値下落や賃金の低下といった社会を分裂させる恐れがある問題は頂点に達したのであった。そして，これらの問題に対する解決策として，包括的な社会政策，積極的な経済政策，経済の計画化といった，福祉国家を構成する諸政策が提起されたのであった。このナショナリズムが最も高揚した時期に福祉国家が成立したことから，カール・ドイチュ，E. H. カー，ジョン・メーナード・ケインズ，ウィルヘルム・リプケ，ライオネル・ロビンズ，ジョセフ・シュンペーター，グンナー・ミュルダールといった経済学者や政治学者たちは，民主的国民国家の新しい社会秩序としての福祉国家の勃興は自己規制的な経済秩序を掘り崩し，国際的な経済の開放性を大きく低下させるであろうと考えた[54]。

しかし，これらの指導的な学者の予想とは反して，戦後における資本主義社会の福祉国家への変容は経済的開放性を終焉させはしなかった。反対に，この変容は開放性の基盤となりそれを保証するようになり，従来では想像もできなかったような水準の国際分業と国際的な経済統合を可能にした。もちろんその原因の一部として，戦後アメリカがリーダーシップを発揮して新しい国際経済秩序を形成してきたことを指摘しうるが，何よりも福祉国家の拡充自体が国民の多数を世界市場統合のリスクから解放することにより経済の開放性を可能にした。すなわち，社会保障制度が失業，病気，障害，その他の緊急時に所得を保障し国民の多数の生活を安定させるようになったため，保護主義は以前に比べると政策としての重要性を失い，経済ナショナリズムは後退したのである。このように福祉国家の存在は市場経済を安定化させ経済のグローバル化を促進する側面をもつのである[55]。

他方，国際資本移動の急増に典型的に現れているように，昨今のようにグローバル化が急激にすすむと，福祉国家はグローバル化に対して抵抗を示すよう

になる。福祉国家が成熟するようになると，年金生活者や失業者，それに福祉サービスを提供する公務員など福祉国家に依存する集団はますます多くなるが，グローバル化が国家の財政政策や金融政策に強い拘束を課すようになるにつれて，グローバル化によって自己の地位が脅かされているように感じる。国家指導層が福祉国家の改革を推進するためにグローバル化による経済圧力を引き合いに出すようになればなるほど，彼らはグローバル化そのものに反対し，保護主義を要求するようになる。

このように成熟した福祉国家はグローバル化の急速な進行に対して抵抗を示す。このことは，貿易のさらなる自由化を促進するはずであった1997年のファースト・トラック権限法が議会で承認されなかったことや1998年におけるIMFへの資金拠出に対して議会が強く抵抗したことに示されるように，経済のグローバル化を国家の基本戦略としているアメリカにおいてすらあてはまる。1999年のシアトルでのWTOに対する労働組合や環境保護団体の激しい抗議行動などもその典型的な例としてあげることができよう。さらに，グローバル化は必然的にアフガニスタンやイラクなど反グローバル化を標榜する国々や国際テロ集団を生み出すため，新たな紛争と安全保障問題を絶えず引き起こす。グローバル化がうまく機能するには何よりも平和と安定が必要であり，この面からもグローバル化はチェックを受けるのである。

また，ロバート・ギルピンが強調するように，開かれたグローバル経済には何よりも安定した政治基盤，すなわち国家間の協力体制が不可欠である[56]。それにもかかわらず，21世紀に入りアメリカのリーダーシップは減退し，他国の協力体制にもほころびが見えはじめている。そして，多くの国々で行き過ぎたグローバル化に対して幻滅が増大している。それゆえ，筆者は今後一直線にグローバル化が進展し，それが有無を言わせぬ力でもって福祉国家を解体していくとは考えない。むしろ，行き過ぎたグローバル化には福祉国家によってブレーキがかけられ，福祉国家の基幹部分は当分存続するものと考えている。

広義の福祉国家や福祉国家システムという視角と方法によって，福祉国家財政論は現代資本主義や現代財政（とりわけ戦後の日本財政）の特質や変化を明らかにするうえで大きな力を発揮してきたが，各国において1970年代後半から今日まで（とくに90年代に急速に進展したグローバル化との関連で）続い

ている福祉国家抑制について説得力ある歴史的評価を下すには至っていない。本章において，福祉国家の中核をなす社会保障制度をはじめとした諸制度は80年代の新保守主義の攻撃に耐え抜いたし，90年代以降急速な展開をみせた経済のグローバル化によっても解体することはないであろうと主張してきた。しかし，ケインズ的フィスカル・ポリシーや規制政策等の広義の福祉国家についてみると1970年代半ば以降相当な転換を遂げたと言いうる。そういう意味では，1930年代以降50年近く続いた「インフレ・レジーム」ともいえる特定の福祉国家レジームは終焉したと言うこともできる。もちろん，失業を最小限にとどめることを目的としたフィスカル・ポリシーがこの大衆民主主義のもとで永続的に終焉してしまうとは考えられない。事実，バブル崩壊以降のわが国の財政・金融政策（大規模な減税と日銀の金融緩和政策）はその主観的意図はどうあれ，客観的にはケインズ的フィスカル・ポリシーそのものであった。福祉国家の歴史的発展という長期的視点に立てば，世界経済においてデフレが今後いっそう激化し，国家や社会がそれに耐えられなくなれば，フィスカル・ポリシーや規制政策が新しい装いのもとで登場する可能性は十分ありうる。7章でも述べるように，すでに「新ケインズ主義」と呼ばれるアプローチも復活してきている。

このように福祉国家体制はその内部において時代の変化に合わせてレジーム・チェンジを遂げるものの，体制としての持続力は根強く，きわめて柔軟で強固な体制なのである。

注

1) ダニエル・ベルは『資本主義の文化的矛盾』のなかで財政や公共部門を「家族の問題」と「共通の生活」という社会学的意味合いを強く含んだ「公共家計」(public household) という言葉で呼ぶようになったが，それは現代福祉国家において財政が決定的に重要な役割を担っている事実に彼が強い衝撃を受けたためである。Bell (1976), pp. 220-227, 邦訳（下），pp. 85-96 を参照。
2) その代表的な成果をここであげると，加藤 (1980)，加藤 (1985)，林 (1985)，加藤 (1987)，林 (1987)，加藤 (1988)，加藤 (1991)，林 (1992)，林・加藤編 (1992)，加藤 (1995)，片桐編 (1997)，渋谷・井村・中浜編 (1997)，金子 (1997)，神野 (1998)，樋口 (1999)，渋谷・内山・立岩編 (2001)，金澤編著 (2002)，持田 (2004)，渋谷 (2005a)，渋谷 (2005b)，渋谷 (2005c)，片桐 (2005) などである。
3) 村上 (1992), pp. 98-125.

4) 村上 (1992), pp. 108-110.
5) 日本の開発計画は実態的には公害・環境破壊の開発となったり，都市・過密問題の地方分散となったことは否定しないが，新全国総合開発計画 (1969 年)，第 3 次全国総合開発計画 (1977 年) と時代が下がるにつれて，地域格差の是正や人間生活の重視といった福祉国家的側面をもつようになる。1962年全国総合開発の位置づけは，福武 (1965), pp. 408-410 が参考になる。計画作成の政治過程については升味 (1969), pp. 408-410 が参考になる。
6) Polanyi (1957), p. 165, 邦訳, p. 226.
7) 村上 (1992), p. 6.
8) Myrdal (1957), p. 15.
9) これに関しては，林 (1994), pp. 285-295 を参照せよ。
10) 1940年体制については，野口 (1995) を，そして「垂直的行政統制モデル」批判については，村松 (1988), pp. 35-76 を参照せよ。しかし，村松のアメリカ政治学をバックボーンにした「水平的競争モデル」も福祉国家段階における中央地方関係という視点を欠如させているため，現実の中央集権的財政制度がもつ意味を十分に捉えきれていない。
11) 加藤 (1995), p. 215.
12) その点，Kitschelt et al. (1999) は生産レジーム，社会経済的不平等のパターン，福祉国家を通じた保護政策，政党や利益集団の構成，等の相違に注目しながら，先進資本主義諸国の制度的多様性を明らかにしている点で，われわれの比較研究の方法意識と近い。
13) シュムペーター (1962), pp. 788-807 所収。Temin (1989), p. 111, 邦訳, p. 147.
14) 加藤 (1991), pp. 120-123.
15) 加藤 (1991), p. 121.
16) 加藤 (1991), pp. 123-124.
17) 林 (1992), pp. 4-10.
18) 加藤 (1991), p. 103.
19) 林 (1987), pp. 200-201.
20) 林・加藤編 (1992), p. iv.
21) これらの数字は，OECD (2004) による。
22) Stockman (1986), p. 394.
23) Cook and Barrett (1992), pp. 24-34.
24) 岡本 (2001), pp. 9-52 を参照せよ。
25) 公営住宅の民営化については，Forrest and Murie (1988) を，SERPS の改革の背景と内容については，越智 (1997) を参照せよ。
26) サッチャー政権による福祉改革，とくにその成功と失敗については，Pierson (1994) の3-6章を参照せよ。なお，Pierson (1991), pp. 152-178, 邦訳 pp. 287-332 も参照せよ。
27) Taylor-Gooby (1988), Pierson (1996, p. 162) を参照。
28) 加藤 (1985), pp. 298-299。また，ザップ (1990) も同様の特徴づけをおこなっている。
29) 2001年年金改革については，加藤 (2003) において本格的研究がなされているので，参照せよ。
30) 介護保険導入の背景とその概要については，土田 (1999) を参照せよ。
31) Schwartz (1994a) と Schwartz (1994b) を参照せよ。
32) Huber and Stephens (2001), p. 243.
33) Pierson (1996), p. 172, Huber and Stephens (2001), pp. 248-250.
34) 年金改革の背景，内容，政策決定プロセスについては，井上 (1998) が詳しい。

35）富永（2001），p. 194.
36）このような主張を最も説得力あるかたちで展開しているのは，Gilbert（2002）である。1975年から1999年にかけてのOECD諸国における失業率と疾病給付の賃金代替率の低下については，Allan and Scruggs（2004），pp. 498-501を参照せよ。
37）1980年代において公企業の民営化，労使関係の変化というかたちで福祉国家システムが大きく再編されたことについては，加藤（1991），pp. 105-116を参照せよ。福祉国家システムに対する規制緩和の影響については，岡本（2003b），Schwartz（2001）を参照せよ。
38）フィスカル・ポリシーというのは一般に財政を手段とした景気調整政策と理解されているが，実態においては財政＝金融政策となっていることについては，大内（1976）を参照せよ。
39）Esping-Andersen（1990），p. 28，邦訳，p. 31.
40）1930年代における欧米諸国における経済政策の転換については，Temin（1989），pp. 89-137，邦訳，pp. 118-180，Arndt（1972）を参照せよ。
41）1979年におけるアメリカの緊縮的貨幣政策への転換，すなわちボルカー・シフトについては，岡本（2001），pp. 38-41を参照せよ。
42）フランスとドイツのマクロ経済政策の転換については，岡本（1997b），pp. 123-124を参照せよ。
43）金融の相互依存の程度が非常に増大した時期におけるアメリカのデフレ政策への転換が世界経済に及ぼした破壊的影響については，Stewart（1984），pp. 71-81を参照せよ。
44）Forsyth and Notermans（1997），pp. 42-43．なお，本節の叙述はこの2人の論文に多くを負っている。
45）ニュージーランドにおける財政金融政策の転換，それとの関連での中央銀行制度の改革については，大宮・大浦（1994）を参照せよ。
46）世界の中央銀行改革の背景については，田尻（1997），日本の中央銀行改革については，伊藤・カーギル・ハッチソン（2002），4章，ヨーロッパ中央銀行制度については，新田（2001），pp. 159-197を参照せよ。
47）Forsyth and Notemans（1997），p. 55．なお，フランスにおける国家による信用割当制度については，Perez（1997），p. 173，Loriaux（1991），pp. 149-150を参照せよ。
48）Forsyth and Notermans（1997），p. 56なお，フランス，スペインなど介入主義国家における金融の自由化については，Loriaux et al.（1997）が詳しい。
49）Cornwall（1990），pp. 219-220，Stewart（1983），pp. 71-75.
50）以下の叙述は，岡本（2003a），pp. 32-38を要約したものである。
51）代表的著作として，Reich（1991），Strange（1996），Soros（1998），Teeple（1995），Cox（1997），Hirsch（1995），Schwartz（1994a），Cerny（1996）がある。
52）Garrett（1998），p. 1.
53）Pierson, P.（2001），p. 82．Swank（2002）は，福祉支出のみならず税制にも目を向けながら，グローバル化に対して先進資本主義諸国の福祉国家諸制度が十分に対抗しえていることを明らかにしている。他の同様の主張としては，Hirst and Thompson（1999），Rieger and Leibfried（1998），Krugman（1996）がある。
54）Rieger and Leibfried（1998），p. 366を参照。
55）Rieger and Leibfried（1998），pp. 375-378を参照。
56）Gilpin（2000），pp. 346-357，邦訳，pp. 336-346を参照。

第 II 部

グローバル化の進展と福祉国家

3章　アメリカ福祉国家システムの再編

1. はじめに：本章の課題

　本章はレーガン政権以降，とくに1980年代と1990年代においてアメリカ福祉国家システムがどのように再編されたかを明らかにすることを目的としている。しかし，このような課題を設定する前に片付けておかなければならない問題がある。それは，「個々人の経済的保障を明確な社会権として認めていない」ことを根拠にして「アメリカは福祉国家ではない」という主張である[1]。これらの議論は国際的にみて福祉国家としての性格が希薄なアメリカ社会の特質を強調するうえでは有効であるが，福祉国家の歴史性，とくにその世界史的意義については無自覚である。このような難点をクリアするためにも，世界史的な資本主義発展段階を踏まえた国際比較が必要である。筆者はそのような主張に対して，別稿にて，1935年の社会保障法とワグナー法とによって国家がさまざまなリスクや無権利状態から労働者・国民を保護する姿勢を明確にするようになったことを1つの根拠にして，ニューディール期以降，アメリカは福祉国家体制をとるようになったと述べた[2]。それでも，アメリカ福祉国家の希薄性，あるいはどのような特徴をもった福祉国家であるかということは，依然として重要な問題として残る。

　林　健久は福祉国家財政の十分な発展のためには，①財政民主主義（大衆の政治参加）による生存権の保障，②地方的格差を原理的に認めない中央集権型財政システム，③地方財政調整制度が存在すること，④財政支出のなかで社会費や社会保障費の比重が大きいこと，⑤高度の累進性を備えた所得税が基幹税になっていること，⑥管理通貨制度のもとで財政金融がフィスカル・ポリシー的に運用されていること，⑦ヘゲモニー国家のもとで軍事費・対外援助・国際通貨・国際金融財政などの面で負担分担の協力関係が存在すること，が必要であると主張している[3]。

筆者は別稿にて，この福祉国家財政の枠組みを満たすための7つの条件というアプローチに対して基本的に賛意を表明した後，アメリカにおいては，①社会福祉にかかわる財政システムは現在においても多分に分権的要素を残している，②社会福祉支出の国民経済のなかで占める比率はヨーロッパ諸国にくらべてかなり小さい，③所得税の実効税率はわずかに累進的であるのみで所得不平等をそれほど緩和するものとはなっていない，④完全雇用，完全稼働を目的としたフィスカル・ポリシーは消極的なものである，⑤西側の盟主としての軍事費の重い負担が自国の福祉国家財政の発展に対して抑圧的に作用している点などを根拠にして，ヨーロッパに比べてアメリカの福祉国家としての性格は弱い，と主張した[4]。

本章は，このようなアメリカ福祉国家の特質を踏まえたうえで，既存のアメリカ福祉国家システムが1980年代と90年代においてどのような再編を遂げたのかを明らかにすることを課題とする。その場合，狭い意味の福祉国家とその財政がどのように再編されたかをみるだけではなく，70年代後半以降（80年代以降は加速度的に）進行した規制緩和とそれがアメリカ経済に及ぼした影響をもみていく。

広い意味での福祉国家システムの再編を考察するばあい，規制緩和とそれが経済構造に及ぼした影響についての研究はきわめて重要な位置を占める。というのは，アメリカの産業規制は当該分野における資本と労働に対する隠れた社会保護を提供していたからであり，80年代以降急激に進行した規制緩和によってその社会保護が根底から解体にさらされるようになったからである。そして，この規制緩和はアメリカ資本主義とアメリカ福祉国家システムの性格を大きく変化させたのみならず，1980年代以降，世界の資本主義と福祉国家システムの性格も大きく変容させる震源の役割を果したからである。

また，筆者が80年代以降におけるアメリカ経済の構造変化と所得格差の拡大を重視するのは，アメリカの所得格差が大きいことを理由に「アメリカは福祉国家ではない」[5]という橘木俊詔たちの主張を真剣に受け止めるからである。もちろん，福祉国家システムを構成するさまざまな制度に言及することなく，またアメリカ資本主義の歴史的変化を考慮に入れることなく，所得格差の国際比較だけを根拠にこのような主張をすることは誤りであるが，それでもこの主張には無視できない側面がある。というのは，市場での競争が厳しく，経済格

差がかなり大きな社会であっても市場機能を補完するセーフティ・ネットが存在しておれば，その社会を以前と同様な意味で福祉国家と呼びうるのかという問題をこのような主張は提起しているからである。筆者の問題意識に引きつけて言えば，1980年代以降のアメリカのように，労働者の発言力が低下し，雇用の安定性が低下し，経済格差が大きくなったときにも，その社会体制に区別を設けずに以前と同じように福祉国家体制と呼び，特徴づけることは社会科学的見地から果たして意味があるかという問題をこれらの主張は提起している。

以上のような問題意識でもって，第2節と第3節において，福祉国家システムとその財政の再編を明らかにし，第4節と第5節において，規制緩和とアメリカ経済における所得格差拡大の問題を扱う。

なお，この期間におけるアメリカの福祉国家と財政の再編を明らかにしようとすれば，①レーガン政権下における2度の税制改革，②1996年福祉改革とコインの裏面としてのEITCの拡大，③都市問題対策の変化，④フィスカル・ポリシーの変化，⑤ヘゲモニー国家としてのアメリカ国家の性質変化，などが重要な研究課題として浮かび上がってくる。しかし，それらの検討に入る前に，福祉国家財政にとって何よりも枢要な部分を形成する社会福祉支出の動向をSocial Security Bulletinに拠りながら確認しておこう。

2. 社会福祉支出の動向と福祉国家の三層構造

2.1 社会福祉支出の動向

アメリカの社会福祉支出の総計（教育費を除外している）は，1995年時点でGDPの15.8%となっている。1950年から1995年に至る5年ごとの推移をみると，70年から75年の5年間に40%以上の伸びを示しているのに対して，75年から90年までは停滞的に推移し，90年以降やや盛り返し，13%の伸びを示している（表1参照）。ここで確認しておくべきことは，80年以降も社会福祉支出が国内総生産に占める比率は低下せず，95年までとるとむしろ着実に増加しているという事実である。社会福祉支出の実質価値の推移をみても，また人口1人当たり社会福祉支出の実質価値の推移をみても，80年代以降アメリカの社会福祉支出が低下したという事実はまったくみられない[6]。

表1　社会福祉支出対 GDP 比率の推移　　　　　　　　（単位：％）

会計年度	総計	全プログラム		プログラムの種類					保健ケア費用総計
		連邦	州・地方	社会保険	公的扶助	保健・医療プログラム	退役軍人	その他社会福祉	
1950	6.3	3.9	4.7	1.8	0.9	0.8	2.6	0.2	1.1
1955	5.7	3.8	4.7	2.4	0.8	0.8	1.2	0.2	1.2
1960	6.6	4.8	5.3	3.7	0.8	0.9	1.0	0.2	1.2
1965	7.0	5.4	5.6	4.0	0.9	0.9	0.9	0.3	1.3
1970	9.3	7.5	6.7	5.3	1.6	1.0	0.9	0.4	2.4
1975	13.1	10.5	7.7	7.7	2.6	1.0	1.1	0.4	3.2
1980	13.6	11.1	7.0	8.5	2.7	1.0	0.8	0.5	3.6
1985	13.6	11.0	6.8	9.0	2.4	0.9	0.7	0.3	4.2
1990	14.0	10.9	7.6	9.0	2.6	1.1	0.5	0.3	4.8
1995	15.8	12.4	8.6	9.8	3.5	1.2	0.5	0.4	6.1

出典）Social Security Bulletin. Vol. 62, No. 2, 1999, p. 91, Table 2 より作成。

表2　社会福祉支出の各政府総支出に占める比率（単位：％）

項目＼会計年度	1965	1970	1975	1980	1985	1990	1995
全政府支出に占める比率	42.2	46.5	56.6	57.2	54.4	58.2	67.5
連邦政府総支出に占める比率	32.6	40.0	53.7	54.4	48.7	51.4	60.2
州・地方政府支出に占める比率	60.4	57.9	61.6	62.9	68.8	74.0	83.6

出所）Social Security Bulletin. Vol. 62, No 2, 1999. p. 93.

　また，社会福祉支出が全政府支出に占める比率，連邦社会福祉支出が連邦政府支出に占める比率，州・地方社会福祉支出が州・地方政府支出に占める比率は，時代が下るごとに着実に増大しており（表2参照），この面からみる限り，アメリカ財政はまさに福祉国家財政の進展と呼ぶにふさわしい様相を示している。冷戦終結による防衛費の低下も手伝って，90年から95年にかけて全政府，連邦，州・地方いずれの政府水準においても著しくその比率を高めているのである。このことからも福祉国家財政の縮小という結論は導きがたい。

　次に，表3によって，社会福祉支出全体に占める各項目の比率の推移をみてみよう。社会保険支出（老齢・遺族・障害年金とメディケアによって代表される）は1985年まで，その比率を着実に増大させていたが，85年から95年にかけてその比率を低下させている。それに対して，この時期には公的扶助支出の比率が高まってきている。これは1970年以降，メディケイドへの支出が急激に膨らむようになったためである。このように，国民的な健康保険制度が存在せず（1993年のクリントンによる国民健康保険計画の失敗はまだわれわれの記憶に新しい），医療サービスの社会化が遅れていることが公的扶助の比重

表3 公的社会福祉支出各項目の推移（1960-95年度）　　（単位：100万ドル）

会計年度 プログラム	1960	1970	1980	1985	1990	1995
社会福祉全体	52,519 (100.0)	145,979 (100.0)	492,212 (100.0)	731,840 (100.0)	1,048,950 (100.0)	1,505,136 (100.0)
社会保険	19,306 (36.8)	54,691 (37.5)	229,754 (46.7)	369,595 (50.5)	513,821 (48.9)	705,483 (46.9)
公的扶助	4,101 (7.8)	16,487 (11.3)	72,703 (14.8)	98,361 (13.4)	146,811 (14.0)	253,530 (16.8)
公的援助	4,041 (7.7)	14,433 (9.9)	45,064 (9.2)	66,170 (9.0)	105,093 (10.0)	187,219 (12.4)
医療費支払い	492 (0.9)	5,212 (3.6)	27,570 (5.6)	44,182 (6.0)	76,175 (7.3)	150,869 (10.0)
社会サービス	—	712 (0.5)	2,342 (0.5)	2,742 (0.4)	2,753 (0.3)	3,729 (0.2)
補足的所得保障	—	—	8,226 (1.7)	11,840 (1.6)	17,230 (1.6)	30,138 (2.0)
食料スタンプ	—	577 (0.4)	9,083 (1.8)	12,512 (1.7)	16,254 (1.5)	25,319 (1.7)
その他	59 (0.1)	1,477 (1.0)	10,329 (2.1)	7,838 (1.1)	8,232 (0.8)	10,854 (0.7)
保健および医療プログラム	4,690 (8.9)	10,030 (6.9)	26,762 (5.4)	38,643 (5.3)	61,684 (5.9)	85,507 (5.7)
退役軍人プログラム	5,479 (10.4)	9,078 (6.2)	21,465 (4.4)	27,042 (3.7)	30,916 (2.9)	39,072 (2.6)
教育	17,626 (33.6)	50,845 (34.8)	121,049 (24.6)	172,047 (23.5)	258,331 (24.6)	365,625 (24.3)
住宅	176 (0.3)	701 (0.5)	6,879 (1.4)	12,598 (1.7)	19,468 (1.9)	29,361 (2.0)
その他社会福祉	1,139 (2.2)	4,154 (2.8)	13,599 (2.8)	13,551 (1.9)	17,917 (1.7)	26,557 (1.8)

注）（　）内の数字は全体の中で占める比率（％）。
出典）Social Security Bulletin, Vol. 62, No. 2, 1999, p. 88 より作成。

を高めているのであって，アメリカ社会福祉制度において常に論議の的となってきた AFDC（要扶養児童家族扶助）や SSI（老齢者・盲人・障害者に対する所得保障），フード・スタンプなどは全部ひっくるめても 1995 年時点で社会福祉全体の 5％（GDP の 0.7％）にも満たないことは改めて注意しておく必要がある。

　社会保険である老齢・遺族年金が拡充する一方で，公的扶助（とくに現金扶助）がますます縮小していく姿は，老齢・遺族年金と公的扶助の月平均給付額の推移を描いた図1からもはっきりと読み取ることができる。退職年金と遺族年金はともに着実な伸張傾向を示しているのに対して，老齢扶助は 1967 年の 339 ドルをピークにして，その後停滞・低下を続けている。AFDC は 1972 年の 209 ドルをピークにして，1995 年には 143 ドルにまで低下している（TANF に変更になって，1998 年には 198 ドルにまで回復していることは注意を要するが）。

　このような公的扶助の給付水準の低さと社会福祉支出のなかで占める地位の低さはアメリカ人の大多数が Welfare を嫌悪していることの表れでもあるが，AFDC や老齢扶助がもつ制度上の特質も大きく作用している。たとえば，AFDC は連邦直轄プログラムではなく，給付水準の決定権が州に属する連邦補助金プログラムである。各州は寛大な福祉政策によって自州が福祉マグネットとなる（貧困者が他州に引っ越すことを引き留め，新たな貧困者を引き寄せ

図1 老齢・遺族年金と公的扶助月平均給付額の歴史的推移

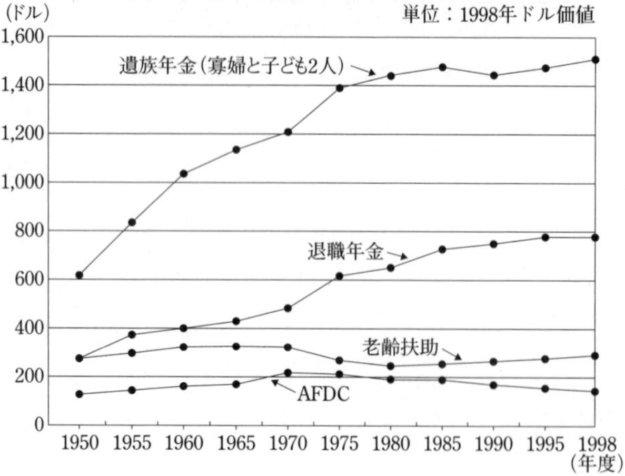

(ドル)　　　　　　　　　　　　　　　単位：1998年ドル価値

出典) Social Security Bulletin: Annual Statistical Supplement 1999, p. 144, Table 3. C4より作成。
注) 退職年金，老齢扶助 (SSI), AFDC は受給者1人についての全国平均額である。

る）ことを恐れ，給付水準を抑制しがちになる[7]。また，老齢扶助の低水準は，ジェリー・ケイツの「公的扶助システムはその制度自身を管理する国家指導部によって人質に取られたシステムとして，保守的な社会保険の発展のために人質に取られたシステムとして理解することができる[8]」という言葉が示すように，社会保障局の指導部が社会保険制度の育成のために目的意識的に公的扶助の発展を抑制したことも大きな原因となっている。

表1と図1からもうかがえるように，公的扶助制度の弱体性とは対照的に，老齢・遺族・障害保険プログラムに代表される社会保険制度は1980年代のレーガン保守革命をもしのぎアメリカ社会にしっかりと根づいた。また，クリントン政権が財政黒字の5分の3をソーシャル・セキュリティのトラスト・ファンドに繰り入れることを提案したことにみられるように21世紀に向けて公的年金制度を保護しようとするアメリカ人の姿勢には揺ぎのないものがあったと言えよう。実際に，公的年金制度は高齢者の経済的保障と貧困防止に重要な貢献をしており，今日では低所得高齢者層（高齢者を所得別に五分位に分けたときの，最下位五分位と第2五分位）の所得源の約80％，中所得高齢者層（第三分位）の所得源の約65％を占めている[9]。

しかし，この公的年金制度の財政的健全性（図2を参照）と政治的安定性は

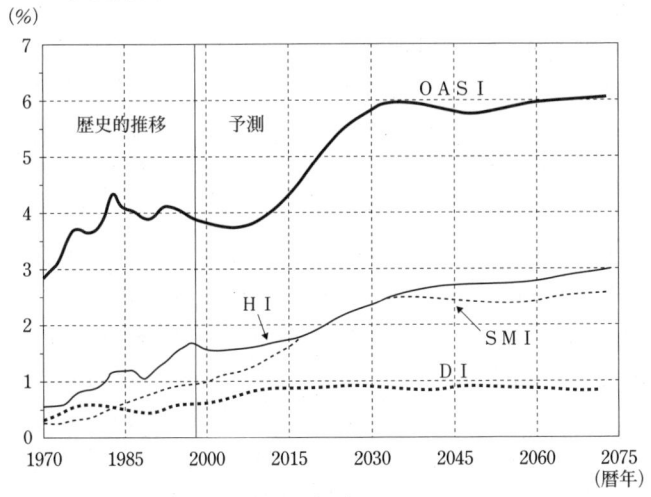

図2 老齢・遺族年金・(OASI), 障害年金 (DI), 病院保険 (HI), 補足的医療保険 (SMI) の対GDP比の推移と予測

出所) U. S. Social Security Administration (2000), p. 58.

90年代後半のアメリカ経済の好調によってもたらされた部分が大きいが, 70年代後半から80年代にかけてのいくつかの改革も大きな貢献をした。なかでも, 年金給付水準の引下げと社会保障税の引上げを基本的内容とする1977年改革と年金支給開始年齢の漸次的引上げを決めた1983年改革が重要であった[10]。また, 将来の受給者に対して最低給付規定を削除した1981年の改革も, 財政的意味はそれほど大きくなかったが, 保険原理により忠実な方向を目指すという意味では80年代の年金再編の方向性を象徴する改革であった。

公的年金制度と並んで社会保険制度の重要な柱である, メディケア(1995年時点で, 社会保険支出の23%を占める)も国民の支持が高いプログラムである[11]。しかし, 80年代と90年代において医療扶助であるメディケイドと並んでこのプログラム支出伸張率は高く, つねに連邦財政の重要な赤字要因となっていた。しかし, 医療費抑制を1つの柱とした1997年財政均衡法の結果, メディケア支出の伸び率は急激に鈍化した(図2を参照)。そして, 1991年以来の長期に及ぶ景気拡大と結びついて, これらの変化は20世紀末から21世紀初頭にかけてのメディケア財政の展望を明るいものにしている。

2.2 福祉国家の三層構造

アメリカの福祉国家や社会保障制度を論じる場合,忘れてはならないのは民間福祉＝企業福祉の圧倒的大きさである。表4は各国の公的社会支出と民間社会支出とを比較したものである。グロスの公的社会支出でみた場合,アメリカはデンマークやオランダの半分にも満たないが,移転給付に対する税・社会保険料を差し引いたネットの公的支出でみると3分の2くらいの大きさになる。さらに,企業や職場団体が提供する健康保険や年金を考慮に入れると,アメリカの社会福祉の大きさはデンマークの89％,オランダの86％にまでなる。

アメリカの高齢者にとって企業年金は生活のための重要な資金源となっている。比較的恵まれた中位所得以上の高齢者は所得の約4分の1を企業年金から得ており,公的年金,企業年金,蓄積された資産の三脚によって生活を支えている。また,ミドル・クラスと呼ばれる大部分のアメリカ人（国民の約7割）は雇用者によって提供される恵まれた健康保険に加入している[12]。アメリカにおいて長い間国民的な健康保険制度の不在が,それほど大きな政治問題にならないのはこのためである。クリントンの医療保険計画が失敗に終わったのも,ミドル・クラスが自分たちの医療保障の低下を招きやしないかという恐れを抱いたことが大きな原因であった[13]。

企業年金や雇用主が提供する健康保険は税制優遇処置によって政府に守られている。特定の人々に対する租税優遇処置は国庫と納税者一般にとっては税の減収＝租税支出である。クリストファー・ハワードの研究によれば,1995年には「見える福祉国家」＝福祉に対する直接支出約9,000億ドルに対して「隠れた福祉国家」＝福祉に関連する租税支出は約3,500億ドルにも上っている。企業年金に対する租税支出は694億ドル,雇用者提供医療保険が773億ドルになっており,この2つに対する優遇処置は住宅ローン支払い利子減税535億ドルと並んで「隠れた福祉国家」の中心を占めている[14]。租税優遇処置としては,福祉関連以外にも州・地方債利子非課税,住宅売却益非課税などがあるが,これらの優遇処置によって利益を得ているのは大部分ミドル・クラスとアッパー・クラスである。

以上のことを鑑みてウォーレス・ピーターソンは「アメリカには三層の福祉国家がある。1つは,貧困者向けの福祉国家,2つ目はミドル・クラスの福祉

表4 各国の社会支出（民間社会福祉支出を含む）の対GDP比率（1993年）（単位：%）

	デンマーク	ドイツ	オランダ	スウェーデン	イギリス	アメリカ
1. 粗公的社会支出	35.3	32.5	34.0	42.4	26.9	16.3
2. 純公的社会支出	26.4	27.2	24.9	32.4	23.9	17.0
3. 純義務的民間社会支出	0.3	0.9	—	0.4	0.2	0.5
4. 純任意民間社会支出	0.4	1.5	3.4	1.0	3.2	7.8
純企業年金支出	0.7	0.6	2.0	0.8	2.1	2.3
純保健支出	0.2	0.7	1.5	0.1	0.4	5.6
5. 純社会支出総計	27.1	29.5	28.2	33.8	27.3	24.2

出所) OECD (1999a), pp. 50-53 より作成。

国家，3つ目は富裕者向けの福祉国家である[15)]」と述べているが，これは租税支出をも含む全体としてのアメリカ福祉国家システムの構造的特徴をうまく言い表していると思う。

しかし，1980年代以降，企業年金や雇用主が提供する医療保険にも変化がみられる。まず，企業年金に関して言えば，多くの企業が確定給付型年金制度を終了させたり，給付を削減した。従業員に対する生涯所得の保障を意味する大規模な企業年金は競争が激化している今日の経済環境のもとでは企業経営に著しい硬直性をもたらす。その結果，最近では401(k)型プランに代表されるような，確定拠出型年金制度がより頻繁に用いられるようになってきた[16)]。

次に，医療に関して言えば，1970年代以降の国民医療費の増大は，雇用主提供医療保険における企業負担を増大させた。さらにまた，レーガン政権以降今日まで続いているメディケア給付抑制政策によって，高齢者の医療保障が民間部門に代替される度合いが強まった。このような医療支出の膨張圧力に対応してますます多くの企業が，従業員に対する医療保険の加入制限をおこなったり，健康維持組織（HMO）や特定医療供給者組織（PPO）といった管理医療組織からの管理医療保険の購入に切り替えるようになっていった[17)]。

このように，現代のウェルフェア・キャピタリズムは変化を遂げつつある。今日では，会社はかつてほど従業員の抱える危険を自ら代わりに担おうとする姿勢がない。しかし，このような最近の変化にもかかわらず，ジャコービィが述べているように[18)]，従業員の中核部分に対する安定的な職の提供と福利政策の提供は守られているように思える。ウェルフェア・キャピタリズムは息の根を止められつつあるのではなく，その基本構造を維持しながら，周辺部の従業員により大きなリスクを押し付ける方向に移っているとみるのが妥当であると思われる。

今までみてきた最近の社会福祉支出の動向からも，80年代以降ミドル・クラス向けの福祉国家と富裕者向けの福祉国家がいくつかの合理化を目的とした改革を経るなかで比較的安定したかたちで存続しているのに対して，福祉国家をその最も基底で支えるところの貧困者向けの福祉国家がますます貧弱になっていることがおおよそわかる。また，アメリカ福祉国家のもう一方の特質である企業福祉にもかなりの変化があったことも理解しえた。この後，さらに，いくつかの制度改革を検討することによって，アメリカ福祉国家が総体としてどのように再編されたかについてより立ち入って考察することにしよう。

3. 福祉国家システムの再編

3.1 税制改革

　レーガン政権下で実行された2度にわたる大規模な税制改革はアメリカの福祉国家財政のみならず世界各国の福祉国家財政にも大きな影響を及ぼした[19]。
　1981年経済再建租税法（ERTA）は，①3年間で個人所得税を一律23％引き下げ，かつ最高税率を70％から50％に引き下げる，②インフレによって所得区分が押し上げられ自動的な増税になることをなくすために，1985年以降個人所得税の税率区分に物価スライド制を導入する，③各種の企業設備・施設に関する償却期間を大幅に短縮し，新たに3年，5年，10年，15年と規定する加速償却制度（ACRS）を導入する，という3つの柱から構成されていた。
　このレーガン減税はイギリスのサッチャー減税とならんで，1980年代にヨーロッパと日本を風靡した所得税改革の税率引下げ運動の先駆けとなった。所得税税率のインフレ調整と個人税・法人税の大幅減税は，所得税の収入調達能力を大幅に削減することによって（とくに，インフレ調整の導入は租税増収のための比較的目立ちにくく，政治コストの低い手段が消失することを意味した），戦後の「容易な財源調達時代（Easy Financing Era）」から「財政拘束時代（Fiscal Straitjacket Era）」へ時代を転換させる重要な要因となった[20]。すなわち，税制面から福祉国家の拡大をチェックする大きな出来事であったのである。
　福祉国家システムの再編という観点からすれば，1986年租税改革法

(TRA) は ERTA よりもいっそう重要であった。TRA は第 2 次世界大戦以来連邦租税政策の最も劇的な変容をもたらした[21]。改革法の内容を一言で述べれば,「所得税・法人税の租税特別措置の整理と税率構造の簡素化」であった。具体的には,①個人所得税の税率を 11〜50% の 14 段階から 15, 28% の 2 段階に整理する,②キャピタル・ゲインは所得控除を廃止し,全額課税とする,③住宅ローンについては主たる住居とセカンドハウス分まで支払利子の控除を認めるが,その他の借入については教育・医療費の支払利子のみ控除を認める,④法人税は最高税率 46% を 34% に引き下げる,⑤投資税額控除は廃止し,加速償却制度はより現実に沿ったものに修正する,といった内容であった。

租税改革法の原案は「公平・簡素および経済成長のための税制改革」という表題の 1984 年の財務省報告であった。この報告書は「包括的所得税」の考え方をベースにし,たんに所得税率の引下げのみならず,投資税額控除,加速度償却制度というかたちのあらゆる「税法社会主義」を攻撃し,すべてのものにインフレ調整をし,法人税の増税すら勧告していたことが大きな特徴であった。そういう意味で,1920 年代の共和党政権によるループホールの多い企業寄りの税制改革と大きく異なっていた。

しかしなんといっても,最大の特徴は課税ベースを広げることによって税率構造を削減するという考え方であった。これは企業家精神を奨励することによって,生産性停滞に直面したアメリカ経済の効率性を高めることを目的としていた。また,福祉国家論の観点からみて重要なのは,所得税の公平概念を垂直的公平から水平的公平(所得源泉や所得使途に関係なく,同じ経済状況にある者は同じ額の所得税を払うべきである)へと大きく転換させたことであった。累進所得税こそ福祉国家システムの重要な柱であったことを想起すれば,この転換が福祉国家システムに及ぼした影響の大きさは容易に推測されるであろう。

もちろん,この 1986 年租税レジームは 1993 年のクリントン政権下での最高税率の引上げ(31% から 39.6%)が示すようにいくぶんかの修正をこうむる。しかし,2001 年に再びブッシュ政権下で税率の引下げ(39.6% から 35%)が実行されたように,以後のアメリカ税制の基本ラインとなったのであった。また,この 1986 年税制改革はスウェーデンの 1991 年税制改革やわが国の 1987 年,88 年の税制改革にも大きな影響を与えたことが示すように,世界の税制改革の潮流を形づくったのである。

なお，福祉国家論の観点からみて見逃すことができないことは，この財務省報告とそれを受けた税制改革において，ヨーロッパのような付加価値税を採用しないことを明示的に示したことであった。その理由として，アメリカは先進国のなかで連邦売上げ税を徴収していない数少ない国々の1つであるが，売上税が導入されればやがて「政府は膨張し」ヨーロッパ諸国並みの大きな政府になるということをあげている[22]。80年代半ばの時点でアメリカはヨーロッパ福祉国家とは一線を画す「小さな政府」を税制面から選んだのであった。

3.2　1996年福祉改革法[23]

1996年個人責任・勤労機会法（以下，福祉改革法と略す）は，アメリカの公的扶助制度，とりわけひとり親の低所得家庭に対する福祉政策を根本から変えるものであった。というのは，福祉改革法は，1935年社会保障法以来の伝統をもつAFDCに終止符を打ち，それに代えて「貧困家庭一時援助」（TANF）と呼ばれるブロック補助金プログラムを設けたからである。

表5は旧法であるAFDC,「貧困家庭に対する緊急援助」（EA），そして「就労機会と基礎技能訓練」（JOBS）と新法であるTANFとの主要な相違点を列挙したものである。この表から，新法の次のような特徴が目につく。

① AFDCにおいては，州は受給資格のあるすべての家庭に対して現金扶助を行う義務を有していたが，TANFにおいては個人に対するエンタイトルメントを明確に否定している。
② 就労に対する要求がきわめて厳しくなっている。
③ 州の自由裁量が格段に大きくなっている。

また，これ以外にも，連邦の現金扶助は生涯で5年に制限され，しかも労働可能な成人は2年以内に就労するか特定の活動に参加しなければならないことになり，総じてAFDC受給者にとって厳しい改革であった。

この福祉改革は貧困な母子家庭に打撃を与えたのみではなかった。その改革は食料切符プログラムにも大きな影響を与えた。子どものいない18歳から50歳までの人は，仕事にも就かずワーク・プログラムや職業訓練プログラムに参加しないのであれば，3年間のうち3カ月しか食料切符の受給資格をもたないことになった。改革以前であれば，労働可能な成人であっても，食料切符雇用訓練プログラムに登録さえしておけば，受給資格を保持することができたので

表5 AFDC/EA/JOBS と TANF の相違点

	AFDC/EA/JOBS（旧法）	TANF（新法）
連邦資金交付	AFDC と EA は無制限，JOBS については上限付きのエンタイトルメント（AFDC と JOBS 費用の連邦負担割合は州1人当たり所得が小さいほど大きい）	固定した補助額（2002年まで年164億ドル）プラス特別補助金（2年間に限定）就労補助金（業績のいい州に対するボーナス等）
州資金	連邦資金交付に対してマッチングが要求される	州は過去の水準の75％を支出しなければならない（緊急資金については100％），そして緊急資金についてはマッチングを提供しなければならない
受給資格の種類	両親のうちどちらか一方が労働不能，又は失業中の児童	州によって設定
所得制限	州によって設定	州によって設定
給付の水準	州によって設定	州によって設定
エンタイトルメント	州の所得水準下で受給資格のあるすべての家庭に対し州は扶助義務を負う	個人に対するエンタイトルメントを否定
就労に対する要求	JOBS は参加要求をもっていたが参加は就労を要求していなかった	2002年までに，州は受給者の50％を特定の労働活動に就かせねばならない
就労要求の免除	3歳以下（ただし，州の選択によって1歳以下にしてもよい）の子どもをもつ親（主に母親）	なし．ただし，州は1歳以下の子供を養育している片親については免除してもよい
受給期間の制限	なし	5年を限度とする（20％の例外は許容される）

出所）U. S. Congress, House of Representative, Committee on Ways and Means（1998）より引用。

あったが。また，この福祉改革によって，合法的移民の大部分も個別の緊急的給付以外の，SSI，食料切符，住宅補助金を受給することができなくなった[24]。

　以上のような内容をもつ，貧困者にとってきわめて厳しい改革をクリントン政権が望んでいたわけではなかった。クリントンも AFDC の包括的改革を通して「いまあるような福祉の終焉」を主張していたが，その内容は職業訓練，家族支援サービスなどの改善をより強調したものであった。しかし，共和党が第104議会において多数派を占めたことが主たる原因となって，下院共和党の「アメリカとの契約」のなかで謳われていた福祉改革がほぼ法案として成立したのであった[25]。

　なお，忘れてはならないのは，公的扶助政策についての劇的な変化がこの時すでに州で生じつつあったことである。1988年家族援助計画法は AFDC に関する連邦の要求に対して州政府がウェイバー（免責条項）を獲得することを容易にした。そして，ブッシュ政権とクリントン政権はどちらも州政府にウェイバーを賦与することを通じて州が福祉改革の実験をすることを奨励した。とくに，1994年中間選挙における共和党の歴史的勝利は，州が最大限の自由裁量

を求めることを奨励し，州のイニシャティヴにクリントン政権が拒否権を発動する能力を弱めた。その結果，多くの州で，勤労所得の無視，福祉名簿から離れる家族に対するメディケイドの延長，学校を中退した10代の親への罰則，支給期間の制限といった実験がなされた[26]。

連邦と州がこの時期に積極的に福祉改革に乗り出した一般的背景としては，AFDCの受給者数の増大，公的扶助支出の対GDP比率の増大，財政赤字削減圧力があったが，この時期とくにAFDCに対する公衆の敵対感が高まったこと[27]，その要求に答えようとして州レベルにおいても連邦レベルにおいても政治家が競って福祉改革レースに乗り出したことが重要である。

以上のように，政治的に駆り立てられて作られた福祉改革であったが，この就労促進を目的とした改革は今のところ成功しているように見える。福祉受給率（AFDC・TANF登録者数／全人口）はピーク時であった1994年の5.5%から1996年には4.8%，1998年には3.0%，そして1999年には2.5%まで低下した。この数字は1967年以来，最も低い[28]。

しかし，景気後退によって失業率が上昇し，それに伴い福祉受給者数が上昇せざるを得なくなったとき，この福祉改革の真価が問われることになるであろう。すなわち，雇用創出計画なしに，生活保護を5年で打ち切ることが果たして現実的選択であったかどうかが問われるであろう。現在進行中の受給者数の減少は，TANFが定額のブロック補助金であるため（すなわち，連邦が各州に交付する金額は1994年に州が受け取っていた財政支援水準を保証しているため），かつてのAFDC制度のもとで交付される金額よりも多くの連邦資金を州に与えることになった。このような追加財源によって，州は児童ケア，雇用助成金，職業訓練，薬物濫用治療のような，さまざまなサービスを提供しえているのである。しかし，深刻な不況が襲い，州財政が逼迫するようになると，州が貧困家庭に対して以前と同じようなサービスを続けられるかどうかはきわめて疑問である。

3.3 勤労所得税額控除（EITC）の拡大

勤労所得税額控除（以下，EITCと記す）とは，低所得労働者に対する税負担軽減を目的とした払い戻し可能な税額控除（Refundable Tax Credit）[29]である。つまり，負の所得税と同じように，マイナスの税額が算出されたばあいに

図3　1993年と1998年の勤労所得税額控除

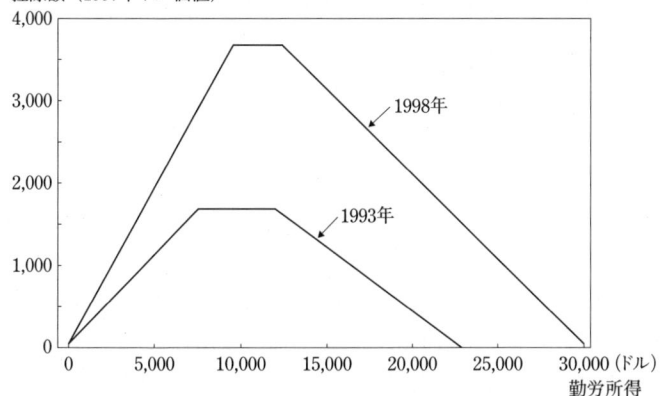

控除額（1997年ドル価値）

注）図示されている控除額は，2人以上の子どもがいる世帯の場合である。
出所）Council of Economic Advisers (1999), p. 115 より引用。

は，そのマイナス分は納税申告者に給付されることになる。それゆえ，これは税制に基づいた所得移転プログラムである。ただし，EITC は勤労していない労働者に対しては給付がなされない点で，そして勤労所得が上昇するにつれてある一定の水準までは給付も上昇していく点で，典型的現金援助プログラムとは異なる。このような性格から，EITC は AFDC に代表される現金援助プログラムがもつ労働ディスインセンティヴ効果の大部分を除去するといわれている。

EITC の基本的仕組みは図3に示すとおりである。1998年には，2人以上の子どもがいる世帯は，勤労所得1ドルにつき40セント，最大で3,756ドルまで控除を受けることができる。1人の子どもがいる世帯では，勤労所得1ドルにつき34セント，最大で2,271ドルまで税額控除を受けることができる。それに対して，子どものいない25歳から64歳までの労働者は，勤労所得が1万30ドル未満の世帯に限って，勤労所得1ドルにつき8セント未満，最大でも341ドルの税額控除しか受けられない。これらのことからも，EITC の対象は主として子どもを抱えた低所得家庭であることがわかる。実際，1998会計年度において，約1,980万人の労働者が税額控除を請求し，平均で1,584ドルを受け取ったが，このうちおよそ1,640万人は，子どもと一緒に暮らしている労働者であった。この税額控除によって1997年と98年にはそれぞれ430万人のアメリカ人が貧困から脱出することができた，と経済諮問委員会の報告書は謳

3．福祉国家システムの再編　　83

っている[30]。

　1975年に目立たないプログラムとして出発したEITCは1980年代後半以降,急激に拡大し,90年代末には年額300億ドルを超える大プログラムとなった。この間,他のミーンズ・テスト付きの貧困者向けプログラムよりも速く,また公的年金やメディケアのような普遍的プログラムよりも速く成長したのであった。EITCの成功の要因としては,このプログラムが「勤労倫理の促進」と「制限された政府」(EITCは大規模な社会サービス官僚制を必要としない)というアメリカ人の基本的価値観と一致していたことがまず指摘されねばならないが,それだけでは1980年代後半になってなぜ急に拡大するようになったかは説明できない。そこで,急拡大の直接的なきっかけとなった1986年,1990年,1993年の3つの場面を検討することによって,財政赤字解消が最も重要な政策課題となった80年代後半において,なぜEITCが人気のある政策となったのか少し詳しくみてみよう。

　3つの場面の検討に入る前に,1960年代に貧困が再発見されたのとまったく同様に,80年代に「勤労している貧困者(Working Poor)」がメディア,世論調査者,政策形成者によって発見されたこと,そしてとくにレーガンの大統領選出をひとつの重要なきっかけとして大票田であるワーキング・プアをめぐる政党間の争いが激化したことを念頭においておこう。このワーキング・プアは投票者のおよそ2割を構成しており,勤労に高い価値を置き,福祉に頼らねばならないことを恐れる人々から成っていた。彼らは腹の底では,勤労と家族の観点からみて自分たちは正しい行動をしているにもかかわらず,家を購入したり,子どもを保育所にやったり,信頼に足る健康保険を購入したり,老後の蓄えをする余裕をもたないことに不満を感じていた。これらの投票者は共和党を金持ちの党として,そして民主党を特殊な利益集団の党として,とくに黒人の利益を優先する党としてみなす傾向にあった。それゆえ,どちらの党がワーキング・プアに対して強い説得力をもってアピールしうるかが,大統領選挙をはじめとした国政選挙での勝敗を左右する鍵となった[31]。

　1986年租税改革法(TRA)によって,EITCは飛躍的に拡大し,インデクセーションも実施されることになった。TRAのもとになったTreasury Iと呼ばれる財務省案は租税支出の大部分の廃止・縮減を勧告したが,EITCについては公平性を根拠にその拡大を正当化した。他の争点とは異なり,EITCの拡

大はどの陣営からも反対されることなく，むしろ財務省案から最終的な法律として通過するまでの間に控除額は拡大していった。共和党と民主党はともにこの税制改革については分配上中立的であるべきだという点では同意していた[32]。上院と大統領府を共和党に握られている民主党にとっては，1981年経済再建租税法（ERTA）のような逆進的な税法を避ける以上のことは期待できなかった。共和党は，本音としては金持ち優遇的性格をもつERTAのような法案を欲していたが，貪欲な政党というレッテルを免れるためにも分配上の中立性はそれほど悪い妥協ではなかった。むしろ，分配上の中立性という議論は従来の租税をめぐる議論において頻繁に引き合いに出された累進性の議論からの明白なシフトを示すものであり，かなり満足すべきものであった。

分配上の中立性を守るという約束は，租税改革法案を何とか富裕な納税者にとって有利な性格のものにしたいと考える人々にとっては，低所得の納税者にも同等の給付を付加しなければならないことを意味していた。最初の財務省案が富裕者に対する租税支出を劇的に削減していたので，多くの利益集団と連邦議員たちは自分たちの愛好する租税優遇処置と組み合わせる低所得者向けの租税処置を探していた。彼らは分配上の中立性を維持するための比較的安上がりの手段としてEITCの拡大に目を向けたのであった。

このようにワーキング・プアに対する税制上の取り扱いは，ワーキング・プアが80年代の選挙において無視できない存在となっていたこと，そして税制改革における分配上の中立性という外観の必要性と大いに関係していた。

EITCの拡大は税制における公平性の保持というルート以外に，最低賃金の引上げに代わる手段として，そして家族政策の一手段としてそれが使われたことにも起因した。

1986年に共和党が上院における支配権を喪失すると，長らく冬眠状態にあった最低賃金の引上げが重要な争点として表に出るようになった。リベラル派の民主党議員が労働組合，公民権・女性・教会のグループから支援を受け，1987年最低賃金回復法を導入したことは，その現われであった。この提案はもちろん共和党や低賃金産業から反対を受けたが，民主党の内部からも反対を受けたのであった。

このころ，1984年大統領選におけるモンデールの敗北を真剣に受け止め，民主党は変化しなければならないと考えていた，中道派と保守派の民主党員が

民主党内部に「民主党指導者会議 (Democratic Leadership Council)」を形成していた。彼らの目には，従来の民主党は労働組合や福祉受給者といった特殊利益集団に余りにも密着しすぎていた。民主党は国際経済における競争力や近年における選挙民の保守的傾向という現実を直視し，再分配よりも経済成長に関心を寄せる主流派の投票者に訴える政策を提示すべきであると考えていた。彼らにとって，最低賃金の引上げは民主党を労働組合と結びつけ，反営利企業と反成長という党のイメージを強化する以外の何ものでもなかった。彼らは共和党と一緒になって最低賃金回復法に反対し，その代わりとしてEITCの増額に賛成した。また，共和党内部でも下院労働基準小委員会の委員であったトーマス・ペトリのように「インフレ促進的で，雇用破壊的な最低賃金の引上げに代わる手段として，勤労所得税額控除を通じてワーキング・プアの所得を引き上げる」ことを1988年選挙綱領に謳うよう積極的に働きかける者が出現した。そして，ほぼ同時期にニューヨーク・タイムズをはじめとした新聞・雑誌においても，最低賃金引上げよりもEITCの拡大をという声が強くなっていった[33]。

　福祉改革と租税の公平性について争ったのと同じように，民主党と共和党は1980年代にどちらの政党が"pro family"であるかをめぐって争った。共和党は中絶反対，強制的バス通学反対，同性愛反対，学校での礼拝支持といった伝統的な家族の価値を相変わらず支持していたが，1986年の「変化するアメリカにおける新しい選択」などにおいて具体的な家族政策を積極的に提案したのは民主党であった。1988年大統領選においても，デュカキスは児童ケアや普遍的健康保険といった民主党が得意とする家族政策を中心にすえて闘おうとしたが，共和党のブッシュは子どものいる家庭に対する税額控除の拡大や育児休暇を約束することによってデュカキスの攻撃をかわした。

　他方，議会におけるリベラル派の民主党員が中心となって，「より良き児童ケア法 (Act for Better Child Care)」をはじめとしたいくつかの家族立法を導入した。これに対して，先に述べた民主党指導者会議のメンバーたちは社会問題に財政資金を投じるという古い民主党の政治パターンを嫌った。共和党も同様の関心を共有し，民間の保育所をはじめとした児童ケア提供者に対する過剰な規制を呼び込むと思われるものには当然反対した。1989年における児童ケアをめぐる討論が進行していくうちに，EITCがメディアにおいてますます高い評判を得るようになっていることも手伝って，児童ケア法の提唱者たちも

かつての主張をあきらめて徐々に税額控除と直接支出の組合わせの案に従うようになっていった。そして，結局このことが1990年10月の「150億ドルの税額控除と児童ケア助成金支出40億ドル」を含む包括法案へと導いた。その妥協法案はEITCの受給資格を拡大し，はじめてEITCの支給額を家族規模に応じて調整することになった。そして，最大可能は控除額を1990年の953ドルから1994年には1,702ドルまで大幅に拡大することになった。いうまでもなく，この拡大はたんに児童ケア問題だけでなく，先に述べたように租税法案の累進性改善という目的にも役立った[34]。

次に，EITCの拡大の契機となったのは，クリントン政権下における1993年包括的予算調整法の成立であった。この予算調整法はメディケアの削減と富裕者に対する増税とによって5年間で5,000億ドルの赤字削減を目標としていたが，EITC予算については受給資格の拡大と税額控除額の大幅引上げとによって5年間で208ドル増加させていた。

クリントンは大統領選挙期間中，労働者のかなりの部分が実質賃金の目減りを経験していること，そして普通の人々がますます経済的不安定な状態にいることに焦点を当て，「フルタイムで働き，子どもを抱えている人は貧困状態でいるべきではない」と宣言した。アメリカ労働者の経済保障を改善する手段として，医療保険改革，人的資本と物的インフラストラクチャへの投資，EITCの拡大を提起したが，このうちEITC拡大政策が最も成功した。この成功の要因としていくつかあげることができるが，このプログラムがミドル・クラスや郊外居住者によっても支持されていたこと，EITCの拡大が逆進的なガソリン税増税を相殺する作用をもったことがとくに重要であった[35]。

3.4 都市政策，雇用政策，フィスカル・ポリシー

(1) 都市政策

戦後の農業の機械化に伴う南部黒人の北部大都市への大量移住やニューディール期に発展し戦後に定着した連邦の諸政策（中心都市と郊外を結ぶハイウェイ建設に対する連邦補助金，住宅モーゲージ融資の保険を行うFHA融資保険制度の創設など）が，大都市に住む白人中産階級の郊外自治体への脱出を促進し，その結果アメリカの大都市はますます多くの貧困者が集中して住む場所となった[36]。それゆえ，日本における後進地域に重点的に投資される公共事業政

策がわが国の福祉国家体制の重要な特徴を形づくっているのと同じような意味において，深刻化する都市問題を解決する手段としてとられた都市改造事業やモデル都市事業に代表される都市政策は戦後アメリカ福祉国家の重要な柱を形成していた。

表6は，地方政府に対する連邦補助金額がピークに達した1978年からブッシュ政権によって提案された最終予算案を反映した1994年の間における，各種の連邦都市プログラムの支出傾向を描いたものである。一目でわかるように，都市に住む貧困者個人に対する支出が増大（とくに，EITC支出の増大は著しい）しているのに対して，都市に対するインフラ投資，財政援助，社会サービスの提供は大幅に削減している。これらの原因としては，レーガン政権下における連邦補助金の大幅削減や歳入分与の廃止の影響が圧倒的に大きい[37]。

しかし，問題はレーガンの行為だけではなかった。1990年代までに，アメリカの伝統的なリベラリズムを特徴づける都市に焦点を絞ったプログラムは広範な支持を失っていた。その上，80年代後半以降支配的となった財政赤字削減の政治が都市プログラムの再生をほぼ不可能にしてしまった。その結果，ブッシュ政権期は言うに及ばずクリントン政権期になっても，この都市プログラムの縮小傾向は逆転することはなかった。

たしかに，クリントン民主党政権は共和党政権の12年間と同じように，都市問題を無視しうる立場にはなかった。というのは，まず第1に，近年ますます国の政治の重心が都市中心部から郊外に移っていってはいるものの，大都市はそれでもなお民主党の票田のコアを形成しており，そのことが1992年におけるクリントンの勝利（とくに，予備選挙において）を決定づけたからである。第2に，1989-92年のリセッションが大都市経済にもたらした深刻な影響や1992年ロサンゼルス暴動が全国的な注目を引き，都市問題に連邦が新たな注意を向けるよう多くの人が要求するようになったからである。

このような立場から，クリントン政権は財政支出と社会サービスに力点を置く伝統的な都市プログラムから離れて，エンパワーメント・ゾーンやコミュニティの信用・金融制度の創設，コミュニティ再投資法の強化といった，予算増をあまり招かない方法で都市コミュニティの経済開発を促進しようとした[38]。また，実際に，EITCを拡大し，職業訓練，夏季青少年雇用，HUD予算，ホームレスの住宅，ヘッドスタートなどへの支出を拡大した。しかし，クリント

表6 連邦都市プログラム支出の変化（1978会計年度～1994会計年度）

単位は100万ドル（1994年ドル価値）

プログラムの種類	1978	1994	実質的変化 1978-94（%）
都市政府と地方機関に対する，あるいはそれらの団体を通じた支出			
コミュニティ開発ブロック補助金	6,204	3,684	−40.6
都市大量輸送	4,502	3,267	−27.4
地方公共事業	6,596	0	−100.0
公営住宅	1,467	2,584	76.1
ハイウェイ	12,325	18,139	47.2
空港	1,193	1,620	35.8
上・下水道	6,764	1,962	−71.0
小計	39,051	31,256	−20.0
小計（ハイウェイを除く）	26,726	13,117	−50.9
財政援助			
不況対策財政援助	2,821	0	−100.0
一般歳入分与	14,481	0	−100.0
小計	17,802	0	−100.0
社会サービス			
コミュニティサービス	1,140	0	−100.0
法律サービス	333	375	12.5
教育・タイトルⅠ	5,658	6,819	20.5
特別教育	480	2,748	472.9
職業教育	1,467	1,292	−11.9
社会サービスブロック補助金	5,962	2,728	−54.3
児童家庭サービス	2,375	3,998	68.3
養子ケア	0	3,030	
薬物濫用・精神衛生	1,284	2,132	66.0
職業訓練・雇用	9,022	3,310	−63.3
包括的雇用・職業訓練法（CETA）	10,122	0	−100.0
小計	37,842	26,412	−30.2
都市に集中する個人に対する支出			
メディケイド	22,667	82,034	261.9
補足的障害手当	11,206	23,700	111.5
AFDC	13,562	16,508	21.7
食料切符	11,671	25,441	118.0
児童栄養	5,656	7,044	24.5
女性，乳幼児，児童	787	3,249	312.6
住宅援助（セクション8）	6,369	19,861	186.4
EITC	1,870	10,950	485.6
小計	73,789	188,787	155.8

出所）Mollenkopf (1998), p. 470 より引用。

ン政権は，連邦政府，中心都市，郊外の間の新しい政治的協調形態を形成するために柔軟性をもった都市補助金プログラムを創設するという，野心的な計画については成功させることができなかった[39]。

さらに，クリントン政権はニュー・デモクラットとしての立場から，予算縮

小，規制緩和，権限委譲といった政策課題に関して共和党との間に合意をおこなったが，この決定はアメリカ連邦制度の枠組みそのものを変えるものである。州政府が大都市と都市貧困者が抱える問題に対して熱心に取り組んだことはほとんどなかったという歴史的経緯から判断すれば，この決定によって大都市と都市貧困者は以前よりもいっそう困難な立場に追い込まれるであろうと筆者は考えている[40]。

次に，都市政策から離れて，より一般的な雇用政策に目を転じてみよう[41]。

(2) 雇用政策

1945年完全雇用法案が骨抜きにされ，1946年雇用法という妥協的法律に落ち着いたことからわかるように，アメリカはヨーロッパ諸国のようにそもそも完全雇用福祉国家を目指してはいなかった。そのことは，アメリカがヨーロッパ諸国に比べてきわめて消極的な労働市場政策やマンパワー政策しかもっていなかった点からも確認できる。しかしそれでも，大恐慌とニューディールを経験したアメリカの政策形成者は党派を問わず，失業を最小限にする責任は受け入れたのであった。とくに，1940年代から1970年代までについては，連邦のスペンディングと減税とによって失業率を引き下げようとするケインズ的考え方によって国の経済政策は支配されていたといってよいであろう。

普通の労働者にとっての経済保障としては，この失業率の削減を目的とした経済刺激政策以外にも，失業保険制度があったし，労働市場の底辺部にいる労働者に対しては最低賃金制度や多様な職業訓練プログラムがあった。そして何よりも，連邦の法律によって組織化の権利を保護されていた労働組合が，団体交渉過程を通じて労働条件と賃金を保証していた。

しかし，1970年代後半以降，経済のいっそうの国際化とスタグフレーションのもとで，これらの経済保障体制に穴があくことになった。開放的な経済システムとスタグフレーション下では経済をファインチューニングするケインズ政策の効力は急速に低下した。失業保険も，ますます長期化する失業に直面する労働者にとっては，たんに一時的休息を提供するものでしかなくなった。国際競争力をつけるために柔軟な労働力を創出することに血眼になっている経営側に対して労働組合の力が低下するにつれて，団体交渉を通じて良好な労働条件と賃金を確保する労働者の能力は確実に衰退していった。

経済構造の変化と失業率の上昇に直面して，はじめのうち連邦の政策形成者たちは1973年包括的雇用・職業訓練法（CETA）による公共雇用の拡大や貿易調整援助（TAA）支出の増大，失業給付期間の延長でもって対応した[42]。しかし，インフレが昂進したり，ドルの信任が危ぶまれるようになると，このような財政拡大要因となるような対応策は保守派から攻撃されるようになった。レーガン政権下で勢いを得た「サプライサイド経済学」は，雇用を増大させるには，需要の増大ではなく減税と規制緩和に頼るべきだと主張した。彼らの見解においては，失業給付の受給資格の拡大や給付期間延長は人々に失業状態にいることを奨励するだけであり，失業を削減しようとするならば，失業保険の受給資格は引き締められねばならなかった。

　実際に，1980年代には，失業保険の受給資格は引き締められた。貿易調整援助支出も限りなくゼロに近づいた。CETAもまた無駄であり，効果が薄いと批判され，ついに廃止されてしまった。また，レーガン政権下での全国労働委員会は労使紛争において雇用主に肩入れをし，労働組合に対して厳しい対応をした[43]。そのことにより，労働組合の組織化はよりいっそう困難となった。さらに，1981年以降80年代を通じて物価上昇にもかかわらず最低賃金は引き上げられることはなく，最低賃金の実質価値（1998年ドル価値で表示）は1978年の6.63ドルから1989年には4.40ドルまで大幅な低下を記録した[44]。

　それでは，12年ぶりに政権に復帰した民主党政権はこの傾向を逆転したであろうか。クリントンは先に述べたEITCを拡大したり，1996年に最低賃金を1時間につき4.25ドルから5.15ドルに引き上げることには成功したものの，雇用政策全体としては過去の傾向を逆転することができなかった。

　大統領選挙期間中，クリントンは「アメリカの未来に投資する」必要性を説明し，「アメリカを再建する」ために，4年間にわたって毎年200億ドルの投資プログラムを組むことを約束していた。それは実際に，40億ドルの緊急失業補償や25億ドルのコミュニティ開発ブロック補助金，10億ドルの夏季青少年雇用を含む162.6億ドルの「経済刺激パッケージ」として議会に提案されたが，その大部分は「投資」ではなく「課税と財政的ばらまき」という古い手法を踏襲したものであるという批判を受け，議会を通過しなかった[45]。

　その他，労使関係，職場規制，職業訓練を扱う連邦雇用政策についても，クリントン政権は並々ならぬ関心を抱いていたが，この分野においても実際に生

じた変化はそれほど大きくはなかった[46]。クリントンは以前の民主党大統領とは異なり、自分の政策優先順位と組織労働者の政策優先順位との間に距離を設け、高い業績をもつ職場と高い技能をもつ労働力を生み出すコンセンサス重視の戦略を取った。しかし、同政権はそのようなコンセンサス戦略を実行に移す資源をほとんど持ち合わせていなかった。これは財政赤字削減を何よりも重視したクリントン自身の選択の結果でもあったが、弱い組織労働と強い経営陣営という力関係のもとでは政府が労使に妥協を強いることが困難であったことにもよる。その結果、「果てしなきダウンサイジング」、「雇用なき繁栄」、「所得格差の拡大」という言葉に示されるような、経営陣営が圧倒的に強く、労働が弱体なままのニューエコノミー体制となった。

(3) フィスカル・ポリシー

戦後、広い意味でのフィスカル・ポリシーがどのように変化したかを明らかにすることは難しい課題であり、到底この章のなかで明らかにすることはできないが、それでも1979年のカーター政権下におけるいわゆる「ボルカー・シフト」を境にしてアメリカの財政金融政策のスタンスは明らかな変化を遂げたということに反対する人はほとんどいないであろう。

1977年にカーターが大統領に就任したとき、失業率は7.4%であった。カーター政権は、その失業率は高すぎると考え、失業率の削減を政策の第1目標に置いた。そして、減税と通貨供給増加率の加速による金利引下げと財政及び金融の拡張政策によってこの目標を達成しようとした。また、カーター政権は、石油ショック以降の世界経済の問題に対処するために、アメリカ、西ドイツ、日本の3国が「機関車」となって世界経済を引っ張っていくことを望んだ。しかし、西ドイツと日本はそのようなリフレーション政策を拒否したため、結果的にアメリカ一国が一方的な拡張政策を追求することになった。

このことが急激なアメリカの貿易収支の赤字を、そして経常収支の赤字をもたらした。対外バランスの悪化はアメリカ経済に根強く巣食うインフレ体質（78年の消費者物価上昇率は9%超）とあいまって、ドル相場の急速な下落を招くことになった。ドルの急落は輸入物価の高騰を通じてインフレをいっそう悪化させ、海外投資家のドル不信をいっそう促進させた。このような悪循環を防ぐため、カーター政権は78年10月と11月に2度にわたるインフレ抑制と

ドル防衛策を発表し，ひとまず小康状態を得た。しかし，翌79年には再びインフレが昂進するようになり，ドル相場も弱含みとなっていった。そこでついに8月，カーター政権はドルの信任を回復させるために，有名なハード・マネー論者であった，ニューヨーク連銀副総裁ポール・ボルカーを連邦準備制度理事会議長に任命した[47]。副大統領モンデールによると，この任命は「金融市場の信頼を確保するために，正統性を取り戻すために，そしてアメリカの主要な貿易相手国や国際金融制度のパートナーを安心させる」ためのものであった[48]。

ボルカーは，この金融市場の期待に見事に答えた。彼はその年の秋のベオグラードでのIMF年次総会において，旧知の各国中央銀行総裁や民間銀行頭取から，国際金融体制の崩壊の危機に瀕しているという，厳しい警告を浴びせられた。事態の深刻さを改めて確認したボルカーは，帰国早々の10月6日に，ドラスティックな金融引締めを宣言した。その宣言には，1%の公定歩合引上げ，商業銀行の定期預金に対する特別な預金準備の賦課，投機目的に対する銀行貸出停止の要請を含んでいたが，なんといっても衝撃的であったのは，これまで金利操作を軸にしてきたFRBによる金融調整の方法をマネーサプライに対する直接統制に切り替えるという内容であった[49]。これは，今後FRBはマネーサプライの伸び率の長期的なターゲットを設定するに留め，金利はたとえそれが20%を超えようとも市場に任せるというマネタリスト的言明であり[50]，その本質はスーザン・ストレンジも言うように，マネーサプライを抑制することによって，信用創造をチェックし，銀行貸出金利を引き上げる，デフレ政策であった[51]。

このボルカーの金融引締め政策はレーガンの大統領就任後も続いた。その結果，消費者物価上昇率は79年の11.3%から82年には6.1%，83年には3.2%にまで下がった。一方，実質GDP成長率は78年の5.0%，79年の2.8%から80年には-0.3%に急低下した。そして，81年に2.5%とプラスに転じたが，82年には再び-2.1%と落ち込んだ。当然，失業率も79年の5.8%から82年と83年には9.5%へ一挙に上昇した。このような事実からも，ボルカー・シフトとは成長と雇用を犠牲にしたインフレ抑制政策であったことがわかる。

続いて，固有の財政政策，すなわち予算を手段とした景気政策に目を転じてみよう。レーガンの大胆な1981年減税政策と軍事費拡充政策が未曾有の財政赤字を招き，それが結果として短期的にはケインズ政策の経済刺激効果をもっ

3. 福祉国家システムの再編

たことは確かである。しかし，財政赤字を累積することによって，また所得税徴収能力を削減することによって，長期的には1982年以降の「財政拘束時代」（Fiscal Straitjacket Era)[52]を生み出すことになった。すなわち，国際金融市場の規制力が強力となった現在においては，アメリカがいくら大国であるからといって，貯蓄不足のもとでいつまでも巨額の財政赤字を続けるわけにはいかず，財政赤字削減が一種の至上命令となったのである。レーガン自身はやくも，1982年には増税を認めざるをえなくなるが，より本格的には，1985年財政収支均衡法を皮切りに，以後共和党のブッシュ政権，民主党のクリントン政権はともに財政赤字の削減を政策の最優先課題として取り組むようになったのである[53]。

マイケル・ミーロポルは，1974-75年の不況と1990年不況以降のアメリカ政府による対応の違いを比較検討した後，「不況からの回復を早めるために連邦政府が財政支出の拡大や減税といった手段によって積極的に経済に介入するのはもはや過去の出来事になってしまった。……今や，どのくらい低い失業率が許容させるのか，そして不可避の不況が到来したときには，どのくらい早急に，どのくらい強く経済に刺激を与えるかを決定するのは連邦準備制度なのである」と述べている[54]。もちろん，今や財政政策の唯一の役割は財政赤字をゼロにまで削減することであるというミーロポルの主張はオーバーであるが，政策の重心が需要拡大による失業水準の引下げからインフレを防ぐための財政赤字削減へと移ったことは確かである。

なお，筆者は，1978-79年のドル危機を契機にしてアメリカの財政金融政策に転換が生じたことをとくに重視している。1976年のイギリスと同様に，このときアメリカは，対外的なコントロールを課すことによって自国の政策上の自律性を維持するか，それとも国際的な金融上のコンフィデンスを回復するために緊縮プログラムを採用するかという選択を迫られた。カーター政権が資本規制をほとんど考慮することなく後者を選択したという事実は，まさに1970年代のスタグフレーション以降アメリカ国内のヘゲモニーがネオ・リベラルにシフトしていっていたことを示している。しかも，サッチャーのイギリスにおける政策転換が示すように，それはアメリカ一国に留まるものではなく世界的な広がりをもつものであった。しかも，この国際金融市場への配慮は1980年代前半の一時的流行では決してなく，持続性を帯びたものであった。そのこと

は，クリントンが比較的貧しい人々から多くの支持を得て当選したにもかかわらず，多数の財政保守主義者を政権の要職（財務長官にロイド・ベンツェンや予算管理局長にレオン・パネッタといった）に就けたこと，クリントン政権が「債権市場を満足させる」ための財政赤字削減をどのような政策よりも重視し，そのことが福祉政策を大いに制約したことを想起すれば，容易に理解できるであろう。

3.5 ヘゲモニー国家の性格変化：国際金融システムの自由化を例にして

さきに筆者は，独特の市場信仰をもつアメリカであっても，ニューディール以降は福祉国家化の道を歩んだと述べた。さらに最も重要なことは，世界資本主義の中心国となったアメリカの福祉国家化が世界の福祉国家システムを支え，アメリカの福祉国家からの後退が世界の福祉国家システムに大きな再編を迫っているという事実である。ここでは，そのような関係とかかる関係が今日の社会にとってもつ意味を，今日の世界の福祉国家再編傾向を最も根底において規定することになった国際金融システムの自由化を例にとって示したい。

話は，1944年のブレトンウッズ協定にまでさかのぼる。戦後の国際金融秩序をめぐる交渉において，アメリカはイギリスに比べてはるかに薄められたケインズ主義者であった。戦争を経るなかで保守派が息を吹き返し，アメリカ内部においてニューディールの社会的・経済的改革の情熱が後退していたからである。それにもかかわらず，アメリカの主導の下に戦後合意に達した国際経済秩序は通貨にしても通商にしても，決して第1次世界大戦前の古典的自由主義への先祖返りではなかった。それはジョン・ラギーがいうところの「埋め込まれた自由主義（embedded liberalism）」[55]であり，国内における積極的福祉政策と対外経済政策における自由主義との両立を目指すものであった[56]。

さらに冷戦の開始は，ブレトンウッズ協定やGATTにみられるような，短期的なアメリカの国益を犠牲にしてでも国際社会の安定を守ろうとする傾向を促進した。アメリカはソ連の勢力拡大を阻止するために，マーシャル・プランをはじめとした大規模な援助を先進国と発展途上国に対して次々と実行していった。そのほかにもアメリカは，他の国々が世界市場で輸出競争力をもちえるような為替相場を保持することを許容したり，ヨーロッパ共同市場によって築かれた障壁を受け入れたりすることによって，ヨーロッパや日本の経済成長と

福祉国家化を側面から援助した。この側面援助効果として何よりも重要であったのは、アメリカが西側軍事の圧倒的部分を担ったことであった[57]。同盟国は直接的には軍事費の軽減によって浮いた資源を成長のための公共投資や福祉の拡充に回すことができたし、さらには安定した秩序のもとで原油をはじめとした海外の安価な原料とエネルギーを入手することができたからである。これらはことごとくアメリカの世界戦略の一環であったこと、またCIAや軍部による他国に対する非合法な内政干渉政策などは当然考慮に入れられねばならないが、少なくとも西側資本主義諸国にとってはこの時期のアメリカは「慈悲深いヘゲモニー国家」であった。

福祉国家システムの安定性という問題を考えるばあい、このブレトンウッズの経済秩序について忘れてはならないもう1つの重要な事実は、国際金融において1930年代の資本統制と介入政策を継続するような多国間秩序が打ち立てられたことである[58]。1930年代の大混乱についての人々の記憶が、ケインズやホワイトに代表されるような、新しい福祉国家の政策的自律性を国際金融の圧力から、とりわけ投機的なかたちをとる国際的に浮動的なホットマネーの圧力から守りたいと考える人々に政治的優位性を与えた。それに対して、1920年代の金融政治を支配していたニューヨークとロンドンの銀行家たちの同盟は解体し、弱体化したままであった。さらにこの時期、自由主義的な金融システムと安定した為替レート制度や自由主義的貿易体制とは基本的に両立不可能であると多くの人が認識するようになった。これらすべてのことが国際的な資本移動の規制強化につながった[59]。

しかし、この規制的なブレトンウッズの国際金融秩序は1950年代末以降のユーロ市場の発展によってまずその一角を崩されるようになる[60]。ユーロ市場はロンドンの銀行とアメリカの銀行が両国政府の課していた資本規制（ポンドとドルの防衛のための）から免れる避難所として出発したのであるが、ユーロ市場の成長を決定的にしたのは両国政府の支持であった。イギリス金融当局がそれを積極的に奨励したのは、ケインズ型福祉国家とイギリスの国際的な経済的地位悪化という現実のなかで、シティの国際金融センターとしての地位回復の足がかりをユーロ市場に見出したからであった。アメリカ政府はその成長を阻止する権力をもっていたにもかかわらず、ユーロ市場へのアメリカの銀行や企業の参加を妨害しないという選択をおこなった。いや、国内の資本規制政策

に対する銀行や多国籍企業の政治的反対をなだめるために，さらには規制のないユーロ市場の存在は外国人や外国企業にとってのドル保有の魅力を増大させるという認識からそれを積極的に利用すらした[61]。

　1971年の大規模なドル売り圧力のなかで，ニクソンは8月15日に金とドルの交換停止宣言をおこない，ヨーロッパ諸国も日本も一時的に変動相場制に移行した。1971年のこの時期から1973年3月のフロート制への移行に至る一連の通貨改革交渉において，ヨーロッパと日本は，各国政府の協力によって投機的な資本輸出や投機活動の拠点となっているユーロ市場の規制を強く主張した。しかし，アメリカはこの合理性をもった提案に賛成することは決してなかった。それどころか，1973年2月の通貨危機に際して，自国の資本規制プログラムの全面廃止を宣言したことにみられるように，戦後初めて完全なる自由主義的な国際金融秩序を公然と主張するようになった。

　アメリカがこのように公然と金融自由主義を掲げるようになった背景としては，次の2点がとりわけ重要である。第1に，この時期ますます増大する国際収支の赤字と財政赤字に直面するなかで政府高官たちは，「より開放的で，自由主義的な金融秩序によってこそ，アメリカの政策的自律性は維持される」と，より明確に認識するようになった。短期的には，市場の圧力を借りることによって，公的な交渉では達成できない通貨切上げと拡張的な経済政策の採用にヨーロッパと日本を追い込み，大規模な財政赤字を是正するのに必要な調整負担を他国に押しつけることができる。また，一連の通貨改革交渉においてヨーロッパと日本はより対等な国際金融システムを目指していたのに対して，アメリカは交渉に基づかない，市場指向のシステムによってこそ国際金融における自国の支配的立場を長期的に維持することができると判断した。世界通貨としてのドルの立場は開放的な金融システムにおいてこそ維持され，強化される，と考えたのである。というのは，そのことによってアメリカ金融市場とユーロダラー市場は投資家にとって魅力的な国際市場であり続けることができるからである。そして，このドル資産の魅力こそアメリカの対外赤字の引受け先を確保するのである。要するに，金融システムの規制緩和を図り，市場の力を利用することが自国の権力拡大につながること（スーザン・ストレンジが言うところの「構造的権力」[62]の強化）を最終的に確信したのであった。

　第2の重要な背景として，この時期すでにアメリカ国内におけるニューディ

ール政治連合の崩壊の兆しと支配的イデオロギーの変化が出現していたことがあげられる。1970年代初期におけるインフレ率の増大と成長率の低下は，ケインズ主義的な経済政策とニューディールの規制政策への幻滅感を広め，それに伴って対外経済政策の思考的枠組みにおいてもM・フリードマンに代表されるような新自由主義が徐々に支配的になっていった。そして，かつてはニューディール体制を支持し，資本規制に対して理解を示してきた産業資本家たちもその活動を多国籍化するにつれて，銀行業者と同様に自由主義的な国際金融秩序を望むようになった。ここに，新自由主義の考えを明確に支持するようになった，民間の金融利益と多国籍産業企業と金融関係の政府高官から構成される新しい政治連合が出現することになった[63]。

1970年代初期において，国際金融秩序をより規制された方向に導こうとしたヨーロッパと日本の試みが失敗に終わったことは，金融市場のグローバル化にとっての決定的ポイントであった。もし，多国間での協調的な規制が資本の輸出国と輸入国の両端で導入され，ユーロ市場の活動に対しても課されていたならば，国際レベルで活動しようとする民間金融業者の活動はきびしく制限されていたであろう。しかし，そのような規制を実行しないという決定はブレトンウッズの金融秩序の崩壊を告げるものであった。というのは，国際金融における自由主義は安定的な為替レート制度の維持のために犠牲にされるべきだ，金融は生産や流通の召使いであるべきだというブレトンウッズの哲学を結局のところ諸国家が放棄したからである。実際に，1974年にアメリカが1963年以降存続してきた資本規制プログラムを解除したのを皮切りに，イギリスが1979年に，そしてヨーロッパ諸国は1980年代末までに，そしてわが国においても1980年代を通じて，1930年代以降存続してきた資本規制を自由化していった。諸国がアメリカに追随して次々と自由化に踏み切らざるをえなかったのは，ますます資本が自由に移動するようになった世界において，自国だけが規制を存続することは即，自国金融市場の国際的地位低下と資本の逃避による経済停滞を意味するからであった。

以上述べてきたように，1960年代と70年代におけるユーロ市場の出現，ブレトンウッズ・システムの崩壊が，そしてその直後に生じた石油ショックが1980年代以降勢いを増すようになった金融グローバル化の基盤を提供した。そして，アメリカとイギリスの選択を追随していった各国の金融規制緩和と金

融技術の革新とが組み合わさり，グローバルな資金移動と金融ネットワークが一挙に拡大されるようになった。ウォルターの言葉を用いれば，まさに世界規模で「グローバル金融革命」が生じたのであり[64]，ソロスの表現を用いれば「グローバル資本主義」の到来ということになる[65]。

　この1980年代以降の，グローバルな金融活動の爆発的成長とグローバル金融市場の拡大と深化によって，政府と企業はともに大規模で流動性の高い資本市場を利用することができるようになった[66]。とりわけ投資家（とくに年金基金をはじめとした専門的な機関投資家）は世界規模で最高水準の利益を得ることができるようになった。まさに，グローバル金融市場が資本の世界規模での配分において重要な役割を果すようになったといえる。しかしこのことによって，新古典派経済学者が主張するように，国境線にとらわれることなく競争が促進され世界的な資本の効率的配分が可能になったとは決して言えない。現実には，世界的な資本の配分は市場のもつ期待の変化にきわめて影響されやすく，その結果資本移動は非常に不安定になる可能性を有している。しかも，世界で最も豊かな国であるにもかかわらず，80年代においてアメリカが政府支出と一般的な生活水準を維持するために国民への増税を避け，莫大な財政赤字を他国からの資本流入によって賄ったことに示されるように，世界的な資本の配分は「構造的な経済権力」によって配分されているのが実状であり，倫理的にみてグローバルな資源の合理的配分とは程遠い。これらの事実や，あまりにも急速な金融市場と資本市場の自由化が招いた1997-98年の東アジアの経済危機，現地における貧困層を省みることのないアメリカ財務省とIMFによる「構造改革」の要求[67]，といった一連の事態を振り返ると，グローバル金融革命が各国の政治経済に及ぼした影響としては，スーザン・ストレンジの次のような総括の方が真実に近い。

　第1に，「金融が指揮をとる」（今や旧社会主義世界や辺境の村にまで）ようになり，製造業，娯楽，観光，運輸，鉱業，農業，小売・サービス業などが構成する実物経済のすべてが金融市場の指揮する緩急のリズムに合わせて自己調整をせざるをえなくなった。第2に，経済規制や課税などあらゆる面において諸国家の政府がかつてに比べて各国経済や社会に対する統制力を失ってきた。第3に，グローバル化による国内外での競争の激化と金融界におけるさまざまな創意が買収と合併の嵐を呼び起こし，結果として大企業への経済力の集中や

国家への帰属意識が曖昧になったグローバル企業を増大させた。第4に，金融業の利益の本質は他者が手に入れることのできない情報にあるため，インサイダー取引が頻繁に行われるようになり，金融と政治の結びつきと道徳上の汚染を加速化した。第5に，信用へのアクセスに関する不平等が国際金融システムの特徴であるため，富める者と貧しい者との格差，大企業と中小企業との格差，国家間のパワーと影響力の格差が拡大した[68]。

筆者は5章で述べるように，スーザン・ストレンジが主張するほど，金融のグローバル化によって政府の経済への統制力が無力化したとは考えていない。また，金融のグローバル化は一般に政府の政策を，価格安定性への固執，財政赤字の極端な縮小，小さな政府志向，社会保障支出の削減，民営化と労働市場の規制緩和といった「マーケット・フレンドリー」な政策へとシフトさせることによって，福祉国家システム全体を解体するといった，しばしば耳にする主張に必ずしも与するものではない。しかし，アメリカが短期的な国益を犠牲にしてでも国際社会の安定を守ろうとする「ヘゲモニー国家」としての姿勢を放棄し，新自由主義イデオロギーに基づき，そして自国のもつ「構造的な経済権力」を利用して，アメリカの一国的利益や金融業など特定の集団の利益のために自由化を推し進めた（あるいは，強制した）ことは各経済の投機性を高め，80年代と90年代において各国福祉国家や途上国の経済を大きく揺さぶり，それらのシステムの再編へと導いたことは明らかである。

そのことは，次のアメリカ発の規制緩和が広義の福祉国家システムに及ぼした影響をみることによってさらに明らかになる。

4. 規制緩和とアメリカ資本主義の変容

4.1 広義の福祉国家とアメリカの経済規制

筆者は現代資本主義の特質とそのダイナミックな変化を明らかにするうえで，「広義の福祉国家論」というアプローチが優れていることを述べてきた。この広義の福祉国家論という考え方をさらに延長して，資源配分が市場によってではなく政治的に決定されるシステムを考えると，それは次のように分類される。①国有企業にみられるような，経済に対する直接的な国家コントロール。②補

助金，租税，規制といった手段による経済に対する間接的な国家コントロール。③国家が労働力を部分的に非商品化し，労働者のライフチャンスを再配分する狭義の福祉国家による介入。④労働条件を決定するさいに，市場による配分に対して，団体交渉による配分を行う労働市場の組織。

①の国有企業にせよ②の経済に対する規制制度にせよ，その目的が軍事目的などではなく中小企業の維持や後進地域の産業維持といった市場圧力からの社会保護を目的としているならば，これらは広義の福祉国家の一環をなすといえるであろう。

アメリカにおいては，TVA などを例外として，政府による経済の管理手段のほとんどは企業の国有ではなく，経済規制であった。アメリカはヨーロッパ諸国にくらべて，市場経済指向が強かったことがその理由である。そこで，以下において，アメリカの規制制度の発展をごく簡単に振り返っておこう。

アメリカ連邦政府が経済活動に対して規制をしようとする最初の試みは1887年の州際通商委員会の設立である。これは当時の大企業である鉄道業，とくにその料金システムを規制しようとするものであった。革新主義時代においては，1906年の食肉検査法と純正食品薬事法といった社会的規制立法が制定された。そして，1906年のヘップバーン法や1910年のマン＝エルキンス法によって州際通商委員会の権限が強化された。1914年には，クレイトン反トラスト法が制定され，連邦取引委員会が設立された。経済的規制の主な目的は，企業の巨大化と独占的な価格支配を阻止することであった。これらの展開に注目して，経済史家ダグラス・ノースは「1914年までに，対GNP比率でみた政府規模はそれほど増大してはいなかったが，マディソン主義的システム（私有財産権を神聖視する政治―法構造を指す…筆者）の解体へと導くことになる根本的構造変化の基礎は据えられていた」[69]と述べている。そのことを別の言葉で表現すると，1914年までに，アメリカ福祉国家システムの土台は築かれていたということになる（もちろん，本格的な福祉国家の成立は1930年代のニューディールをまたなければならなかったが）[70]。

ニューディール期に，この経済規制の範囲は拡大され，強化された。ニューディールの経済改革には2つの流れがあった。一方は全国産業復興庁（NRA）の設立に代表されるコーポラティズムの流れである。これは，最大利潤を追求する競争的企業という原則はすでに時代遅れのものであり，それに代わって政

府と企業と労働者が協定された経済目的に向けて相互に協力するというものであった。もう一方の流れは，政府と企業の間の協力よりもむしろ政府による民間企業活動の監督を強調するものであった。この2つの流れのうち，1935年のNRAに対する最高裁違憲判決以後，改革の方向は明白に国有化ではなく規制，集中と合理化でなく反トラスト，計画経済ではなく権限分散に移っていった。それを象徴する出来事は，株式または債券を発行する会社の行動を規制するための証券取引委員会（SEC）の設立であり，1935年公益事業持ち株会社法であった[71]。

なお，アメリカは「恐慌のなかの恐慌」と呼ばれた1937年の急激な景気後退への対応策として，財政スペンディングによる意識的な需要刺激策，すなわちケインズ政策を採用した。戦時におけるアメリカ特有の動員方式がニューディールの改革者が望むような社会福祉の拡充を阻むものの，戦後においてはこのニューディールの遺産を受け継ぎ，金本位制停止下における雇用拡大を目標としたフィスカル・ポリシー，社会保険を中心とした移転支払い，団体交渉における労働組合の権利の承認，高賃金政策という福祉国家の政策パターンを確立するのである[72]。

しかし，アメリカ福祉国家システムの特質を明らかにしようとするならば，以上の政策パターンの特徴について述べるだけでは不十分である。アメリカの産業規制が果してきた福祉的機能についても注意する必要がある。というのは，アメリカにおける規制政策は西ヨーロッパにおける労働法による労働者保護政策や日本の産業保護政策と同じく，重要な政策目標として「雇用の安定」を目指していたからである。この点を重視するならば，アメリカの産業規制政策は日本の農業および中小企業保護政策と同様に「広義の福祉国家システム」を構成していたと言いうる。

アメリカにおいて規制の対象となっていた産業は，航空，州際トラック輸送，州際バス路線，電話などの電気通信，商業銀行，貯蓄貸付組合（S&L），農業，天然ガス，電気，ガス，上下水道などの公益事業，であった。これらの産業に対する規制はそれぞれ特別法に基づいていた。ルトワクによれば，これらの産業の規模は非常に大きかったので，連邦政府，州政府，地方政府の職員と合計すれば，その雇用はアメリカ総就業人口の4分の1を占めており，戦後アメリカの経済と社会の性格を描く場合には無視しえない存在であった[73]。

4.2 規制改革:電力と電気通信産業を例として

アメリカでは,70年代後半のカーター政権期以降,航空,鉄道,トラック輸送,電気通信産業,金融業,電力事業で次々と規制が緩和されていった。これらのアメリカの規制緩和についてはわが国においても多くの研究がなされている。また,『規制緩和の神話』や『ベル・システムの崩壊』に代表されるような規制緩和についての本格的研究書も翻訳されている[74]。しかし,規制緩和をアメリカ福祉国家システムの再編のなかで位置づけた研究はまだみられない[75]。筆者はここで,その位置づけを行いたいと考えているが,アメリカの規制緩和を全面的に明らかにする余裕がないので,代表的なものとして電力の規制緩和と電気通信産業の規制緩和を取り上げることにする。

(1) 電力の規制緩和

アメリカの電力業界はニューディール政策の一環として確立した1935年公益事業持ち株会社法に基づく厳格な規制制度のもとで運営されていた。電力事業には自然独占の性格があるということが規制の根拠となっていた。政府は電力事業を監視・規制することによって電力会社の利益率に限界を設ける代わりに電力会社に地域独占権を付与したのであった。また,電力事業への投資を誘導するために,政府は電力会社の株式への投資に対しては税制上の優遇措置を与えた。州際業務を監督するのは連邦電力委員会であり,事業の大部分を占める州内業務を監督するのが各州の公益事業委員会であった。そして,この委員会が消費者の支払う電力料金を決定していた。この料金は,電力会社の資本利益率が規制で決められていた水準に達するよう設定された。利益率はとくに高いものではなかったが,予測可能で変動がなく,保証されていた。このことによって,電力会社もまた従業員に賃金の上昇が予測可能な安定した雇用を提供することができた。州が所有する電力企業の労働者についていえば,その地位は州公務員の地位よりも安定していたとしばしばいわれていた[76]。

1960年代までは,このシステムはうまく機能し,電力料金は下がり続けた。しかし,70年代に入ると,この制度のほころびが目立つようになってきた。その原因の1つとして,環境保護規制の強化があった。1969年から1981年にかけて40以上の環境関連法が制定された。これらの法律は,発電所の立地,

大気汚染・水質汚染，原子力発電所などに関する規制を強化した。このために，電力会社は発電所などの設備を建設するさいに，立地，設計に関して自由に決定することが難しくなった。また，設備の建設が遅れたり，建設中に安全基準が変わり設計変更を余儀なくされたりして，建設コストが急激に上昇するようになった。これらは，最終的に消費者に対する電力料金の引き上げにつながった。電力産業危機の第2の原因は，1973年秋の石油ショックとそれを引き金としたインフレの昂進であった。石油価格の大幅上昇は電力の生産コストを著しく引き上げることはいうまでもないが，料金が規制されているために，すぐに料金を引き上げることができなかった。このようなタイムラグの結果として，電力会社の経営危機が生じた。また，オイル・ショック以降の高度成長の終焉は電力消費の成長をも鈍化させ，電力産業の設備過剰をもたらした[77]。

このような環境のもとで，1980年代初めには，規制協定が破られるようになった。それに対して2つの動きがあった。1つは，州の公益事業委員会による規制，指導，介入の強化という動きであった。他方の動きは，電力事業の一部に競争原理を導入するものであり，これが以後主流となるのであった。そのきっかけとなったのは，1978年公益事業規制政策法（Public Utility Regulatory Policy Act）の成立であった。この PURPA 法は，石油ショックによるエネルギー価格の高騰に対処するために，輸入石油への依存度の引下げ，省エネルギーと代替エネルギーの開発を目的としたエネルギー5法のうちの1つであった[78]。PURPA 法は独立系発電会社の育成を促進するために，認定発電設備をもった独立系発電事業者が産出した電力を電力会社が購入することを義務付けていた。この結果，発電所の設計，建設資金の調達，建設，運営は，電力会社以外の企業でも，既存の電力会社に劣らないコストでできるという重大な発見がなされた[79]。

1980年代には，電力事業を改革し，競争を導入しようとする圧力がいっそう強くなった。技術面では，コンバインド・サイクル・ガス・タービンの発達によって，電力産業の経済性に根本的な変化が生じた。原子力発電や石炭火力発電のコスト面の変化に加え，発電における最小効率規模が縮小したために，さらに情報技術コストの低下によって高度なメーターや系統管理設備のコストが低下したために，地域分散型の電力供給が優位性を獲得するようになった[80]。また，この時期は市場指向的イデオロギーが力を得ており，電力分野の経済効

率性を最大化するための手法が強く要求されていた。そして実際に，この時期ますます厳しい競争下にさらされるようになっていた大口の産業需要家は電力コストの引下げを強く望んでおり，他方高い利潤を得る機会をうかがっている多数の野心的な企業家は電力事業へのより本格的な参入を切望していた。

　ブッシュ政権は，市場メカニズムを重視し，石油輸入の削減を目的としたエネルギー基本政策である「国家エネルギー戦略」を1991年2月に発表した。翌年10月に成立した1992年エネルギー政策法は，このブッシュ政権の構想をベースにしたものであった。電気事業に関する政策と規制はこの法律のタイトルⅦに規定されており，公益事業持株会社法の改正と送電線開放の2点が重要であった。独立系発電事業者は本来複数の州で事業活動をすることを前提につくられてきたが，州際持株会社を規制する公益持株会社法によって市場への参入が妨害されていた。法律の改正によって，独立系発電事業者を同法の規定から免除する適用除外発電事業者とすることによって電力卸売市場への参入障壁を撤廃した。もう1つの送電線開放条項は，送電線のオープンアクセスと非電気事業者に対する卸託送の自由化を推進することにより，卸売電気事業者間の公正競争を促進させることを目的としていた。なお，従来，連邦エネルギー規制委員会（FERC）の託送命令権限は明確でなかったが，この法律によってFERCの送電施設の拡張を含む託送を命令する権限が明確化した[81]。

　卸売電力市場におけるさらなる競争を導入しようとした1996年オーダー888は，統合された電気事業者に対し，他の事業者についても自社に適用するのと同一の送電サービス料を請求しなければならないという命令を出した[82]。このことによって，ある地域の電力会社が別の地域の発電事業者から安い電力を購入することがきわめて容易になった。そして，高コストの電力会社は，低コスト事業者の市場への参入を阻止することができなくなった。

　以上のような一連の規制緩和政策によって，かつて市場での競争から保護されていた電力業界も市場の競争にさらされるようになった。その結果，発電所，送電システムなどすべての資産の価値が劇的に変化した。国家が規制緩和に乗り出したときに生じる行き詰まったコストは「座礁コスト（stranded cost）」と呼ばれる。たとえば，安定した需要拡大と投下資本に対する規制された利益率を見込んで借入資金を用いて実行された施設への投資が規制緩和によって座礁コストとなる。電力事業で典型的に生じたように，規制緩和と他の業者によ

る自由市場への参入はこの投資を座礁させ,既存企業に平均以上の資本コストと新規企業以下の利益率という重荷を負わせることになった。さらに,この投資が生む所得の縮小につれて,投資の市場価値も下落した。この市場価値の下落は電力事業で働く労働者についてもあてはまった。すなわち,賃金は下がり,かつての安定した雇用保障をもはや望むことはできなくなった。

(2) 電気通信分野の規制緩和

アメリカ電信電話会社(American Telephone and Telegraph Company,以下AT&Tと略称)はアメリカ最大の規制対象企業であった。近距離,長距離の電話事業の大半を担う,100万人以上の従業員を擁した世界最大の民間企業でもあった。AT&Tの経営もまた,電話事業に競争を導入すると二重投資になり,非効率で無駄を生むという自然独占の考え方に基づいていた。そして,AT&Tの通信事業に関する独占を許容する代わりに,公共の利益の保護という観点から規制されるべきだとされてきた。規制を担当してきたのは,州レベルにおいては各州の公益事業委員会であり,連邦レベルにおいては州際通商委員会であった。しかし連邦レベルの規制権限はこの州際通商委員会から,ニューディール期に1934年通信法で新たに設立された連邦通信委員会(Federal Communications Commission,以下,FCCと略す)に移されることになった[83]。

AT&Tは長距離電話サービスから家庭内の電話機に至るまであらゆる商品やサービスを提供した。技術とサービスの質は高く,加入者の電話に問題が生じると迅速に修理をおこない,管轄をめぐるトラブルもほとんど起こさなかった。このように,AT&Tによる電話事業の独占は定着し,受け入れられてきたが,電気通信部門のいっそうの成長が見込まれるにつれて,当然他企業もまたその分け前を望むようになった。その嚆矢となったのは,1969年のMCIによるシカゴからセントルイス間のマイクロウェーブによる専用線サービスの認可申請の提出であった。FCCはAT&Tの強い反対にもかかわらず最終的に認可した。このMCI裁定は,都市間専用線サービス分野に競争を導入し,AT&Tの独占的地位を掘り崩すきっかけとなる重要な裁定であった[84]。

その後のコンピュータ時代の到来がAT&Tの独占とそれに伴う規制制度を根底から掘り崩すことになった。コンピュータ技術の進歩とデータ通信の飛躍的成長によって長距離通信の概念が崩れてきた。大口需要家の要求と大量のデ

ータ通信の需要を満たすために，専用線が急速に発達した。ちょうどこの時期に，長距離電話の料金を高く設定して，近距離電話事業の赤字が補塡されているという事実が明らかになっていた。それを知った大口企業ユーザーは，AT&Tの独占を迂回して長距離電話やデータ通信のコストを引き下げる方法を求めるようになった。このように，通信技術の進歩がAT&Tの独占に対する大きな圧力となったのである[85]。

1974年には，司法省が反トラスト法違反の廉でAT&Tを告発した。AT&Tが地方電話サービスの市場で違法に独占力を行使し，長距離電話サービスと電気通信機器の市場で競争を排除しようとしているというのがその告訴の理由であった。1981年に審理が始まったが，この裁判を担当したワシントン連邦地裁のハロルド・グリーン判事は，同社が長年にわたって反トラスト法に違反してきた証拠が政府によって示されていると述べ，AT&T側の却下の訴えを退けた。この決定で同社は追いつめられ，ついに経営陣はAT&Tの分割を受け入れる決断をした。連邦政府とAT&Tの間で合意に達し，裁判所によって確定されることになった1982年同意判決の内容は次のようなものであった。AT&Tは地方電話サービスで独占力をもつ22のベル運営子会社（Bell Operating Companies, 以下BOCs）を切り離し，この22のBOCsは7つの広域ベル運営会社（RBOCs）に再編される。BOCsは，長距離通信サービス，情報サービス，電気通信機器の製造・販売を禁じられ，電話交換サービスと電話番号帳を除くいかなる製品またはサービスの供給をも禁じられる。

その後，長距離電話事業の規制のほとんどが次々と緩和されていった。AT&Tは，アメリカ国内でワールドコムやスプリントをはじめとした多数の企業と競争し，世界中の市場においてもイギリスのブリティッシュ・テレコムなどと熾烈な競争を展開するようになった。また，これまで規制されてきた地域電話事業にも競争が導入されるようになり，1,300以上もの地域電話サービス会社が存在するようになった[86]。

それでは，規制緩和によって労働者の状態はどのように変化したのであろうか。この問いは規制緩和によって広義の福祉国家システムにどのような変化が生じたかを深求する者にとって重要な論点となる。

AT&Tの分割以後，アメリカの電気通信産業における雇用関係は大きく変化した。それは産業の大胆な再編と技術革新の絶えざる流れから生じたのであ

るが，これらの変化についてごく簡単にみていくことにしよう。

分割される以前のAT&Tは労働組合の力が非常に強い会社であった。その結果，分割直前の1983年において，電気通信産業における全労働者の55.5%が組合に加入していた。オペレーターと設備を据え付け，修理し，電話線を維持・管理する現場の技術者のほぼ全員が組合に加入していた。また，集金，苦情処理，サービス要求を取り扱う対顧客サービス労働者の大半も組合に加入していた。これらの電気通信労働者が加入していた2つの主要な労働組合は「アメリカ通信労働組合（CWA）」と「国際電気労働者友愛組合（IBEW）」であった。大部分のアメリカ民間部門の労働組合とは異なり，電気通信産業における組合に組織された労働者は肉体労働ではなく行政的，技術的な仕事に携わっていたことが大きな特色であった。

1984年の分割の後，AT&Tは一連の企業再編と大規模なダウンサイジングをおこなった。AT&Tの従業員の大部分は労働組合に組織されていたため，このことは当然労働組合に組織された従業員数をも大きく減らすことになった。1984年から1992年にかけて，AT&Tは6万2,006名の労働組合に組織されていた従業員をレイオフした。さらに，4万5,285名の組織された従業員が自発的な希望退職を受け入れ，2万5,709名の組織された従業員が通常の定年退職や離職，そして死亡によって職場を去っていった[87]。

AT&TとRBOCsにおいて労働組合に組織された従業員数が劇的に削減する一方で，アメリカ・トランステクやユニバーサル・カードのような組合をもたない企業の買収などによって，労働組合に加入してない雇用が増加していった。また，長距離通信部門におけるMCIやスプリントといった企業や地域電話サービス部門における小規模の反組合的姿勢をとる電話サービス会社など新規の労働組合をもたない企業が電気通信産業に参入してきたために，この産業における労働組合組織率は1983年の55.5%から1996年の28.7%にまで急激に低下した[88]。

このように，AT&Tの分割以降，そして電気通信分野における本格的な規制緩和と技術革新に伴って，雇用関係が大きく変化し労働組合の地位が低下してきたが，これらのことは賃金水準にも大きな影響を及ぼした。

1983年から1996年にかけて，アメリカ全体における全事務労働者の間の賃金格差が7.5%増大したのに対して，電気通信産業における事務労働者間の賃

金格差は 25.5% 増大した。そして,同時期において,電気通信産業における販売労働者間の賃金格差は 44% も増大した。このように勤労所得の不平等がアメリカ経済全体よりも電気通信産業においていっそう顕著になっていることについて,カッツとダービシャイヤーは「ベル・システムの解体命令以前の電気通信産業における相対的に高水準の労働組合組織率が他の産業に比較してこの産業における所得不平等の小ささに貢献してきたのと同様に,労働組合による組織化率の衰退は明らかに近年において電気通信産業に現れてきた広汎な所得不平等の重要な原因であった」と,さらに「組織化の衰退は所得不平等の増大と同様に実質賃金の低い伸び率の原因ともなっている」と述べている[89]。彼らの見解は正鵠を射ていると思われるが,ただこの賃金格差の拡大には,非組合企業の参入以外にも,マーケティング,高度なコンピュータ操作,情報技術の提供といったかつてなかったほどの高度なスキルを必要とする仕事が新たに大量に生まれてきたという背景があったことも忘れるべきではない。

5. アメリカ経済の変化と所得格差の拡大

　規制緩和が急激に進められた電気通信産業において賃金格差が急激に拡大したことをみてきたが,これは何も規制緩和が実行された産業にとどまるものではなかった。1980 年代以降,アメリカ経済の構造変化によってアメリカの所得格差と賃金格差は拡大する。

　家計間の所得格差の拡大は,商務省統計局のデータからも明らかである。ジニ係数で見ると,1981 年の 0.369 から 1989 年には 0.404 と急激に上昇し,1997 年にはさらに 0.429 まで達している。とくに,所得分布の上位 5% の家族が獲得した相対所得は 1981 年の 14.4% から 1997 年には 20.7% へと急激に増大している[90]。賃金格差の変化に関する国際比較研究をみても,アメリカはイギリスと並んで 80 年代において格差を拡大させている[91]。また,表 7 からは,1973 年以降,平均的な労働者の家族所得である中位の家族所得が伸び悩んでいること,5 分位のうち最下位家族の相対所得が低下し,それに伴って貧困率も上昇していることがわかる。

　この所得格差の拡大を引き起こしたものは何であろうか。カッツとダービシャイヤーの研究は,1979 年以降の勤労所得における急激な格差拡大を市場の

表7 アメリカにおける生活水準・貧困・政府支出の推移

年	1949	1959	1969	1973	1989	1996
中位の家族所得（1997年ドル価値）	18,800	26,800	37,800	41,300	44,600	44,200
所得に対する連邦所得税負担と社会保障税負担の比率（平均的な4人家族）	7.35%	9.47%	13.54%	14.96%	16.87%	16.88%
全家族所得のうち5分位中最下位家族の所得比率	4.5%	4.9%	5.6%	5.5%	4.6%	4.2%
貧困率	32.0%	22.4%	12.1%	11.1%	12.8%	13.7%
1人当たりの政府支出（1997年ドル価値）						
政府支出総額	2,443	3,665	5,608	6,118	8,517	9,291
防衛費	571	1,289	1,558	1,213	1,557	1,021
対個人支払い	480	714	1,333	2,003	3,161	4,067
その他の支出	1,392	1,661	2,717	2,901	3,798	4,203

出所）Levy (1998), pp. 27, 34, 50 の Table 3.1, Table 3.2, Table 3.3 より作成。

要因と制度上の要因との共同の産物としている。しかし，彼らが実際に研究上の焦点を合わせているのは制度的要因であり，近年における労働組合の組織率の低下と団体交渉制度の分権化こそ格差拡大の重要な原因であるとしている[92]。

　アメリカにおける労働の組織化の全般的な低下傾向が雇用条件の多様化（賃金格差の拡大はこの最も重要な結果である）を増大させた。かつての労働組合は団体交渉による協定とアメリカ労働組合運動の「職務コントロール」に焦点を当てる行動を通じて，雇用条件における高度な標準化をもたらしていた。職務コントロール労働組合主義は協約のルールと産業内部や産業間において協約をリンクさせるところのパターン・バーゲニングを伝統的にきわめて重視してきた。それとは対照的に，非組合雇用システムの共通の特徴は賃金と他の雇用条件を個人の特質に関連づける手続きにあった。それゆえ，労働組合が衰退し，雇用関係の個人化が進むことは，個人，企業，産業毎の賃金や雇用パターンの多様化を推し進めることになった[93]。

　他の先進資本主義諸国の所得トレンドと比べてみた場合，アメリカの特徴は所得格差の拡大が低賃金労働者に対する実質賃金の低下と結びついていることにある。大きな賃金格差と賃金分配の底辺部が大きく広がっている現象はアメリカ経済における非労働組合セクターにおいてとくに著しい。それゆえ，カッツたちは最近のアメリカにおける「臨時労働」に代表されるような低賃金雇用パターンの成長こそアメリカの所得不平等の最も重要な原因であるという[94]。

　アメリカにおける労働組合の衰退が勤労所得の急激な格差拡大の重要な要因となっているというカッツたちの見解は十分に頷けるものであるが，それでも

筆者は経済構造の変化の方がもっと重要だと考えている。そして，労働組合の衰退も製造業における国際競争の激化に起因する製造業自身の衰退に規定されて生じたと考えている。格差拡大の原因をアメリカ経済の構造変化に求める優れた研究は多くあるが[95]，規制緩和とデフレ政策によって戦後資本主義は大きく転換したと考える筆者にとって，アメリカ経済の歴史的な構造変化と政策上の転換から勤労所得の格差拡大を説明するフランク・レヴィの緻密な研究は最も参考になる。

　レヴィによれば，平均的労働者の実質所得の上昇は，①労働生産性の上昇率，②経済のスキル・バイアスの水準，③平等化のための制度，といった3つの要素に依存している。労働生産性の上昇率とは，1労働時間当たりの産出量の伸びを示すものであり，これが長期的には労働者の実質賃金を規定する。経済のスキル・バイアスとは，拡大した貿易をも含む，新規の生産過程が教育のない労働者に対して教育程度の高い労働者を優遇する程度である。平等化のための制度には，公教育と民間の教育，狭い意味の福祉国家，労働組合，国際貿易の規制，市場による極端な不平等の結果を緩和させ，大部分の国民が経済成長から利益を得ることを保証するようなその他の制度や政治構造（所得税制度，いくつかの規制制度）などが含まれる[96]。

　それでは，これらの3つの要素は戦後アメリカ政治経済の歴史のなかで，どのように相互に作用し，80年代以降の労働者の実質賃金が停滞し，所得格差がますます拡大しつつある社会を生み出すことになったのであろうか。レヴィの研究を要約すれば，次のようになる[97]。

　(1)　アメリカ経済の根本的危機である生産性の伸びの停滞（これこそ，西ドイツと日本の競争力の追上げ，貿易赤字の根本原因であった）は1970年代初期にすでに現れていたものの，1973年から1979年にかけては，①電話，航空，トラック輸送，鉄道，銀行，電力といった産業における政府規制の存在，②急激なインフレ伸張率，③低利子率とそれがもたらすドルの対外価値の低下，④大量のベビーブーマーなどの労働力への新規参入，などが労働と産業の再編を迫る競争圧力を緩和し，企業の現状維持を容認する働きをした。規制，インフレ，ドルの対外価値の下落，労働力の人口動態は企業がリストラクチャリングから保護される経済停滞の時代を生み出したが，他方それは賃金所得の不平等を制限するのにも貢献することになった（生産性の伸張率が非常に低かった

ために，平均実質賃金の伸びは非常にゆっくりとしたものであったが)。

(2)　生産性の伸張が非常に遅かったために，労働者の高賃金を求める圧力と企業の高賃金を求める圧力はインフレを昂進させた。そのような背景のもとで，カーター政権は，航空，トラック輸送，鉄道の規制緩和を通じて経済を改革する方向を推し進めた。このような改革努力にもかかわらず，インフレが進行し続けたため，カーターはボルカーを連邦準備理事会議長に任命し，ボルカーは超緊縮的金融政策でもって本格的インフレ退治に乗り出した。このボルカーの緊縮的金融政策はレーガンの支援も受け，予想よりも早くインフレを収束させた。しかし，このインフレの収束はレーガンによる大規模な財政赤字の時期と一致していたため，高利子率の終焉をもたらさなかった。異常に高い利子率はドルの対外価値を高騰させ，1984年には外国通貨に対するドルの平均価値は5年前に比べ55％も上昇した。アメリカの製造業企業はすでに深刻なリセッションによって弱体化していたが，ドル価値の上昇は輸出を困難にし，輸入品との厳しい競争にさらすことによって製造業の弱体化にいっそう拍車をかけることになった。同時に，高い利子率は期待報酬率に関する投資家の基準を高めた。多くの製造業企業はその基準を満たすことができなくなった。その結果，新しいテクノロジーの導入や海外移転をはじめとした，大規模な製造業のダウンサイジングと再編が生じることになった。

(3)　これらの苦痛に満ちた構造改革は製造業の生産性上昇を復活させるのに貢献したが，その再編には大きくスキル・バイアスがかかっていた。まず，1980年代初期にブルーカラー労働者に対する需要が崩壊した。次に，規制緩和のいっそうの進行も手伝って，1980年代半ばまでに，競争圧力はサービス部門にまで広がった。コンピュータの導入がルーティンの事務労働を駆逐したことにみられるように，ここでもまた変化の主要部分はスキル・バイアスがかかっていた。このため，低学歴の労働者が最大の犠牲者となり，大卒と高卒の間の賃金格差は拡大することになった。1992年後期には経済は回復し始めたが，その後も持続するダウンサイジングが国民のジョブ・セキュリティに対する認識を着実に変え，レイオフとレイオフされるかもしれないという恐怖が国民の賃上げ要求を控えさせることになった。その結果，労働市場の機能が改善され，失業率の低下にもかかわらず，通常経済の上昇を終焉させるインフレ圧力の兆候がほとんどみられないという皮肉な好結果が生み出された。

以上のように，レヴィは，経済におけるリストラクチャリングとそのスキル・バイアスという概念でもって，アメリカにおける80年代から90年代にかけての賃金格差の拡大と経済全体の不平等の拡大を説明した。そして，この分析は基本的に正しい，と筆者は考えている。

　なお「ニューエコノミー」と称されるようなアメリカ経済の好景気に助けられて，平均的労働者の実質賃金水準も1997年，98年，99年には対前年度比でみて，2.2%，2.5%，1.0%とかなりの上昇を示し，明らかに90年代前半までの動きと異なった傾向を示した[98]。また，商務省統計局による貧困率もこの間，低下していった。しかし，このような動きはITバブルの崩壊で頓挫するし，その後の経済回復過程においてもスキル・バイアスが強くかかっているため所得格差は相変わらず拡大している。それゆえ，アメリカ経済は80年代以降構造的に所得格差の大きい経済となったという特徴づけは依然真実である。

　生産性の上昇率を政策的に操作すること，そして技術の変化と貿易におけるスキル・バイアスを政策的に是正することは，かなり難しい。それゆえ，所得格差の拡大を食い止めようとすれば平等化のための制度が非常に重要になる。とくに，テクノロジー，経済のグローバル化，規制緩和が平均的な労働者の交渉力を著しく削減している今日においては，社会における力のバランスをとる意味でも労働組合と福祉国家の役割がいっそう重要となる。しかし先にみたように1980年以後のアメリカは，老齢退職年金制度やメディケアを中心とした社会保障制度は堅持しているものの自由市場重視，政府介入の制限，低所得者向けプログラムの削減といった方向を歩んできている。

　アメリカの大都市の貧困を長年にわたって研究してきた，ウィリアム・J・ウィルソンはインナーシティの黒人の貧困問題を真に解決しようとするならば，それを人種問題として対処するのではなく，人種中立的な全国民を対象とした社会民主主義的な公共政策（雇用創出，EITCの更なる拡大，公立学校の改革，保育プログラム，普遍主義的な国民健康保険など）でもって対処するのが望ましいと述べている[99]。筆者もウィルソンとまったく同じ考えである。アメリカ社会は80年代以降の行き過ぎた自由市場重視路線を転換し，福祉国家制度の充実の方向をとることによって，根強いアンダークラスの問題を解決しうるのみならず，すべての国民の経済的安定を図り，アメリカのもつその潜在的経済力と国力をいっそう強化しうると考えている。そして，そのような方向性は世

界経済の安定的発展にとっても望ましいと考えている。

しかし現実に貧困者は増大しているにもかかわらず，彼らの大部分は選挙に行かない。それに対して，経済的に豊かな階層の人々から構成される政治勢力はみずから投票に出向くのみならず，自分たちの政治的主張を社会に浸透させるための資金力とイデオロギー的影響力とをもち合わせている[100]。たしかに，形式的には民主主義は存在するが，それはガルブレイスが言うように「恵まれた人々の民主主義」でしかなく，本来の意味での民主主義が機能しているとはとても言えない。このような状況が長期に続くことはアメリカ社会にとって決して健全ではなくむしろ潜在的危険性を孕むものである。そして，このような民主主義の機能不全に助けられてはじめて，1980年代以降のアメリカ政治の保守化と福祉国家システムの再編が持続可能となっているという事実はアメリカ福祉国家の特質を論じるさいの核心部分に属する事柄である。

6. むすびにかえて

福祉国家財政の枢要な部分を構成する社会福祉支出の動向や福祉国家とその財政に大きな影響を及ぼす制度改革や政策の変化，そして規制緩和政策とアメリカ経済の構造変化について述べてきたが，そこで得られた発見を総括し，80年代と90年代においてアメリカ福祉国家システムが全体としてどのように再編されたかを最後に述べることにしよう。

（1） 社会福祉支出の実質価値の推移をみても，また人口1人当たり社会福祉支出の実質価値の推移をみても，80年代以降アメリカの社会福祉支出が低下したという事実はまったくみられない。また，社会福祉支出が連邦政府や州・地方政府に占める比率はますます増大している。この面に注目すれば，福祉国家財政の縮小という結論は導きがたい。社会福祉支出の内訳をみると，老齢・遺族・障害年金とメディケアに代表される社会保険支出が拡充する一方で，メディケイドを除いた公的扶助（とくに，現金扶助）は縮小していっている。

（2） アメリカの福祉国家を論じるばあい，忘れてはならないのは民間福祉＝企業福祉の圧倒的大きさである。企業年金や雇用主が提供する健康保険制度は税制上の優遇処置を通じて政府によっても保護されてきたが，80年代以降の企業のリストラクチャリング過程のなかで管理医療の普及や確定給付型年金

から確定拠出型年金への重点移行に代表されるような変化がみられる。

　(3)　レーガン政権下で実行された2度の大規模な税制改革はアメリカ福祉国家財政の再編を告げる最も重要な改革であった。1981年経済再建租税法（ERTA）は，所得税率のインフレ調整と個人税・法人税の大幅減税によってその後長期にわたって税制面から福祉国家の拡大を抑制する働きをした。1986年租税改革法（TRA）は「包括所得税」の考え方をベースにしたものであったが，累進税率構造を大幅に緩和し，所得税の公平概念を垂直的公平から水平的公平へと大幅に転換させた。

　(4)　アメリカ福祉国家の3層構造のうち，80年以降ミドル・クラス向けの福祉国家と富裕者向け福祉国家がいくつかの合理化を目的とした改革を経るなかで比較的安定した形で存続しているのに対して，福祉国家を基底で支えるところの貧困者向けの福祉国家は大胆な改革にさらされた。1996年福祉改革法はその典型である。それは，1935年社会保障法以来の伝統をもつAFDCに終止符を打ち，それに代えてTANFと呼ばれるブロック補助金を設けたが，就労義務の強化や受給期間の制限など母子家庭を中心とした福祉受給者にとって厳しい内容となっていた。しかし，そのコインの裏側で，80年代後半以降，ワーキング・プア向けの税制に基づいた所得移転プログラムであるEITCの拡充が急速に進んだ。

　(5)　都市改造事業やモデル都市事業に代表される都市政策は戦後アメリカ福祉国家の重要な柱を構成していた。レーガン政権下で都市に対するインフラ投資，財政援助，社会サービスの提供は大幅に削減されたが，都市リベラリズムの弱体化と80年代以降の財政赤字削減を優先させる政策のために，ブッシュ政権期は言うにおよばずクリントン政権期になっても，この都市プログラムの縮小傾向は逆転することはなかった。

　(6)　1946年雇用法が指し示すように，アメリカはヨーロッパ諸国のようにそもそも完全雇用福祉国家を目指してはいなかった。しかしそれでも，1940年代から70年代までは，連邦政府のスペンディングと減税を通じて失業率を引き下げようとするケインズ的考え方によって国の経済政策は支配されていたといってよい。しかし，レーガン政権下で勢いを得た「サプライサイド経済学」は，雇用を拡大させるには需要を増大させるのではなく減税と規制緩和に頼るべきだと主張した。実際に，1980年代には，失業保険の受給資格が引

き締められ，CETAも廃止され，労働組合も攻撃されるようになった。クリントン民主党政権もこの傾向を逆転することはできず，その後も経営側が圧倒的に強く，労働側が弱体なままの経済体制が続いている。

（7）　アメリカの財政金融政策のスタンスは1979年の「ボルカー・シフト」を境にして明らかな変化を示した。ボルカー・シフトの本質は成長と雇用を犠牲にしたドラスティックなデフレ政策であり，国際金融市場やアメリカの貿易相手国の期待に答えるための政策であった。その後の「財政拘束時代」の到来によって，ブッシュ（父）政権もクリントン政権も財政赤字の削減を何よりも優先するようになり，積極的財政支出政策によって景気回復を図る姿勢は極端に弱くなった。

（8）　2つの世界大戦とその後の冷戦のなかで，ブレトンウッズ協定やGATT，そしてマーシャル・プランにみられるように，アメリカは「ヘゲモニー国家」としての自覚に基づいて短期的な国益を犠牲にしてでも国際社会の安定を図ろうとしてきた。しかし，国際資本移動の規制廃止にみられるように，70年代途中からこの姿勢を放棄するようになり，自国のもつ「構造的な経済権力」を利用して，アメリカの一国的利益や金融業など特定利益のために国際金融秩序における自由化を進めた。このことは各国経済の投機性を高め，80年代以降各国福祉国家や途上国の経済を混乱に導き，福祉国家システムと世界システムの再編の圧力として作用している。

（9）　ニューディール以降強化されたアメリカの産業規制（航空，トラック，バス，電気通信，商業銀行，貯蓄貸付組合，農業，電力・ガス・上下水道などの公益事業）は西ヨーロッパにおける労働法による労働者保護政策や日本の産業保護政策と同様に「雇用の安定」を重要な政策目標としており，この点を重視するならば，アメリカの産業規制政策は「広義の福祉国家システム」を構成していたと言いうる。しかし，これらの産業規制は1970年代後半以降次々と改革され，その結果雇用関係は大きく変化し，労働組合の地位も低下し，大部分の労働者にとって賃金も大幅に低下した。

（10）　電気通信産業など規制緩和が実行された産業において賃金格差が拡大したが，これはこれらの産業部門のみならず，アメリカ経済全体にあてはまることであった。それは80年代以降の経済のリストラクチャリングにスキル・バイアスが大きくかかっていたためである。技術の変化と貿易におけるスキ

ル・バイアスを政策的に是正することは難しい。それゆえ,所得格差の拡大を食い止めようとするならば労働組合の強化や福祉国家の拡充など平等化のための制度強化が必要となる。しかし,アメリカ社会における民主主義の機能不全のために制度の強化よりも弱体化が進んでいるのが現状である。

以上のことから明らかなように,アメリカ福祉国家体制は相当大きな再編を経験した。とくに,産業規制による社会保護などを含んだ広義の福祉国家に関しては相当な再編がおこなわれたと言ってよい。

福祉国家の拡大をチェックするような税制改革,AFDC の廃止,都市プログラムの縮小,フィスカル・ポリシーのいっそうの消極化,最低賃金の実質上の切下げ,経済の規制緩和による競争力の強化,個人責任を強化する方向への企業福祉の変化といった具合に,その政策内容は体系性をもっている。そして,政策を支える哲学も,需要の増大を旨とするケインズ的考え方から,アメリカの抱える問題の焦点を生産性上昇の停滞に当てたサプライサイド経済学に移った。このような政策体系とそれを支える政策哲学の移行の背景には,長期にわたるアメリカ経済の国際競争力の低下,インフレ,財政危機といったアメリカ資本主義が抱える構造的問題があった。本章で述べてきた,さまざまな改革や福祉国家財政の再編は,この構造的問題に対処しようとするものであり,そのために戦後の社会的妥協の産物であったリベラルな福祉国家の枠組みそれ自身の解体・再編を目指すものであった。そして実際,本来なら抵抗すべき労働組合の弱体化,より個人主義的な「知識労働者」の台頭,そして何よりもアメリカ民主主義の機能不全といった条件に助けられて,その一部は実現した。

しかしながら,アメリカ福祉国家の核として存在してきた社会保険制度,メディケイドや SSI(補足的保障所得)を中心とした公的扶助制度,そしてアメリカ福祉国家体制の特質とも言えるウェルフェア・キャピタリズム(企業福祉)が解体されてしまったわけではない。公的年金に代表される社会保険制度は批判にさらされながらも大衆的には依然根強い人気を保っているし,ワーキング・プア向けの EITC はますます規模を拡大しつつある。さらに,1970 年代以降,企業年金(1974 年 ERISA 法制定に代表される),育児家族休暇,健康保険の適用範囲,職場の安全,高齢者と障害者に対する差別禁止といった分野で企業に厳格な規制を課す連邦法が多数生まれているということもアメリカ福祉国家の発展を考察するにあたって見逃すことのできない重要な事実なので

ある。

さらに長期的に考えると、アメリカ社会におけるヒスパニックと黒人人口の比率増大に伴って（21世紀後半には両者を合わせると選挙民の過半数に達すると言われている）、国民的医療保険の導入や教育・職業訓練や都市政策などの彼らの福祉に対する要求が高まり、国家もそれを無視することができなくなることは十分に予想しうる。したがって、当分アメリカ福祉国家の核心部分は解体しそうもないし、アメリカの社会的統合を脅かす危機が到来すればそれを契機に拡充の方向に反転する可能性も無いとは言えないのである。

補論　ブッシュ政権下におけるアメリカ福祉国家システムの展開

本章で述べてきたように、レーガン政権からクリントン政権にかけて、アメリカ福祉国家は大きく再編されたが、それは既存のアメリカ福祉国家システムの終焉を導くような性格のものではなかった。しかし、本格的なポスト冷戦期である21世紀に入り、ジョージ・W・ブッシュ政権（2001年〜現在）は、既存のアメリカ福祉国家システムの枠組みにさらに一段大きな揺さぶりをかける政策を実施することになる。それは、対外的には対イラク戦争であり、対内的には大幅な減税政策である。前者はネオコンサーヴァティヴの、そして後者はネオリベラルの代表的政策であった。しかし、ブッシュ政権にはこれらの顔以外にもう1つの顔があり、それを自ら「思いやりのある保守主義」と称している。2003年のメディケア改革はこの側面を代表する改革であった。

この補論において、ブッシュ政権による対イラク戦争、2度にわたる大幅減税、そして社会保障制度の代表的改革といえる2003年メディケア改革を取り上げることによって、ブッシュ政権期においてアメリカ福祉国家システムはどのような展開を遂げ、その展開の歴史的意義はどのようなものであったかをごく簡単に述べておきたい[101]。

A.1　対イラク戦争

福祉国家システムが世界システムとして安定するには、世界においてある程度の平和が必要であることは言うまでもないであろう。また、各国の福祉国家システムがよりスムーズに発展しようとするならば、安全保障体制の国際的連

携や各国財政金融の国際的連携などが重要な役割を果すことも言うまでもないであろう[102]。

　第2次世界大戦後のアメリカはブレトンウッズ体制を支え，また西側諸国の軍事費負担をある程度肩代わりすることによって，ヨーロッパ，日本のなどの福祉国家の発展を背後から支えてきた。しかし，時の経過とともに，アメリカの経済競争力の低下などによって，この国際的連携は通貨，貿易，金融といった経済問題といわゆるバーデン・シェアリングをめぐって1970年代半ばあたりからほころびをみせるようになった[103]。摩擦はこのように生じたにもかかわらず，それでも基本的な部分についての西側福祉国家の協力体制は存続し[104]，アメリカの下で平和は維持されてきた。しかし，冷戦の終了後，このアメリカの世界に対する態度，とくにその外交路線は微妙に変化した。同盟諸国を含む他国はそれにより敏感に反応した。最大の原因は，ソ連の消滅によってグローバル・パワーにおける構造的インバランスが膨大なものとなったことである[105]。アメリカはパワーのあらゆる次元において，圧倒的に残りの世界を凌駕するようになった。アメリカの防衛支出は残りの世界を合計したのとほぼ同じくらいであった。また，すでにクリントン政権期において，アメリカの経済ヘゲモニーはアメリカ支配のグローバル化過程に対する敵対を各地で生み出していた。そのような敵対感情はヨーロッパや日本のような同盟諸国においても生じた。アメリカは自国に規制緩和に代表されるような反国家主義的なアメリカン・モデルを押しつけているとそれらの国々は考えるようになった。

　以上のような冷戦後の自国の構造的立場（米国という「極超大国（ハイパーパワー）」の存在に対する他国の恐怖心の高まり）をほとんど考慮に入れることなく，また戦争後のイラクを民主化するうえで十分な計画を準備することなく，ブッシュ政権はイラク戦争に踏み切った。このブッシュ政権の国際法に対する軽視や単独行動主義はアメリカ史上前例のないものではなかったが，国際法の軽視と単独行動主義を軸に，同盟諸国をはじめ世界にこれほどまで危機感を抱かせた政権はなかった。そして実際にこれを契機にして，アメリカとヨーロッパの安全保障に関する同盟関係が大きく揺さぶられることになった。

　イラク戦争の開始後数年も経過すると，イラクへの介入は失敗であったと多くの人が判断するようになった。イラクにおける治安が一向に回復しないのみならず，アメリカはこの戦争によって国外からのイデオロギー的正統性を失っ

た。米欧関係は戦後最大の危機を迎え，これを契機にヨーロッパ各国の人々は国際刑事裁判所問題や地球温暖化ガス削減措置実施への抵抗といったアメリカの独善的態度をより公然と批判しはじめた。また，対イラク戦争は周辺アラブ諸国を不安定化したのみならず，ベネズエラやボリビアなど中南米における反米ムードをいっそう高めた。要するに，イラク戦争は世界の多くを反アメリカイズムに統一するのに貢献したのであった。また，9・11のテロ攻撃を受けて，中東における2つの戦争と防衛支出の大幅増加に賛成したアメリカ国民も，介入が長引くにつれて，自分たちの税を海外の不確かなプロジェクトに使うことを拒否しはじめた[106]。

　そのような状況下で，アメリカの国家安全保障戦略も一定の修正を余儀なくされた。ブッシュ大統領は2006年3月16日に，アメリカの外交軍事政策の指針となる「国家安全保障戦略」という政策文書を発表したが，これは事実上2002年9月に発表された「国家安全保障戦略」を修正するものであった。主な修正点は，「民主主義」が文書のなかで頻繁に用いられるようになり最大のキーワードとなったこと，多くの国際的なパートナーと協力する姿勢がより強く打ち出されるようになったこと，国連改革の必要性を訴え，多国間・国際機関を通じた民主主義の推進を提唱するようになったこと，など総じて外交力や国際協調路線を優先させる姿勢が強化され，軍事力を前面に打ち出す姿勢が弱まったことである[107]。

　いまアメリカがその外交軍事政策を急速に修正していることからもわかるように，ブッシュ政権第一期目の特徴であった公然たる一国主義と軍事中心主義を将来にわたって継続していく可能性は少ない。また，時としてアメリカが一国主義的政策をとるとしても，筆者はアイケンベリーなどと同様に[108]，ヨーロッパ，アメリカ，日本のような民主主義大国に存在する秩序は以前とさほど違わない形で存続するものと考えている。すなわち，これらの福祉国家体制をとる民主主義大国は，たとえその間に紛争が生じても，最終的には平和的手段によって紛争を解決する「安全保障共同体」のなかに生き続けると考えている。

A.2　ブッシュ減税

　もし，2001年9月11日のテロ攻撃が起きていなければ，そして2003年のアメリカ軍によるイラク侵攻がなかったならば，ブッシュ政権は何よりも連続

して大規模な減税を行った政権として後々まで記憶に留められたであろう。ここでは，ブッシュ減税の内容，規模，そして各所得階層への影響をごく簡単に述べることによって，その減税がアメリカ福祉国家システムにとってどのような意義をもつかについて明らかにしたい。

ブッシュ政権下で議会を通過した主な減税法は，2001年経済成長・租税負担軽減調整法（EGTRRA），2002年雇用創出・労働者援助法（JCWAA），2003年雇用・成長租税負担軽減調整法（JGTRRA）であった。2001年減税法の中心は，ブッシュが大統領選挙戦で強く訴えていた，あらゆる所得層の納税者に対する所得税減税であった。かなり大規模な減税法案であったが，共和党が上下両院で多数派を占めていたこと，大幅な財政黒字の存在，2001年にリセッションに突入したことなどが追い風となって通過した。2002年減税法については，この時期歳入不足が膨れ上がり始めようとしているにもかかわらず，テロリズムの脅威下での不況対策として実行された。法案には追加的な臨時失業援助の提供，テロ攻撃後のニューヨーク市に対する租税負担の軽減などが盛り込まれていたが，歳入に対する影響力という点では，設備の購入に対する特別減価償却が最も重要な規定であった。2003年減税法は，この時期すでに巨額の財政赤字を計上していたにもかかわらず，雇用対策として実行された。2001年に制定された減税（税率の削減と児童税額控除）の加速化とキャピタル・ゲインと配当といった資本課税の減税，そしてボーナス減価償却という手段による法人税の減税がこの減税法の中心となっていた[109]。

2001年，2002年，2003年の減税を合計すると，減税規模はきわめて大きかった。そのため，これらの減税は財政赤字膨張の大きな原因となった。しかしながら，議会がほとんどの減税措置を2010年または2013年以降は廃止する予定でいること，代替ミニマム税（AMT）における児童税額控除や所得控除水準がインフレ調整されていないために，減税規模を将来にわたって正確に推計することは困難である。そのことを十分に考慮に入れたうえで，スタールはブッシュ政権下のおおよその減税規模を以下のように推計している（図4を参照）[110]。2001年法が完全実施されると，最終的には減税コストはGDPの約1.5％になる。2002年法による減税コストはGDPの約0.2％となる。2003年減税法のコストはGDPの約0.5％となる。研究・開発税額控除などその他の延長でGDPの約0.2％，AMTにおける減税調整がGDPの約0.5～1％となる。

図4 2004年税法が持続した場合の連邦政府歳入規模

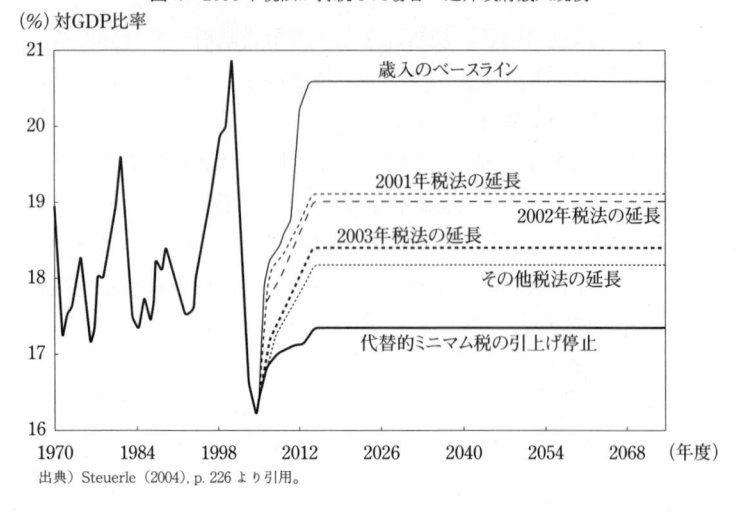

(%) 対GDP比率

凡例：
- 歳入のベースライン
- 2001年税法の延長
- 2002年税法の延長
- 2003年税法の延長
- その他税法の延長
- 代替的ミニマム税の引上げ停止

出典）Steuerle（2004），p. 226 より引用。

かくして，トータルのコストはどの減税が延長され，どの減税が延長停止になるかに依存するが，GDPの約3％にまで増大しうる。

株式市場のバブルによるキャピタル・ゲインの実現とストック・オプション行使の大規模な増加などによって，2000年における連邦税収の対GDP比率は平時における最高となる20.9％にまで上昇した。この平時において最も高くなった税のGDP比率を単純に低下させることが最初のブッシュ減税の主要な意図の1つであった。2001年の減税がそれなりの説得力をもち，議会を通過した背景にはこの事実があった。しかしながら，キャピタル・ゲインの実現と高額所得者によって支払われる税は2002年に急激に下落した。1990年代後半の税の大幅増収はバブル的要素を含んだ一時的なものでしかなかったのである（それに対して，1970年代後期の税の増収はレーガン政権下の減税立法がなければ永続的な性格をもつ増税であった）。経済不況が1990年代後半における税の増収構造のバブル性を暴露し，さらに明らかに行き過ぎた是正措置となった3年連続の大規模な減税政策の結果，2004年にはアメリカの連邦税収の対GDP比率は16.3％となり，1950年以降最低を記録した。

以上要約すると，長期的視点からみたとき，2001年ブッシュ減税はそれ自身それほど大規模な減税ではなかった。それは第2次世界大戦後の典型的な平

均税比率の狭い範囲にすっぽりと収まるものであった。しかし，2001年と2003年の減税を合計し，永続的なものとしたとき，そしてAMTの伸張が停止され，研究・開発租税控除が拡大されると，これらの減税規模はGDPの約3％にもなり，総税収の対GDP比率は第2次世界大戦以降最低水準近くになる。それゆえ，この減税が永続化されるならば，そして税収に見合うかたちで歳出が大幅に削減されるならば，ブッシュ政権期においてアメリカ福祉国家を支える財政の規模と構造は大きく再編されることになる。

　この一連のブッシュ減税から最も恩恵を受けたのは富裕階層であった。それは，10％の租税ブラケットの新設，児童税額控除の拡大，夫婦共同申告への減税といった，いわゆるミドルクラスを対象とした3つの減税項目は全体の3分の1を占めるに過ぎなく，減税の大部分は最高税率の引下げ，配当とキャピタル・ゲイン課税の減税，遺産税の減税・廃止といった，富裕階層に圧倒的に有利な減税項目によるものであったからである[111]。それでも減税のみに着目すれば，ミドルクラスも低所得者もわずかであろうと恩恵を得ており（減税率でみると，かなり公平のようにすらみえる），ブッシュ政権の主張を完全に覆すことはできない。この減税の背後にあって，なかなかみえにくいのは，減税の結果，レーガン政権以降経験したように既存の社会支出が削減されたり，国民的健康保険制度のように必要なプログラムであるにもかかわらず財政的理由からなかなか新設されないという事実である。

　このような問題意識のもとで，ゲールとオルスザークとシャピロの研究は，2つの仮説的なシナリオ（減税の大部分が支出の削減によって賄われる「定額支払い（equal-dollar financing）」のシナリオと減税が支出の削減と累進税の増税との組合せを通じて賄われる「定率支払い（proportional financing）」のシナリオ）を立てて，「減税を最終的に支払うのは誰か」という問題を設定し，それを検証している。ゲールたちの研究によれば，どちらのシナリオにおいても，大部分の家計は損失を被ることになる。そして，かなりの所得が大多数から成る低所得と中所得の家計から少数の富裕な家計へ移転されることになる[112]。この結論の基本的趣旨は明白であり，ブッシュ減税の階級的性格を余すことなく示している。その理由は，2001年と2003年の減税は，遺産税，キャピタル・ゲイン課税，配当課税，最高税率を含む税制の最も累進的性質をもっている部分を侵食したからである。今後，このような高所得者への減税が撤

回されないならば，アメリカの財政規模はいっそう小さくなり，アメリカの税制と財政はその累進性をいっそう低下させることになる。

　ブッシュ政権は「思いやりのある保守主義」を公然と掲げ，その就任演説において，今や深刻な問題となっている「国民の間の相違（differences）」を縮小し，「国民の統一性（unity）と一体性（union）」を回復させることを誓った[113]。しかし，この深刻なアメリカ人の差異を縮小し国民としての統一性を確保しようとするならば，安定した財源の確保が何よりも必要なのである。すべての子どもたちに教育を提供するうえでも，貧困状態にあるアメリカ国民に手を差し伸べるにも，従来以上の財源が政府にとって必要なのであり，「それはあなたのお金だ」といって納税者に還付する余裕はないはずである。また，ニューエコノミーの進展とともに所得の不平等がますます深刻化しているアメリカ社会において，富裕層に圧倒的に有利な減税をすることはアメリカ国民の間の差異を拡大しこそすれ，決して縮小しはしない。また，遺産に対する課税を廃止してしまえば，「アメリカをアメリカたらしめている」機会の平等すら困難となる。このようなブッシュの政策は結果的には「正義と機会の1つの国民」の創出には繋がらず，むしろ国民の間の「相違」のいっそうの拡大に終わるであろう。

　格差の拡大に非常に鈍感な政治と政策はアメリカ国内の統一を危うくするのみならず，国外でのアメリカの威信をも傷つけ，長期的にみてアメリカの体制を弱くするであろう。そういう意味において，偏った減税に代表されるブッシュ政権の政策は大きな矛盾を孕んだ，きわめて非合理な政策であったと言わねばならない。

A.3　メディケアの改革

　アメリカの唯一の公的医療保険である65歳以上の高齢者を対象としてメディケアは慢性的な長期ケアをカバーしていないなど信頼に足る医療保険制度としては欠陥をもっていたが，もう1つの大きな欠陥は外来処方医薬品の費用をカバーしていないことであった[114]。それは，処方医薬品の価格上昇や医療のなかで薬による治療の重要性が増すにつれて，高齢者の一部にとっても，そして政府にとっても見過ごすことのできない問題となっていった。このため，メディケアに外来医薬品給付を付加することは長年にわたって議会で審議されて

きたのみならず，実際に1988年メディケア高額療養費支給法（the Medicare Catastrophic Coverage Act of 1988）の一部として制定された。しかし，この制度は高齢者自身によって完全にファイナンスされるようになっていたことなどから，高齢者の強力な政治的反対を受け，議会は1年後に処方医薬品のカバリッジを含んだ規定の大部分を廃止した[115]。

クリントン政権下における1993年保健医療保障法案は，1988年高額療養費支給法よりももっと寛大なメディケア処方薬給付を提案していた。給付はパートBに付け加えられることになっており，財源について言うと，75％が一般歳入から，そして25％がパートBの追加保険料から支払われることになっていた。このように財源付与のあり方は1988年法に比べれば合理性をもっていたが，この保健医療保障法案もまた実現することはなかった。その敗退の主要な原因は雇用主に従業員に対する医療保険を提供するよう義務付けていることにあったが，この法律が規定していた薬価を管理するメカニズムに医薬費品業界が強力に反対したことも大きかった[116]。

しかしながら，メディケアによる薬剤費給付を要求する声は依然持続していた。とくにその声は薬剤費の増加と保険に加入していない人々がより高い価格を支払わざるを得ないという価格差別によって拍車をかけられた。その要求に応えて，クリントン政権は1999年にメディケアDを通じて薬剤費をカバーする提案を導入した。また，2000年と2002年には共和党主導で類似の法案が下院を通過したが，上院は通過できなかった。ところが，2003年12月にブッシュ政権の強い後押しのもとに，2003年メディケア処方薬改善・近代化法（the Medicare Prescription Drug Improvement and Modernization Act of 2003）が成立した。

この法律の中心はその名が示すとおり，従来のメディケア・プログラムに処方薬給付を追加したことであるが，ブッシュ政権下における福祉国家再編の動きを明らかにしようとする者にとっては，高所得のメディケア被保険者に対する保険料の引上げや保健貯蓄勘定（HSA）の新設もまた見過ごすことができない内容をもっていた[117]。

それでは，以上3つの内容から構成される2003年メディケア処方薬改善・近代化法はアメリカ福祉国家の展開のなかでどのような歴史的意義をもっていると言えるだろうか。以下，この問題についてそれぞれの内容に即して考察し

ていこう。

　まず，処方薬をはじめてメディケアの給付対象にしたことについて言えば，いくつかの後退面を含んではいたものの，総体としてみたばあい，アメリカ福祉国家の前進を意味するものであった。月35ドルの保険料を支払うことによって，年2,250ドルに達するまでは250ドルの自己負担額を支払った後，25％の自己負担額で済むこと，3,600ドルを超える部分については5％の自己負担で済むようになったことは，私的保険を購入する余裕のないワーキング・プア層やミドルクラスの退職者に経済負担の軽減と安心を与えたと言えよう。

　しかし，基本的には上記のような性格をもっていたとはいえ，細かくみていくと，この改革案は同時にメディケアを弱体化させる要素をいくつか含んでいた[118]。そのうちの最大のものは，この法律のタイトルVIIIの「コスト抑制」のサブタイトルAのセクション801から804の規定であった。現行制度においては，メディケア支出のなかで一般歳入の占める情報を報告書に記載する義務はなかったが，この新しい規定に基づいて，今後7年間のうちの2年間においてメディケア・プログラムの全コスト（新しい処方薬のコストをも含む）の45％以上を一般歳入が占めると予測されるならば，たとえメディケアAの病院信託基金が黒字であったとしても，全メディケア・プログラムが財政危機の状態にあると宣言されることになった。そして，この宣言が出されると，大統領はメディケアの給付を削減するか，給与税を引き上げる計画を立て，議会はそれに投票する義務を負うようになった。巨額の赤字が存在する予算の他の部分にそのような規定が存在しないことから考えても，この規定は一般歳入の投入によるメディケアの拡大（要するに，所得再分配の機能が働く拡大）に歯止めをかける巧妙な措置であったと言える。

　次に，高所得のメディケア・パートBの被保険者に対して所得をベースにした保険料をはじめて導入したことが，メディケア制度全体にとってどのような意味をもつかを考えてみよう。たしかに，8万ドル以上の年所得をもつ人は被保険者の約3％しかなく[119]，当面はこの改革がメディケア全体に及ぼす影響はそれほど大きくないようにみえる（したがって，この措置がメディケア財政の強化につながることは決してない）。しかし，長期的には，この規定は多くの高所得高齢者に個人的な負担コストを意識させ，民間市場での保険購入に駆り立て，メディケア制度全体を弱体化させる傾向をもつであろう。メディケ

アの正統性を維持・強化するには，現行のパートBで実施されているように，75％の一般歳入の投入，そして残りの部分は所得の高低にかかわらず同一の保険料とする財政方式を維持するほうが明らかに望ましい。

最後に，保健医療貯蓄勘定（HSA）の導入がメディケアや福祉国家全体にどのような影響を及ぼすかを考えてみよう。

予測のつかない大きな事故や病気を除く日常の医療費用を保険に頼らなければ，国民は健康的な生活を送るようになるのみならず，医療オプションとその供給者についての情報により注意深くなるから，医療費全体の節約になるというのがブッシュ政権の言い分である。さらに，雇用主，とくに現在のところ被用者に医療保険を提供する余裕のない小企業主であっても，保険料コストが高くない高額療養費向けの保険であれば被用者に提供することが可能になると主張する[120]。

しかし，保守派が医療市場の問題に対する市場をベースにした有効な解決策として熱心に売り込んだ，このHSAの本質は富裕層に対する減税政策に近いものであり，租税政策としても医療政策としてもきわめて不公平なものであった。この制度の創設によって最も利益を得るのは平均よりも健康な高所得者であり，最も損失を被るのはメディケアの被保険者や低所得の，あるいは多額の費用を要する慢性的病気をもった勤労世代である。

この貯蓄口座が高所得者にとってきわめて有利なのは，次の2つの理由による[121]。第1に，租税控除は彼らにとって最も価値がある。最大限可能な5,150ドルのHSAへの拠出は所得税の最高ブラケットの人にとっては年1,802ドルの減税をもたらすのに対して，中程度の所得の家庭にとってはその租税優遇措置の価値は半分以下になってしまう。ましてや，限度額までその勘定に拠出する余裕のない家庭にとっては，その価値は微々たるものになってしまう。第2に，高額所得層は高額の保険金免責額をもつ保険を購入するリスクを取る余裕をもちうる。補償されない医療費が年2,000ドルもあるということは年収3万ドルの人にとっては大きな負担だが，年収30万ドルの人にとっては何でもないことである。

しかし，この租税優遇措置付きの保健医療貯蓄口座と自己責任額の大きい保険（a high-deductible insurance plan）とを組み合わせることの最大の問題点は，この種の保険が若くて健康的な人々を惹きつけ（租税優遇措置がそれをい

っそう促進する），その結果として被保険者を健康者と病人，富裕者と貧困者に分断し，低所得者や病人が頼らざるを得ない伝統的な免責額の小さい保険のコストを徐々に高め，最後には消失させる可能性があるということである。

以上のことを考慮するならば，2003年メディケア改革法はメディケアを充実させる側面と弱体化させる側面，そしてワーキング・プア層を援助する側面ともっぱら富裕層を援助する側面の両方をもった改革であったと言いうる。そういう意味で，アメリカ福祉国家の足取りは前進すると同時に後退するといった具合に，きわめて不安的な様相を示していると言える。

以上みてきたように，ブッシュ政権下で，アメリカ国家システムは対外および対内の両面にて決して無視することができないほど大きな新展開をみせた。とくにイラク戦争に代表されるような対外面での展開は戦後のアメリカの外交軍事政策からの断絶を示すものであった。しかし，そのような政策は歴史の趨勢に反したものであったために明らかに失敗に終わったし，何よりも内外から激しい批判を受けた。したがって，そのような軍事外交政策が新しい体制として定着する見込みは薄い。対内面の最大の変化と言いうる減税政策もまた明らかに行き過ぎた面をもっており，何らかの調整措置が講じられない限り，この減税によって生じた財政赤字は中長期的にはアメリカの経済と国家を弱体化させるであろう。また，メディケア改革もメディケア制度を充実させる側面と弱体化させる側面の両方を含んでいた。したがって，今のところはアメリカ本来の自由主義的な福祉国家体制の骨格は何とか維持されているものの，それがブッシュ政権下の政策によっていっそう脆弱な基盤の上に存在するようになったことは否定すべくもない。そういう意味で，ブッシュ政権はパックス・アメリカーナとアメリカ福祉国家システムの限界を露わにした政権として記憶されるであろう。

注

1) 代表的なものとして，貝塚 (1985), p. 258, Furniss and Tilton (1977), p. 16 がある。これらの議論の内容とその批判については，岡本 (1992b) を参照せよ。また，第1次世界大戦，世界大恐慌，第2次世界大戦といった危機の時代を経てアメリカもまた福祉国家体制＝混合経済体制に大転換したことを政府規模，政府権威の有効な範囲，支配的イデオロギーの広範な変化に注目して理論的に明らかにしようとする研究として，Higgs (1985) がある。

2) 岡本（1992a），p. 50.
3) 林（1992），pp. 73-87.
4) 岡本（1992a），pp. 50-59. このようなアメリカ福祉国家の特質を形成した要因としては，アメリカは伝統的に社会主義の不毛の地であったことと，国家形成と国民形成が不十分なまま大恐慌というアメリカ最大の試練に対処するために福祉国家を急場しのぎでつくらざるをえなかったという歴史的事実があげられる。同時に，第2次世界大戦時の戦時動員のあり方（イギリスの戦時政府は正式の連立政権によって運営されたのに対して，アメリカにおいては戦時の政治連合は非公式なものであり，連邦の統制もそれほど強くはなく，戦時生産における組織労働の発言力も弱かったことなど）や戦後のアメリカ社会が新たに経験したいくつかの条件（①軍事的盟主としての役割，②着実な経済成長，③納税者意識の成長，④人種問題，など）が現在の特質を形成する要因となった。そのうち最も重要な要因は，戦後の東西冷戦下でアメリカが西側の軍事的盟主としての役割を担ったという事実である。同盟国は軍事費の軽減によって浮いた資源を成長のための公共投資や福祉の充実にまわすことができたのに対して，当のアメリカは1960年代においてGDPの10％近くを軍事費につぎ込んだのであった。以上についての詳細は，岡本（1992a），pp. 59-66，岡本（1997a），p. 37を参照せよ。
5) 橘木（1998），pp. 23-43を参照。
6) 1人当たりの社会福祉支出（教育費を除く）の実質価値（1995年ドル価値で表示）は，1965年1,067ドル，70年1,590ドル，75年2,415ドル，80年2,856ドル，85年3,158ドル，90年3,570ドル，95年4,250ドルという推移をみせ，伸張のペースに変動はあるものの，長期的には増大している。Social Security Bulletin, vol. 62, no. 2, 1999, p. 92.
7) このような考え方を最も包括的に明らかにし，かつ実証的に研究したものとして，Peterson（1995），chapter 5がある。
8) Cates（1983），p. 105.
9) Council of Economic Advisers（1999），p. 156，邦訳，p. 128のChart 4-11を参照。
10) 1977年改革と1983年改革の内容については，渋谷（1992），pp. 43-60を参照せよ。
11) メディケアは現在，パートAと呼ばれる病院保険とパートBと呼ばれる補足的医療保険から成っている。パートAの財源は強制的な給与税（事業主と被雇用者がそれぞれ1.45％を支払っている）であるが，任意のプログラムであるパートBは加入者の保険料と連邦政府の一般歳入からの拠出金を財源としている。
12) アメリカの医療政策と医療保険制度の全体図とその問題点については，バンクス（1997），pp. 20-41においてコンパクトにまとめられている。
13) クリントンの医療保険制度改革がなぜ生じ，なぜ失敗したかについては，渋谷（2003），pp. 127-130, Skocpol（1999），Peterson（1998），pp. 181-229を参照せよ。
14) Howard（1997），pp. 26-27, Table 1.2を参照。なお，「隠れた（hidden）福祉国家」については，片桐（2005），pp. 9-11, 46-48をも参照せよ。片桐はそこで，アメリカにおいては，歳出予算で貨幣表現される「見える福祉国家」に対して，①租税支出，②連邦政府の直接貸付と貸付保証，③民間（企業・個人）および州・地方政府に対する規制およびマンデイト，といった3つのかたちの「隠れた福祉国家」が存在する（Ibid., p. 9），と述べている。
15) Peterson（1991），p. 47.
16) 1980年以降における企業年金の確定給付（DB）型から確定拠出（DC）型への推移については，吉田（2003），pp. 155-183を参照せよ。そこで，吉田はアメリカにおけるDC型

の普及過程を DB 型の代替物としての普及としてみる「DC シフト」という見解は一面的であると警鐘を鳴らしている。なお，企業年金の DB 型から DC 型への推移については，渋谷 (2003)，pp. 145-150 における議論も参照せよ。

17) 1980 年代以降，医療費の高騰がアメリカ福祉国家システムを構成する公的社会福祉（メディケアとメディケイド）と企業福祉（医療保険負担）の費用を引き上げ，つねに国家財政と企業会計を圧迫してきたことについては，片桐 (1995a)，pp. 54-57，片桐 (1995b)，pp. 119-123 を参照せよ。また，アメリカ特有の医療負担の増大と管理医療への移行の背景については，渋谷 (2003)，pp. 130-138 が詳しい。 なお，ロバート・ライシュは，個人のリスク測定についてより精度を増した最近の科学技術の発展によって，①保険に関する選別メカニズムがいっそう進み，HMO は裕福な郊外や高賃金の優良企業に対して積極的に営業をおこなうようになったこと，②企業は中核的従業員への保険適用を強化する一方で，低賃金でリスクの大きい従業員への保険適用範囲を狭めていること，③HMO がますます医療費の抑制をめぐって競争する結果，公立病院は財政的余裕をなくし，保険未加入者たちの医療水準を低下させている，などの事実をあげて，近年におけるリスクの選抜がアメリカのコミュニティと社会保険制度をますます蝕みつつあることを明らかにしている。Reich (2000)，pp. 204-207，邦訳，pp. 328-333.

18) Jacoby (1997)，pp. 263-266，邦訳，pp. 436-439 を参照。そこで，ジャコービィは，①大量のレイオフ，アウトソーシング，管理医療保険，企業年金の確定給付建てから確定拠出建てへの移行などにみられるように，今日の会社にはかつてほどに従業員が抱える危険を担おうとする姿勢がない，②にもかかわらず，ウェルフェア・キャピタリズムが近い将来に終局を迎える可能性は少なく，むしろ，アメリカ社会における危険負担の中心的制度はこれからも会社（corporation）であり続ける公算が大である，③その最大の理由は，会社にとって従業員の忠誠心は依然として重大事であり，アメリカの会社にとってウェルフェア・キャピタリズムの経済上の利益は差し引きプラスであるからである，と述べている (Jacoby (1997)，pp. 263-264，邦訳，pp. 435-437)。

19) 2 度の税制改革の内容については，渋谷 (1992) 第 2 章において詳細に明らかにされているので，合わせて参照せよ。

20) Steuerle (1996)，pp. 416-433.

21) なぜ，このような大規模な税制改革が政治的に実現可能になったのかについては，Conlan, Wrightson and Beam (1990) が詳しい。また，なぜ 1980 年代に税制改革が重要な政策課題になったかについては，Steuerle (1992)，pp. 1-70 を参照せよ。

22) U. S. Department of Treasury (1984)，Vol. 1, pp. 220-221. 邦訳，p. 192.

23) 1996 年福祉改革法については，片桐 (1999)，pp. 226-233 や OECD (1999b)，pp. 157-188 をも参照せよ。

24) OECD (1999b)，p. 158. 片桐 (1999)，p. 229.

25) 1996 年福祉改革法成立に至る政治過程については，Weaver (1998)，pp. 361-416 が非常に参考になる。ウィーヴァはこの論文の中で，クリントンの福祉改革についての積極的姿勢が共和党自身の福祉改革に対するスタンスを右に押しやる作用をし，結果的に本文に述べているようなきわめてラディカルな改革法案の成立を招いたことを説得的に明らかにしている。また，法案成立に至る政治過程と法案成立がアメリカ社会政策にとってもつ意味については，当時上院財政委員会委員長であったモイニハンの著書，Moynihan (1996) の序章も参考になる。

26) Weaver (1998)，pp. 400-401. ウィスコンシン州とコネティカット州の福祉改革の実験に

ついては，OECD（1999b），pp. 163-188において詳しい説明がなされている。
27）1980年代に多くの公衆が福祉，税，公平という言葉の中にリベラル派による黒人優遇という意味を読み取るようになっていったこと，とくに福祉政策に対して敵対的になっていったことについての分析はEdsall and Edsall（1992）のとくに10章を参照せよ。
28）Council of Economic Advisers（1999），pp. 116-120，邦訳，pp. 95-97，Council of Economic Advisers（2000），pp. 183-184，邦訳，pp. 155-156，U. S. Congress, House of Representatives, Committee on Ways and Means（1998），Background Material and Data on Programs Within, Table 7-2.
29）EITC制度の内容については，各年次のAnnual Report of the Council of Economic Advisersを参照せよ。とくに，Council of Economic Advisers（1999），pp. 113-115，邦訳，pp. 93-94が詳しい。また，根岸（1999a），（1999b）の2論文はEITCについて，とくにその仕組みと政策上の意義について詳細な研究を行っている。
30）Council of Economic Advisers（1999），p. 114，邦訳，p. 93，Council of Economic Advisers（2000），p. 182，邦訳，p. 155.
31）Howard（1997），p. 142. なお，以下の叙述は，Howard（1997），pp. 139-160に大きく依拠している。
32）1986年税制改革法をめぐる政治過程については，Birnbaum and Murray（1987）を参照せよ。
33）Howard（1997），pp. 150-152. 前掲，根岸（1999a），pp. 30-33.
34）Howard（1997），pp. 152-156.
35）Howard（1997），pp. 156-158.
36）フランク・レヴィの研究によれば，1949年には第1所得分位の階層（5分位に分けたうちの最も貧しい階層）の14％が，そして第5分位の階層（最も所得の大きい層）の25％が都市中心部に居住していたが，1996年になると最も貧しい階層の28％が都市中心部に居住するようになったのに対して，最も豊かな階層の18％しか中心部に住まなくなっている。Levy（1998），p. 22, Table 2.5を参照。
37）レーガン政権下における連邦補助金の削減については，岡本（1990c），pp. 25-40を参照せよ。
38）エンパワーメント・ゾーンについては，ノッデル（1997），pp. 219-220を参照せよ。
39）Mollenkopf（1998），pp. 465, 477, 495.
40）レーガン政権下で連邦政府が大都市問題への介入の度合いを下げて以来，州政府がその代わりに福祉を中心とした内政プログラムにおいて重要な役割を果たすようになったことを根拠にして，州への権限移譲が福祉切り下げに直結することはないと指摘する研究者が最近では増えている。わが国においては，片桐が（1995a），（1995b）をはじめとした一連の研究のなかで積極的にその説を展開している。この問題に関しては，今後の行く末を見守らないと早急な結論を出すことはできないが，それでも筆者はPeterson（1995）やノッデル（1997）におけるピーターソンやノッデルの主張と見解を同じくするものであり，アメリカの政治的文脈からすれば今日においてもなお，福祉プログラムや都市プログラムの連邦から州への権限移譲はプログラム自体の弱体化もたらしたり，プログラムが本来もっていた再分配機能を著しく弱めると考えている。
41）アメリカ雇用政策についての歴史的観点に立った政治経済学的分析としては，Weir（1992）とWeir（1998），pp. 268-311が優れている。本章の以下の叙述も，このWeir論文，とくにpp. 268-273に多くを負っている。

42) カーター政権下の CETA の最盛期においては，CETA は年 102 億ドルを支出し，73 万 9,000 もの公共サービスの仕事を提供し，失業者の 12% を雇用していた。Weir（1998），p. 271.
43) レーガン政権が新たに任命したドナルド・ドットソン委員長のもとで全国労働関係委員会が雇用主にとって有利な決定を次々に下し，労働組合の影響力をいっそう弱体化していった過程については，Gross（1995），pp. 246-271 を参照せよ。
44) U. S. Department of Labor, Value of the Federal Minimum Wage, 1938-1977（http://www.dol.gov/dol/esa/public/minwage/chart2.htm）.
45) Weir（1998），pp. 279-80.
46) アメリカ雇用政策の現状については，OECD（1999b）を参照せよ。労働市場政策に対するアメリカの公的支出は GDP の 0.45%（1996-97 年）であり，OECD 平均の 2.42% と比べると相変わらず低いが（OECD（1999b），pp. 124-25），求職情報，職業訓練，失業保険業務などを一カ所に集中してサービスを提供するワンストップ・センターなどいくつかの新しい政策を打ち出しているのも事実である。
47) カーター政権が名うてのハード・マネー論者であるポール・ボルカーを任命するに至る経緯については，Greider（1987），pp. 11-47 が詳しい。
48) Helleiner（1994），p. 133.
49) Volker and Gyohten（1992），pp. 169-170，邦訳，pp. 247-248.
50) Kuttner（1991）。ただしボルカー自身は，一定のマネーサプライ伸張率のもつ長所についての，マネタリスト学派の極端な議論に関しては懐疑的であった（Volker and Gyohten（1992），p. 167，邦訳，p. 243）。
51) Strange（1994），p. 109.
52) Steuerle（1996），pp. 419-33. 小泉（1999），pp. 65-66.
53) アメリカの財政再建政策については，納富（1998），小泉（1999），pp. 46-69 を参照せよ。
54) Meeropol（1998），p. 255. なお，この 2 つのリセッションに対する異なった政策が生み出した異なった結果として，ミーロポルは失業保険給付を受けている失業者の比率が 1990 年において著しく低下（76% から 52% へ）したことに注目している。林は，レーガン政権やサッチャー政権が比較的強硬な引き締め政策を採りえた理由として失業保険制度の存在をあげているが（林（2002），p. 200），アメリカにおいては 1980 年代以降この失業保険制度も空洞化しつつあるという事実はアメリカ福祉国家システムの再編を考えるうえで重視すべき事柄であると筆者は考えている。
55)「埋め込まれた自由主義」とは，Polanyi（1957）におけるポラニーの「社会に埋め込まれた（embedded）経済秩序」と「社会から独立した（disembedded）経済秩序」の区別から着想を得て，ジョン・ラギーが創出した言葉である。それは，1930 年代の経済的ナショナリズムと異なって国際主義的性格をもつ一方，金本位制と自由貿易に基づく古典的自由主義とも異なって，国際主義があくまでも国内における積極的福祉政策を前提とする，第 2 次世界大戦後の政治経済体制を意味する。
56) Ruggie（1982）を参照。
57) 一般的には，第 2 次大戦後における西側の軍事を中心とした同盟関係は，「国家の相互依存」，「国家の国際化」，「レジーム」，「安全保障共同体」，「ヘゲモニー」といった概念によって示されてきた。これらの概念に対して，マーチン・ショウは「権力を理解するこれらすべての仕方は国家を主権国民国家と同一視し，それゆえより大きなコングロマリットのなかで西側国家が統合されてきた事実を見損なっている」と批判している。このようなシ

ョウの見方は，西側内部の国民国家とそれ以外の国民国家（中国，ロシア，イラク，北朝鮮など）の間には決定的な相違があることをより強調するものである。いまや，西側諸国は軍事的，経済的，地域的，法律的統合によってほとんど相違がなくなり，西側以外の国家センターに対して1つの「西側国家権力」を構成しているというのである。このようなショウの見方は，冷戦終了とともに「西側」のまとまりを保つ必要性が薄れたこと，その結果超大国アメリカはしばしば単独行動主義に走り，そのことがヨーロッパをはじめとした国々の反発を招いているという事実を軽視する傾向をもつ。それにもかかわらず，この国家理論は戦後国際システムと国家システムの長期的発展傾向の重要な側面をうまく捉えていると言えよう。Shaw (2000), pp. 199-200, pp. 213-220 を参照。なお，財政学者としては，林 健久が，2つの世界大戦以降，軍事費の意味は帝国主義国家相互を仮想敵とする費用から資本主義諸国連合対社会主義国連合の対立のための軍事費に変わったと指摘し，軍事に関していえば西側国家の生成を示唆する見解を提示している。林 (1992), p. 12 を参照。

58) ブレトンウッズ協定の基本的特徴は次のように要約しうる。①各国が完全雇用，物価安定，経済成長などの経済目標を経済政策でもって追求する自由度が意識的に大きくされた。②各国間の為替レートは固定するとされた。③財・サービスの国際貿易に関しては，各国通貨は相互に交換可能であるべきものとされた。それに対して資本移動の規制は，為替レートの安定を促進し，国内通貨秩序の破壊を防ぐために，容認されるべきものとされた。④さきの3つの政策目標の組み合わせから一時的に発生した国際収支赤字に対処するために，IMFという新機関が作られ，中期的な国際貸出しを仲介することになった。⑤国際収支不均衡の性質が一時的でないことが明白な場合，すなわち「基礎的不均衡」が発生した場合には，国際的同意を経て為替レートを不連続的に変更するものとされた。Cooper (1987), 邦訳, pp. 24-25, 238-239 を参照。

59) Helleiner (1994), pp. 25-50, Gill (1993), pp. 92-93 を参照。

60) ユーロ市場の発展の歴史とそれが各国の金融市場と金融政策に及ぼした影響については，Dufey and Giddy (1978), 邦訳, pp. 77-89 と榊原 (1987), pp. 66-95 を参照せよ。

61) Helleiner (1994), pp. 84-91, Gill (1993), p. 94 を参照。

62) ストレンジは，政治経済において行使される権力には構造的権力と関係的権力の2種類が存在するが，今日では構造的権力の方が関係的権力よりも重要な役割を帯びるようになってきている，と言う。関係的権力が，AがはたらきかけてBに何かをさせるような力を意味するのに対して，構造的権力は世界の政治経済構造を形づくり決定するような力のことであり，国家や企業や人民に対してどのように物事がなされるべきかを決める権力を意味する。Strange (1994), pp. 24-25, 邦訳, pp. 37-38 を参照。

63) Helleiner (1994), pp. 112-120, Gill (1993), pp. 94-97. Conybeare (1988), pp. 243-278.

64) ウォルターは「グローバル金融革命」を惹起した要因として次の6点を重視している。①土台としての通信・情報処理技術革命。②ディスインフレーション過程のなかでの実質金利の未曾有の高騰が銀行と非金融法人に資産ポートフォーリオの多様化を促したこと。③1970年代以降の先進工業諸国における生産性上昇率の低下＝投資機会の減少によって，年金基金やその他の機関投資家が積極的なポートフォーリオ・マネージメントに移行したこと。④OPEC諸国の巨額の経常黒字とアメリカの経常収支の大赤字にみられるように，1970年代以降国際貿易・決済パターン上に重大なインバランスが生じたこと。⑤国内金融部門における規制緩和と資本移動の自由化が各国で生じたこと。⑥変動相場制への移行自体は民間資本と外国為替市場の重要性の結果もたらされたものであるが，移行による為替

レートのボラティリティが先渡し・先物市場,通貨オプション・スワップといった金融革新を推進した。ウォルターの6点の指摘はみな妥当なものと思われるが,これらのうちの高い実質金利,巨額の財政赤字,国際収支のインバランスといった本来循環的性質をもつ要因ですら今日の資本主義の変容によって構造的に定着するようになっており,それゆえこれらの状況はしばらく持続すると筆者は考えている。Wallter (1993), pp. 200-208, 邦訳, pp. 244-253 を参照。

65) Soros (1998), chapter 6-7 を参照。

66) アナートは,金融のグローバル化を促進するうえで,年金基金をはじめとした貯蓄の機関化（institutionalisation of savings）がより洗練されたグローバル金融商品への要求を劇的に増大させたことをきわめて重視しているが,筆者も同じ見解である。Annaert (1999), pp. 42-45.

67) 東アジア経済危機の過程と原因,それに対するIMFとアメリカ財務省の対応については,Stiglitz (2002), pp. 89-132, 邦訳, pp. 135-194 において的確な記述がなされている。

68) Strange (1998), pp. 179-183, 邦訳, pp. 324-330. なお,同様の主張は,Eatwell and Taylor (2000), pp. 40-53, 邦訳, pp. 36-68 においてもみられる。なお,著者もまた,金融の自由化とグローバル化が先進国経済と途上国経済の両方を不安定化させていることを重視しており,世界経済と福祉国家システムを安定させるためには何よりも国際金融市場の監視と規制のための世界金融機関（World Financial Authority）のような制度が不可欠であると考えている。

69) North (1981), p. 193, 邦訳, p. 256. ただし,引用文は訳書どおりではない。

70) 筆者は,「革新主義時代」と呼ばれる世紀転換期から第1次世界大戦に至るまでの15年間をアメリカ福祉国家の萌芽期として位置づけているが,その詳細については,岡本（1996a）, pp. 136-162 を参照せよ。また,革新主義時代のさまざまなリベラルな改革は大規模な法人企業の長期的利益を目的として法人企業自身やその代表者によって導かれたと主張する,ガブリエル・コルコやジェームズ・ワインシュタインに代表されるコーポリット・リベラリズム理論が一面的な理解でしかないことについては,岡本（1996b）を参照せよ。

71) Shonfield (1965), pp, 309-315, 邦訳, pp. 286-291 を参照。

72) ニューディール政策の変遷とその最終的決着（福祉国家政策と開放的対外政策の両立）が戦後世界における福祉国家政策の原型となるという主張については,岡本（1997b）, pp. 109-113 を参照せよ。

73) Luttwak (1999), pp. 32, 35, 邦訳, pp. 70, 75. 1980年代以降「管理資本主義」から「ターボ資本主義」に転換したと主張するルトワクの議論のなかでもう1つ重要だと思えるのは,これらの規制産業以外の主要産業（コンピュータ,アルミ,鉄鋼,化学,石油,天然ガス,石油化学など）もまた少数の大企業によって非公式なかたちで管理されており,純粋な競争にさらされていた産業はほとんど残っていなかった（pp. 35-36, 邦訳, pp. 75-77），という主張である。なお,ルトワクと同様に,戦後アメリカ資本主義における国家部門の果す役割を強調するものとして,O'Connor (1973) がある。筆者もまた,ルトワクやオコナーと同様に,戦後アメリカ資本主義を分析するうえで,競争セクター,寡占セクター,国家セクターといった3つのセクター間の相互関係の分析（その推移をも含めて）が不可欠であると考えている。

74) Temin (1987), Dempsy and Goetz (1992).

75) 現代資本主義の転換のなかに規制緩和を位置づけようと試みた著書として,橋本・中川

編(2000)がある。そこに収められている,仁田(2000)は本章の問題意識と共通している点が多い。なお,仁田(1985)も規制緩和の社会的影響を考察するさいに参考になる。
76) Yergin and Stanislaw (1998), pp. 349-350, 邦訳(下), pp. 243-244, および Schwartz (2001), p. 32. なお,アメリカ電力事業の規制緩和については,規制緩和・民営化研究会 (1994), pp. 291-306, 小林 (1999), OECD (1997), 第4章,を参照せよ。
77) 小林 (1999), pp. 48-50.
78) PURPA法に規定する認定設備の資格要件は,出力8万キロワット以下で,再生可能資源(風力,水力,地熱,太陽光,太陽熱等),バイオマス,ゴミ焼却を利用する発電事業者およびコージェネレーター,となっていた。そして,これらの設備をもつ事業者は通常電力事業に課せられる規制から免除されるという特権をもっていた。
79) 規制緩和・民営化研究会 (1994), pp. 292-293. なお,PURPA法の内容と意義については,小林 (1999), pp. 61-63 が詳しい。
80) OECD (1997), 邦訳, p. 227.
81) 規制緩和・民営化研究会 (1994), pp. 249-295.
82) OECD (1997), 邦訳, p. 241.
83) Yergin and Stanislaw (1998), p. 346, 邦訳(下), pp. 236-237. アメリカにおける電気通信事業の規制緩和の歴史については,規制緩和・民営化研究会 (1994), pp. 246-258 にわかりやすく述べられているので参照せよ。
84) 規制緩和・民営化研究会 (1994), p. 248.
85) Yergin and Stanislaw (1998), p. 347, 邦訳(下), p. 239.
86) Yergin and Stanislaw (1998), pp. 347-348, 邦訳(下), p. 239-240, OECD (1992), 邦訳, p. 141. 規制緩和・民営化研究会 (1994), pp. 249-250。なお,AT&Tの分割についての経緯については,Temin (1987) が詳細な研究を行っているので,参照せよ。
87) Katz and Darbishire (2000), p. 53.
88) Katz and Darbishire (2000), pp. 54-57, Keef and Boroff (1994), pp. 331-336, Batt and Keefe (1997), p. 48 を参照。
89) Katz and Darbishire (2000), pp. 58-59.
90) U. S. Bureau of the Census (1998), C-32, Table C-16.
91) Freeman and Katz (1995), pp. 6-9.
92) Katz and Darbishire (2000), pp. 18, 36.
93) Katz and Darbishire (2000), p. 18. なお,アメリカにおける職務コントロール労働組合主義については,Piore and Sable (1984), pp. 113-115, 邦訳, pp. 153-156 を参照せよ。彼らはそこで「たとえば製鉄業の労働者は,1970年代までには,工場や特定の部門や単一の職場においてすら,さまざまな先任権に基づいて,昇進,配置転換,呼び戻しに関する一連の権利を所有するようになったのであるが,このことは驚くに当らない。大量生産体制の下にある現代アメリカの職務コントロール・システムは,職務についての事実上の財産権を生み出したのである。」(p. 115, 邦訳, p. 156. ただし,邦訳通りではない)と述べている。
94) Katz and Darbishire (2000), pp. 22, 63. なお,1980年代以降のアメリカにおいて,「臨時労働者(contingent labor)」が急増している実態については,仲野 (2000), 日本労働研究機構 (2001) を参照せよ。
95) 代表的なものとして,Ryscavage (1999) と Galbraith (1998) があげられる。
96) Levy (1998), p. 3.

97) 以下の叙述は Levy (1998), pp. 42-56 を要約したものである。
98) Council of Economic Advisers (2005), p. 330, Table B-47.
99) Wilson (1996), pp. 207-238, 邦訳, pp. 303-345.
100) ロバート・ライシュに拠れば，2000年大統領選挙において，世帯の年収7万5,000ドル以上の有権者の4分の3が投票したが，所得の低下とともに投票率は低くなり，年収5万ドル～7万5,000ドルの有権者の投票率は69%になり，1万ドル以下の世帯の投票率は38%でしかなかった。Reich (2004), p. 200, 邦訳, pp. 265-266.
101) この補論においては紙幅の関係上，ごく簡単な叙述となっている。このテーマに関するより詳細な研究については，岡本 (2006) を参照されたい。
102) 福祉国家の体制的安定にとって福祉国家の国際的連携がきわめて重要であるという指摘は，林健久によってかなり早くからなされていた。林 (1985), pp. 62-63 を参照せよ。
103) 1980年代以降，アメリカが通商摩擦の最大の「発信地」となっていく過程の分析については，佐々木 (1997) を参照せよ。
104) 第2次大戦から生まれた西側同盟の発展・深化については，岡本 (2003a), pp. 29-31 を参照せよ。
105) Ikenberry (2001), p. 272, 邦訳, p. 295 を参照。
106) Fukuyama (2006), p. 66. なお，アメリカ国民のイラク介入への急速な支持率の低下については，Walt (2005), pp. 105-120 と Mueller (2005), pp. 44-54 も参照せよ。
107) 「国家安全保障政策」の2つの文書はインターネットを通じて入手することができる。その修正箇所と変化の度合いについては，朝日新聞2006年3月17日版の解説記事も参考にした。
108) Ikenberry (2001) の邦訳版におけるアイケンベリーによる「日本語版への序文」p. xi.
109) 3つの減税法の特徴については，Steuerle (2004), pp. 209-225, pp. 284-286 を参照した。
110) Steuerle (2004), pp. 226-227 を参照。なお，ブッシュ減税の規模とそれが予算に及ぼす影響については，Gale and Orszag (2004a) においても詳細に分析されている。
111) Shapiro and Friedman (2004), pp. vii-ix. 片桐 (2005), pp. 52-53 も参照せよ。
112) Gale, Orszag, and Shapiro (2004), pp. 1-7 を参照。
113) Bush (2001), The Speech of Inauguration 2001.
114) 1965年社会保障法タイトルXVIII として成立したメディケアは入院医療費を保障するパートA（強制加入）と，医師の診療報酬と病院外来医療費を保障するパートB（任意加入）から構成されている。パートAは，患者の一部負担を除いた部分はすべて社会保障税によって賄われており，パートBに関しては，患者一部負担を除いた部分の25%は保険料 (premium)，そして75%は連邦一般会計予算によって賄われている。なお，メディケア制度の全体的特徴については，皆川 (1989), pp. 209-242 と西村 (2000), pp. 185-209 が非常に参考になる。
115) Newhouse (2002), p. 943.
116) Newhouse (2002), p. 943. なお，1993年保健医療保障法案の内容と改革挫折の原因については，藤田 (2000), pp. 289-293 が詳しい。
117) Section 1960D-2. Prescription Drug Benefits と Section 1860D-14. Premium and Cost-Sharing Subsidies for Low-Income Individuals を参照。なお，法文の各項目の内容は CMS Legislative Summary (2004) に基づいて理解した。また，片桐 (2005), p. 71, 納富 (2005), p. 81 も参照した。HSA の概要の説明については，法文 Section 1201 および Burman and Blumberg (2003) を参照した。なお，ブッシュ政権側の説明として，Coun-

cil of Economic Advisers (2004), pp. 199-200, 邦訳, p. 176 をも参照した。
118) 以下の叙述については，法文 Section 801～804 を参照したほか，Aaron (2003) も参照した。
119) Holtz-Eakin and Lemieux (2003), p. 3.
120) White House of President George W. Bush (2003) と Council of Economic Advisers (2004), pp. 199-200, 邦訳, p. 176 を参照。なお，このようなブッシュ政権の主張に対して，Blumberg (2004) は，HSA は小企業主が従業員への医療保険を提供するうえで現在直面している問題をさらに悪化させることになる，と述べている。すなわち，それは小企業と個人の両方にとっての保険の管理負担を高め，リスクプールの品質を下げ，高所得の人に最大の補助金を提供するだけである，と述べている。
121) 以下については，Burman and Blumberg (2003) と Blumberg (2004) を参照した。

4章　スウェーデン福祉国家の危機と再編

1. はじめに

　本章は，1970年代後半以降の世界経済の大きな変化のなかで，世界における福祉国家システムがどのような変化を遂げているのかを解明する研究の一環として，スウェーデン福祉国家システムの再編とその歴史的意義を明らかにしようとするものである[1]。

　筆者がスウェーデンの再編のあり方にとくに注目するのは，わが国において長い間スウェーデンこそ福祉国家を代表する国家であると多くの人によって考えられてきたからに他ならない。実際，スウェーデン福祉国家は各国福祉国家の類型化を主要な研究テーマとしている研究者の手によって，社会民主主義型レジームであるとか[2]，制度的福祉国家の典型として説得的に描かれてきた[3]。それゆえ，1980年代以降の世界的な新自由主義（小さな政府論）の興隆，90年代以降のグローバリゼーションの圧倒的な力を前にして，スウェーデン福祉国家がどのような対応をしたか，またどのような変化を遂げたかを考察することは，今後の福祉国家の生命力を推し量るうえで重要な課題であるように思われる。

　以上のような課題に取り組むために，次のような手順でもって研究を進めていきたい。第1に，スウェーデン福祉国家システムの変容を性格づけるばあい，何が重要な論点になっているかについておおよその見当を得るために，いままでの代表的研究を転換説と継続説に分け，それらの研究のエッセンスを紹介する。第2に，スウェーデン福祉国家の再編は石油危機後のスウェーデン福祉国家の変容，そして1990年代初頭の経済危機と大きく関連しているので，これらの時期における福祉国家の変容と危機について明らかにする。第3に，狭義の福祉国家の変化の度合いをみるために，スウェーデン社会福祉経費構造の変化と制度改革について考察する。第4に，福祉国家転換説を主張する多くの人

がその主張をするさいに重要な根拠としてあげている，賃金交渉制度の分権化，税制改革，金融市場の規制緩和について検討を加え，それらの改革の歴史的性格について筆者の考えを明らかにする。そして，最後にスウェーデン福祉国家システムの再編について全体的な歴史的評価を与えたい。

2. 福祉国家の再編をめぐる代表的研究

　福祉国家の再編をめぐる代表的研究を転換説（ライナー，モーゼス，ヒューバーとスティーブンズ，ポンツソン，スネソンたちの5研究）と継続説（ピアソン，チモネン，ノルドランド，スウァンクたちの4研究）に分け，それらの主張のエッセンスを順次みていくことにしよう[4]。

2.1 転換説

　レギュラシオン学派の分析ツールでもって北欧の政治経済体制の危機と変容を研究することによって広く注目を浴びた，マグナス・ライナーの見解からみていくことにしよう。

　スウェーデンの経済は1970年代後半においてOECD諸国のなかで最も深刻な構造的経済危機を経験することになり，それを克服するために1980年代のスウェーデン社会民主労働党（以下，社民党と略す）政府は通貨切下げ政策に頼った。マクロ経済のバランスを回復するために，緊縮的フィスカルポリシーと介入主義的賃金政策を，さらにサプライサイドを強化するために税制改革と金融市場の規制緩和をおこなった。1990年代初期には完全雇用政策がインフレ克服政策に従属するようになったが，これはまさにスウェーデン福祉国家体制の歴史的転換といえる。このように70年代後半から開始され，90年代初期に決定的に明らかになるスウェーデン福祉国家体制の転換の深層原因は，スウェーデン経済がポスト・フォーディズム段階における世界経済の要請に応えるかたちで産業構造を再編できなかったことに求められる[5]。

　次に，スウェーデン社会民主主義の経済政策上のユニーク性について研究した，ジョナソン・モーゼスの説をみてみよう。

　1970年代半ばの石油危機と世界不況という非常に大きな外部からのショックに直面したさいに，スウェーデンは他の競合する政策目標よりも完全雇用を

最優先することを選択した。そのさい，政策作成者たちは，柔軟な為替レート，中央集権的な団体交渉制度，政府の価格支持政策，という3つの手段に頼った。これらの政策は輸出セクターにおける実質賃金を低下させることを目的としたものであり，実際にこの重要セクターにおける投資を増大させるうえで大いに貢献した。しかしながら，国内の外国為替管理解除と金融資本の移動の増大という1980年代に生じた新しい国際経済レジームはこれら3つの政策の土台を侵食していった。その結果，スウェーデン社会民主主義は他のOECD諸国と同様の方向に，すなわち固定相場制と柔軟な労働市場政策へと移っていった[6]。

3番目の転換説の代表として，狭義の福祉国家と生産システムの両方を研究している，ヒューバーとスティーブンズの説をみることにしよう。

スウェーデンの企業と金融市場の国際化はスウェーデン金融市場における一連の規制緩和へと導いた。資本移動の規制緩和はスウェーデン政府が利子率と為替レートの両方をコントロールすることを不可能にした。また，その後の国内資本市場の規制緩和は不動産投資や消費といったその他の使用に対して生産的投資を優先することをより困難にした。スウェーデンの産業の国際的展開は資本の利害と労使間の権力バランスを変えることによって，スウェーデンの生産レジームと福祉国家レジームに対して幅広い波及効果をもたらした。すなわち，スウェーデンの企業は輸出志向，多国籍化志向を強化し，自己金融にますます依存するようになったために，国内の労働との妥協に関心をもたなくなってしまい，賃金コストの低下や海外市場へのアクセスにより関心をもつようになった。これらの展開こそがSAF（スウェーデン経営者連盟）のような経営者団体によって1970年代後期に開始される新しい政治攻勢の原因であった[7]。

広義の福祉国家転換説の最後の代表として，ポンツソンの説をみていこう。ポンツソンは，広い意味でのスウェーデン福祉国家の転換を「レジーム・チェンジ」（政策優先順位の方向転換と政治経済を構成する制度配置の転換）という言葉で表現し，スウェーデンのレジーム・チェンジはサッチャーのイギリスと並んで先進資本主義諸国のなかでも最も際立ったものであった，と主張する。レジーム・チェンジを決定的なものにしたのはスウェーデンを襲った1991-94年の深刻な不況とその危機打開策であったが，1980年代の社民党政権下ですでに戦後レジームの中心的要素のいくつかは解体し始めていたことを彼は重視する。その現実的証拠として，①賃金交渉の分権化，労働組合の「社会的パー

トナー」としての役割の低下，②公共支出と社会福祉支出の削減，③1986年アメリカ税制改革をモデルとした1990年税制改革，④国内および対外的な金融市場の規制緩和，⑤EUへの加盟，をあげている。これらの5つの変化の結果，経済格差は拡大し，労働力商品の脱商品化の程度は相当に低下し，「スウェーデン・モデルは1980年代に死滅した，あるいは遅くとも1990年代初頭には死滅した」という大胆な結論を下すのである[8]。

今までみてきたように，スウェーデン福祉国家の転換を強調する研究は，どちらかというと税制改革や規制緩和，さらには労使関係といった広い意味でのスウェーデンの政治経済構造を観察の対象とした研究が多いが，狭義の福祉国家に焦点を当てた研究にも転換説は存在する。その典型例としてスネソンたちの研究をあげることができる。スネソンたちの主張はおおよそ次のように要約しうる。

スウェーデンは1990年代はじめまでは普遍主義の実現において典型的な福祉国家であり，まさに制度的福祉国家のモデルといえたが，現在その特徴は急激に変化しつつある。変化をもたらしたものは，大量失業，福祉支出の削減，新たな選別メカニズムを導入した福祉国家の制度改革であり，これらの結果スウェーデン福祉国家は普遍主義から後退することになった。新しい選別のかたちは，移転給付と社会保障，公的社会サービス，国家とボランティア組織との関係など，福祉システムのあらゆる層においてとられるようになった。普遍的な社会保障と保険をベースにした福祉から地方政府によるミーンズテスト付制度への負担のシフトは失業が再びスティグマ化したことを意味する。というのは，失業者のうちで保険をベースにした受給資格を失い救貧に依存しなければならない人々の割合が増大したからである。そして，このような失業者の数が増加すると受給資格を得るための就労の要求もまた厳しいものとなっていく[9]。

「もし，失業給付と社会扶助が条件付となると，すなわち紹介された仕事はどんなものでも引き受けねばならないという厳しい規則が付くようになると，労働する権利は労働する義務へと，いや低賃金で低福祉権利しかつかない強制労働へと変容することになる」というスネソンたちの主張[10]は，スウェーデン福祉国家の変容の程度とその性質を明らかにしたいと考える者にとって決してないがしろにできない内容を含んでいる。

2.2 継続説

　今度は,スウェーデン福祉国家の基本構造は存続していると主張する人たちの議論,すなわち継続説を取り上げることにしよう。

　最初に,サッチャー政権とレーガン政権の福祉削減政策の実態についての研究以来強く継続説を主張し,いまや福祉国家継続説のリーダーと目されるようになったポール・ピアソンの議論をみていくことにしよう。

　1990年までは,誰が政権に就いていようとも,社会福祉プログラムの整理は非常にまれにしか起こらなかった。スウェーデン福祉国家の大幅な改造に熱意を示す政府はなかった。しかし,スウェーデン経済は1990年以降非常な圧力にさらされてきた。1990年以降の財政危機の出現は広範な改革を要求した。そのうえ,1991年から1994年の間,スウェーデンはブルジョア連合政権(その重心は1976年から1982年にかけて統治した連合よりも新自由主義イデオロギーの濃い政権であった)によって統治された。しかし,これらの異常な状況のもとにおいてすら,福祉国家はラジカルなかたちで再編される兆候を示さなかった[11]。

　次に,スウェーデンとフィンランドの社会保障政策の変化について詳細に研究しているヴィルピ・チモネンの議論をみていくことにしよう。

　スウェーデン福祉国家は1980年代にはまだ全盛期にあったといえるが,1990年代に入るとグローバル金融市場への統合によってもたらされる圧力と非常に深刻な不況によって挑戦されることになった。高水準の失業率と深刻な経済危機を前提とすれば,福祉国家は非常に攻撃されやすいように思われた。しかも,スウェーデン政府は1990年代初期にEUへの加入を約束した。このことと経済・通貨同盟(EMU)への加入の可能性のために,収斂基準とEMUの基準を満たす必要が生じた。この財政赤字,公債,インフレ,利子率に関する厳しい要求を満足させようとする努力は社会支出に対して更なる圧力を課した。それゆえ,スウェーデン福祉国家が1990年代以降大胆に構造改革を経験したとしても驚くべきことではないであろう。しかし,スウェーデンは公的支出を劇的に増加させており,今なお世界の福祉国家のリーダー的存在である。スウェーデン福祉国家は今なお,包括的性格,給付の寛大さ,全国民向けの社会サービスと保健サービスの提供によって特徴づけられ,制度的福祉国

家モデルの代表として十分認められうる[12]。

次に,北欧4カ国(デンマーク,フィンランド,ノルウェー,スウェーデン)の1980年から1996年にかけての社会保障政策の展開を主要な社会福祉プログラムの支出変化と制度改革に基づきながら分析したノルドランドの見解をみていこう。

1980年代初頭から1990年代にかけて北欧福祉国家は深刻な経済不況と新自由主義からの福祉国家批判によって重大な挑戦にさらされてきた。社会福祉支出の動向を3つの中心的な社会保障プログラムである老齢年金,失業保険,傷病保険の変化に基づいて検討した結果,スウェーデンの年金改革(彼はこれをsecond-order change の代表例としている)を除けばいずれの変化も給付水準の小規模な削減,待機日の再導入,受給資格の厳格化といった小規模な変化(first-order change)であり,根本的変化(third-order change)を示すものはなかった。それゆえ,1980年代以降の福祉国家に対する挑戦の厳しさを考慮すれば,北欧福祉国家は目を見張るべき弾力性を示しているといえる[13]。このように,ノルドランドの分析結果も「福祉国家の弾力性」を示すピアソンの説と同じ結論となっている。

最後に,経済のグローバル化と福祉国家の再編についての関係を真正面から取り上げたスワンクの研究をみてみよう。

通常のグローバリゼーション理論によれば,国際的資本移動の上昇の後,福祉国家は縮小し,ネオリベラル的再編が観察される,とくにスウェーデンのような寛大な福祉国家はグローバリゼーションの政治ロジックと経済ロジックによって最も影響を受けやすい,と主張されている。しかし,北欧諸国のような普遍主義の線に沿って構造化され,社会コーポラティズムと中央集権化した政治権威を備えた福祉国家は,国際的な資本移動の経済的ロジックと政治的ロジックの影響を受けることは相対的に少なかった。また,国際的資本移動は国家の歳入調達能力,社会コーポラティズム,マクロ経済政策の自律性に対する否定的影響力を通じて福祉国家をかなりの程度削減するように圧力をかけると一般的に言われているが,それらの間には体系的で明白な関係はみられない[14]。

以上でみてきたように,スウェーデン福祉国家の再編をめぐっては鋭い対立が存在する。一般的特徴としては,ピアソンやチモネンのような,社会保障制度を中心とした狭義の福祉国家に焦点を当てて研究している論者は変化が小さ

いと述べているのに対して，レギュラシオン学派のように生産システムや経済政策といった福祉国家の経済基盤をも含めてスウェーデン福祉国家体制を研究しようとしている論者は変化が大きいと主張する傾向がある。このことから当然，スウェーデンにおいても社会保障制度を中心とした狭義の福祉国家は労使関係やコーポラティズム，規制制度，マクロ経済政策などの広義の福祉国家を構成しているさまざまな制度や政策よりも変化が少なかったことが予想される[15]。

そのことを念頭に置きながら，狭義の福祉国家と広義の福祉国家に分けて，それぞれどのように再編されたかを検討する前に，石油危機以降のスウェーデン福祉国家の変容と90年代初頭の危機に至るプロセスについてみておこう。

3. スウェーデン福祉国家の変容と危機

スウェーデン福祉国家体制は1990年代初頭に明らかに危機を迎えた。このとき，度重なる深刻な金融危機と通貨危機に襲われた。そして，GDPの成長率は1991年，92年，93年と連続してマイナスを記録した。このような出来事は当のスウェーデンのみならず，戦後先進諸国全体を見渡してもきわめて異例なことであった。また，スウェーデンはその完全雇用に対するコミットメントで有名であったが（他のヨーロッパ諸国が完全雇用第一主義を放棄した80年代においても），1991年以降失業率を劇的に高めた。また，財政赤字は1993年にはGDPの約12%にもなった（以上については，表1を参照）。このような深刻な不況と通貨危機のなかで，政府は国際金融市場におけるスウェーデンの信用を高めるために，社会保障支出を中心とした政府支出の大胆な削減に乗り出した。

しかし，このようなスウェーデン福祉国家の土台を成す経済体制の病は90年代初頭に突然降ってわいたものではなく，70年代の石油危機のあたりから，いやさらには60年代におけるスウェーデン・モデルの成功のなかにすでに潜んでいたものであった。

3.1 スウェーデン・モデル

広い意味でのスウェーデン福祉国家体制は，とくにそれが円滑に機能してい

表1 スウェーデンの主要経済指標の推移

	1966	1967	1968	1969	1970	1971	1972	1973	1974	1975	1976	1977	1978
GDP成長率	2.1	3.4	3.6	5.0	6.5	0.8	2.2	3.9	4.3	2.2	1.1	-1.6	1.8
生産性伸長率	4.7	5.9	3.3	7.5	10.2	3.4	4.0	4.9	-1.1	1.0	3.2	-1.0	2.0
失業率		2.1	2.2	1.9	1.5	2.5	2.7	2.5	2.0	1.6	1.6	1.8	2.2
消費者物価上昇率	6.4	4.3	1.9	2.7	7.0	7.4	6.0	6.7	9.9	9.8	10.3	11.4	10.0
財政収支			3.7	4.4	4.0	5.2	4.4	4.1	2.0	2.8	4.5	1.7	-0.5
長期利子率		1.0	3.8	3.4	2.0	0.1	0.3	0.3	-1.5	-5.0	-2.3	-0.7	0.5

	1979	1980	1981	1982	1983	1984	1985	1986	1987	1988	1989	1990	1991
GDP成長率	3.8	1.7	-0.3	1.1	1.8	4.0	2.2	2.2	3.3	2.6	2.7	1.1	-1.1
生産性伸長率	5.4	0.3	0.1	4.0	5.5	7.5	1.6	1.2	2.6	1.8	0.3	1.7	0.6
失業率	2.1	2.0	2.5	3.1	3.5	3.1	2.8	2.7	1.9	1.6	1.5	1.8	3.2
消費者物価上昇率	7.2	13.7	12.1	8.6	8.9	8.0	7.4	4.3	4.8	6.0	6.3	9.2	10.7
財政収支	-2.9	-4.0	-5.3	-7.0	-5.0	-2.9	-3.8	-1.3	4.3	3.5	5.4	4.2	-1.1
長期利子率	2.3	0.0	3.7	4.0	2.4	4.3	5.8	3.0	5.8	4.6	2.9	4.0	3.2

	1992	1993	1994	1995	1996	1997	1998	1999	2000	2001	2002	2003	2004
GDP成長率	-1.7	-1.8	4.1	3.7	1.1	2.1	3.6	4.5	3.6	0.9	2.1	1.6	2.5
生産性伸長率	6.1	9.3	12.6	2.9	1.0	5.0	5.1	6.3	5.0				
失業率	5.9	9.5	9.8	9.2	10.0	10.2	8.5	7.2	5.9	4.0	4.0	4.9	5.8
消費者物価上昇率	4.3	4.5	2.5	2.8	1.3	0.0	-0.4	0.3	0.3	2.4	2.2	1.9	0.5
財政収支	-7.8	-11.9	-10.8	-7.7	-3.1	-1.6	2.1	1.7	4.3	2.9	-0.3	0.5	0.2
長期利子率	8.9	5.7	7.0	6.5	6.5	4.8	4.1	4.3	4.3	2.7	3.1	2.5	4.0

出所）OECD, Historical Statistics の各年度版より作成。

た60年代までの黄金時代[16]の福祉国家体制はスウェーデン・モデルとして描かれてきた。スウェーデン・モデルについては多くの優れた研究が存在するが[17]，ここでは広義の福祉国家を研究対象とし，しかも福祉国家の経済的土台のあり方に強い関心をもつ筆者の問題意識と共通するところの多いマグナス・ライナーの説を中心にみていくことにしよう。ライナーはそのモデルの核心として次の4点をあげている[18]。

① スウェーデン・モデルは戦後の「生産性の政治」の特殊スウェーデン版の制度的表現である。生産性を高めるための「合理化」という目標が資本，労働，国家管理層を「コーポラティスト・コンセンサス」に結集させた。この生産性の政治において，組織労働が比較的強力であり，そのために社民党は国民的ヘゲモニーを行使することができた。

② 組織労働と社民党のヘゲモニーは，スウェーデン労働組合連合（LO）の財務省への特権的アクセスと資本市場の規制を可能にした。このことによっ

て，経済政策の環境は連帯主義的賃金政策の要求と両立可能となった。他方，労働過程の合理化と不均等な地域発展はコーポラティスト的妥協において受け入れられねばならなかった。さらに，男性の稼ぎ手の領域外では，女性をはじめとした従属集団のアイデンティティと利益の社会的代表はマージナルな存在とされた。しかし，福祉国家の普遍主義と完全雇用について高い要求が設定され，このことが労働階級の力の再生産に貢献した。

③ 労働の力の再生産はレーン=メイドナー・モデルという経済政策手段によって確保された。これは平等な分配と資本蓄積とを両立可能にした。というのは，団体交渉による賃金設定と選択的労働市場政策が産業に安定的な労働供給をおこない，企業の生産計画のための予測可能なフレームワークを提供しながら，同時に産業の合理化に貢献したからである。スウェーデンの経済は特定の輸出商品に依存しているという意味において，国内に大量生産と大量消費を併せもつ典型的なフォーディスト・タイプではなかった。しかし，国際分業において良好な位置を占めていたこと，価格形成の特権などから，スウェーデン商品は高い付加価値を生み出した。その結果，福祉国家の拡大と大量消費が十分に保証された。

④ パックス・アメリカーナという環境はスウェーデン・モデルの発展にとって一般に考えられている以上に重要な役割を果たした。まず，冷戦体制の深刻化という環境のなかで，スウェーデンの輸出指向の資本は社民党による包括的な計画経済への移行計画を阻止することができた。なかでも，ブレトンウッズ体制の「二重の保護膜」が重要な役割を演じた。それは貿易の自由化によって必要な輸出のはけ口を提供しただけでなく，アメリカのリーダーシップのもとでの国際的な需要拡大と資本と外国為替の規制に対する容認が完全雇用，低利子率，高投資率と両立する仕方で物価上昇と賃金ドリフトの抑制を可能にしたからである。

このように，ライナーは先進資本主義諸国の戦後政治体制全体を見渡したうえで，スウェーデン・モデルを政治，生産，国際関係の3つの側面から把握し[19]，それら3側面が戦後から60年代にかけての「黄金時代」に相互促進的に機能したことを明らかにしている。とくに，スウェーデン福祉国家体制の順調な発展にとってパックス・アメリカーナが重要な役割を果たしたことを見抜いている点で他の多くのスウェーデン・モデルの説明より優れている[20]。それ

ゆえ，このような彼の論理からすると，70年代以降，コーポラティスト体制の解体，資本規制の自由化，フォード主義的資本蓄積の困難，ブレトンウッズ体制の崩壊などが進展するようになると，スウェーデン・モデルは危機を迎えるというシナリオが予想される。

次に，黄金時代のスウェーデン・モデルをその経済パフォーマンスの良さに絞って，すなわちスウェーデンの成長エンジンであった原料・素材産業とエンジニアリング部門の超国籍企業の成功という観点から明らかにしたエリクソンの説明をみてみよう[21]。

図1が示すように，スウェーデン・モデルは何よりも組織労働と主導的産業セクター（輸出志向の原料・素材産業とエンジニアリング産業）の力の均衡と捉えられている。そして，強力な社会民主主義と労働組合の優先順位と手段・制度はこれらの輸出志向のリーディング産業と企業の持続的成長と収益力があってはじめて可能であったと考えられている。そして，これらの社会民主主義的経済政策はこの両セクターの資本蓄積に貢献していたことをも明らかにしている。すなわち，エリクソンは，①スウェーデン・モデルは労働と資本の相互利益となる戦後蓄積モデルの強力な一類型であること，②黄金時代において，強力な労働運動はビジネス部門の私的権力を受け入れ，産業の成長を支持する政策を追求したこと，③スウェーデンの産業は労働の求める政策を受け入れることによって，そして国の戦略的投資を受け入れることによって，労働と国家の要求に応えたことを明らかにしたのであった。

彼の何よりの貢献は，黄金時代におけるスウェーデンの成長エンジンを特定したことであり，とくに他国に類をみないようなエンジニア部門の超国籍企業の強力な地位を明確化したことである。このような彼の議論の構造を延長すると，原料部門とエンジニアリング部門の指導的企業の成長が低下すれば，あるいはこれら企業の成長が必ずしもスウェーデンの国民経済の成長と繋がらなくなれば，スウェーデン・モデルは危機に瀕することになる。

事実，彼の研究は黄金時代における成長メカニズムを明らかにすると同時に，後期黄金時代（1960年代半ばから第1次石油危機まで）にもなると，リーディング産業は労働力不足，主要製品に対する需要の飽和，大規模外国企業と低開発諸国からの低コスト競争，テクノロジーの成熟といった問題に遭遇するようになり，スウェーデン・モデルの成長潜在力はほとんど枯渇するようになっ

図1　戦後スウェーデン・モデル

アクター／セクター	社会民主主義政党とブルーカラー労働組合の力（政治的，イデオロギー的，理論的）	輸出志向の素材産業とエンジニア部門における超国籍大企業
優先順位	完全雇用 一般的福祉（実質賃金の上昇を含む） 平等	持続的成長と収益力
手段	完全雇用のための国家介入 一般的な福祉政策 労働生活の改良 中央集権的賃金交渉 再分配的な所得税と富裕税 指導的産業と企業への支援	

出所) Erixon (1996), p. 9.

たことをも明らかにしている[22]。さらに，彼は1970年代以降における成長パフォーマンスのいっそうの悪化を黄金時代における企業戦略と経済政策に求めている。すなわち，①大企業のエンジニアリング産業への特化は将来の成長軌跡を制限した，②大企業の海外志向は国内部品供給業者の質的向上を遅らせた，③海外工場の増加は企業が国内投資を犠牲にして海外に投資することをいっそう容易にした，④新企業と新産業の発展はスウェーデン・モデルのもつ大規模生産という特質によって妨害されたのみならず，既存の産業と企業に資源を「ロックイン」[23]する傾向をもつ法人税と経済政策によっても妨害された，と主張するのである[24]。

このように，1960年代半ばにはすでにスウェーデン・ビジネス部門の更新力の弱さ，行き過ぎた海外志向が，石油危機以降明白になる低成長を予示していたが，スウェーデン・モデルの緊張はコンセンサスの亀裂というかたちでも現れた。

まず，スウェーデン・モデルの左からの批判者は，1960年代後期から「赤い波」を形成した。スウェーデン・モデルの根本原理であるテイラー主義とフォード主義に対する労働の反抗はストライキ，高い離職率，アブセンティズムの上昇というかたちで現れた。反抗は直接的には炭鉱をはじめとした指導的産業における合理化によって引き起こされたが[25]，それらはまたスウェーデンの黄金時代末期における労働の例外的に強い立場をも反映していた。このスウェーデン・モデルに対する「赤い反乱」はたんに自然発生的なものではなかった。

スウェーデン労働組合連合（以下，LO と略す）とその傘下にある労働組合は，戦略的投資をおこなう指導的企業の特権と連帯主義的賃金によって生み出された特別利潤をそれらの企業が取得することに強い疑問を投げかけたのであった。このような観点からの LO の攻勢は利潤ブーム後の 1975-76 年におけるラジカルな賃金稼得者基金（wage-earner funds）の提案によって頂点に達した[26]。

スウェーデンの資本と経営は賃金稼得者基金の提案に対して断固反対の立場をとった。「赤い波」の高まりのなかで経営側は「自分たちは弱い立場にある」という感覚に襲われ，賃金稼得者基金を生産手段の私的所有に対する正面からの攻撃と受け止めたのであった。そして，賃金稼得者基金への抵抗を契機にして，スウェーデン経営層はスウェーデン経営者連盟（以下，SAF と略す）を中心に「青い波」を形成することになった。それは 1980 年代に多くの先進資本主義諸国でみられるようになる新自由主義的な政治運動の先駆であった[27]。

以上述べてきたように，1970 年代にもなると資本と労働の両方からのスウェーデン・モデルへの支持は徐々に消えていった。労働はそのモデルの限界と否定的な福祉効果を強調するようになった。他方，資本は賃金稼得者基金のようにスウェーデン・モデルを超えてさらに先に進もうとする試み，そして福祉改革をさらに推し進めようとする試みを批判するようになった[28]。そのうえ，1970 年代半ば以降になると，「緑の波」の先行者がそのモデルに潜む成長第一主義を批判するようになった。そのモデルは森林死滅のような環境破壊や地域的不均衡をもたらしている，と彼らは非難した[29]。

3.2 石油危機と経済の不振

スウェーデンの黄金時代は第 1 次石油危機の到来でもって終了する。この黄金時代と 1990 年代初頭の経済危機＝暗黒の時期にはさまれた約 15 年間はスウェーデンの「灰色の時期」である[30]。

しかし，表 1 からも窺えるように，スウェーデン経済に対する石油危機の影響はすぐに現れなかった。1974 年，75 年の GDP 成長率，失業率，財政収支とも悪くなく，むしろその前後と比較してもかなり良好なパフォーマンスを示している。それは，1 つには 1974-75 年の原料ブームの恩恵をスウェーデン経済が受けたためであり，もう 1 つは石油危機に対する対応として政府が需要刺激政策（付加価値税の一時的引下げ，造船や鉄鋼業への補助金の増額など）を

採用したためであった。しかし，1976年にもなるとスウェーデン経済は国外経済の不況の影響を受けるようになった。

ちょうどスタグフレーションが深刻化するようになったこの時期に，社民党からブルジョア連合政府（首相は保守党の Falldin）への政権交代が生じた。しかし，この政権交代は福祉国家とフィスカル・ポリシーに対する哲学の変化を意味しなかった。ブルジョア政権は彼らに対する社民党の宣伝活動は誤っているということを証明するために雇用水準と福祉国家のエンタイトルメントを守る努力をした。雇用水準を守るうえで一番の貢献は公共部門における雇用の拡大であった。それは1976年から1982年の間に総雇用の26.6％から31.9％へと大幅に増加した[31]。また，失業削減の手段として，政府は苦難にあえぐ産業に補助金を支給した[32]。その結果，財政収支は急激に悪化し，1976年の対GDP比4.5％の黒字から彼らが政権を去る1982年には7％もの赤字となった（表1を参照）。

石油ショック後のスウェーデン経済のもう1つの特徴は，以前にくらべて所得政策に依存する度合いが高まったことである。50年代と60年代における強力なインフレ圧力は一般的に労働市場の逼迫と一致していたため，短期間のマクロ経済の引き締めで対処することができた。しかし，石油危機は需要を削減する一方で同時にインフレ圧力を増大させた。完全雇用を維持するために財政金融政策は拡張的である必要がある状況下で，所得政策は従来よりもいっそう重要性が増した。実際，そのようなコーポラティスト的協定は1974-76年のHaga協定でもって開始された。その協定において，賃金抑制の交換として減税と移転支払いの増大が提供されたが，社民党の政権離脱によって十分な展開を遂げることができなかった。このような事情から，そして団体交渉制度のいっそうの細分化による賃金ドリフトの拡大が加わり，インフレ水準をドイツの水準にまで引き下げることはできなかった[33]。それゆえ，より高い国内インフレ率はヨーロッパの固定為替レートである「スネーク」への参加によってスウェーデンのクローナを実質的に切り上げることとなった。スウェーデンは経済政策を引締めの方向に調整するつもりがなかったので，すなわち完全雇用へのコミットメントがドイツ連銀主導の貨幣政策と合致しえなくなったので，1977年にはスネークから離脱した。また，同様の理由から1979年3月に発足したEMS（European Monetary System：欧州通貨制度）に参加することを拒否し

表2 スウェーデンにおける為替レートの調整（1971-82年）
(％)

1971年12月21日	+7.49
1973年 2月16日	-5
1976年10月18日	-3
1977年 4月 4日	-6
1977年 8月28日	-10
1981年 9月14日	-10
1982年10月 8日	-16

出所）Moses（2000), p.64より作成。

た[34]）。

　このように，貿易競争相手国よりも低い失業率を維持しようとする姿勢から生じた高いインフレ上昇率を相殺するために，スウェーデンは通貨をしばしば切り下げた（表2を参照）。しかし，このことが団体交渉制度をいっそう混乱させ，協定賃金をかなり上回る賃金ドリフトは相変わらず続いたため（表3を参照），インフレ率は高いまま推移した。このように，通貨切下げによってスウェーデン産業にとっての競争上の優位性を創出しようとする政策，そして財政支出の拡大によって不況を克服しようとする政策は，中・長期的には失敗する運命にあった。効率の劣る企業を補助金でもって助成することは根本的な解決とはならなかった。それは70年代後半から80年代にかけてのスウェーデン製造業の貿易競争国に比べたときの生産性伸張率の低下として現れた（表4を参照）。製造業を中心にした民間セクターの成長なしでは，公的セクターの急激な拡張によって失業率を低く保つ政策は最終的には過大な財政赤字と耐えられないほどの高い税率によって座礁しなければならなかった。

　ブルジョア連合政権は1979年に，フィスカル・ポリシーのコース変更が求められているという結論に達し，その翌年，スウェーデン産業の国際競争力を回復するための長期計画を導入した。これはあまりにも寛大になりすぎていると考えた社会保障と移転システムの一部削減すること，そして産業により大きな利潤形成の機会を与える内容となっていた。しかし，福祉支出の削減は労働組合との重大な対決を引き起こし，1980年春にはスウェーデンは戦後最も劇的な労働紛争を経験することになった。政府は最終的に譲歩したけれど，そのブルジョア政権は1982年の選挙に負け政権を離れた。財政赤字を削減するのはいまや社民党の番となった。「スカンディナビアにおいては，緊縮政策は社会民主労働党によって最もよく管理される」というノータマンズの印象的な言

表3 スウェーデン産業労働者の国体協約による賃上げと賃金ドリフト (1971-90年)

年	賃金上昇率全体 (%)	協約による賃金上昇率 (%)	賃金ドリフト (%)	賃金ドリフト/協約による賃金上昇	失業率 (%)
1971	10.5	6.3	4.2	0.7	2.1
1972	11.8	7.5	4.3	0.6	2.2
1973	8.1	4.1	4.0	1.0	2.0
1974	11.8	5.0	6.8	1.4	1.6
1975	18.0	10.5	7.5	0.7	1.3
1976	13.3	7.9	5.4	0.7	1.3
1977	7.2	3.7	3.5	0.9	1.5
1978	8.0	4.8	3.2	0.7	2.2
1979	8.2	4.4	3.8	0.9	2.1
1980	9.3	6.1	3.2	0.5	2.0
1981	10.1	5.9	4.2	0.7	2.5
1982	7.6	4.1	3.5	0.9	3.2
1983	6.7	3.8	2.9	0.8	3.5
1984	10.3	6.2	4.1	0.7	3.1
1985	7.5	3.8	3.7	1.0	2.9
1986	7.4	3.9	3.5	0.9	2.7
1987	6.4	n.a	n.a	—	2.1
1988	8.4	3.4	5.0	1.5	1.7
1989	10.1	4.5	5.6	1.2	1.5
1990	8.8	2.8	6.7	2.4	1.6

出所) Notermans (2000), p. 214 より引用。

表4 時間当たりの製造業産出高の年平均的伸長率 (%)

期間 (年)	スウェーデン	主要貿易相手国[1] (非加重平均)	主要貿易相手国 (加重平均)[2]
1961-65	7.0	5.4	5.8
1966-70	6.5	6.4	6.0
1971-75	4.5	4.9	4.6
1976-80	2.4	4.1	2.5
1981-85	3.4	4.2	4.0
1986-90	1.9	2.5	2.6
1991-95	5.3	3.1	3.4
1996-2000	4.3	2.8	4.2

注) 1. 主要貿易相手国は,フランス,イギリス,ノルウェー,イタリア,西ドイツ,ベルギー,オランダ,アメリカを指す。データが利用できないために,デンマークとフィンランドは含まない。
2. 1995年のPPP調整したGDPが全期間の加重計算として用いられている。
出所) Södersten (2004), p. 100 より引用。

葉が試されることになった[35]。

3.3 1980年代の危機打開策:いわゆる「第三の道」

新しい社民党政権,とくにその中心にいた財務大臣フェルト (Kjell-Olof Feldt) もまた,先のブルジョア政権と同様にフィスカル・ポリシーのコース

変更は避けられないと信じていた。しかしながら，財政緊縮が高失業率をもたらさないようにしようとすれば，政府による産業助成金や公的セクターの拡大によって民間投資の停滞を埋め合わせるのではなく，民間投資自体を刺激する方法を探さねばならなかった。それを達成するには，当時の他の先進資本主義諸国の緊縮政策（反インフレ政策）を前提にすると，まず何よりも国際経済の緊縮的状況が国内経済に波及してくるのを防ぐために，そして経常収支の赤字を防ぐために，国内産業に決定的な優位性を与えねばならなかった。これを達成する唯一の方法は，以前のようにたんにスウェーデンの高いインフレ率を埋め合わせるだけではなく，輸出需要を実際に引き上げるような大規模な通貨切下げである，という結論に社民党政権は達した[36]。

　財務大臣就任の当日に，フェルトは16％の通貨切下げを実行した（表2を参照）。この切下げが従来（前年度にも10％の切下げをおこなっていた）と決定的に異なるところは，次のようなその後の政策である。まず，通貨切下げがインフレのいっそうの昂進に終わるのを防ぐために，政府は賃金の凍結を要求した。さらに，政府は次回の賃金交渉ラウンドにおいて物価高に対する補償を要求しないという誓約を組合から勝ち取った。労働組合が賃金の削減を受け入れたため，経営の側もブルジョア連合政権の下で拡大してきた広範な産業助成金の廃止を受け入れた。同時に，公共部門の成長も削減されることになった[37]。

　この社民党の新しい戦略は功を奏し，他のヨーロッパ諸国を襲った大量失業を回避する持続的な経済管理方法を見つけ出したようにみえた。国際的なレーガン景気に助けられた面もあるかもしれないが，成長率は政権交代時の1％台から84年には4％に，そして80年代末にかけては2, 3％台で堅調に推移していった。失業率も1983年の3.5％をピークに徐々に低下していき，1989年には1.5％になった。インフレ率も86年，87年には4％台に収まった。そして，何よりもこのフェルトの戦略は財政赤字を急速に削減するのに成功した。1982年にGDPの7％に上っていた財政赤字はわずか5年後の1987年には逆に4.3％もの黒字となった（以上については，表1を参照）。

　このようにイギリスのサッチャーのマネタリズムとフランスのミッテランのケインズ主義の中間を歩む，このフェルトの戦略は「第三の道」と呼ばれた。また，このフェルトを中心としたグループは，スウェーデン経済の現状を危機と捉え，社会民主主義運動内部における経済政策と社会政策の変化の必要性を

強く確信していたため,「危機グループ」と呼ばれていた。彼らは危機を打開するうえで経済成長を志向する長期の政策が何よりも必要であるという考えから,節度ある財政政策,「高価な改革」の停止[38],賃上げ要求に対する制限,企業収益の引上げ,租税システムと高価な社会保障プログラム(たとえば,年金)の改革を提起した。この社民党の右派グループに対して,LOの指導層や社会福祉関係者に代表される社民党内部の伝統的グループは,伝統的な再分配政策の強調[39]なしでは党は再び政権と名声を失うと信じていた。社民党内部のこの派閥闘争は「ばら戦争」と呼ばれ,1980年代いっぱい続いた[40]。

この「ばら戦争」において,フェルトたちが一方的勝利を収めたわけではなかったが,それでも彼らの経済の供給側を刺激する改革はかなりの程度実行された。そのうちの最も重要な改革は後に述べる税制改革であり,また内外の金融と資本市場の規制緩和であった[41]。しかも,これらの規制緩和の多くはヨーロッパ共通市場の条件に適用していく必要性に直接言及されながら進行していった。このことを重視して,オルソンは「1980年代は戦後の自由化の歴史のなかでスウェーデンのブレークスルーを意味した。そして,それは明らかに1930年代と1940年代の管理された経済の終焉をもたらした」と述べている。筆者もまた,経済史家オルソンによる80年代のスウェーデンに対する歴史的位置づけは正しいと考えているが,フェルトたちの「第三の道」についての評価は大きく分かれている。一方の評価は,新自由主義に対抗する改良的社会主義者による危機対応策として捉える立場であり,他方はこれを限りなく新自由主義に近いものと捉える立場である[42]。

ここで注意すべきは,「第三の道」路線を新自由主義のスウェーデン版と捉える人々の多くは,スウェーデン経済のグローバル化こそが80年代の政策選択の根源にあると考えていることである。1980年代初頭における国際的文脈の変化こそがスウェーデンやノルウェーの経済政策の制度設計を変更するよう圧力をかけた,と主張するモーゼスの考え方はその典型である。ここで彼の考え方をたどるとおおよそ次のようになる[43]。

国内の外国為替管理の解除と金融資本の国際的移動の増大は,完全雇用を確保するために70年代に採用されてきた最も重要な諸手段である柔軟な為替レート政策,中央集権的な価格・賃金交渉,税と補助金を通じた政府による価格支持政策の有効性を徐々に破壊することによってこの政策トリオの土台を侵食

した。まず，国際資本移動の増大の結果，中央銀行の準備金が市場の攻撃に対処するのに不十分であると認識され，そして貨幣当局が通貨切下げによって生み出される潜在的なインフレ圧力についてますます心配するようになったために，柔軟な為替制度が放棄されて固定相場制が採用されることになった。次に，コーポラティスト的制度は資本と労働の組織された利益が相対的に平等である程度に応じて効力をもっていたが，資本逃避の潜在的可能性の増大が労働に対する資本の相対的な交渉力を強化し，中央集権的団体交渉制度を支えてきた協力しようとするインセンティブを掘り崩すことになった[44]。さらに，労使の頂上組織における対外競争に強くさらされた部門と保護された部門との分裂は完全雇用の実現に有用であったある種の普遍的賃金の追求を困難にした[45]。最後に，財政支出は相対的に固定したままであるにもかかわらず，税負担にいらだつ資本をなだめるための税制改革が影響力をもちはじめると歳入のほうが低下する。こうなると，政府債務が増大し，国が個々の企業に特別な配慮を払う余裕がなくなり，かつてはある程度の価格自律性を確保するために用いられてきた補助金や税を通じた支援政策はいまや放棄されねばならなくなった。その結果，競争力はマクロ経済的な手段によってではなく，ミクロレベルでの価格柔軟性の強化によって確保されねばならない，という考え方が力をもつようになった。

　筆者は，「第三の道」戦略のなかに新自由主義的要素が若干存在したこと，そして1980年代にスウェーデン経済のグローバル化がいっそう進展したこと[46]，その結果スウェーデンの企業が国内の組織労働との妥協にますます興味を喪失するようになったこと，そしてそのことが労働に対する資本の権力の強大化に貢献したこと，などについては認めるものの，80年代のグローバル化がスウェーデンに新自由主義的政策を採用するよう強制したとは考えていない。そして，当時の状況（緊縮的な国際状況と財政赤字の累積）を前提にすれば，大幅な通貨切下げによって民間投資を刺激する方法は正しい選択であったと考えている。しかし，国際的ディスインフレ体制下で完全雇用政策を最優先順位に置こうとする政策はインフレとの戦いが生温いものになることを意味する。次に述べるように，フェルトの「第三の道」戦略は80年代末期の景気上昇とインフレによって挫折させられるのであった。

3.4 インフレの昂進と1990年代初頭の経済危機

先に述べたように，1980年代半ば以降，スウェーデンの経済は好調に推移した。成長率こそ2，3％台であったが，当時EEC諸国が平均10％台の大量失業にあえいでいたことを考慮すれば，1987年以降の1％台の失業率はまさに特筆すべき快挙といえた。しかし，このような80年代の完全雇用がインフレ・スパイラルを発動することになり，最終的にその体制を放棄する以外いかなる選択も残されなくなった。フェルトは1991年にスウェーデン経済とその政策を回顧して，成長を刺激し完全雇用を擁護する政策があまりにも成功しすぎたことがスウェーデン経済の危機を生んだ原因であると総括した[47]。

それでは，80年代末のインフレ・スパイラルはどのような形で生じたのであろうか。図2は，インフレの悪循環を制御できなかったことがスカンディナビア・モデル（完全雇用にもかかわらず，インフレを低く保つ制度的条件）の解体へと導いたことを明瞭に示すために，ノータマンズによって描かれた図である。

この図においては，貨幣政策と賃金交渉，貨幣政策と財政政策，賃金交渉と財政政策の間の相互作用が描かれているが，その循環の中心を構成しているのは貨幣政策と賃金交渉の間の相互作用である。すなわち，中央銀行が信用の拡大をチェックできなくなるにつれて労働市場におけるインフレ圧力が増大し，さらにそのことによって流動性選好がいっそう低下するということが論理の中心となっている。そして，本来であれば，財政の引締めによってインフレ圧力の緩和が図られるのであるが，豊富な貨幣と逼迫した労働市場は財政の引締めをもまた困難にしてしまう。第1に，経済的にみて，逼迫した労働市場は必然的に公的セクターの賃金支払いを増大させる。第2に，緊縮財政は公的セクターの被雇用者や福祉受給者に犠牲を強いることを意味するので，富裕層が金融投機によってよりいっそう富裕となっている時期に，緊縮的フィスカル・ポリシーを政治的に擁護することは困難となる。とくに，経済の好況によって歳入の自然増が生み出されているときには，地方自治体は財政を引き締めることを嫌がる。そして，財政引締めを実行しえないとなると，需要圧力はさらに増大することになる。

以上の論理でもってインフレ圧力を生み出した貨幣政策，賃金交渉，財政政

図2　ノータマンズによるスカンディナビア・モデル解体の説明図

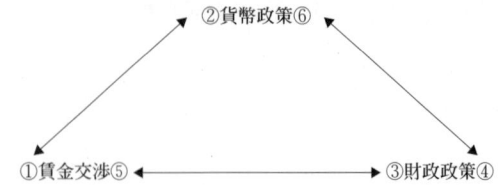

```
              ②貨幣政策⑥
              ↗        ↘
             ↙          ↘
     ①賃金交渉⑤ ←――――――→ ③財政政策④
```

①経済に対する信用拡大をチェックできないことが労働力不足と高利潤の原因となる。その結果，各交渉単位における労働者と使用者の中央で決定された賃金妥結から離反しようとするインセンティブが強化される。さらに，金融セクターにおける高利潤と高賃金を伴った「投機経済」の出現によって，とりわけブルーカラー労働組合は賃金の自粛を支持しようとする気が起こらなくなる。
②逼迫した労働市場において高賃金での妥結の結果生み出されるインフレによって，借入の総需要と総供給は増加し，信用割当制度もより市場をベースにした貨幣政策も共に信用引締めの効力をますます低下させるようになる。
③民間セクターにおける労働力不足と大幅賃上げによって，公的セクターにおける賃上げ要求を抑え込むことは困難となり，その結果，公的支出はいっそう増大することになる。
④強力な貨幣成長によって緊縮財政に対する支持を取りつけることはますます困難となる。とりわけ，公的セクターにおける労働組合は，他の人々が「投機経済」のなかで高所得を稼いでいる時期に公的支出の削減を支持することに対してますます難色を示すようになる。
⑤財政支出をチェックできないことが労働力不足と高利潤の原因となる。次に，そのことによって，各交渉単位における労働者と使用者の中央で決定された賃金妥結から離反しようとするインセンティブは強化される。
⑥財政支出の拡大を要求する圧力のために，大規模な財政黒字を生み出すことによって貨幣の成長を削減しようとする政策はより困難となる。
出典）Notermans（2000），p. 208.

策の相互作用を念頭に置きながら，80年代のスウェーデン経済においてなぜそのようなことが生じたのかをみていこう。

　まず，出発点となるのは人々の根強いインフレ心理である[48]。70年代と80年代初めにインフレ・レジームからディスインフレ・レジームへとレジームの転換を遂げた他のヨーロッパ諸国と異なり[49]，80年代においてもなお完全雇用を最優先に置こうとするスウェーデンの決定は，インフレとの戦いが生温いものとなるであろうことを示すものであった。このために，80年代のインフレを伴う景気上昇のなかで，市場参加者は将来における高い需要を確信したのみならず，インフレ退治のためのマクロ経済手段を恐れる必要がなかった。

　5節の3項で詳しく述べるように，スウェーデンにおけるインフレ抑制のための通常の貨幣政策手段は，50年代にインフレ圧力を封じ込めるために出現した信用割当制度であった。しかし，1970年代半ば以降になると，旺盛な貸出し需要下でこの信用割当制度を回避する「グレー金融市場」が登場したため[50]，中央銀行は商業銀行の同意の下で1985年に信用割当制度を廃止した。その結果，利子率を相当引き上げたにもかかわらず，市場のインフレ期待を決

定的に覆すことができず，規制緩和後に信用爆発を引き起こしてしまった[51]。

次に，なぜ80年代に賃金抑制に失敗したのかについてみてみよう。まず，労働力が希少となる展開だけでも賃金を抑制することは難しかった。企業がきわめて高い収益を享受し，失業率が2%以下となった状態においては，1950年代と60年代の非常に中央集権的な労働組合ですら賃金抑制政策は荷の重い仕事であった。ましてや，80年代にもなると，LOをはじめとした労働組合の頂上組織は50年代と60年代にくらべて賃金設定の権限をかなり低下させていた。LOの指導力が低下した最大の原因は，被雇用者間の相対的な賃金構造についての各労働組合の不一致がますます激しいものになっていたことであった[52]。

戦後，労働運動の中心的規範として平等化（同等な労働に対して同等の賃金）を強調することによって，LOは賃金抑制が必要なときにその抑制を正当化しえた。しかし，60年代後期以降，平等は同等の労働に対する同等の賃金というよりもむしろ全般的な賃金格差の圧縮という観点から解釈されるようになった。この平等に対する要求はLOの構成員以外のセクター（たとえば，公務員）を包摂するようになった。これに対して，産業セクターの労働者は反発するようになった[53]。その結果，賃金ドリフトが賃金格差を回復するためのいっそう重要な手段となっていった。そうすると，次に公共部門の労働組合は協約のなかに補償条項を含めることによって，民間部門における賃金ドリフトの補償を求めるようになった。こうなると，賃金はますますエスカレートするようになる。とくに，1987年のように失業率が2%以下に低下し労働力不足が強く感じられるようになると，賃金抑制協定の遵守が困難となった。その結果，1988年から90年にかけて賃金ドリフトによる賃金上昇は協定に基づく賃上げよりも大きくなった。とくに，90年にはその差は2倍以上にもなった（表3を参照）。

1990年2月に，フェルトは労働市場に対する中央集権的統制を回復し，賃金抑制を図るために，賃金と物価の引上げを全面的に禁止する提案をストライキの禁止と一緒に提案した。その提案はLOの反対に，とくに一般組合員の反対にあった。さらに，その法案は国会で多数を得ることができなかった。その法案敗退の責任を取って，カールソンは首相を辞任し（1週間以内に彼は新しい政府を構成したけれど），フェルトは財務長官の職を辞した。1990年秋までに，インフレは2桁に近づきつつあり，「景気過熱の危機」はますます深化し

ていった。1週間につき120億クローナにのぼる資本がスウェーデンから流出するなかで，政府は新しい一括危機対策提案を作成せざるをえなくなった。その一括提案の主たる特徴は公的支出の1.5%の削減であったが，その提案のなかに社民党政府はECへの加盟申請を約束するという提案も含まれていた[54]。また，フェルトに替わって新しく財務大臣に就任したラーション（Alan Larsson）は1991年予算の提案のなかで完全雇用政策の公的な終了を宣言した[55]。社民党政府は従来の政策でもっては，金融市場をコントロールできないばかりでなく，団体交渉によって賃金をコントロールすることもできなくなったために，レジーム・チェンジが不可避になった[56]。

完全雇用に代わって，経済政策はインフレの永続的低下を目標とするようになった。インフレ打破の主たる手段は貨幣政策であった。国内物価と国内政策の対外的アンカーを創出するために，1991年5月17日にクローナはECUにペッグされた。急激な引締め政策の結果，物価上昇率は1991年の10.7%から1994年には2.5%にまで低下するようになった。支払われた代償は大量失業と財政赤字の増大であった（表1を参照）。

なお，スウェーデンの社民党の選挙での成功は，社民党は社会福祉の充実を図ると同時に経済を管理する能力をもっているという国民の認識のうえに立っていた。それゆえ，社民党は経済管理の明らかな失敗によって，1991年の選挙において1928年以来最悪の敗北を喫した。しかし，経済は保守党が率いる少数派ブルジョア連合のもとでさらに悪化し続けた。GDPの成長率は1991年，1992年，1993年と3年連続でマイナスとなった。失業率は1993年には10%に近づくようになった。ブルジョア連合政府は社民党の支持を得て，最初のうちはECUにペッグされたクローナの価値を防衛することに全力投入した。たとえば，1992年秋のヨーロッパ通貨混乱期において，政府と社民党はクローナの価値を防衛するために2つの危機克服パッケージに同意した[57]。そのパッケージには，傷病手当の代替率引下げと待機日の導入，年金の削減，など福祉削減計画が含まれていた。しかしながら，その計画は失敗に終わり，クローナは変動相場制に移行することになった[58]。このような経済危機と通貨危機，そしてその後の財政危機のなかで，スウェーデンは福祉国家の相当な削減を実行したのであった[59]。

それがいかなる規模の，いかなる性格のものであったかについては節を改め

てみていくことにしよう。

4. 社会福祉経費構造の変化と制度改革

本節では，このうちスウェーデンの社会福祉経費構造の変化と制度の改革をみていく。さきに述べたような最近の福祉国家の解体をめぐる議論を念頭に置きながら，その改革と変化が従来からのスウェーデン福祉国家の性格を根本的に変えたかどうかを明らかにしたい。

4.1 スウェーデン福祉国家の特質

社会福祉支出構造の変化について考察する前に，スウェーデン福祉国家の特質について簡単に述べておこう。

スウェーデン福祉国家は先に述べたように社会民主主義的福祉国家であるとか，制度的福祉国家と呼ばれることが多い。この制度的福祉国家の主要な特徴として，チモネンはコルピの研究に依拠しながら次の10の特徴をあげている[60]。

1. 制度的福祉国家においては，社会福祉目的に使用される財源の対GNP比率は大きい。
2. 社会政策によってカバーされる（影響を受ける）人口の比率もまた大きい。換言すれば，人口は財源を提供する人々と社会移転や社会サービスの受益者とに分裂することはない。
3. サービスも非常に高品質であるので，富裕な人々ですらそれらのサービスを利用したいと望んでいる。移転はもっぱら人口の最貧困部分に向けられるのではなく，普遍的な給付と勤労所得関連給付というかたちですべての人に向けられる。
4. 完全雇用が重要な優先順位をもつ。それはおそらく，社会政策と雇用政策の最も重要な目標である。そして，積極的労働市場政策が労働市場からの永続的なまたは長期的排除を防御するために用いられる。
5. 予防的プログラムが制度的福祉国家においては中心的な役割を演じる。つまり，それらは問題が生じる以前に社会問題と貧困に取り組むよう制度設計されている。たとえば，良質の公教育は，雇用を見出すうえ

で困難を引き起こす重要な基本技能の欠如を防ぐのに非常に有効な手段である。
6. 普遍的プログラムが，正規の雇用から外れてしまった少数者を捕捉することを意図して選択的プログラムや勤労所得関連型給付よりも支配的である。
7. 給付水準は制度的福祉国家において相対的に高い。そして，それらの財源の大部分は租税からなっている。
8. 利用者手数料はめったにないか，まったく存在しない。給付とサービスの提供において民間組織は小さな役割しか演じない傾向が強い。
9. 租税は非常に累進的であり，高度な再分配を可能にしている。
10. 普遍的給付を獲得するうえで「詐取する」ことは不可能であるので，社会統制は制限される傾向にある。そして，最後の手段の給付は通常受給者個人の環境に深く介入することなしに与えられる。

　税制の累進性を制度的福祉国家の不可欠の要素としている点など，この特徴づけは累進性が大幅に削減された現時点のスウェーデンの実態と合わない部分がある。しかし，そのことがかえってスウェーデン福祉国家の黄金時代ともいえる1970年代，80年代の制度的福祉国家モデルから現在のスウェーデン国家がどのように変化したか探る基準として用いるうえで有用である[61]。

　上記の特徴を要約すると，スウェーデン福祉国家は包括的，制度的，連帯主義的または普遍主義的福祉国家であったと言えよう。「包括的」とは社会福祉の範囲が広いということであり，社会保障，社会サービス，教育，住宅，雇用といった人間のほとんどの基本ニーズが国家によってカバーされるということを意味する。「制度的」とは，その人のもつ所得や資源にかかわりなくすべての人々に十分な生活水準を提供することを目的とした給付とサービスを受ける基本的権利を市民がもっているということである。「連帯主義的または普遍主義的」ということは，それらの給付とサービスがたんに貧困者のみならず全人口を対象としているということである。

　上記の特徴は，スウェーデン福祉国家の特徴を数量的にみた表6によっても確認できる。1990-1993年というのはまさに深刻な不況の最中という特異な期間であるので，不況前の1985-1989年におけるスウェーデンとOECD諸国全体の福祉国家にかかわるそれぞれの指標を比較してみると，スウェーデン福祉

表6 スウェーデン福祉国家の特質を示す諸指標

項目 年度	a 社会福祉 支出全体	b 社会 賃金	c 現金 給付	d 社会サー ビス	e 公的 保健	f 労働市場 政策	g 公的保健 の比率	h 租税負 担率	i 社会保険 の比率
1980-84年	29.8 (21.8)	0.76 (0.40)	16.0 (14.1)	4.2 (1.3)	8.7 (6.0)	—	91.8 (78.2)	49.9 (39.1)	27.8 (25.1)
1985-89年	30.0 (22.3)	0.84 (0.44)	17.2 (14.4)	4.2 (1.4)	7.8 (6.0)	1.8 (0.8)	89.7 (77.6)	54.0 (40.6)	26.1 (25.7)
1990-93年	33.1 (24.5)	0.81 (0.44)	19.8 (16.1)	5.3 (1.6)	7.0 (6.5)	2.6 (1.0)	86.5 (77.0)	52.4 (41.0)	28.8 (26.0)

注)1:( ) 内の数字はOECD諸国の平均値を示す。
2:a…総社会福祉支出の対GDP比率
b…失業中の平均的労働者について失業保険給付,失業補償,社会扶助,その他を合計した金額の所得代替率
c…高齢者,障害者,遺族,失業者,貧困者に対する現金給付の対GDP比率
d…高齢者,障害者,児童,家族に対する政府による社会サービス支出の対GDP比率
e…政府による保健医療支出の対GDP比率
f…積極的労働市場プログラム(職業訓練,職業紹介など)支出の対GDP比率
g…総保健医療支出(公と民を含む)に占める政府保健医療支出の比率
h…租税の対GDP比率
i…租税・保険料収入全体に占める保険料収入の比率
(ただし,b,e,hの項目については1990-93年ではなく1990-95年の数字となっている)
出所)Swank(2002),pp.126-127のTable 4.1 より筆者作成。

国家の特徴がよく理解できる。たんに社会福祉支出の対GDP比率が他の国々に比べて極めて大きいということのみならず,社会給付の所得代替率が高いこと,社会サービスが充実していること,労働市場政策にかなりの資源を投入していること,などがよくわかるであろう。

しかし,このような特徴をもった制度的福祉国家も1980年代と1990年代においていくつかの重要な改革を経験する。そして,そのような改革がスウェーデン福祉国家の経費構造を変えるのである。それはどのような改革であり,いかなる契機で生じ,またどの程度のものであったのであろうか。次項でみていくことにしよう。

4.2 社会福祉支出の推移

表7は,OECDのデータベースに依りながら,1980年から1998年にかけてのスウェーデンの公的社会福祉支出(対GDP比率)の推移をみたものである。まず,社会福祉支出全体をみると,深刻な不況の影響を強く受けた1992年から1994年において36.4%や35.2%となり,その前後に比べて突出して大きくなっているが(分母のGDPが小さくなったためと,失業関連支出が急に大きくなったため),それを除くとこの18年間でそれほど大きな変化はみられない。むしろ変化がないということがこの間の大きな特徴といえるであろう。社会福

祉支出を構成する各要素をみてみると，支出規模が大きいのは老齢現金給付と保健医療である。

この18年間における伸び率の大きい項目としては，老齢者および障害者サービス，積極的労働市場プログラム，失業，公的扶助を含むその他支出が目につく。他方，伸び率がマイナスの項目としては，傷病手当，家族サービス，保健医療，住宅給付があげられる。

図3は，1982年から1993年にかけての各種現金給付（ただし，年金支出の推移についての図は明らかに間違いと思われるため除いてある）の推移をみたものである。この図の興味深いところは，支出額の推移と並んで受給者数の推移をも示していることである。そのために，この図から各種現金給付の1人当たりの補償額の動向をもうかがい知ることができる。たとえば，傷病手当に関してみてみると，1990年から93年にかけて受給者数のカーブが支出額のカーブを上回っているが，これはこの期間1人当たりの補償額が減少したことを示す。それに対して，1990年から93年の家族手当に関してみてみると受給者数のカーブを支出額のカーブが大幅に上回っている。これは1人当たりの補償額が増加したことを示している。

この図によっても，傷病手当の受給者数と支出額がともに1988年以降急激な下落を示していること，失業給付と公的扶助給付が受給者数と支出額ともに1990年以降急激な増加を示していることが確認できる。そのほか，育児手当や障害年金がこの期間，受給者数と支出額とも増加してきたことも確認できる。また，より細かくみていくと，1983年から1988年にかけて1人当たりの失業給付額が伸びていたこと，1人当たりの公的扶助も1986年以降若干ではあるが伸びる傾向にあったことなどもわかる。

以上の社会福祉支出を構成する項目の推移から，この間の一番目に付く変化はサービス支出に関していうと保健医療サービス支出の低下であり，現金給付に関していうと傷病手当の急激な下落である。それと，失業給付支出と積極的労働市場政策支出の急激な上昇である。なぜ，このようなことが生じたのかについて次項でみていくことにしよう。

表7 スウェーデンにおける社会福祉支出（対GDP比率）の推移（1980-1998年）

(単位：％)

項目 \ 年度	1980	1982	1984	1986	1988	1990	1992	1994	1996	1998
1. 老齢現金給付	6.65	7.17	7.00	7.22	7.25	7.23	8.23	8.19	7.85	7.46
2. 障害者現金給付	1.90	2.02	1.96	2.00	2.01	2.04	2.33	2.48	2.24	2.10
3. 労　災	0.22	0.22	0.21	0.31	0.61	0.72	0.81	0.5	0.36	0.32
4. 傷病手当	2.32	2.04	1.87	2.07	2.69	2.48	1.28	1.19	0.98	1.13
5. 老齢者および障害者サービス	1.72	1.74	1.71	1.77	1.83	1.99	3.14	3.24	3.72	3.71
6. 遺族給付	0.61	0.66	0.64	0.67	0.66	0.67	0.78	0.79	0.78	0.69
7. 家族現金給付	1.75	1.69	1.52	1.78	1.93	2.15	2.58	2.26	1.68	1.63
8. 家族サービス	2.24	2.23	2.45	2.42	2.35	2.38	2.50	1.74	1.84	1.68
9. 積極的労働市場プログラム	1.22	1.63	1.22	2.02	1.79	1.69	2.96	2.98	2.25	1.96
10. 失　業	0.38	0.72	0.91	0.89	0.69	0.88	2.63	2.53	2.16	1.93
11. 保健医療	8.45	8.60	8.30	7.65	7.52	7.60	7.49	6.99	7.09	6.64
12. 住宅給付	1.11	0.91	0.81	0.70	0.70	0.66	0.96	1.24	1.05	0.81
13. その他	0.44	0.53	0.6	0.73	0.84	0.53	0.71	1.08	0.98	0.93
公的社会支出全体	29.00	30.18	29.19	30.22	30.87	31.02	36.39	35.21	32.99	30.98

出所）OECD (2001).

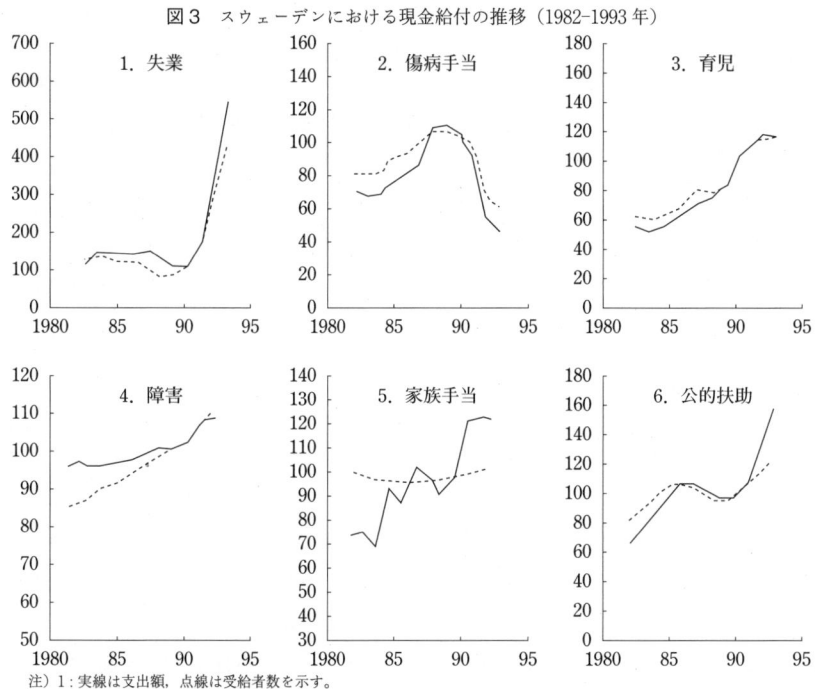

図3　スウェーデンにおける現金給付の推移（1982-1993年）

注）1：実線は支出額，点線は受給者数を示す．
　　2：支出額（実質価値），受給者数とも1990年を100として示している．
出所）Ploug (1999), pp. 83-95 より引用．

4.3 福祉国家の改革

(1) 傷病手当の抑制

傷病手当の受給者数と支出額は1980年代において増えつづけていた。1日の待機日が1987年に廃止されたこともその増加原因の1つであった。1980年代の末まで，傷病手当の額は基礎額[62]の7.5倍までの所得については所得の90％であった。雇用主との団体交渉による追加の10％と合計すれば，多くの労働者にとって病気で休んでも仕事に行っているときより生活水準が悪化するということはなかった。すでにこの時期に，他の国々にくらべて自国の傷病による欠勤率の高さについての心配は増大しつつあったが，それこそ自国経済を蝕むアブセンティズムの象徴であるとして具体的対策に乗り出すのは1990年代の不況の到来後であった。

表8が示すように，その制度の変更は90年代に生じ，それは6回にのぼっている。最初の変更は1991年の社民党政権下においてであり，次の2つの変更はブルジョア連合政府のもとでなされ，残り3つの変更は再び社民党政権下でなされた。1991年の改革において，病気の最初の3日間について給付は90％から75％に切り下げられた。1992年1月からは，この制度について監視の強化を促すために，給付の最初の2週間分については雇用主に支払いの責任を負わせることになった。また，1993年には，1日の待機日が再導入され，給付額もかなりの切下げとなった。しかし，注意しておくべきことは，不況から回復が明らかになった1998年から給付額が再び引き上げられていることである。これは労働組合からの圧力を受けて社民党がおこなった[63]。

これらの改革（5回の引締めと1998年の緩和）の結果，そして傷病手当をめぐる定義の厳格化とリハビリテーションの強調の結果，アブセンティズムと費用が劇的に少なくなった。グールドは，「これはシステムの基本原理を破壊することなく達成された」[64]と改革について高い評価を与えている。確かに，給付の切下げのみならず制度に対する監視の強化など，スウェーデンの制度的福祉国家の特質であった社会統制の制限には若干反する側面もあったが，筆者の全体的評価はグールドとほぼ同じである。そして，不況下での引締めとその後の緩和（全体としてはゆるやかな引締め）というパターンを通じた制度の合理化はその他の社会福祉制度の改革にも当てはまる，と筆者は考えている。

表8 傷病手当の補償水準（所得代替率）の推移　　　　　　　　　（単位%）

傷病の日数	1990年	1991年3月	1992年1月	1993年4月	1996年1月	1997年1月	1998年1月
1	100	75	75	0	0	0	0
2-3	100	75	75	65	75	75	80
4-90	100	90	90	90	75	75	80
90-365	95	90	90	80	75	75	80
365+	95	90	90	70	75	75	80
雇用主によって手当が支払われる日数	0	0	14	14	14	28	14

注）団体交渉による追加給付をも含んでいる。
出所）Svensson and Brorsson（1997），p.79 の Table 4 と Gould（2001），p.63 の Table 5.1 より引用。

(2) 保健医療サービスの改革と経費削減

　保健医療サービス経費の削減は1990年代初期の経済危機以前の80年代半ばあたりから社民党政権のもとで進められていた。たとえば，保健医療機関の大部分を県（ランスティング）に移管した1983年保健ケア法はその1つの試みである。国はこのように分権化を実行した後，保健医療サービスに対する国の補助金を削減し，地方所得税を凍結する命令を出した。このことによって，事実上保健医療サービスの支出の伸びが抑制された[65]。

　さらに，支出を削減しシステムをより効率的にする試みとして，社民党政権は保健医療サービスの価格づけのために市場メカニズムを取り入れ，保健医療部門の内部で管理された競争を導入した。その結果，いくつかの病院の閉鎖と職員のレイオフが生み出されたが，社民党は80年代末にもなると「市場の力」とまでいかなくとも民間セクターの「品質管理」という考え方を保健医療サービスにも利用するようになった[66]。

　1990年代初頭の経済危機とブルジョア連合政党への政権交代によって，これらの改革はさらなるはずみを与えられた。病院のベッド数，職員の数，給与費用が相当に削減されることになった。そして，この流れは1994年に社会民主党が政権に復帰した後も続いた。このような展開は，緊急医療のための病院の不足，医療関係者のストライキ，ランスティング当局に対する住民の抗議の高まりを招いた。また，制度の過剰利用を防ぐために患者の窓口での支払い費用が相当引き上げられたことも経費の抑制につながった[67]。ただ，1990年代の保健医療経費の削減はこのような合理化努力のみならず，エーデル改革（老人医療福祉改革）[68]によって老人介護経費が市町村（コンミューン）の社会サ

ービス予算に振り替えられた結果生じたものもあるということは注意をしておく必要がある。

保健医療サービス経費の抑制を問題にする場合にもう1つの重要なことがらは民営化である。公的医療の牙城ともいえるスウェーデンでも，1980年代に医療の民営化が進み，それは80年代末までに全保健医療支出の10%近くにもなった[69]。90年代にはそれはもっと進み，90年代半ばには16%にも達したが，社民党政権の民間医療に対する敵対政策もあり，その後進展は停滞するようになった。

このように保健財政の圧迫に対処するために，スウェーデン政府は医療施設の徹底的な合理化を図り，患者の窓口での医療費負担をも引き上げた。また，民間医療機関の役割を増大させ，より大きな「個人の選択の自由」を認めた。そういう意味で，保健医療に関するスウェーデン・モデルにはかなり変化があったものの，8章で述べるようにそれは普遍主義的な国民の保健医療サービスに対するアクセスを大きく損なうというものではなかった。

(3) 失業保険と積極的労働市場政策

社会保障制度や福祉国家の本質を第1次世界大戦後の大量失業に対処するために出現した制度であると理解するならば[70]，そしてドイツにおいて失業保険の赤字対策をめぐって社会民主党首班の連立内閣が瓦解することで事実上ヴァイマル体制は崩壊したことを想起するならば[71]，そしてさらに社会民主主義レジームは完全雇用の保障に関与すると同時に完全雇用の達成にも全面的に依存していると考えるならば[72]，1990年代初頭にスウェーデンを襲った不況とそれに伴う大量失業[73]はスウェーデン福祉国家の存続を問う試金石といえた。

そのことを念頭に置きながら，スウェーデン福祉国家の柱ともいえる，失業保険制度と積極的労働市場政策は大量失業を前にしてどのように変化したのか，または変化をしなかったかについてみてみよう。

スウェーデンの失業給付はa-kasaと呼ばれる賃金所得連関型失業保険とKASと呼ばれる均一給付の2つがある。a-kasaは労働組合によって管理される「自発的」プログラムであり，その財源の大部分は雇用主から国家に支払われる保険料から構成されている。労働組合員でない人に対して給付されるKASについては，労働市場委員会が管理しており，その給付額はa-kasaの最

低給付額と等しい[74]。

1990年代以前においては，失業した労働組合員はある所得額までは賃金の90%のa-kasaを最大300日間（55歳以上の人々については，450日）まで受け取ることができた。さらに，失業者は積極的労働市場プログラムに参加することによって，そしてその後さらなる失業給付を要求することによって給付期間を延長することができた。この制度こそ批判者によって「永続的メリーゴーランド」と呼ばれた制度であった[75]。このようにスウェーデンの失業給付制度はきわめて寛大なものであったため，長期失業者ですらほとんど公的扶助に依存しないですんだ。たとえば，1990年代初期において，失業者の3分の2はa-kasaを受け取っていた。また，失業者の7〜10%はKASを受け取っていた。それゆえ，公的扶助を必要とする人は25%のみであった。ちなみに，失業保険を受け取る可能性の一番低い人たち，すなわち公的扶助に頼らざるをえない人たちは非ヨーロッパ系の移民（55%以上）と若い労働者（20-24歳の30%以上）であった[76]。

90年代初頭の深刻な経済不況・大量失業がスウェーデン社会を襲うと，失業保険財政は1991年の小幅の黒字から1993年には深刻な赤字に転換した。これに伴って，失業者の権利を制限し，責任を明確化しようとする圧力が強まった。とくに，労働するインセンティブを阻害するという観点から，数年間連続して失業給付を受給しうる「メリーゴーランド制度」に批判が集中した。このような改革圧力を背景にして，ビルト政権は1993年にa-kasaの所得代替率を90%から80%に削減し，そして1980年代に廃止されていた5日間の待機日を再導入した。また，失業保険財政の赤字削減を目的として，被雇用者が粗所得の1%を拠出する被雇用者拠出制を導入した。これらの改革以上に論議を巻き起こしたのは，労働組合による失業給付の独占的支配を取り除くために，報酬比例型失業保険への加入を強制的なものにして非労働組合員である被雇用者には国家が管理するa-kasaに加入させようとする改革であった。そして，それと同様に大きな紛糾を呼び起こしたのは，失業給付の請求者に300日間の給付を2回のみ認め，その後は就業して十分な拠出をおこなうことによってのみ受給資格の更新が可能となる改革，すなわち「メリーゴーランド制度」の終焉を意図した改革であった。この2つの改革はかろうじて通過したものの，1994年に社民党が政権に復帰するやいなや廃止されることになった[77]。

4. 社会福祉経費構造の変化と制度改革　　169

社民党政府が失業給付の所得代替率を1996年1月から1997年9月にかけて75％に切り下げた（ただし，9月以降再び80％の水準に復帰）ことからもうかがえるように，新しく政権に就いた社民党も以前にくらべ失業給付の濫用と資格条件についてより厳格になった。また，グールドが指摘するように，多数の小さな改革によって，失業給付制度を取り巻く雰囲気は完全雇用時代の寛大な雰囲気から大量失業時代を経てより引締め的な雰囲気へと一変した。それにもかかわらず，筆者は厳しい大量失業という環境のなかでスウェーデン失業保険制度の骨格はほとんど無傷で生き残ったと考えている。そして，失業保険制度がこのように相対的に小さなダメージを受けただけですんだのは，労働組合の政治的力が強かったためだと考えている[78]。

　次に，積極的労働市場政策（ALMP）についてみてみよう。このプログラムは長い間，社会民主主義的福祉国家の中心要素であると考えられてきた。それにもかかわらず，1991年に政権についたブルジョア連合政権はこのプログラムに対して攻撃を仕掛けることをしなかった。むしろ，経済危機と大量失業に対処するうえで最も有効な武器であると考え，政権担当期間中，このプログラムへの支出をかなり増加させた。そのために，1991年以降スウェーデン福祉国家はレジーム・チェンジを遂げたと主張するポントゥソンですら，「積極的労働市場政策は，スウェーデン・モデルのなかで，最近10年間に放棄されることも根本的に変更されることもなかった唯一の構成要素かもしれない」と述べている[79]。

　このように，傷病手当，労災，失業保険制度における所得代替率の削減と受給資格の厳格化に伴って，積極的労働市場政策は拡大された。これは社会福祉制度をリハビリテーションや勤労という方向にしたがって再編しようとする長期的努力の一環であった。ただし多くの人が指摘するように，厳しい財政赤字のもとで，この再編が実際には青少年向けプログラムの補償額の切下げに端的にみられるように，充実した訓練とリハビリ，そして活動的な労働力に踏みとどまらせるためにプラスのインセンティブを与える方向からたとえ低賃金であっても雇用されること，訓練を受けることが第一であるという方向に変化したことは否めない[80]。

　スウェーデンの社会福祉支出の推移と支出構造の変化を生み出した制度改革の代表例として傷病手当制度と保健医療制度の改革をみてきた。そして，スウ

ェーデン福祉国家にとって戦後最大の挑戦ともいえる大量失業に対して失業保険制度と積極的労働市場政策がどのように対処したかについてみてきた。福祉国家の危機とこれらの改革を経るなかでスウェーデン福祉国家の性格は根本的に変化したであろうか。さきに述べたスウェーデン福祉国家の10の特徴と照らし合わせることによって，このことについて述べよう。

社会福祉経費の対GDP比率は相変わらず大きい。高品質の社会サービスは依然充実しており，対障害者サービスや保育サービスなどではむしろ向上した面もみられる。現金給付水準は切り下げられたが，依然他国よりは相当に高い。しかし，税は累進性を大きく低下させたし，医療サービスにみられるように使用者手数料は着実に増加している。また，現金給付をめぐって監視や社会統制は明らかに強化された。何よりも大きな変化は，不況から回復しても失業率が高止まりして以前の完全雇用状態には復帰できないことである（1998年〜2004年の7年間の平均失業率は約6%）。これに対して失業保険制度と積極的労働市場政策でもって何とか対処しているものの，労働市場ははっきりとインサイダーとアウトサイダーに分かれて，移民や若者が労働市場のアウトサイダーを構成するようになったことは否めない。

ただし，このような福祉国家の心臓部にまで削減をおこなったのは何よりも1993年にGDPの12%にまで拡大した財政赤字を削減するためであった。言うまでもなく，このような大規模な財政赤字は当時の深刻な経済危機を反映したものであった。その後に実施された増税，さらには景気回復も手伝って財政は1998年に黒字に転化し，財政再建は成功したといえる。財政に余裕が生まれるようになった2000年以降，傷病手当を引き上げたり，失業保険や両親保険の給付水準を回復させたり，また保健医療サービスや教育を改善するための新規の支出プログラムを開始した。その結果，GDPに対する公的支出の比率は2000年から2002年にかけて1.5%ポイントも増大した[81]。

なお，ここでノルドランドによって中規模の変化（second-order change）と評価されていた，1998年成立の年金改革がスウェーデン福祉国家の再編にとってどのような意義をもっていたかについての筆者の見解を述べておこう。たしかに，この改革は，①旧制度の基本となっていた確定給付の修正賦課方式を抜本的に改め，保険料を将来にわたって現行の18.5%に据え置く，②保険料18.5%のうち2.5%は積立方式とする，③普遍的基礎年金を廃止し，その代

わりに貧困者向けのミーンズテスト付年金を新設するなど,大幅な再編をおこなった。そういう意味で,筆者はノルドランドなどが考えるよりもこの改革の意義は大きいと考えている。問題はその意図と客観的方向性である。これは公的年金の解体や切下げ自体を目的とするよりは,少子高齢化のもとで公的年金制度をいかに持続可能なものにするかという長期的観点から国民的コンセンサスを得て実行された改革であり,新しい条件下で福祉国家を存続・発展させる試みであった,と筆者は考えている[82]。

以上のことを総合してみると,90年代以降のスウェーデン福祉国家の諸改革の多くは福祉国家を防衛するためのものであり,その再編はシステムの解体を意図したものではなく危機の時代を耐え忍ぶものであった。それゆえ,さまざまな制度改革によってスウェーデン福祉国家は普遍主義から大幅に後退し,もはや制度的福祉国家の典型的モデルとはいえないというスネソンたちの評価は当たっていない。むしろ,保健医療を合理化し,アブセンティズムを飼い慣らすなかで必要なスリム化を果たし,他方障害者サービスや保育サービスを充実し,年金制度の長期持続性を図るなど,新しい時代の要請に見合った改革を成し遂げた面が強い。

5. 広義の福祉国家の再編

スウェーデン福祉国家システムの変容の実態を考察するばあい,狭義の福祉国家の再編ともいえる社会福祉制度の改革や社会福祉支出の切下げ以外にも,賃金交渉の分権化,税制改革,金融市場の規制緩和などについて考察する必要がある。というのは,これらの変化を根拠にして,「スウェーデン福祉国家はそれほど所得再分配的でなくなった」とか「政府の政策は不平等拡大に向かう労働市場の傾向を促進した」,そしてさらに進んで「スウェーデン・モデルは死滅した」としばしばいわれるからである。

5.1 賃金交渉の分権化

スウェーデンの中央集権的団体交渉システムにおいて支配的役割を果たしてきたのは,SAFとLOであった。1956年以来,このSAFとLOの協定がそれぞれの全国支部に対して賃上げを勧告し,賃金以外の争点を規定してきた。そ

の後,産業部門別に交渉が行われ協定が締結されたが,それらは基本的にはSAF-LO協定における勧告を踏襲したものであった。そして,企業別の交渉と協定が産業別交渉を補完した。このようなかたちでおこなわれる相対的に中央集権化した団体交渉は,抑制された賃金交渉をもたらし,またストライキ件数も抑えてきた。さらに,労働組合は自分たちの連帯主義的賃金政策(産業内部と産業間における賃金格差を小さくする交渉)を実行するために中央集権的団体交渉の構造を利用してきた[83]。

しかし,上に述べたような中央集権的団体交渉は1980年代になると衰退しはじめる。1982年に,SAFは加盟する各経営者団体に産業別交渉を実施する権利を与えた。このようなSAFの方針変化を受けて,1983年に,VF(エンジニアリング産業経営者団体)は金属労働者組合に頂上団体の交渉から離反するよう説得し,その褒賞としてLOの要求以上の賃上げを認めた。これ以降1980年代においては,中央集権的交渉と分権的交渉の間を揺れ動くことになるが,全体の流れとしては少しずつ分権化の方向に推移していった。

決定的変化は1990年代前半に生じた。1993年以降,頂上団体間の交渉はもはや争点にならなかった。むしろ,産業レベルの交渉のなかで賃上げ水準をどの程度決定するかが経営者と労働組合との間の争点となった。1990年には,SAFは交渉部門と統計部門を廃止し,1991年にはほとんどのコーポラティズム団体から自分たちの代表を引き上げさせた。このように,SAFはコーポラティズムを拒否する一方で,より広範な政治的,イデオロギー的関心に目を向ける公共政策の擁護者としての新しい役割を積極的に引き受けていった[84]。

それでは,なぜこのような変化が80年代から90年代にかけて生じたのであろうか。第1に,1970年代以降公共部門に代表される保護部門における使用者と被用者の影響力が強まり,本来備わっていた中央集権的交渉のダイナミックスを変えてしまったことに対する反発があげられる。輸出志向のエンジニアリング産業の経営者たちは,この結果生じる賃金交渉の分配上の効果を硬直的で,重い負担を課すものであるとみなすようになった[85]。

第2に,エンジニアリング産業の経営者たちは,生産性,フレキシビリティ,品質を改善するためには,すなわち国際競争力の強化を図るためには,中央集権的な交渉制度が許容するよりももっと裁量的な賃金インセンティブの利用が必要であると考えるようになった[86]。

第3に，上で述べた輸出産業の経営者の分権化攻勢に対して，労働組合の抵抗力が弱体化していたことがあげられる。製造業の衰退，サービス産業の成長，ホワイトカラー雇用の成長とともに労働市場が細分化されるようになり，その結果，労働者の利益は細分化されるようになり，各労働者の要求を調整することがますます困難になったのである[87]。

　第4に，1980年代の経済ブームとLOの指導力低下のもとで，中央集権的交渉が実際上は賃金ドリフトを呼び起こすことによって賃金と物価のエスカレーションを促進することになったことがあげられる。戦後スウェーデン経済においては，中央集権的な労働組合の存在がマクロ経済政策と賃金水準の間を調整する機能を果たし，そのことが中央集権的団体交渉の正統性を維持してきたのであったが，この機能は1980年代後半には失われてしまった[88]。

　以上列挙した理由によって，スウェーデンの中央集権的賃金交渉制度とそれに付随してきた連帯主義的賃金政策は大きく変容した。これらの制度と政策はコーポラティズム的な市場ガバナンスのスウェーデン・システムの中核に位置するとみなされてきただけに，その一角が崩れることは，広い意味のスウェーデン福祉国家システムの性格が大きく変容したことを意味する。

　しかしながら，そうは言っても，スウェーデンの労働組合組織率は相変わらず高い[89]。高組織率が維持されているかぎり，今後において調整された産業別賃金交渉が支配的となる可能性が高い[90]。そのため，1980年代半ば以降賃金格差は少しずつ拡大してはいるものの，低賃金雇用パターンが顕著に増大している証拠は今のところみられない。また，キャッツとダービシャイアーが強調しているように，賃金交渉の分権化と組合支部における賃金以外の交渉の深化につれて，企業の意思決定における組合支部の参加と権威とはかえって増大しているといった側面もみられるのである[91]。スウェーデン政治経済における労働組合の役割についてトータルな評価を与えようとする場合，このような側面についても考慮に入れる必要がある。

5.2　1991年税制改革

　スウェーデンの税制改革[92]の社会経済的背景として，国家指導層の間で旧来の税制自体が福祉国家の持続可能性にとって大きな桎梏と感じられるようになっていたことが指摘されねばならない。

第1に，80年代後半にもなると，公共プログラムに対する需要の増大と公務員の賃上げ要求によって税負担はきわめて高いものになっていた。たとえば，1988年におけるスウェーデンの歳入の対GDP比率は64.2%もの高さに上っていた（主な内訳は，個人所得税21.6%，社会保障税16.1%，付加価値税および間接税14.6%）。同時期のOECD諸国全体の平均が37%程度であったことをみても，この数字が図抜けて高い数字であることがわかるであろう[93]。

　第2に，この高い租税圧力と80年代後半に勢いを増すようになったインフレによってブラケット・クリープが生じ，フルタイムの一般労働者の大多数がかつては富裕な納税者のみにあてはまると考えられていた50-70%の税率区分に自動的に押し上げられることになった。もちろん，このことは短期的には国庫歳入の自動的増加をもたらすため，財務省にとっては喜ばしいことであるが，長期的にはインフレ悪循環の原因となるものであった。というのは，労働者は高まりゆく租税コストを織り込んで賃上げ要求をおこなうようになり，そのことが果てしなき労働コストの上昇をもたらすからである。財務省の高官や経済専門職のエリートたちは正当にも，このようにますます管理不能になっていく経済の展開をスウェーデン経済体制にとっての危機であるとみなした[94]。

　第3に，スウェーデン経済がより専門化された，そしてより洗練された生産戦略をもつサービスと生産の方向に移行していくにしたがい，スウェーデンの企業は投資戦略の観点から従来の企業税制度を硬直的なものとみなし，より柔軟な税制を欲するようになった。伝統的にスウェーデンの税制は国内投資を優遇し，海外投資を冷遇するような仕組みを備えていたが，これに対して多国籍企業は世界戦略に基づく投資（たとえば，低い技能テクノロジー部門を海外に投資し，専門的技能が必要とされる分野をスウェーデンに集中投資する）を妨げるものであると不満をもつようになった[95]。

　このように税制がスウェーデン経済の現状に合わなくなり，しかも国と地方を合わせた所得税の最高税率が85%と非常に高かったため，国民経済的に無視できない経済的歪みが生まれるようになった。たとえば，非常に高いインフレ率の下で支払い利子控除が無制限に認められ，キャピタル・ゲインが税制上優遇されていたため，実際的効果として税制が貯蓄する人から消費する人への所得移転をおこなうシステムになっていた。また，資本市場の自由化とともに，税制のアドバイザーも増え，社会における節税行動が広まり，会社においても

給与に代えてフリンジ・ベネフィットを通じた給付が増大するようになった。企業の多くも表面上は58％の税率で課税されているものの投資準備金をはじめとした非課税準備金を利用し,実効税率は20％程度となっていた[96]。

このような多数の税制上の問題点が前面化するなかで,1987年には所得税改革,間接税改革,企業課税改革のためにそれぞれの調査委員会が財務大臣フェルトの命令の下で政府内部に設けられた。それらの委員会は,1989年の春に,改革の必要性,課税が労働意欲に及ぼす影響,租税ウェッジ,資本形成,その他の多様な経済効果と分配効果を検証した一連の報告書を提出した。そして,この頃までに社会民主労働党員の多くも,税制を簡素化し,消費税を増税し,租税支出を縮小する一連の改革を容認するようになった。1989年の秋には,議会での多数を確保するために,社民党政権は従来の政府案に若干の修正を加え,税制改革の大筋について自由党との合意に達した。このように,「世紀の税制改革」は社民党の財務大臣フェルトの側による長年の準備の下で生まれたのであったが,それが法律として通過したのはブルジョア連合が政権に就いてからであった[97]。

新しい税制の特徴は次のようなものであった[98]。個人所得税の最高税率（約30％の地方税を含む）が80％以上から50％に削減された。この改革の結果,納税者のうち約85％は国税の所得税を支払わなくてすむようになり,国税としての所得税の財政上の位置は極めて小さいものとなった。資本所得に関しては,従来国と地方を合わせて50％の税がかけられていたが,今度の改革で利子所得もキャピタル・ゲインも他の所得と分離して,30％の一律の税率で課税されることになった。企業課税に関しては,従来の58％の表面税率が30％に切り下げられた。それと同時に,投資準備金のような非課税準備金はほとんどが廃止になった。その結果,企業の実質的税負担はほとんど変化がなかった。間接税については,エネルギーへの課税,サービスへの課税を中心に課税標準が広げられた。

このような内容をもつスウェーデンの税制改革がブルジョア連合政権によって導入されたとき,とくにその累進的所得税制度の大幅な後退に注目して,多くの研究者はスウェーデン福祉国家の終焉とみなした[99]。それに対して筆者は,この税制改革が財政収入の効果として歳入中立性を目指していたことや,所得再分配効果も全所得階層に均等な効果が現れるように組み立てられていたこと

にもっと注意を払う必要があると考えている[100]。

しかし，実際にはこの税制改革が同時期に発生した経済危機をいっそう深刻なものとし，歳入の大幅な不足を招いた（表1を参照）。さらに，1994年に政権に復帰した社民党政権による，税制改革が生み出した行動変化をも考慮にいれた分配上の帰結の調査によれば，1991年税制改革は再分配にも否定的影響を与えていたことが明らかになった。社民党政権は1995年に，これらの証拠を根拠にして，非常な高額所得者の最高税率を5％引き上げ，食料に対する付加価値税を50％削減した。さらに，同年に同政権は資本課税に対しても大幅な増税をおこなった[101]。その結果，税収は増加し，1998年には財政収支は黒字に転換した。

以上，1991年税制改革の背景，内容，その後の修正過程をみてきたが，それは1986年のアメリカの税制改革の影響を強く受けて成立したと言えても，福祉国家の終焉や福祉国家レジームの大転換につながるものとは決して言うことはできない。むしろ，グローバル化という環境のなかでスウェーデン福祉国家の長期持続性を強化するためには必要不可欠な税制再編であったと考えられる[102]。

5.3　金融の規制緩和と為替管理の撤廃

1980年代半ばにおける国内金融の規制緩和と1989年における外国為替管理の撤廃をスウェーデンにおける新自由主義的政策への転換を告げるものとみる論者はポントゥソンにかぎらない。たとえば，そのことに関して，グローバル金融の興隆に関して注目すべき研究書を著したエリック・ヘライナーは次のように述べている。

「金融改革を要求する運動はしばしば新自由主義思想の擁護者によって先導された。たとえば，スウェーデンにおいては，金融の規制緩和と自由化のプログラムは大蔵大臣であるフェルト（Kjell-Olof Feldt）と中央銀行総裁であるデニス（Bengt Dennis）によって制度設計され，促進された。この両人はスウェーデンの以前の計画化支持をきっぱりと拒否する自由市場擁護者であった。両人は国際金融の同僚たちと国内の銀行家たちによって強く支持されていた。スカンディナビア諸国全体を通じた金融自由化に対する強力な支援はまた，1980年代に企業利益が急激に国際化するようになった規模の大きい産業企業からも生み出

された[103]。」

　筆者もまた，スウェーデン産業の国際化が金融の規制緩和，資本移動の自由化を生む原動力であったと考える点はヘライナーやポントゥソンと同じであるが，しかし金融の規制緩和や資本移動の自由化は即新自由主義政策につながるとは考えてはいないし，社民党の財務大臣フェルトを新自由主義者であるとも考えていない。以下，そのことを明らかにしていこう。

　1970年代末から1980年代初めにかけて，アメリカ，ドイツ，イギリスでインフレ抑制のために実質利子率を高く保持するようになると，フランスをはじめ大部分のヨーロッパ諸国もマクロ政策の基調をインフレ型からデフレ型へと転換するようになった。しかし，社会民主主義の北欧の砦であるスウェーデンとノルウェーはこのような流れに最後まで抵抗し，他のヨーロッパ諸国よりも長く完全雇用と成長志向のマクロ経済政策を維持することになった。

　結論を先取りすることになるが，スウェーデン政府をしてこのような政策を放棄させたのはもはや手に負えなくなったインフレであり，それ自体新自由主義への転換を印すものでも，またグローバル資本主義に押しつけられたものでもなかった[104]。

　1950年代以降，スウェーデンにおいて景気過熱を抑制する手段として好んで採用された政策は信用割当システムであった。貸付額を制限することによって，金融機関は強力な需要圧力の期間中でも利子率を急上昇させる必要性なしに経済を冷却することができたし，政治的にも，この信用割当システムによって社民党は特定の政策や集団を選択的に金融引締めから保護しえた。しかし，1970年代後期にもなると，過去10年間の高いインフレ期待と完全雇用を最優先する政治姿勢から，人々は将来のインフレを当然視するようになった。

　このような環境下でますます旺盛となる借入需要に対して，金融当局ははじめのうちは信用割当すなわち貸出規制の強化でもって対応した。しかし，信用割当を十分にコントロールしようとすれば，どの投資プロジェクトに融資すべきか，それとも融資すべきでないかという技術的に困難なミクロ経済的な判断を金融当局はしなければならなかったし，何よりも規制を強化することは規制の範囲を超えたグレー市場（ノンバンク系金融機関による貸出し）の爆発的増大をもたらすことになった。その結果，80年代初期以降，中央銀行は商業銀行と協議して信用割当システムを利子率と公開市場政策を通じた貨幣供給政策

に置き換えるようになった。そして，1985年までに，中央銀行は公然と古いシステムの完全廃止＝金融の規制緩和を擁護するようになった。そのような転換に対して，商業銀行は同意したし，産業や顧客も，そして社民党の財務大臣フェルトも同意した。そして，LOですらほとんど反対しなった[105]。

この国内信用割当の規制緩和の後まもなくして外国為替コントロールも廃止されるようになった。1988年に，先物為替市場が自由化された。1989年1月までに，スウェーデンと外国の株式の売買，そして直接投資に関するすべての規制が解除された。1989年6月に，残りの規制の大部分も解除された。これらの結果，スウェーデン国民は目的と満期の如何を問わず，いまや資金を自由に海外で運用できるようになり，自国の資産と海外の資産を自由に取引できるようになった。

この時期すでに，金融の国際化こそ社会民主主義的経済政策を困難に陥れる主たる原因であると他のヨーロッパ諸国の社会民主主義政党が確信するようになっていたにもかかわらず，なぜこの時期にスウェーデン社民党は為替管理の規制緩和をはじめとした対外金融の自由化に乗り出したのであろうか。

まず，従来のインフレを封じ込めながら完全雇用を達成するという政策は為替管理に依拠していたがゆえに成功を収めてきたというわけではなかったことが指摘されねばならない。それは先に述べたように信用割当政策に依拠していたのであり，為替管理の維持はそのような政策を支えるために補助的手段でしかなかった。80年代の緊縮的な国際経済の環境下で完全雇用政策を維持していくためには，柔軟な為替レート管理に依拠しなければならなかったが，このような政策はそれほど厳格な為替規制なしに追求可能であった。80年代後半になると，経済成長と完全雇用を成功させるための国内の前提条件（労働組合による賃上げ自粛と信用割当制度）が侵食されていったので，そしてエスカレートするインフレを封じ込めるためには固定為替レートと緊縮的貨幣政策の堅持が必要不可欠と考えられるようになったので，為替管理はその合理的根拠を喪失するようになる[106]。

80年代後半から90年にかけてのスウェーデン資本主義にとって最大の問題はインフレであり，国内金融規制の緩和とそれに続く為替管理の解除は何よりもインフレへの対応策として採用されたものである。もちろん，為替管理の継続や資本移動の規制がスウェーデンの金融業を他国との競争において不利な立

場に追いやるということの配慮は当然あったが。まだ物価上昇率が4％程度であった1986年に財務大臣フェルトは、「もし、わが国が失敗をし、インフレを再び押し上げるならば、わが国はその帰結——より低い生活水準、より少ない雇用、積極的な改革政策の余地の縮小——に耐えなければならない」とインフレに対する警戒を述べた。その4年後、もはや歯止めのかからないインフレを前にして、社会民主党の財務大臣アラン・ラーションは1991年予算提案のなかで、「周りの国々よりも高いインフレをもつ経済において雇用を守ろうとすることは長期的には不可能である。雇用と繁栄を守るためには、今後数年間全力を尽くして、経済政策はインフレの永続的な低下を目標としなければならない」と、はじめて完全雇用政策の公的な終了宣言を行った[107]。このインフレ退治の最も重要な手段は貨幣政策であり、そのなかでも最もドラスティックな出来事は、国内の物価と政策の対外的アンカーを創出するために、1991年5月17日にクローナをECUにペッグしたことであった。この時期までにすでに完了していた為替統制の廃止が、ECUのアンカーとしての機能を保証した。実際に、インフレ率は1990年における9.9％から1996年には1.2％にまで低下した。

支払われた犠牲は大量失業と巨額の財政赤字であった。しかし、90年代に持続的な大量失業と通貨危機に直面したさいにも、スウェーデンの政策形成者たちは為替の再規制を導入しようとはしなかった。80年代のバブル景気とその後の経済危機の原因は対外的な要因よりも国内的な要因に求められる、と彼らが認識していたためであった。80年代の経験から、政策形成者たちはあまりにもソフトな貨幣政策によって完全雇用を維持しようとする戦略は生産的投資や生産性の伸張というよりは名目賃金の急上昇、公的部門の急拡大、金融投機、インフレに導くということを学んだのであった[108]。

しかし、上に述べたようなスウェーデンの経済政策の歴史的文脈を離れて、金融市場の国際的開放が不可避的に緊縮的なマクロ経済レジームを課すと考えることは間違いである。たしかに、そのような神話は社会民主主義者が強い政治的抵抗を引き起こすことなくインフレと戦うことを可能にしたが、そのような政策がもはや必要といえなくなった時期においてもそれに執着することは福祉国家における政策の幅を狭めるだけである。ノータマンズが強調するように、深刻なインフレ問題がない状況においては、たとえ金融市場がオープンであっ

ても,より拡大的な貨幣レジームは十分に可能である[109]。それゆえ内外の金融規制緩和政策が即新自由主義的政策につながり,福祉国家の存続にとって危険をもたらすわけではないのである。

6. むすびにかえて：福祉国家システム再編の歴史的評価

　スウェーデン福祉国家の変容とその危機を概観したあと,社会福祉経費構造の変化と制度改革,賃金交渉の分権化,税制改革,金融の規制緩和に為替管理の撤廃について考察を進めてきた。これらの改革はいずれもスウェーデン福祉国家システムにインパクトを与える大きな改革であった。しかもそれらの改革はグローバル化や情報化などスウェーデン経済構造の長期的変化に促されて生じた面もあるため,一時的な変化であるとか,やがて撤回される改革としてみなすことはできない。そういう意味では,ライナー,モーゼル,ヒューバーとスティーブンズ,そしてポントゥソンたちの「転換」を強調する評価は当たっている面がある。

　しかしながら,筆者は,これらの改革や再編はスウェーデン型福祉国家システムの解体を意図したものではなく福祉国家の危機の時代を耐え忍ぶための改革・再編であったと考えている。そのように考える最大の理由は,福祉国家システムの中心的要素である社会保障制度の骨格とそれを支える財政が維持・強化されたことである。1993年にスウェーデンの財政赤字は12%近くにもなったが,1996年以降新しい予算改革が実効力をもち始め,財政赤字と国債の累積はともに削減された（表1を参照）。財政体質が強化されたのみならず,80年代に根強くあった経済のインフレ体質も払拭された。

　このようにスウェーデン福祉国家システムは90年代の経済危機を契機にして引き締められたが,それにもかかわらず制度的福祉国家としての最大の特質である再分配国家という性格はいまなお堅持されている。そのことは次の数字によっても簡潔に示されていると思う。1999年の要素所得のジニ係数は0.49であるが,財政・社会保障による移転後にそれは0.33にまで低下し,最終的に公共サービス消費をも勘定にいれた個人ごとの所得で見たジニ係数は0.20となっている[110]。

　以上のことから,スウェーデンの福祉国家システムは生き残ったと筆者は考

えているが，その生命力の最大の理由はスウェーデン国民の選挙での行動と福祉国家に対する態度に求められる。グールドやスワンクの研究が示すように，国民の大多数はほとんどつねに福祉の縮小に反対している[111]。あらゆる社会には「モラル・エコノミー」が存在するが，スウェーデンにおいてはまさに国民のマージナル化を避け，統合するために福祉国家を維持しようとする社会的姿勢がそれに相当する。そういう意味で，本章でみてきたさまざまな改革・再編も新しい環境の下で，いまや国民的アイデンティティの一部となっているスウェーデン福祉国家を維持・存続させるための改革・再編であったといってよいであろう。

注

1) 広義の福祉国家と福祉国家システムが何を意味するかについては，本書の1章と2章を参照せよ。
2) Esping-Andersen (1990), pp. 27-29.
3) Korpi (1983), p. 191, Furniss and Tilton (1977), pp. 14-21.
4) わが国におけるスウェーデン福祉国家研究の力作ともいえる，宮本 (1999) と藤井 (2002) はどちらも，スウェーデン福祉国家の環境への適応力と進化を強調しているため，継続説と位置づけられる。それに対して，スウェーデン経済と福祉国家が危機的な時期に調査・執筆された，稲上・ウィッタカー (1994) は転換説の性格が濃厚に出ている。
5) Ryner (1997), pp. 31-37.
6) Moses (2000), pp. 62-82.
7) Huber and Stephens (2001), pp. 250-257.
8) Pontusson (1997), pp. 55-68, 邦訳, pp. 84-101.
9) Sunesson et al. (1998), pp. 19-29.
10) Sunesson et al. (1998), p. 21. 筆者がこのようなスネソンたちの主張を重要であると考える理由は，現在世界的に見て，福祉国家は自立支援国家（enabling state）へと転換しつつあるとネイル・ギルバートや加藤榮一が主張するさいの重要な根拠の1つとして，各国におけるこの就労義務の強化をあげているからである。Gilbert (2002), pp. 39-47, 61-98, 加藤 (2004a), p. 91 を参照。福祉国家にとって就労義務の強化がどのような意義を有するかについての筆者の見解は7章を参照せよ。なお，ギルバートは，公的機関が社会サービスの大部分を生産していたスウェーデンにおいても近年「社会的ケアの商品化」が生じており，福祉国家は解体しつつあると述べるが (pp. 117-124)，彼のあげる証拠は不十分である。
11) Pierson (1996), pp. 170-173.
12) Timonen (2003), pp. 4-8.
13) Nordlund (2000), pp. 40-41.
14) Swank (2002), pp. 122-142, 152-160, 265-273.
15) 世界的にこのような傾向があることについては，2章を参照せよ。
16) 戦後から第1次石油危機までの時代を資本主義の黄金時代と捉えることに関しては，

Maddison (1982) を参照せよ。また，資本主義の黄金時代は福祉国家の黄金時代でもあったということについては，岡本 (1997a)，pp. 40-42 を参照せよ。

17) 代表的研究として，宮本 (1999) と Martin (1894) がある。とくに，宮本 (1999) の第3章は戦後のスウェーデン・モデルの展開についての非常に詳細な研究となっている。なお，スウェーデン・モデルに対する見方は大きくいって次の3つの見方に分類することが可能である。第1は，スウェーデン・モデルを社会主義と資本主義の最上の要素を組み合わせたもの，そして高い成長率と完全雇用および平等志向の政策をうまく組み合わせたものとして好意的に受け止める見方である。第2は，Lindbeck (1997) に代表されるように，スウェーデンをヨーロッパ動脈硬化の典型例とみなし，それは必ず社会民主主義型福祉国家の危機へと導くとスウェーデン・モデルを否定的に捉える見方である。第3は，スウェーデン・モデルに対しては必ずしも敵対的ではないが，グローバル化が進んだ今日において，その有効性はかなり失われたと考える見方である。このグループは1990年代初頭のスウェーデンの経済危機をとくに重視し，多国籍企業，ボーダレスな資本市場，EU統合，国際競争の激化，主要先進資本主義諸国のデフレ的経済政策の世界において，完全雇用，所得の平等，大規模な公共部門の維持を持続することは不可能であると考えている。この3つの見方は黄金時代におけるスウェーデンの成功について次のような説明をしている。第1の，社会民主主義にシンパシーをもつ見方では，所得格差の小ささ，高率の税，公共セクターの拡大によって成長のインセンティヴは殺がれることはなかったと主張する。さらに，連帯主義的賃金政策が非効率的企業にコスト上の圧力をかけ，労働市場政策が拡大発展する企業に労働者を提供したこと，反景気循環的財政金融政策が民間投資にとって安定的な条件を生み出したこと，から黄金時代においてはスウェーデン・モデルによって成長は刺激されたと主張する。それに対して，第2の自由主義的見方では，経済成長は公的セクターの拡大，高率の税，賃金格差の圧縮によって妨害されているとみなす。したがって，黄金時代の高い成長率の原因を公的セクターの成長が1970年代まではまだ加速化していなかったことに求める。何よりも国際環境を重視する第3の見方は，黄金時代の初期において成長の条件がスウェーデンにとって非常に有利であったことこそスウェーデン・モデルの成功の原因であるという。まず，スウェーデン産業は原料と投資財に特化していたためにヨーロッパの再建によって非常に有利になった。さらに，主要競争相手国はまだ戦争から十分に回復していなかったので，貿易の自由化はスウェーデン企業にとって新しい機会を生み出し，企業は新しいアメリカの技術にキャッチアップする可能性をもつようになった。最後に，金融市場と製品市場の国際化はそれほど進行してはおらず，そのために独立的な財政政策と金融政策が可能であった。これら3つの見方はいずれもスウェーデン・モデルについての重要な側面に光を当てているものの，それぞれ弱点を抱えている。社会民主主義的見方は，石油危機以降におけるスウェーデンの経済問題を過小評価する傾向にあるし，自由主義的見方は黄金時代における指導的産業の拡張が社会民主主義的政策によってむしろ促進されたことを見落としている。国際環境の変化を重視する人々は，国際化は戦後におけるスウェーデン・モデルの新しい条件というよりも必要条件であったという事実をあいまいにしており，さらにスウェーデンが独立した貨幣政策を追求する可能性はすでに1960年代に限定されていた事実を過小評価している。以上については，Erixon (1996), pp. 4-7 を参照。

18) Ryner (1997), pp. 5-51.

19) 生産，国家，世界秩序における権力関係を明らかにすることによって，はじめてある特定の時代の性格が明らかになるという説については，Cox (1987) を参照せよ。彼はそこで，「この本の目的は社会と世界政治における権力関係を生産における権力関係の視点から考察

することである。その中心的前提は，労働こそその他の重要な人間関係や全体としての社会組織に影響を及ぼす根本活動である，ということである。……生産関係，階級，歴史ブロックの複合体は孤立したナショナルなコンパートメントのなかで存在しているわけではない。それらは世界秩序と結びついている。世界秩序はナショナルな国家を通じてそれらに影響を及ぼすと同時に，直接的にもそれらに影響を及ぼすのである。」(pp. ix, 6-7) と説得的に述べている。

20) ヨーロッパにおける 1947-48 年の冷戦開始によって，社民党は経済計画化を放棄せざるを得なくなったことについては，Sainsbury (1980), pp. 116-121 を参照せよ。また，戦後の計画経済化をめぐる議論とその最終的放棄については，Notermans (2000), pp. 156-159 をも参照せよ。

21) Erixon (1996), pp. 8-63 を参照。

22) Erixon (1996), pp. 51-53。

23) エリクソンがリーディング産業部門の拡大と他のビジネス活動の間の対立を描くうえで，この「ロックイン効果」という概念は重要な位置を占めている。その定義は，①リーディング産業とリーディング企業は公的権威と主要な資本利益との結びつきを通じて，また将来性よりも過去において成長力や収益力があったという理由から更なる拡大のための資源を獲得し，②リーディング産業とリーディング企業の拡大それ自身が新しい成長エンジンの発展を妨害する，ことである。Erixon (1996), p. 55 を参照。

24) Erixon (1996), pp. 54-63 を参照。

25) 1960 年代末から 70 年代初頭にかけてスウェーデンのみならず世界的に学生と労働者の反乱が広がった。ライナーによれば，Kiruna の LKAB 炭鉱から開始を告げた山猫ストの波がスウェーデン・モデルに挑戦するより広範な政治的意義を付与されるようになったのは，ベトナム戦争に端を発するメディアと市民社会における言説のラジカル化という社会的背景があった。Ryner (1999), p. 55. なお，LKAB 炭鉱でのストライキの経緯と意義については，Martin (1984), pp. 248-254 を参照せよ。

26) Erixon (1996), p. 50. 賃金稼得者基金の提案の背景とその敗退については，Martin (1984), pp. 268-287 を参照せよ。そして，薄められて実施された基金の内容については，丸尾 (1992), pp. 247-264 を参照せよ。

27) SAF 内部の権力バランスのシフト，それに伴うイデオロギーと戦略の変化については，Ryner (1997), pp. 58-59 を参照せよ。

28) 労働側の最大の不満は，職場における労働者の代表問題を含む労働生活条件，労働の疎外に関するものであった。資本側の不満は，賃金稼得者基金のほかに，社会福祉支出拡大に伴う雇用主負担金の増額，LO の産業民主主義のための攻勢がもたらした，共同決定法，労働環境法，雇用保護法などであった。Ryner (1997), pp. 54-55 を参照。

29) Erixon (1996), p. 50.

30) このような見解とは異なり，第 1 次石油危機後のスウェーデンのマクロ経済の結果は落胆すべきものではないという見方もある。というのは，他のヨーロッパ諸国が長期にわたる大量失業の道に突入したとき，スウェーデンは 1980 年代後期にいたるまで他のほとんどの OECD 諸国よりも失業とインフレとの間のよりよいバランスを維持してきたからである。ジョナサン・モーゼスなどは，1970 年代の破壊的な外部からのショックに対して，他の競合する政策目標よりも完全雇用を最優先することを選択してかなり成功を収めたことを高く評価し，ここで初めて（というのは，これ以前においては他の OECD 諸国も低失業率を享受していた）北欧社会民主主義の真価が発揮されたと主張する。モーゼスは，完全雇用達成

手段として，とくにフレキシブルな為替レート政策，中央集権的な団体交渉制度，自律的な価格展開を確保することを目的とした政府の価格支持政策という3つの手段を重視する。しかし，これら3つの政策は80年代の外国為替管理の解除と金融資本の移動性の増大によってその政策の有効性を破壊されるようになったと結論する。Moses (2000), pp. 62-82.
31) OECD (1987), p. 38.
32) Huber and Stephens (2001), p. 241, Notermans (2000), p. 197.
33) 1973-79年，そして1979-85年の対前年度消費者物価指数上昇率の年平均はスウェーデンの9.8%，9.8%に対して，ドイツのそれは4.7%，4.2%であった。OECD (1987), p. 83を参照。
34) Notermans (2000), pp. 200-203, Ryner (1997), p. 56. スネークとEMSの制度内容については，田口・翁 (1992), pp. 117-126を参照せよ。
35) Notermans (2000), p. 204. また，Olsson (1993), p. 34をも参照。
36) Notermans (2000), p. 205.
37) Notermans (2000), p. 205. 雇用総数に占める政府被雇用者の比率は，1982年以降ほぼ横ばいとなり，1986年と1987年は前年度より減少している。OECD (1991), p. 34を参照。
38) 80年代の社民党政権は何が何でも高価につく社会福祉改革に反対というわけではなかった。たとえば，ジェンダー平等主義的政策は80年代に大きく拡大した。親休暇が9ヵ月に延長され，公共の保育サービスも拡大された。また，病気の子供をケアするための有給休暇は12日から16日に延長された。これらの改革の背後には社民党における女性党員の数が増大し，ついに男性と同数になったことがある。Huber and Stephens (2001), p. 243.
39) しかしながら，LOの政策専門集団もまた，福祉国家の規模に関してはフェルトのグループとそれほど異なった見解をもっていなかった。彼らもまたスウェーデン福祉国家は十分に発展しており，保障や平等といった福祉国家の目標を達成するために福祉国家支出の対GDP比率を拡大する必要は最早ないと考えていた。Huber and Stephens (2001), p. 242.
40) 第三の道の政策内容，「ばら戦争」については，Notermans (2000), pp. 205-206, Huber and Stephens (2001), pp. 241-242, Olsson (1993a), pp. 34-35, Ryner (1997), p. 63, Swank (2002), pp. 134-135を参照した。
41) 80年代のスウェーデンの規制緩和とその歴史的位置付けについては，シュワツの2つの論文，Schwartz (1994a), pp. 527-555, Schwartz (1994b), pp. 48-77を参照せよ。
42) 「第三の道」戦略を積極的に評価する代表的議論として，Notermans (2000), pp. 205-206をあげることができる。ノータマンズは80年代のスウェーデンの経済奇跡の見せかけの背後には緊張（インフレ問題）が鬱積しつつあったことは充分に認めているが，「第三の道」戦略それ自体は，①伝統的ケインズ主義政策と異なる失業回避政策であった，②国際経済からの圧力に対しても決して脆弱ではなく，国内の拡張路線の中止でもってフランへの下方圧力に対処したミッテランの解決策に対するオルタナティブであった，③その中心的政策は大規模な通貨切下げ政策であったけれど，それは非常に緊縮的な国際経済環境のなかで選択されたやむをえない選択であり，決して近隣窮乏化政策ではなかった，と好意的評価を与えている。他方，ライナーに代表される人々は，「第三の道」経済政策の本質は「補償的新自由主義（Compensatory Neoliberalism）」であり，労働組合や社会サービス機関に対して市場規律を行使することを目的としていたが，GDPや生産性の長期的上昇を実現できず，また暗黙の所得政策も失敗に終わったため，結局のところ失敗であったという結論を下している。なお，この政策は大衆的な議論に服したり，党大会で認められたり，選挙で当否が問われたりしたものではなかったために，労働者の代表との間にトラブルを引き起こしたりのみなら

ず，市民社会においても倫理的，政治的正統性を獲得しえなかった，という厳しい評価を下している。Ryner (1997), pp. 59-64 を参照。

43) 以下は，Moses (2000), pp. 62-65, 75-79 を要約したものである。

44) モーゼスは資本の交渉力増大について，次のように述べている。団体交渉制度の社会的便益は大部分資本の移動性を犠牲にして生み出されていたが，外国為替管理の解除などによって資本の移動能力＝交渉能力が相対的に増大し，資本の報酬の分け前を取り上げる労働の能力の低下をもたらした。資本が相対的に移動しない世界においては，資本と労働の間の国内の取決めは明瞭であった。実質賃金の抑制は，協約の性格によって，そして国家の支持によって資本利潤の増大というよりは社会投資の増大というかたちで支払われることが保証されていた。しかし，資本が移動的になると，資本は実質賃金コストの引下げをどのように利用するかに関して多くのオプションをもつようになった。国内投資はいまや海外投資，利潤の増加，その他のより投機的活動などと競合しなければならなくなった。この文脈においては，実質賃金の低下と失業の増大が同時に生じることが可能となる。つまり，組織された資本は国内で労働者の政治的，経済的代表と協力関係を結ぶことに依存することがますます少なくなった。Moses (2000), p. 77 を参照。

45) 80年代に競争部門と保護部門の対立が激化したことについては，Schwartz (1994a), p. 549, Pontusson and Swenson (1996), pp. 235-242 を参照せよ。

46) エレクトロラクス，SKF，エリクソン，ASEA，ボルボといった大規模輸出企業が生産資源をスウェーデンの外に設立したことは戦後のスウェーデン経済の大きな特徴であったが，1970年代と80年代において海外直接投資はさらに大きく拡大した。それとは対照的に，国内産業投資はあまり振るわなかった。1980年代には，20の指導的な輸出企業は国内と同規模の投資を海外でおこなった。さらに重要なことは，この時期には直接投資の流出と流入の伝統的バランスが明らかに崩れたことである。1980年代後半には，毎年平均260億クローナが直接投資のかたちでスウェーデンから出て行ったが，毎年の流入額は40億クローナにも満たなかった（1980年代後半におけるスウェーデンの対外直接投資のGDPに占める比率は世界最高で21％を超えていた）。このように多国籍企業の役割が非常に強化されたために，スウェーデンの通貨に対する規制の効力は失われるようになった。Olsson (1993a), pp. 31-33, Andersson, Fredriksson and Svensson (1996), pp. 30-35 を参照。なお，スウェーデン多国籍企業の行動の歴史的推移についての詳細は，Olsson (1993b), pp. 99-127 を参照せよ。

47) Notermans (2000), pp. 195-196.

48) 1980年代から1990年代初頭のスウェーデンにおいて，人々の間でインフレ心理が根強くはびこっていたが，1970年代のアメリカもまさにこれと同じ状況であった。それゆえ，1991年にクローナをECUにペッグしたことはインフレを大胆に断ち切る方法であり，インフレ心理を払拭するための大胆な措置であった。カーター政権期における1979年10月6日のボルカーによる新金融引締め政策と同じ役割を果たした。ボルカーのインフレとの戦いについては，本書の3章を参照せよ。

49) レジームの転換については，本書の2章と6章およびForsyth and Notermans (1997), pp. 17-68 を参照せよ。

50) グレー金融市場については，Forsyth and Notermans (1997), pp. 55-56, Aylott (2001), p. 156 を参照せよ。

51) Notermans (2000), p. 211.

52) Notermans (2000), p. 211. なお，中央集権的団体交渉の弱体化と各種労働組合間の賃金構造に対する不一致については，Huber and Stephens (2001), p. 254, Ryner (1997), pp. 52

-53 も参照せよ。

53) スウェーデンにおける福祉国家の拡大は女性をパートタイムのサービス労働に就けることによって生じたが，このことは賃金労働力の女性化を招いた。その結果，公務サービスの女性を組織していた TCO（ホワイトカラー労組連合）の組合は平等主義的賃金政策を推進するようになったが，逆に金属労働者組合に代表される民間セクターの組合は行き過ぎた平等主義に不満をもつようになった。Ryner（1997），p. 53. なお，1960 年代後半から 70 年代にかけて賃金労働の女性化が急激に進行することについては，Baude（1979），pp. 146-149 を参照せよ。

54) Aylott（2001），p. 157，Olsson（1993a），pp. 35-36 を参照。

55) Notermans（2000），p. 196.

56) Forsyth and Notermans（1997），pp. 46-47 を参照。

57) 2 つの危機克服パッケージの内容については，飯野（1994），p. 118 を参照せよ。

58) スウェーデン・クローネに対する強い売り圧力のなかで，スウェーデン中央銀行はクローネ防衛のために 1992 年 9 月 16 日には中央銀行の政策金利であった限界貸出金利を一時的に年率 500% にまで引き上げた。しかし，1992 年 11 月に通貨防衛政策は放棄され，クローネは変動相場制に戻った。フロートにすることによって，以後スウェーデン中央銀行は金融緩和政策を実施しやすくなった。藤井（2002），p. 120 を参照。

59) この福祉削減を実施したのはビルト保守党政権であったが，社民党をはじめ各政党間における合意のもとでおこなわれた。削減合意の基礎にあったのは，スウェーデンは近い将来において 2% 近くの失業率に復帰することはできないという確信であった。そのことはこの時期を境にして失業保険財政も平時で 5% の失業率を前提にして運営されるようになったことからもわかる。Huber and Stephens（2001），p. 244 を参照。

60) 以下については，Timonen（2003），pp. 3-4 を参照。ここでチモネンが依拠しているのは，Korpi（1983），pp. 191-192，である。

61) 現時点でのスウェーデンをはじめとした北欧福祉国家の特徴づけとしては，所得格差の小ささやジェンダーの平等性を強調している，Kautto et al. ed.（1999），pp. 13-14 のほうが優れている。

62) この基礎額はスウェーデンの社会福祉給付を決定するうえで重要な役割を果たしている。それは平均的な工場労働者の賃金の 20% であり，基礎年金，障害年金，公的扶助などの現金給付の基準として用いられている。たとえば，傷病手当の計算のための所得上限は基礎額の 7.5 倍と設定されている。基礎額の 7.5 倍以下の賃金の人は所得の一定比率（たとえば，90%）の傷病手当を受け取ることができるが，7.5 倍以上の賃金を稼いでいる人は上限所得の 90% の金額しか受け取ることができない。そういう意味で，上限所得を設けることによって傷病手当のなかに再分配の仕組みが組み込まれているのである。この基礎額は本来消費者物価指数の上昇とともに引き上げられていたが，1990 年代においては物価上昇率と同じペースでは引き上げられなかった。また，社民党政権下の 1991 年とブルジョア連合政権下の 1992 年には社会福祉のコスト抑制の手段として基礎額がそれぞれ 3% 切り下げられた。これらの結果，1991 年と 1998 年の間にその実質価値は 12% 低下した。Gould（2001），p. 62 と Swank（2002），p. 138 を参照。

63) Gould（2001），p. 69. 傷病手当のみならず，労災補償，障害年金の 80 年代における増加と 90 年代における改革については，Svenson and Brorsson（1997）が詳しい。

64) Gould（2001），p. 64.

65) Swank（2002），p. 137. なお，80 年代から 90 年代にかけて保健医療サービス経費のみな

らず一般社会サービス経費もまた，分権化＋補助金の削減＋地方税の凍結という図式でもって抑制されたことについては，Timonen（2003），pp. 113-117 を参照せよ。

66) Gould (2001), p. 74, Swank (2002), p. 137.
67) 80 年代から 90 年代前半にかけてのベッド数の削減や 1 人当たりの保健医療サービス経費の削減については，Lehto, Moss and Rostgaard (1999), pp. 105-110 を参照せよ。なお，窓口での医療費引上げについては，Gould (2001), p. 74 を参照せよ。
68) エーデル改革については，斉藤（1994）が詳しい。
69) スウェーデン保健医療制度の特質と最近の民営化の動きについては，藤井（2002），pp. 168-177 を参照せよ。なお，スウェーデンを含む北欧諸国の医療の民営化については，Lehto, Moss and Rostgaard (1999), pp. 110-115 を参照せよ。
70) 田多（2004），pp. 2-9 を参照。
71) 戸原 (1984a), p. 14. また加藤 (2004a), pp. 75-76 も参照せよ。
72) Esping-Andersen (1990), p. 28, 邦訳，p. 31.
73) 公開失業率は 1990 年の 1.6％ から 1993 年には 8.2％ へと上昇した。積極的労働市場政策でもって採用されている人を失業者としてカウントすると，失業率は 2.1％ から 12.5％ への上昇となった。OECD (1994), p. 36.
74) いわゆる，Ghent システムなど，他のヨーロッパ諸国と比較した場合のスウェーデン失業保険制度の特質については，Ploug and Kvist (1996), pp. 59-74 を参照せよ。
75) 労働市場庁（AMS）をはじめとした政府がなぜこの「メリーゴーランド」を許容しているかといえば，スウェーデンの失業保険給付が積極的労働市場政策で救済されない場合の最後の措置であると考えられているためである。伊藤（2001），p. 208 を参照。
76) Gould (2001), p. 136.
77) Gould (2001), pp. 137-138, Timonen (2003), p. 95.
78) このことを説得的に明らかにしたのは，Timonen (2003), pp. 84-109 である。
79) Pontusson (1997), p. 57.
80) Huber and Stephens (2001), p. 249 や Timonen (2003), pp. 99-108 を参照せよ。このことを捉えて，ヒューバーとスティーヴンズは「それらの政策には雇用されるように，そして雇用された場合には労働にとどまるようにする市場インセンティブの増大に向けたゆるやかなステップを，すなわちスウェーデン福祉国家の再商品化へのステップをともなっていた」(p. 249) と述べている。
81) OECD (2004), p. 157 を参照。
82) 年金改革の詳細については，井上（1998），藤井（2002），pp. 231-247，加藤（2004b），pp. 36-40, Gould (2001), pp. 82-102, Palme (2005) を参照せよ。改革の全プロセスに約 7 年要し，その間多くの紛争，遅れ，危機が存在したにもかかわらず，なぜ最終的に合意されたかについての説明は，グールドが優れている。
83) Katz and Darbishire (2000), pp. 241-242. なお，スウェーデンの団体交渉制度の歴史的推移については，稲上・ウィッタカー (1994) が詳しい。
84) Swenson and Pontusson (2000), p. 83, Huber and Stephens (2001), p. 251, 篠田編者 (2001), pp. 28-29. 本文で述べているように，スウェーデンにおいて 1983 年以降賃金決定の明白な分権化がみられたが，これは必ずしも世界的傾向を代表するものではなく，むしろイギリスの分権化と並んで例外的な出来事であった。Golden, Wallerstein, and Lange (1999), pp. 213-225 を参照。
85) Swenson and Pontusson (2000), pp. 78, 84-88.

86) Swenson and Pontusson (2000), p. 79, pp. 88-91.
87) Huber and Stephens (2001), pp. 251-252.
88) Notermans (2000), pp. 196, 213.
89) スウェーデンの労働組合組織率は70年代以降さらに高まり，1990年時点で80％を超え，先進資本主義諸国中最高であることについては，Golden, Wallerstein, and Lange (1999), pp. 198-202を参照せよ。
90) 1990年代の労使関係の新たな動きとして，経済全体を見据えたノルムである「ヨーロッパ・ノルム」が「調整的産業別交渉」を通じて形成されつつあることについては，篠田編著 (2001), p. 39を参照せよ。
91) Katz and Darbishire (2000), pp. 245-247.
92) 1991年税制改革に関するわが国の研究としては，藤岡 (1992) と伊集 (2004) がある。とくに，伊集の研究は改革の背景や意義をも明らかにした本格的研究であるので，是非参照されたい。
93) Schwarz and Gustafasson (1991), p. 553, OECD (2001a), p. 80のTable 7.10
94) Steinmo (2002), pp. 846-848.
95) Steinmo (2002), p. 848, 伊集 (2004).
96) ソールベック (1991), pp. 102-103.
97) Steinmo (2002), pp. 849-850. ソールベック (1991), p. 104.
98) 以下の特徴については，主に，ソールベック (1991), pp. 104-106を参照した。なお，資本課税の改革については，馬場 (2001) が詳しい。
99) Steinmo (2002), p. 850.
100) 税制改革の所得再分配効果についてのシミュレーション結果の詳細については，ソールベック (1991), p. 107およびSchwarz and Gustafsson (1991) を参照せよ。
101) Steinmo (2002), p. 852.
102) 福祉受給者をはじめとした低所得者も税を貢納する租税制度は福祉国家の正統性を増大させるという主張については，本書8章における「福祉国家の道徳的ロジック」の議論を参照せよ。
103) Helleiner (1994), p. 166. 国内資本市場の規制緩和と資本移動の規制緩和によって政府による政策裁量の余地がなくなり，「積極的労働市場政策がますます政府が頼ることのできる唯一の政策手段となった」(Huber and Stephens (2001), p. 250) と述べる，ヒューバーとスティーヴンズもヘライナーと同様であり，このような考えはむしろ多数派と言いうる。
104) 以下の叙述は，Notermans (2000), pp. 207-211, 218-221, Forsyth and Notermans (1997), pp. 46-56に依拠している。
105) Notermans (2000), p. 209. 信用規制に服さないノンバンク系金融機関の増大については，Forsyth and Notermans (1997), pp. 55-56を参照。
106) 実際に，国内の物価と政策の対外的アンカーを創出するために，クローナは1991年5月17日にECUとペッグされた。そして，このECUのアンカーとしての機能は1989年9月の為替管理廃止によって保証されるようになっていた。
107) Notermans (2000), pp. 195-196.
108) Notermans (2000), p. 221.
109) Notermans (2000), p. 234. なお，同様の主張として，クルーグマン (2002) がある。
110) OECD (2002), p. 152のTable A 2を参照。
111) Gould (2001), p. 59, Swank (2002), pp. 155-156.

5章　マクロ経済政策と福祉国家
　　——トン・ノータマンズの所説の検討

1. グローバル化と福祉国家

　1980年代以降，とりわけ冷戦の終結以降に急速な進展を見せたグローバル化が戦後福祉国家システムに大きなインパクトを与えたことを，そして現在も与え続けていることを否定するものはだれもいないであろう。しかし，グローバル化が福祉国家システムに対してどのような種類のインパクトをどの程度与えたか，そして福祉国家システムはそれに対してどのような対応を迫られ，どのような改革をおこなったか，といった評価については論者によってかなり異なる[1]。

　一方の評価は，グローバル化が各国で福祉切下げ競争をもたらし，最終的には戦後福祉国家システムを解体するか，解体しないまでもアメリカやイギリスのような低水準の自由主義的色合いの濃い福祉国家へと追いやる，というものである。これらの評価は，ロバート・ライシュの著作やスーザン・ストレンジの著作に典型的にみられるように，1990年代前半から中盤にかけて，そしてどちらかというとアングロサクソン系の研究者の間で多くみられた[2]。

　それに対して，1990年代後期になるとヨーロッパ系の研究者やヨーロッパを研究対象としている研究者の間で，グローバル化の進展にもかかわらず福祉国家システムはかなり根強く存続している，またはグローバル化を契機にして改革をおこない，それが経済パフォーマンスの向上をもたらしている，という研究が増えてきた[3]。

　そこでなされる議論の骨格を一言で述べると，政府による所得再分配，強力な労働組合，社会コーポラティズム，経済の活性化はそれぞれ相互補完的に作用し合い，グローバル化の下での社会の安定と経済の発展にとって「好循環」を形成するというものである。寛大で包括的な社会保障制度はグローバル化によって生じた新しいリスクに対して労働者に緩衝装置を提供し，社会的安定を

もたらす。強力な労働組合運動と社会コーポラティズム的制度は介入主義的政府の有害な影響を緩和し、国内や国際的な経済変化に対して賃金を抑制したり協調的に適応したりすることによって経済パフォーマンスを向上させる。さらに、社会安定と経済効率を促進する教育、積極的労働市場政策、インフラ政策は人的資本と物的資本の生産性を高めるように機能するため、グローバルな視野で立地選択をおこなう企業を呼び寄せることができる[4]。

このように最近になって多くの研究者が、社会民主主義政府のもとでの福祉国家システムの改革（とくに、サプライサイドの改革）は各国経済の競争力の強化をもたらしていると主張するようになってきたが、グローバル化の進展にもかかわらずマクロ経済政策の自律性は今なお存在すると主張するものはあまりいない。本章が紹介・検討しようとするトン・ノータマンズの説は数少ないそのうちの1つである。

筆者がグローバル化と福祉国家の関係を研究する糸口としてノータマンズの説を検討しようとするのは、彼の議論が広い歴史的視野に立ち、しかも新しい理論的視点でもってヨーロッパ福祉国家の現状の問題点と改革の方向性を批判的に分析し、現実味を帯びた新しい社会民主主義＝福祉国家システムのあり方を積極的に提起していると思われるからである。その場合、とくに現在においてヨーロッパ社会民主主義の主流となっているブレアやシュレーダーの「第三の道」に対して彼の議論が有効な批判となっていると思われるからである。しかも、それはたんに旧来の「ケインズ主義的福祉国家」の復活という主張ではないところに新鮮味があるように思われる。

2. ノータマンズの所説

トン・ノータマンズは、ノルウェーのトロムソ大学の「国民国家のヨーロッパ化」に関する高等研究所で上級研究員として勤めていたが、最近ではヨーロッパ大学のロバート・シューマン・センターでジャン・モネ・フェローとして国民国家のヨーロッパ化そしてグローバル化について研究している。いわゆる「第三の道」とは異なる新しい福祉国家、新しい社会民主主義のあり方を探求する研究者グループにおけるリーダー的存在であり、その研究成果として、1997年に Forsyth and Notermans eds., *Regime Changes* を、そして2000年に

は単著 Notermans, *Money, Markets, and the State* を，2001年には Notermans ed., *Social Democracy and Monetary Union* を公刊している。そこで，本章は，これら3つの著書に基づいてノータマンズの所説を紹介・検討しようと思う。

2.1 ヨーロッパの経済戦略とその問題点：自由主義的社会民主主義の提唱

ノータマンズは，1980年代に多くの識者によって死を宣告された社会民主主義が1990年代に印象的な復帰を遂げたことはそれほど不思議なことではないと言う。緊縮的なマクロ経済政策，規制緩和的なサプライサイド政策という新自由主義のプログラムによって成長と繁栄に復帰するという約束が選挙民にとってありえそうもないと判断されるようになったからであり，シュレーダー，ブレア，ジョスパンの圧勝の核心にあったのは，失業と停滞に対する有効な政策を求める選挙民の声であった。しかし，このような選挙上の勝利だけでは社会民主主義の終焉テーゼを決定的に否定するのに十分でない。というのは，社会民主主義は新自由主義に対する有効な代替案をもっていることをまだ証明してはいないからである。社会民主主義者がこれらの選挙での勝利を打ち固めることができるかどうかは，それは新自由主義が解決できなかった経済問題に解答を見出すことができるかどうかに決定的にかかっている，と彼は言う[5]。それでは，経済のグローバル化，国民国家のヨーロッパ化が進行している今日において，いったいどのような政策であれば失業と停滞というヨーロッパを長らく悩ませていた問題の解決となるとノータマンズは考えているのであろうか。

まず，ノータマンズは，ヨーロッパにおける経済・通貨同盟（EMU）という現在の枠組みのなかで，ラジカルな規制緩和と労働市場の柔軟化という新自由主義政策をそのまま踏襲しないで失業の削減に成功した例として次の4つの戦略をあげている[6]。

（1）労働の再分配：労働の再分配には包含型と排除型の2種類がある。排除型は，弱者を早期退職や障害プログラムを通じて労働市場への参加から排除することによって失業率の削減をもたらそうとするものである。包含型は，利用可能な仕事量をできるだけ多くの労働者に分配することによって失業を減らそうとするものである。その主な手段は労働者1人当たりの労働時間の削減と広範なパートタイマーの利用からなる。

（2）賃金格差という手段による雇用創出：ヨーロッパ諸国の大部分におい

て，賃金格差の制限のために実現しえていない，人的サービスでの雇用創出の潜在的余地はかなりある。失業率を削減するうえでは，この低賃金セクターの創出は有効である。大規模な賃金格差をもたらすのに利用可能なメカニズムとして，最低賃金の切下げ，賃金補助，租税控除がある。

　(3)　公共部門における雇用創出：この戦略においては，スカンディナヴィア諸国に典型的にみられるように，国家が賃金稼得者の所得の大きな割合を高率の税を通じて取得して，それを雇用促進的な用途に使用する。

　(4)　競争力とイノベーションに向けた雇用創出戦略：ブレアやシュレーダーの例を引くまでもなく，今日の社会民主主義政治家の多くはイノベーションと競争力こそ経済的繁栄と高雇用を達成する鍵であると考えている。新自由主義の戦略とは対照的に，そのような競争力のある経済は国家の撤退から自動的に生じるのではなく，教育や科学・技術の育成の分野における積極的な国家の介入から生まれると考えられている。

　オランダ，イギリス，スウェーデン，デンマークにおける社会民主主義政府は失業率の低下を達成するために，1990年代に上記の戦略をそれぞれ異なったウェイトをつけながら採用した。その結果，それらの国々の失業率はEUの平均よりも明らかに低くなっている。ところで，これら4ヵ国のうち，オランダを除く3ヵ国は欧州の経済・通貨同盟（EMU）に加入していない。しかし，これらの国々での成功は伝統的な社会民主主義のマクロ経済管理に依拠したものではなかった。雇用を創出する手段としてケインズ的赤字支出は3国の社会民主党政府によって拒否されてきたし，金融政策についても成長刺激策よりも物価の安定のための枠組み提供というのがその主な仕事であった。このことから，「EMUのメンバーであるという制約は，完全雇用，強力な福祉国家，公平な程度の所得平等という社会民主主義の伝統的目標にとって乗り越えがたいハードルとなってはいない」とノータマンズは主張する[7]。

　しかし，これらの国々における最近の成功という事実にもかかわらず，これらの失業削減戦略の長期持続性についてノータマンズは次のような疑問を呈している。

　まず，オランダ，スペイン，イタリアなどによって採用された，競争国よりも賃金上昇率を抑制する賃金切下げ戦略は，明らかに「近隣窮乏化政策」という性格をもった地域的な労働再分配戦略であるとして拒否する。そのようなか

たちで競争力を増大させることは個別企業の生き残りにとっては不可欠であっても，国際貿易の圧倒的部分が相互間の貿易であるEU諸国内で個別国家の競争力の改善という手段によって全体としての失業問題を解決するのは不可能である。というのは，ある国における競争力の相対的強化は他の国における低下によって埋め合わせられなければならないからである，と述べる[8]。

次に，固有の意味での労働再分配政策（各国内部の労働再分配政策）については，ノータマンズはどのように考えていたのであろうか。

労働の再分配政策のうちの排除政策については，財政余力の限界と衝突するようになっており長期持続性はないと退ける。他方，包含政策については，失業率を削減するのみならず国の財政負担をも軽減するものであり，展望をもつものとしてまずは評価する。そこで，包含政策として代表的な，そしてわが国でも評価の高いオランダ・モデルについて検討を加えている。利用可能な労働を公平に分配するオランダ・モデルは連帯，公平，賃金労働の中心性を伝統的に重視してきた社会民主主義の考え方になじむものではあるが，労働時間の短縮とパート雇用の増加を考慮に入れれば，そのモデルのもつ雇用創出能力は過大評価されていると一定の留保をつけた評価となっている。さらに，そのモデルはオランダの伝統があってはじめて可能となったものであり，他国への輸出は現実には難しいと判断している。

「可処分所得の削減を伴うものを受け入れることは困難であろうから，労働再分配の主要な問題は政治的性格をもった問題である。賃金抑制と同様に，再分配は雇用されている人と失業者の間にかなりの程度の連帯を必要とする。オランダのばあいには，そのような戦略は強力なカルヴァン主義の節制の伝統に依拠しているがゆえに可能であった。」[9]

このように，オランダ・モデルの輸出可能性（とくに，ドイツのようなすでに時間当たりの賃金が停滞し，租税と社会保険料が上昇している国への）については否定的である。ただし，このような労働再分配政策も労働に対する需要が拡大しているという背景のもとでは政治的により受け入れられやすいものとなる，と付言している[10]。

オランダ・モデルにさほど期待することができないとすれば，公共部門で雇用創出を図るスカンディナヴィア・モデルについてはどうだろうか。これに対しては，まずノータマンズは次のような注意を発する。高い公的雇用水準を維

持するのに必要な高い課税水準は競争力を削減するがゆえに反生産的であるという新自由主義者の議論は間違っている。スカンディナヴィア諸国における高水準の集合的消費は他方におけるより低い可処分所得によって釣り合いがとられているのだ，と。したがって，高い課税水準は実現可能な実質賃金の大きな部分が国家によって取り去られることを意味するに過ぎない。それゆえ，これは経済の問題であるというよりも政治の問題となる。このような注意の後，ノータマンズはスカンディナヴィア・モデルもまたその政治的な理由で他国に輸出することは困難であるという。

> 「公的雇用というスカンディナヴィアの解決法は政治的支持を欠いているがためにほとんどの大陸諸国においては実行不可能であろう。支配的な社会民主主義のなかに中央集権的国家と強力な家父長主義的要素という長年の伝統をもったスカンディナヴィアにおいては国家が平均所得の約半分を取得するという事実は政治的に受容されるかもしれないが，ヨーロッパ大陸においてはそのようなことは不可能である。さらに，官僚主義的硬直性と公的セクターによって提供されるサービスの質について公衆の不満がますます高まっている時期に，公的セクターのラジカルな拡大という戦略はたとえ失業を削減するという約束の下ですら支持を生み出しそうもない。」[11]

スカンディナヴィア・モデルもまたオランダ・モデルと同様に輸出が困難であるとすれば，雇用創出のために残された道は勤労所得格差の増大に寛大になること，すなわち失業を吸収する低賃金サービス部門の出現を許容（具体的には，労働市場のラジカルな規制緩和や賃金補助など）することであろうか。アメリカとイギリスによって採用されたこの戦略も，伝統的に平等を強調してきた社会民主党内部の広範なイデオロギー的抵抗に由来する受け入れがたさを別にしても，一般に賃金不平等がもたらす雇用創出能力を一方的に過大評価しすぎていると[12]，その経済的効用に対してもノータマンズは否定的である。

それでは，ブレアやシュレーダーの「第三の道」はどうであろうか。

ノータマンズによれば，「第三の道」のコンセプトは，1970年代に出現したところの，繁栄創出という市場のダイナミックスを破壊するという犠牲と引き換えに福祉国家からの既得権益（低所得者や公務労働者など）を擁護するというマイナスサムのゲームを克服することを政治的課題として生まれた。ブレアやシュレーダーのような政治家は，規制緩和，フレキシビリティ，市場の優位

図1　社会民主主義政策の諸タイプ

		マクロ政策	
		拡張的	緊縮的
ミクロ政策	自由主義的 (市場支持的)	自由主義的 社会民主主義	現在 第三の道社会民主主義
	介入主義的 (市場代替的)	黄金時代 ケインズ的 社会民主主義	大恐慌以前 伝統的社会民主主義

出典）Notermans（2001），p. 265.

を強調するネオリベラルの考え方にイノベーションと教育を促進する公共部門の役割を結びつけるとプラスサムのゲームが生まれると考えた。すなわち，そのような戦略は多数の賃金の良い仕事を創出すると考えた。しかし，実際には，ほとんどのEMUの加盟国にみられるように大きな雇用拡大は生じなかったし，また生じたとしても，それはイギリスのように格差拡大と結びついていた。そうなった理由は，「新しい社会民主主義」を標榜する「第三の道」がいまなおインフレに対するセーフガードとして金融の緊縮にあまりにも力点を置きすぎているからであり（図1を参照），その結果経済政策の管理をプラスサムのゲームに転換させることができないからである，とノータマンズは主張する[13]。

ノータマンズは，金融による刺激なしでは社会民主主義は持続的ヘゲモニーの基礎となるプラスサムの解決法を打ち立てることはできないと言う。1990年代末のイギリスとアメリカにおける雇用の拡大にしても，一般に考えられるように賃金格差の拡大によるというよりも緩和的なマクロ経済のフレームワークに関連している可能性が高い。アメリカの連邦準備制度は失業が増大し成長が低下するやいなや手綱を緩めるという意味でドイツ連銀とはかなり異なった方向性を示してきたし，イギリスにおいても1992年9月のEMUからの離脱によって金融政策におけるレジーム・チェンジの機会が与えられ，拡大的な金融政策が成長への刺激となってきた，と主張する[14]。

しかしながら，ここで注意すべきことは，金融による刺激は「ケインズ主義的社会民主主義」への復帰を意味しないとノータマンズが考えていることである。そもそも，戦後の繁栄においてケインズ的赤字支出はそれほど大きな役割を演じてこなかったがゆえに，「ケインズ的社会民主主義」という用語は実際には不適切な名称である。繁栄は反循環的な財政支出に依拠したのではなく，

むしろ信用拡大によるところの活発な民間投資活動に依拠してきたのであった。さらに重要なことは，戦後の社会民主主義のモデルが新自由主義に屈服したのはグローバル化や経済思想の恣意的推移によるものではなかった。それはこのモデルがかつてのように完全雇用に伴うインフレ圧力を首尾よく封じ込めることができなくなったために，言葉を換えればいわばこのモデルの深刻な内生的機能不全のために屈服したのであった。このために，賃金抑制的な労働市場制度に代わって，金融引締めと失業がインフレ過剰に対するセーフガードの役割を果さねばならなくなったのである，と言うのである[15]。

今日の多様で，個人主義的な労働力と選挙民を前提とすれば，かつてのコーポラティズム的賃金決定によって提供されてきた価格規律にもはや期待することはできない。それゆえ，いまや市場の力がある程度の規律を提供しなければならなくなっている。このような文脈において，単一通貨，経済統合による競争の激化，柔軟な労働市場が成長と完全雇用のための社会民主主義戦略の成功にとって重要な役割を演じるようになるのである。言葉を換えれば，1980年代の新自由主義の教義がフレキシビリティと労働市場の規制緩和を成長の再開にとって十分なものとみなしてきたのに対して，「自由主義的社会民主主義」の戦略はそれらの政策をマクロ的な成長戦略がインフレのわなに陥るのを防ぐ手段と考えるのである。また，黄金時代の市場代替的なミクロ経済政策は一般的に平等の追求によって正当化されてきたが，実際には社会の大きな部分を市場圧力から隔絶することによってインフレを促進することになった。しかし，いまや労働組合の各支部の自治と成長志向の政策レジームとの両立を図るうえでも，市場の力がかつてよりもずっと大きな役割を果たすようになることを社会民主主義者は受け入れなければならない[16]。ノータマンズは社会民主主義の新しい正統性の確立に向けて，最終的に次のように主張する。

> 「もし，ほんとうに階級と集団の特権の排除が社会民主主義のイデオロギー的不変性であるならば，このことはまた社会民主党の支持基盤であるブルーカラー労働者や公共部門の労働者に及ぶ特権にも適用されねばならないであろう。とくに，市場の力からの保護が完全雇用にとって障害になるときには。」[17]

このように，完全雇用を目標とした市場支持的なミクロ政策と拡大的なマクロ政策を組み合わせたものが「自由主義的社会民主主義」であり，ヨーロッパにおける現在の政策として望ましいとノータマンズは主張するのである。

2.2 ヨーロッパにおける経済政策の歴史：レジームとその転換

表1にあるように，ノータマンズによれば，1920年代から現在までに政策の方向性に関するかぎり，変化の方向はヨーロッパ全体を通じて類似しており，それは3つあった。それは，1920年代初期・中期から1930年代初期・中期までの，いわゆる戦間期の再建金本位制体制，1930年代半ばから1970年代半ば・1990年代初期（国によって異なる）まで続く成長レジーム，そして1970年代半ば・1990年代初期以降（これも国によって異なる）のインフレ抑制体制である。もちろん，ノータマンズは言及していないが，この3つのレジーム区分は，アメリカやカナダ，そして日本にもあてはまる。なお，ここで注意しておいたほうがよいと思われるのは，わが国の高度成長期に多用された，日銀の窓口規制，財政投融資を利用した選択的信用割当，地域的再分配政策などはこの時期を通じて，ヨーロッパにおいても広くみられたという事実である。

このレジームの性格を決定するうえで，そしてレジームを転換するうえで，貨幣当局の政策が一番重要な位置を与えられている。それに対して，ケインズ的な財政政策はそれほど重視されていない。この金融政策を中心としたマクロ政策のシフトに伴って，金融の規制と緩和，労使関係，産業政策，社会福祉政策といったいわゆるミクロ政策も変化するようになると考えられている。

1973年以降，ほとんどの先進資本主義諸国において緊縮的なマクロ経済政策にシフトしたのは国際的要因によると多くの人によって主張されてきたが[18]，ノータマンズはこの議論は正しくないと述べる。

国際要因を重視する議論として，①金融の国際化が緊縮的マクロ経済政策への転換を導いた，すなわち1960年代半ば以降のユーロ市場の成長，金融機関と一般企業の多国籍化によって政府が国際金融取引を規制することが困難になったという説と，②小国や世界経済のなかで周辺的な位置にある国々はアメリカやドイツのような貨幣の準備センター（準備通貨国）のリードに従わざるを得ない[19]，という2つの説がある。

これに対して，ノータマンズは次のような批判をおこなう。①の説に関しては，国際化が規制緩和を強制したのではなく，規制緩和が国際化を導いたのである，と主張する。すなわち，国際金融の流れを長期的にみれば，国際化というものは断続的なものであり，情報・通信の技術革新や経済発展がもたらすフ

表1 ヨーロッパにおける3つのマクロ政策レジーム

I. 戦間期の金本位制
(1920年代-1930年代半ば)

【マクロ政策】
目標：為替平価の維持。為替平価を維持することはインフレを防ぐことであり、国内物価の柔軟性（ふつうは下方への）は対外バランスを維持すると当然のように考えられていた。
手段：おもに、割引率の調整を通じて達成される緊縮的な金融政策。保守的な財政政策。公債の発行による公共支出は資本投資に充てられるばあいのみ容認されるが、為替平価が市場で挑戦されるときには予算は均衡予算に復帰した。

【ミクロ政策】
目標：雇用と成長。
手段：主に奨励的な手段。国際競争力の強化によって世界市場のより大きなシェアが国内企業によって獲得され、失業が輸出されることになる。生産物市場において、政府は生産性の向上（「合理化」）を促進する手段として企業間の合併や投資を奨励した。労働市場において、政府は「柔軟性」（すなわち、名目賃金の下方圧力）の強化を奨励した。

II. 高成長と高雇用レジーム
(1930年代-1970年代)

【マクロ政策】
目標：高成長および高雇用・完全雇用を比較的安定した物価および対外バランスに結びつける。
手段：柔軟な金融政策。投資を奨励するために実質利子率は低く抑えられる。国家間のインフレ率の相違を調整するために、そして貿易収支を均衡させるために為替レートはときどき調整された。ゆるやかに拡張的な財政政策。国民経済に対する国家予算の規模はかなり増大した。いくつかの国々は反景気循環的な財政政策を採用した。すべての国で、社会および福祉プログラムから発する移転支払いは不況期における需要を安定化させる傾向をもった。高水準の公共投資がビジネスの信認を強化し、大きなリセッションは起こりにくくなった。しかしながら、ほとんどの国々はGDPに対する公債比率の長期的な増大を回避してきた。

【ミクロ政策】
目標I：拡張的なマクロ経済的環境においてインフレを抑制する。
手段：(いくつかの国々において、とくに北欧、オランダ、オーストリア、ドイツにおいては)所得政策。賃金の上昇は生産性の上昇と結びつけられた。賃金の抑制は完全雇用がインフレ的な賃金-物価のスパイラルに至ることを防いだ。(いくつかの国々、とくにフランス、スペイン、ノルウェー、スウェーデンにおいては)選択的な信用割当。低利子率によってもたらされたインフレ圧力は信用制限とその他の形態の行政的な信用配分によって抑え込まれた。
目標II・III：(いくつかの国々において、とくにフランスとノルウェーにおいては)近代化、(いくつかの国々、とくにイタリアとノルウェーにおいては)成長と雇用の地域的再分配。
手段：近代化を促進し、地域的再分配を促進するための金融規制、租税特別措置、補助金、貿易規制に基づいた産業政策。
目標IV：(すべての国々において)富裕者から貧困者へのいくぶんかの所得再分配。
手段：失業保険制度、社会保障、健康保険、所得維持、住宅補助、教育奨学金。

III. ディスインフレ・レジーム
(1970年代半ばから現在まで)

【マクロ政策】
目標：インフレとの戦いを最優先する。名目価格水準の安定と両立可能な成長と雇用。
手段：緊縮的な金融政策。インフレ期待を打破するために、そしてそれが復活しないために実質利子率はできるだけ高く維持されなければならない。信用市場を通じた利子率のシグナルの効果的な伝達のために、行政的な信用統制は解除されねばならない。多くの国々において、国内通貨の為替レートを外国のアンカー、とくにドイツのマルクに結びつけることは、物価水準の安定という評判を高めることによってディスインフレ政策の信認を強化する。外国とのアンカーを効果的にするためには、国際資本移動の拘束を解除することが必要となる。

財政政策については国々全体を特徴づけることは困難である。ディスインフレ金融政策の開始によって引き起こされたリセッションは予算赤字を増大させる傾向をもつ。マクロ経済的な安定政策の一環として赤字の削減やサプライサイド成長政策の一環としての民間投資の「クラウディングアウト」の削減に努めた国々もあった。他方、予算赤字を削減しようとはせず、金融引締め政策の影響を緩和するために拡大的な財政政策を意識的に用いた国々もあった。しかし、あらゆる国々において、中期的傾向として引締め傾向の強い財政政策のスタンスに向かっているように思われる。

【ミクロ政策】
目標I：マクロ政策の方向性によって設定された拘束下で失業をできるだけ低く保ち、成長をできるだけ高く達成する。
手段：国内企業のために世界市場のシェアをより多く確保する手段として、そして失業を海外に輸出する手段として貿易収支を改善する。生産物市場においては、自国企業の競争力を強化するためのインセンティブの付与、投資と生産性上昇の強調。労働市場においては「賃金の柔軟性」を回復させる。
目標II：社会的解体へと導くような失業と低成長を防ぐこと。
手段：年金のインセンティブを通じて高齢の労働者に対し早期退職を奨励することによって雇用喪失を管理する。外国の「ゲストワーカー」の送還、必要ならば移民法の操作を通じた送還。青年労働者が労働市場に遅く到着するように予備タンクとして学校と職業訓練プログラムを利用する。再訓練プログラムの開発。高度成長期と高雇用期に制度化された福祉給付と社会給付の一定程度の維持。

出典）Forsyth and Notermans (1997), pp. 41-43

ァクターの非可逆的な変化というよりも政策によって強く促進されてきた，と。②に関しては，たしかに効果的な外国為替統制をもたない国々は準備通貨国における緊縮政策への転換によって影響を受けるであろうが，すべての先進工業国がそのマクロ政策の選択肢をアメリカやドイツの政策によって完全に拘束されているわけではない，と言う。その例として，ノルウェーやスウェーデンの政策軌跡をあげている。まず何よりも，この両国は他の国々と異なり1980年代半ばから90年代初頭まで，戦略的な通貨切下げ政策などを通じて完全雇用レジームを保持していた。この両国における成長―完全雇用レジームは，資本の国際移動をコントロールできなかったためではなく，国内のインフレ圧力の加速化によって破壊された。この例が示すように，よく規制され，競争力のある国民経済にとって，国際的な圧力よりも国内のインフレ圧力のほうが最近のマクロ政策のレジーム変化を強いるうえで重要であった，とノータマンズは主張するのである[20]。

ノータマンズがマクロ政策のレジームとレジーム変化の国内要因を強調するのは，国際通貨システムが政策形成者たちの選択をしばしば拘束することを否定するためではない。むしろ，彼が国内経済に探求の目を向けるのは先進資本主義国の経済体制に存在する重要なジレンマの内在性を強調するためである。そのジレンマは資本主義経済がもつインフレ・ダイナミックスとデフレ・ダイナミックスであり，これらの累積的な性格をもつ名目価格の破壊的影響である。彼は新古典派経済学者のように，名目価格水準の調整は急速におこなわれて均衡に向かうとは考えない。ヴィクセル，ケインズ，フィッシャー，トービンなどと同様に，価格の運動は非常に攪乱的である考える[21]。それゆえ，国家はますます破壊的影響を強めるようになったデフレ期待やインフレ期待を打破するために介入せねばならず，その結果レジームの交代が生じる，と考えるのである。

2.3 マクロ経済拡張政策の理論的根拠

1970年代後半以降，マクロ経済政策による経済への刺激は失業問題を解決するうえでほとんど役立たない，と多くの人が考えるようになった。そのような考えを大きく分けると，①マクロ経済の刺激はそれ自体不毛であり，長期的には高インフレをもたらすだけであり，むしろ必要とされる構造調整を妨害す

る，②経済のグローバル化，とりわけ金融市場のグローバル化が事実上マクロ経済政策の適用を不可能にしている，という2つからなる。この2つの見解に対して，ノータマンズは理論的に反論を加えている。まず，②の見解に対する反論からみていくことにしよう。

　ヨーロッパ諸国が拡張的なレジームに執着していた1960年代において，資本移動は一般的に引締め政策を挫折させると言われてきた。金融の引締めによってインフレと戦おうとするいかなる試みも資本の流入を呼び起こし，そのことによって政策目標を挫いてしまう，と。しかしながら，1975-76年のイギリスのIMF危機や1982-83年のフランスにおけるミッテラン大統領のUターンのような経験をへて，議論は逆転した。いまや，金融市場のグローバル化のために，一国のみで拡張的なマクロ経済政策を追求する選択肢はもはや存在しない，一国におけるケインズ主義政策は効力を喪失した，と言われるようになった。しかし，開放的な金融市場は不可避的に緊縮的マクロ経済レジームを課すことになるというのは神話でしかない，とノータマンズは言う。その神話によって，社会民主主義者があまり政治的抵抗を引き起こすことなくインフレと戦うことはたしかにより容易になったかもしれないが，そのような政策がもはや必要でなくなった時期においてすらそれに固執することは悲劇的な結果をもたらす[22]，と彼は言う。

　新古典派の議論においては，マクロ経済管理は長期的には有効ではないと主張されるので，そもそも国際的な金融移動の出現は問題として考慮されることはない。それゆえ，開放的な金融市場が拡張的な経済政策を挫折させるという議論は基本的にケインジアンの議論である。ところが不思議なことに，開放経済における経済政策作成についての標準的なケインジアンの議論であるマンデル=フレミング・モデルは開放的な金融市場は国内の政策上の自律性を低下させるという主張をしてはいない。したがって，金融のグローバル化によって国内における政策自律性が喪失するという結論に達するためには，ケインジアンは国際金融投資家の行動に関する特別の仮定に訴えなければならなかった[23]。このような仮定に対して，ノータマンズは次のような原理的批判をおこなう。

　「閉鎖的な金融市場を貨幣政策の自律性と等値することは，破壊的な金融移動と金融投機の可能性を国内の富の保有者が海外への退出という選択肢をもっている状況に限定するという分析上の誤りを犯すことを意味する。外貨建ての資産

を獲得すること，または国内の生産的企業に投資することが富の所有者にとって開かれた唯一の選択肢では決してない。完全に閉鎖的な金融市場を仮定した場合ですら，投機的な不動産の獲得（そして，借金をする）という選択によって，貨幣からフライトする可能性が存在する。したがって，物価・所得政策がもはや利用不可能な場合には，たとえ金融市場が閉鎖的であったとしても，緊縮的なマクロ経済政策を通じてインフレ問題に対処する必要性から政府が解放されることはない。」[24]

　もし，インフレ持続の期待が国内通貨の安定性への信頼を掘り崩すほど大きいものであれば，資本流出の抜け穴をふさいだとしても，それに立ち向かうマクロ経済政策の選択肢を増やすことにはならない。為替管理などを用いて資本輸出の通路をふさぐことは通貨への信頼を回復させるのではなく，国内通貨からのフライトのチャネルを変えて外国通貨よりむしろ実物資産の投機に向かわせることになるであろう。第1次世界大戦後のドイツにおけるハイパーインフレの経験が示すように，インフレの国内原因が取り除かれないかぎり，為替のコントロールなどは基本的な問題解決にはつながらない[25]。

　しかし，深刻なインフレ問題がない状況においては，たとえ金融市場が開放的であっても，より拡張的な貨幣レジームが可能である，とノータマンズは言う。切迫したインフレ問題がなければ，資本流出に対する解答は通貨価値（為替レート）を下落させることである，と。そのような状況下での通貨価値の下落（為替レートの下落）は，為替レートをマクロ経済の拡張という政府の政策優先順位と合致させるようにする調整にすぎない。たしかに，金融市場は絶えず経済政策をモニターしており，しばしばある国の政策はその為替レートの水準と両立しないという結論に達する。しかし，そのことは金融市場が政治よりも優位に立っていることを意味しない。そうではなくて，現在の為替レートに政策を調整するというよりも，為替レートを現在の政策に調整することによって政治の優位性を行使しうるのである。このように，開放的な金融市場の下でも，政府は政策の優先順位に為替レートを調整させるという選択肢をもっているのであり，失業の削減に高い優先順位を置き，為替レートの下落がインフレ昂進へと進むことは断固阻止するという国民的合意に到達しているかぎり，小国ですら一国規模でより拡張的なレジームを追求する選択肢をもっている，とノータマンズは主張するのである[26]。

続いて，①の見解に対するノータマンズの反論に移ろう。まず，ノータマンズは，1970年代以降のヨーロッパにおける失業の歴史をみれば，ますます増大する失業がマクロ経済の引締めと密接に関連していたことは明らかであり，それゆえ，ヨーロッパの失業問題の解決をマクロ経済の拡張に求めることは理にかなっている，と述べる。これに対する標準的な反論は，失業問題の長期的性格はそれが構造的な性格をもっていることを意味するという主張である。そして，この主張の理論的バックボーンは，長期的には，GDPや雇用の水準は賃金のフレキシビリティ，競争力の程度，技術水準といった市場のパラメーターによって決定され，マクロ経済の管理は短期的には経済産出量に影響を及ぼすかもしれないが，長期的には市場による調整によって以前の状態に戻されてしまう，という考え方である[27]。

　上に述べた標準的な反論，さらにはそれを支える理論に対して，10年以上に及ぶサプライサイド政策の後，EUは全体として相変わらず大量失業に悩まされていることを根拠にして，「マクロ経済政策を短期的需要管理として扱い，ミクロ経済政策を長期のサプライサイド要因として扱う従来の考え方を再考する」必要があると述べる。そのさい，民間投資活動こそ長期的な成長と雇用にとって最も重要な変数であるので，問題は民間投資活動に焦点を合わせるかたちで説明されねばならない[28]。以下の説明が，民間投資活動を重視したノータマンズの新しい考え方である。

　民間の企業家が獲得したいと考える生産能力水準，すなわち純投資の水準は将来の成長率の期待に決定的に依存している。成長率が長期的に高いであろうということは企業の製品需要が高まることを意味し，それゆえ生産能力の水準を長期的に拡大する必要が生じる。しかしながら，全般的なGDP成長率は本質的に民間投資の意思決定の総和によって決まる。したがって，現在の収益性のような客観的要素は投資水準の十分な決定要因ではなく，投資水準は将来の成長率の期待によって決定的な影響を受けるのである。成長率は市場経済における無数の独立的アクターの期待とその後の投資決定に依存しているので，単一の市場が決定する率など存在しない。それゆえに，成長に関する期待は本質的に自己実現的性格をもっている。もし，アクターの大多数が成長率は低くなるであろうと期待すると，実際に成長率は低くなる。そして，その逆のことを期待すれば，逆のことが生じる[29]。

以上のような考えから，マクロ経済レジームが最も決定的な影響力をもつのは投資水準を決定する期待に対してである，とノータマンズは述べる。緊縮政策が一時期偶然に採用されることは長期の期待に影響を及ぼすことはないであろうが，中央銀行の行動を規定する政策レジームにおける根本的変化は必然的に期待に対して強力な影響力を及ぼす。それゆえ，ヨーロッパの失業の長期的性格は主として構造的要因の結果ではなく，1950年代と1960年代の成長志向の姿勢から1970年代以降のインフレ防止の姿勢へと金融政策レジームが変更されたことに対応して，期待が大幅に下方調整された結果として生じたと解釈することができる，[30]と。

　以上のような理論的観点でもって，ノータマンズはインフレが沈静化し，持続的な大量失業が存在する現在において，何よりも長期的なマクロ経済の拡大政策が望まれると主張するのである。

　筆者もまた，長期の成長と雇用にとって最も重要な変数である純投資の水準は将来成長率の期待に依存しており，マクロ経済レジームはこの期待に重要な影響を及ぼすと考えている[31]。それゆえ，インフレ再燃の可能性が低い現在において失業を最小限に抑えようとするならば，世界経済レベル（これにはミュルダールや宮崎義一，そして最近ではジョセフ・スティグリッツが述べるように，国際的な協力体制が必要となる）で長期的な観点（将来のインフレや環境問題や南北問題を視野に入れた観点）からの拡大的なマクロ政策が必要とされる[32]。

3. ヨーロッパ福祉国家の現状：ノータマンズ理論からの視点

　2001年，2002年，2003年，2004年，2005年のGDP成長率と失業率（カッコ内で示す）は，アメリカの0.8%（4.8%），1.6%（5.8%），2.5%（6.0%），3.9%（5.5%），3.2%（5.1%）そしてイギリスの2.4%（3.2%），2.1%（3.1%），2.7%（3.1%），3.3%（4.7%），1.9%（4.8%）に対して，ユーロ圏は1.9%（7.9%），0.9%（8.3%），0.8%（8.7%），1.7%（8.9%），1.5%（8.6%）となっている[33]。このようにユーロ圏がアメリカとイギリスに比べて低成長で高失業の傾向を示すのは，21世紀に入って出現したというよりは，1990年代半ば以降の長期の傾向である。

このような現象の原因をノータマンズは，通常言われるようなイギリスとアメリカ両国の賃金不平等とそれに基づく雇用創出能力に求めるのではなく，両国の中央銀行と欧州中央銀行（そして，その前身のドイツ連銀）の金融政策の姿勢の相違に求めている。たしかに，ヨーロッパにおける長期に及ぶ大量失業の原因としては，「労働市場の柔軟性欠如」も一部関係しているが，その最大の原因は完全雇用に近づけるためのマクロ経済政策をとろうとしない姿勢に求められる。スティグリッツも指摘するように，ヨーロッパにおける経済的フレームワークは一世代前の戦いを続けていると言える。その枠組みは雇用の創出や成長を目指すよりもインフレを何よりも恐れるものであり，その結果中央銀行はインフレ防止を最優先とする金融政策を実行し，財政赤字の規模削減を図る「安定成長協定（The Stability and Growth Pact）」は景気刺激的な財政政策を実行する能力を各国政府から奪っている。共和党がケインズ経済学の時代を終わらせるために財政均衡を義務付ける憲法修正案を提出したとき，クリントン政権はその試みを阻止したが，ヨーロッパでは社会民主主義政府は自らの手足を縛ることに熱狂的といえる態度で同意した[34]。これはインフレが沈静化した今日においても，ヨーロッパ人が70年代（ドイツにおいてはさらにはるか以前）のインフレ悪夢にとらわれていることを示すものである。

　しかし，欧州中央銀行（ECB）のこのような頑なな姿勢はいまなお低成長と持続的失業という苦しみをヨーロッパ各国にもたらしている。この金融の緊縮政策のあおりを受けて不況を深刻化させたドイツやフランスは，「安定成長協定」で決められた「財政赤字をGDPの3%以内にとどめる」という義務を放棄せざるを得なくなった。この協定が破られることはある意味では当然の成り行きであり，むしろヨーロッパ経済と世界経済の安定的発展にとっては望ましいとすら言える。また，このようなヨーロッパの金融政策とデフレに対する警戒姿勢をより明確に打ち出したアメリカの金融政策の相違は，予想以上の大幅なユーロ高とドル安をもたらした。これは当然ヨーロッパの輸出産業をいたく傷つけるものであり，ヨーロッパの各国首相がユーロ高・ドル安の是正を求めてECBに金融緩和を促すという事態もたびたび発生している。このように，ユーロランドの諸政府がECBの緊縮的貨幣政策に不便を感じるのは当然であり，それが昂じればECBも各国政府のインフォーマルな圧力から影響を受けないわけにはいかなくなるであろう。それゆえ，ヨーロッパの高失業が今後も

続くようであれば，ノータマンズが主張する「金融政策のレジーム・チェンジ＝戦後の金融政策の方向性への復帰」の可能性は十分にありうるのである。

このようにヨーロッパ福祉国家が抱えている問題に対するノータマンズの診断は適切なものであり，その対処方法もきわめて現実的である。また，グローバル化を必要以上に恐れず，保護主義に頼ることなく完全雇用を最優先する姿勢，旧来の社会民主主義の支持基盤であったブルーカラー労働者や公共部門労働者の既得権をも見直そうとする態度などは，21世紀において社会民主主義が再び長期的なイデオロギー的ヘゲモニーを獲得するうえで重要なステップとなるかもしれない。しかしながら，ノータマンズの所説にも問題点はある。ここでは，長期的な視点と短期的な視点から，2つの問題点を指摘しておこう。

まず長期的な視点からの問題を述べると，社会民主主義の選挙上の勝利をより確実なものとするための経済戦略という思考上やむをえない面があるとはいえ，やはり現状追随的な成長第一主義にとらわれている側面が強い。むしろ，今後予想される長期的な成長の限界ということに注目するならば，オランダ・モデルなどに示される柔軟な働き方（もちろん，かなりの修正を加える必要はあるが）は21世紀の福祉国家モデルとしてもっと評価されていいのではないかと思われる。ヴィッサーとヘメリックの研究は，以下に引用するような理由でもってオランダの改革の経験を真剣に受け止めるべきだと述べているが，彼らの主張には，グローバル化の波によって挑戦を受けながらポスト工業社会の福祉国家のなかに生きるわれわれにとって聞くべきところが多い。

> 「第1に，そのパフォーマンスの観点からみて，過去10年の驚くべき雇用創出というオランダの奇跡はEUにおける現在の失業の不快感からの別れを告げるものである。そのことは決して小さくない手柄である。第2に，それと同様に，新しいオランダの労働市場の構成は興味深い。パートタイムの仕事に就く多数の男性を含む，パートタイム雇用の大波，女性の労働参加の革命的増加，サービス・セクターの急激な成長はとくに言及に値する。〈オランダの奇跡〉はポスト工業社会の労働生活と家族関係の新しい現実に適応しつつある福祉国家の1つの代表例を示すものである。第3に，これらの2つの要素を合わせると，大陸型福祉国家は改革可能であるし，しかも〈ビッグ・バン〉なしに改革が可能であるということを示しているように思える。」[35]

もちろん，ノータマンズが強調するように，オランダ・モデルにしても，ス

カンディナヴィア・モデルにしても容易に輸出することはできない。強力なカルヴァン主義の節制の伝統に依拠したがゆえにオランダの改革は成功しえたし，公的雇用というスカンディナヴィアの解決法は政治的支持を欠くがゆえにほとんどの大陸諸国においては実行不可能であろうというノータマンズの指摘はおそらく正しいであろう。しかし，BRICsの急激な成長によって21世紀の最大の問題は資源と環境の問題であることがますます明白になっている現在[36]，そして家族の変容が新しい働き方を求めている現在[37]，オランダとスカンディナヴィアで試みられている実験は他の国々にとってもやがて現実味を帯びたものになると思われる。

　次に短期的，より現実的な視点からノータマンズの問題を指摘すれば，近年のグローバル化によって国際競争と地域間競争が激しさを増している環境下では，たとえ失業率が高くなっていても，各国（あるいはEU全体）がマクロ拡張政策に踏み切るのは容易なことではないのでなかろうか。だからこそ，新自由主義政策や第三の道路線がそれなりの支持を得て受け入れられているのであり，今日の世界経済のもとでは国際競争力の強化を目的とした供給重視の政策を採用するのが自然の流れといえないだろうか。しかし，供給側の政策が重視されるべきだといっても，必ずしも新自由主義的な政策を踏襲する必要はない。

　1980年代におけるイギリス保守党とスペイン社会労働党の政策を比較研究するなかで，カルラス・ボイシュが明確にしたように，今日の世界では供給側の政策が重要であるけれど，成長を最大化し，国内企業の国際競争力を強化するうえで，2つの異なった供給重視の経済戦略があるのである[38]。第1の戦略は，民間貯蓄を奨励し，民間投資を拡大し，成長率を加速化するために減税をするという戦略である。新自由主義的なこの減税路線は少なくとも短期的には社会支出を削減しなければならず，不平等を拡大する傾向をもつ。第2の戦略は，国家が労働と資本の生産性の上昇を目的として人的資本と固定資本に対する公的支出を増大させるものである。社会移転支出や公共投資に必要な高率課税に直面しても，民間企業に投資を継続しようと思わせるようなかたちで，これがおこなわれる必要がある。そのために国家は，高い生産性によって民間資本を引きつけ，高賃金と高率課税を可能にし，そして今度はこのことによって高い生産性を維持・上昇させるという好循環を打ち立てなければならない。

　しかし，このことを実行するのは非常に難しい。ロバート・ライシュは

『ザ・ワーク・オブ・ネーションズ』(1991年) において,経済のグローバル化の進展とともに社会資本や教育,職業訓練に投資することがいかに重要かを説得的に明らかにしたが,ニューエコノミーによる「繁栄」を総括した『勝者の代償』(2000年) のなかで,アメリカの社会的バランスはいっそう崩れ,経済的不安定性,長時間労働,所得と富の格差拡大,コミュニティの衰退など,経済的成功にもかかわらず社会的問題はいっそう深刻化したことを反省的に述べている[39]。福祉と公共投資の両方を充実させるには大きな政府歳入を必要とするのであり,それは増税を何よりも嫌悪するアメリカ社会では実現不可能であった。もちろん,それは大きな政府に比較的なじんでいるヨーロッパ社会においても依然と難しい問題である。ただこれに関して言うと,ヨーロッパの多くの国々(フィンランド,デンマーク,ノルウェー,オランダ,イタリア,ポルトガル,スペインなど)において,1980年代後期以降かつてのコーポラティズムの伝統が一部復活し,労使のコンセンサスのもとで賃金交渉のみならず,社会保障システムや雇用のルールをも改革しようとする動きがみられる[40]。このような新しい社会契約の出現は社会福祉と公共投資を両立させるうえで,すなわち公衆の支援を得ながら競争力を維持するうえで,明らかに強みである。

たしかに,これらの改革はノータマンズが強調するように,今のところマクロ経済の刺激に依拠していないため国民の幅広い支持を長期に維持することは難しいかもしれないが,雇用創出をもたらすヨーロッパ規模でのマクロ経済拡張政策を今後推進するうえで十分に前提条件となりうるのである。そういう意味で,「戦後の金融政策の方向性への復帰」というノータマンズの提言と結びつくことによって,供給重視の社会民主主義やコーポラティズムの新しい動きはヨーロッパ福祉国家の新しい可能性を大いに切り拓くものと思われる。

注

1) グローバル化と福祉国家システムの再編との関係については,さしあたり林・加藤・金澤・持田編 (2004),とくにそのなかに収められている,加藤 (2004b) と岡本 (2004a) を参照せよ。また,樋口 (2003) もそのテーマについて興味深い論点を提出している。また,福祉国家システムという考え方については,本書2章を参照せよ。
2) 優れた代表的著作としては,Reich (1991) と Strange (1996) が挙げられるが,Teeple (1995) やまさにグローバリストという呼称がふさわしい,Ohmae (1990) もこのグループに入る。

3) 代表的著作として，Boix（1998），Garret（1998），Hirst and Thompson（1999），Pierson, P.（2001），Rieger and Leibfried（1998），Rodrik（1997），Swank（2002），Goul Andersen（2006）がある。
4) Swank（2002），pp. 271-271 を参照。
5) Notermans（2001），pp. 254-255.
6) Notermans（2001），pp. 256-257.
7) Notermans（2001），p. 257.
8) Notermans（2001），pp. 257-258.
9) Notermans（2001），p. 259.
10) Notermans（2001），p. 260. なお，オランダにおける1980年代以降の雇用促進，福祉改革，コーポラティズム体制の再編強化については，Visser and Hemerijck（1997）の研究が優れている。そのなかで，著者たちは，①ヨーロッパ統合，競争のグローバル化，産業構造の再編，人口の高齢化，家族関係の変化が福祉国家の発展の余地をますます狭めているのは事実だが，オランダの経験は福祉国家の発展余地がまだかなりあることを示しており，②しかもオランダ福祉国家はビスマルク型福祉国家の典型であるので，オランダの経験はヨーロッパ福祉国家の改革にとってもきわめて意義深い，とノータマンズに比べてオランダの改革に高い評価を与えている（pp. 179-185 を参照）。
11) Notermans（2001），p. 260.
12) Notermans（2001），pp. 260-261.
13) Notermans（2001），pp. 264-265. なお，「第三の道」の一般的主張については，Giddens（1998）を参照せよ。イギリスとドイツにおいてブレアとシュレーダーの政策が登場した背景とそれらの政策に対するノータマンズの見解は，Notermans（2000），pp. 226-230 においてより詳しく述べられている。
14) Notermans（2001），p. 265. なお，イギリスにおけるEMUからの離脱とメージャーのインフレ抑制政策から成長政策への方針転換については，Stephens（1996），pp. 261-296 を参照せよ。
15) Notermans（2001），p. 266. 筆者もまた，1950年代と1960年代の黄金時代の繁栄の要因としては，ケインズ的反循環的政策よりもむしろ世界経済において大幅な信用創造が絶えずおこなわれていたこと（アメリカの資金が世界経済に絶えず流出したことがこの世界経済における信用拡大に貢献していた）にあった，と考えている。なお，このような理解については，Strange（1994），pp.105-107，邦訳，pp. 156-159 も参照せよ。
16) Notermans（2001），pp. 266-267.
17) Notermans（2001），p. 267. ノータマンズの特権と保護主義に対する拒絶の姿勢はかなり明瞭で，EU内部の労働市場と福祉水準のハーモナイゼーションについても，EU内部の貧しい国々による比較優位の利用可能性を妨害し，ドイツやフランスといった豊かな国々の特権的地位の温存につながる（p. 269），と批判的に述べている。
18) 代表的なものとして，Stewart（1983）がある。
19) 代表的なものとして，Cornwall（1990）がある。
20) Forsyth and Notermans（1997），pp. 51-52. なお，スウェーデンとノルウェーにおける金融政策のレジーム・チェンジについては，Notermans（2000），pp. 195-221 が詳しい。
21) Forsyth and Notermans（1997），p. 36.
22) Notermans（2000），pp. 231-232.
23) Notermans（2000），pp. 232-233.

24) Notermans (2000), p. 233.
25) Notermans (2000), pp. 233-234.
26) Notermans (2000), pp. 234-235. ここでのノータマンズの主張は,「アルゼンチンや韓国のような国と異なり,外貨建ての債務のない日本のような先進国は,国内要因だけを考慮して自国の政策（たとえば,円安政策）を決定できる」と述べるクルーグマンの主張とほぼ同じである。このようにクルーグマンは,福祉国家システムをとる先進国はグローバル経済のなかに組み込まれつつも,適度に経済的自律を保ちながら,社会保障システムを十分に維持していけると考えている。クルーグマン（2002）, p. 34 を参照。
27) Notermans (2001), pp. 261-262.
28) Notermans (2001), p. 262.
29) Notermans (2001), pp. 262-263. このノータマンズの見解は,金融市場とマクロ経済における期待の役割を極めて重視するジョージ・ソロスの次のような見解とよく似ている。金融市場においては,「期待が大きな役割を演じるようになり,その演じる役割は相互作用性（reflexivity）をもつ。参加者は自分たちの期待をもとに決定をくだし,彼らが予想しようとする将来は逆に,彼らが今日くだそうとする決定に左右されることになる。異なる決定が異なる将来を生み出していく」(p. 86)。このような関係はまた,「マクロ経済政策を立案するときの特徴となっている。マクロ政策は金融市場の動向に左右され,また逆に,金融市場を通してその影響力を行使できるからである」(pp. 87-88)。このことから,ソロスは金融市場とマクロ経済の展開を理解するには,均衡の概念を相互作用性の概念で補足するところの新しい理論的枠組みが必要となる,と主張する。Soros (1998), 邦訳, pp. 43-46, 81-90 を参照。
30) Notermans (2001), p. 263.
31) 筆者の考えと同様に,マクロ政策は企業と家計の将来期待をへて産出量に大きな影響を及ぼすということを説得的に明らかにした最近の研究として,若田部（2005）と清水谷（2005）がある。
32) ミュルダールの見解については,Myrdal (1960) の最終章 (pp. 198-214, 邦訳, pp. 263-284) を,宮崎の見解については,宮崎（1995）のエピローグ「パックス・エコノミカを超えて」(pp. 272-280) を参照せよ。スティグリッツの見解については,Stiglitz (2006), pp. 269-292, 邦訳, pp. 392-414 を参照せよ。それに対して,このような世界経済の安定のための国際協力体制について,ストレンジはアメリカが一国主義的な経済政策をとっているかぎり,そして国際機関にも絶大なる影響を及ぼしているかぎり,非常に困難であると悲観的見解を述べている。Strange (1986), 邦訳, pp. 246-278.
33) OECD (2006) の Annex Table 1 と Annex Table 14 を参照。
34) Stiglitz (2003), pp. 297-298, 邦訳, pp. 361-362.
35) Visser and Hemerijck (1997), p. 180.
36) 広義の経済学の視点から,環境問題の重要性とともに近年ビジネス・モデルが大きく変化していることを世界の森林業と木材業を例に説得的に明らかにした労作として,Jenkins and Smith (1999) がある。とくに,序章と1章 (pp. 1-23, 邦訳, pp. 8-28) が有用である。また,森林労働を研究することを通じて,良い仕事,生産性,環境の持続可能性の間の関連を明らかにしたものとして,Janzen and Sandberg (1998) がある。この論文では,カナダ森林業を例にとり,エコシステム全体を考慮に入れて計算される完全なコスト計算,あらゆる樹齢の森林管理,高付加価値生産,コミュニティの維持,環境認証制度などの視点を導入することによって,従来の良い仕事という概念（たとえば,機械化による大量生産方式によ

る高賃金の仕事）が大きく変化しつつあることが明らかにされている。
37) カトリック教義の強い影響下にあった大陸型福祉国家モデルが今日においてますます時代遅れになりつつあることを，オッフェは次のように表現している。「この種の市場からの保護を支援するために呼び起こされたドクトリンの多くは人口学的状態，現実のジェンダー，世代間関係とグロテスクなほど不調和であるので，市場の『悪魔のひき臼』を効果的にコントロールするための原理的説明にはなりえそうもない」(Offe (1998), p. 43, 邦訳, pp. 57-58)。大陸型福祉国家モデルの硬直性批判については，Esping-Andersen (1996), pp. 18-20, 訳書, pp. 28-32, も参照せよ。
38) Boix (1998), pp. 3-4 を参照。そこで，ボイシュは「経済のグローバル化の進展は各国のマクロ経済政策の収斂を強制したが，それとは反対に（競争力強化のための）供給側の経済戦略の役割を強化し，これらの諸政策の選択における政党と党派的機関の重要性を高めた」(pp. 3-4) と述べている。
39) Reich (1991) と Reich (2000) を参照せよ。
40) Rhodes (2001), pp. 165-194 を参照。なお，ローズ論文の内容については，本書の7章1節をも参照せよ。

第 III 部

福祉国家の可能性

6章　福祉国家はどのように変容したか

1. はじめに

　現在，1980年代以降の新自由主義の興隆，その原因となっている社会経済の変化，さらに90年代以降のグローバル化の進展によって，福祉国家体制は明らかに変化を遂げている。しかし，その変化はどの程度のものであったか，どのような性格のものであったかについては，福祉国家研究者の間でも議論が分かれている[1]。そこで本章では，まず代表的な福祉国家解体説と存続説を取り上げ，それぞれどのような議論の組立てをおこなっているかについて考察を加えていく。その後で，福祉国家体制の変容とその意義を十分に明らかにするには，福祉国家を広義の福祉国家と狭義の福祉国家に分けて考えることが重要であるということを述べる。最後に，広義の福祉国家は近年の経済社会の大変容に伴って大きく変化しているが，狭義の福祉国家はいくつかの重要な再編や改革をおこないながらも，全体的には根強く存続しているということを明らかにしたい。

2. 福祉国家解体説と存続説

2.1 福祉国家解体説

　解体説の代表として，クラウス・オッフェの議論と加藤榮一の議論を取り上げることにしよう。
　オッフェは，規制レジームによって市場の破壊的な力を封じ込めながら社会秩序を維持してきた第2次世界大戦後の体制は1989年でもって決定的に終結したという。西ヨーロッパ福祉国家体制の終結の理由として，福祉国家体制を支えていた戦後の好条件が消失したことと，福祉国家を支えてきた政治主体が

弱体化したことをあげている。

好条件とは，第1に福祉国家体制に支えられた経済の持続的成長という歴史的条件であり，第2に国民国家システムの強化であり，第3に戦争やナチに対する記憶に基づく政治勢力の同盟強化であった[2]。このような好条件の枠内で，自由主義，キリスト教，社会主義の規範的伝統に基づく階級間の同盟が生まれ，戦後福祉国家体制を支えてきた[3]。しかし，今日，市場の破壊的影響から自己を守るために社会が頼ることができる規範理論は解体してしまい，その結果この同盟もまた衰退した。

リベラリズムは修正されて，学校や保険医療のような基本サービスについては平等な機会と普遍的な接近を認めるようになったが，自由主義者たちは今日再びリバタリアンへと先祖がえりし，機会の平等や補償を受ける権利を含む「平等な自由」という平等主義的要素を放棄するようになった。社会主義者は積極的権利だけではなく生産に基づいた分配の仕方についてのビジョンをもっていたが，近年そのようなテーマは社会（民主）主義者の議題から事実上姿を消した。今日の経済のグローバル化の下では，生産の現場で労働者の権利を保障しながら生産を規制するという考えは完全雇用と同様に実現困難となったからである[4]。キリスト教の政治，とくにカトリックの政治は，直接国家によるのではなく補完性の原理に基づいてコミュニティの自助を間接的に支援することによって個人とコミュニティのニーズを保護しようとしてきた。しかし，家族と自然法の権利に基づいて保護を正当化しようとするカトリックの教義は現実に進行しつつある社会と家族の変容と不調和になり，市場をコントロールするための合理的根拠となる資格を徐々に喪失していった[5]。

以上の結果，公正な社会秩序についての支配的ヴィジョンは今や存在せず，イギリス「社会」というものはなくイギリスには個人と家族があるだけであるというサッチャーの主張に示されるように，何にも拘束されない市場の力の作用を通じてもたらされる秩序というヴィジョンがあるのみである。

オッフェの議論においてとくに重要な点は，政治経済と公共政策におけるミクロの動機とマクロの文脈の両方の水準で進行してきている人々の期待変化と関連づけながら，社会主義の教義やその他の規範の衰退を説明している点である。

西側社会においては，地位，利益，文化，連帯の潜在的可能性に基づいた集

団行動が大きく衰退し、再び構造的な脱埋め込み（disembeddedness）と原子化が支配的特徴となっている。失業することによって社会の主流から取り残されるのではないかという恐怖が社会全体を支配し、その結果生まれる不安定性や不安が集団的な手段よりも個人的手段を通じた社会的昇進や社会保障への選好を合理的なものとしている。今度はそのような意識と認識が、自治体や国家が提供するセーフティネットは信頼できない、あるいはやがて存在しなくなるということを前提とした「救命ボートの論理」を社会生活のなかに浸透させる[6]。

このようなミクロ動機の変化のうえに、さらにマクロの文脈の変化が加わる。すなわち、経済のグローバル化が社会秩序のために義務を負い財源を使おうとする国家の努力を妨げる。そのような努力と約束が自国を国際競争上不利な立場に追いやることを恐れるからである。国境がますます資本の流出や労働力の流入に対する防波堤の役割を果たさなくなるにつれて、主権喪失の感覚が国民国家を掘り崩し、社会民主主義的福祉国家は寄生的存在であるとみなされるようになる。なお、この国内主権の喪失はトランスナショナルなレジームの水準で領土代表や職能代表というメカニズムを通じて補償されていない[7]。

このように近年におけるミクロとマクロの文脈から生じたことは国家の無力化であり、そして国家を用いて社会秩序を創出し調整しようとする政治勢力と政治的思考法の無力化である。そして、この国家の無力化が当面避けられない以上、福祉国家は解体せざるをえないと、オッフェは主張するのである。

福祉国家の解体をオッフェ以上に、精緻な論理と長期に及ぶ歴史観に基づいて主張するのは加藤榮一である。加藤は早くから福祉国家の解体を主張していたが、近年その主張をより積極的に打ち出すようになった[8]。

加藤によれば、福祉国家は1970年代央に絶頂期に達するとともに、そこを転機に以後凋落解体の時代に入っていく。福祉国家に変化がおとずれ、厳しい批判にさらされるようになったからである。その批判の根拠として、次の6点をあげている。①最大の理由として、高度経済成長が終焉し、福祉国家と資本主義がお互いに支えあう関係にひびが入った。②急激に進行する少子高齢化が世代間不公平の問題を触発し、公的年金の民営化に代表されるように福祉国家の存立基盤を掘り崩していった。③1970年代から男性稼得家族の縮小・崩壊が顕著に進行し、そのことは介護の社会化などにみられるように福祉国家に対して新しい課題を突きつけると同時に、家族単位で構成されている既存の社会

保障制度に個人原則を持ち込む等の混乱を引き起こし，福祉国家の正統性を揺るがしている。④福祉国家の形成にとって社会主義の側圧がきわめて大きな役割を果たしたが，ソ連社会主義体制の崩壊は純粋資本主義が純粋社会主義に完全に勝利したのだという意識を人々の間に広めた。⑤1970年代中ごろのスタグフレーションを契機にして，ケインズ経済学からマネタリズムやサプライサイド経済学への移行に代表されるようなイデオロギーの転換が生じたが，この転換はソ連社会主義体制の破綻以降いっそう増幅していった。⑥20世紀福祉国家は社会保障にしても労働者の同権化にしても国民国家という枠組みを前提にして構成されていたが，資本移動の自由化によって利子課税やキャピタルゲイン課税が次第に不可能になっていることが示すように，また国家間の産業立地競争の激化からくる企業課税や社会保障負担の引下げ競争が示すように，グローバリゼーションが既存の福祉国家システムを動揺させている[9]。

　以上のようなことを根拠にして，20世紀福祉国家は解体し，福祉国家に代わる新しいシステムである「支援国家（the enabling state）」が生まれつつある，と加藤は主張するのである。福祉国家との違いを一言で述べると，福祉国家においては社会サービスを国家が提供していたが，「支援国家」においては個人の自助努力と市場やヴォランティア活動が取って代わり，国家は彼らがそれをうまくおこなえるように条件を整える役割に徹することになる[10]。

　オッフェや加藤の福祉国家解体論の優れているところは，福祉国家を取り巻く資本主義のあり方が石油危機以降の低成長や最近のグローバル化に代表されるように大きく変化し，そのことが今日の福祉国家の困難の大きな原因となっていることを説得力あるかたちで説明していることにある。しかし，その説明はあくまでも福祉国家を支える条件が変化したことを述べているにすぎないのであり，そのことが即福祉国家それ自体の性格変化や解体につながるわけではない。というのは，たしかに福祉国家の順調な発展は資本主義の黄金時代においてであったものの，福祉国家の成立それ自体は大恐慌，戦時計画経済，戦後の国民の耐乏生活下に求められるという事実が示すように，福祉国家という柔軟性を有した容器はさまざまな社会経済状況に対応することができるからである。それゆえ，低成長下であろうと，グローバル化が進展しようと，そして個人主義的価値観が進展しようと，既存の福祉国家のあり方を改革することによって新しい環境に適応していくならば，福祉国家という体制それ自体は十分に

存続していくことができるのである[11]。

次に，福祉国家の拡充が年金制度や医療保障を通じて少子高齢化をもたらし，その結果福祉国家は存続の基礎を失ったことは確かであり，また男性稼得家族の減少または崩壊についても福祉国家の拡充が大きく影響したことも事実である。しかし，だからといって社会は老齢者の社会的扶養をやめて再び家族の責任に返すわけにはいかないし，それを全面的に市場にゆだねることもできない。むしろ，少子化対策としてさまざまな新しい福祉国家政策（子育ての社会化）を実行しようとしているのが実態であるし，専業主婦のいる家族の減少に対しては，介護の社会化という新しい福祉国家サービスの提供で乗り切ろうとしている[12]。もちろん，これらは既存の福祉国家に財政的に重い負担を課すことになり，スウェーデンなどで既に経験したように既存の福祉国家の改革（たとえば，年金制度の改革）を推進する要因になっていることも事実である。しかし，このことは社会経済構造の変化に対応するための福祉国家の再編（財政面からみれば，社会福祉関係予算の組替え）であり，福祉国家の解体や終焉を意味しない。

最後に，アメリカ発のグローバル化が一様に各国福祉国家の解体へと導くと考えているところは問題を孕んでいる。たしかに，世界中にそのヘゲモニーを拡大しようとする新自由主義的イデオロギーの活力には目を見張るべきものがある。そして，共産主義の崩壊と市場経済に取って代わるべきシステムが欠如しているという一般的受け止め方がこのイデオロギーを強化していることも事実である。しかし，加藤自ら「イデオロギーの世界では，戦いは『勝者がすべてを獲得する』（winner takes it all）という結末に至るのが常で」（加藤（2004a），p. 87.）あると述べているように，イデオロギーの転換を過大評価することは危険でもある。イデオロギーの転換が現実の福祉国家制度の転換に至るには相当の距離があるのである。後に触れるように，新自由主義のイデオロギーを一般大衆と政治家が受け入れた国はイギリス，ニュージーランド，アメリカなどごく一部の国にかぎられていたし，これらの国々においても，その具体的成果はかぎられていた。とくに，福祉国家として長い伝統をもつヨーロッパにおいては新自由主義の改革ヴィジョンはあまりにも過激であり，そのままのかたちでは受け入れられなかった。北欧諸国にしろ，大陸ヨーロッパ諸国にしろ，現実の福祉国家の困難に対してそれぞれ独自の対応をしたのである。

2.2 福祉国家存続説

福祉国家存続説の代表として,ポール・ピアソンの説を検討することにしよう。ピアソンの説は実証研究の成果を十分に踏まえているために多くの福祉国家研究者によって支持されているのみならず,「福祉国家の削減は拡大のたんなる鏡像ではない」という主張にみられるように,理論的にもきわめて斬新なものがある[13]。

ピアソンは,イギリス,アメリカ,ドイツ,スウェーデンにおける1970年代後期以降の福祉国家の展開を検討した後,次のように主張している。

現在,経済的,政治的,社会的圧力によって福祉国家は包囲されているというイメージが広まっているが,社会的変容という抽象的な議論から離れ実際の政策を詳細に吟味していくと,これらの圧力が根本的シフトをもたらしたという主張は支持しえない。4カ国のそれぞれのケースを振り返ってみると,たしかに新しい環境は生じたといえるが,それは福祉国家の解体に導くような環境ではなかった。強固な新自由主義イデオロギーをもった保守党が10年以上にわたって支配したサッチャーのイギリスにおいてすら,改革は革命的というよりは漸進的なものであり,イギリス福祉国家の主要部分を壊すことなく残した。非常に多くの識者が1973年以降を現代政治経済における根本的変化の時期としてみなしてきたことを前提とすれば,この発見は驚くべきことである。より厳しい経済環境はたしかに社会福祉支出抑制の要求を生み出してきた。追加的圧力は社会プログラムの成熟と不利な人口動態的傾向からも発してきた。しかし,多くの改革者の熱望にもかかわらず,労使関係政策,マクロ経済政策,公営企業の民営化といった分野における変化の程度と比べてみて,はっきりと際立っているのは福祉国家の相対的安定である[14]。

それでは,なぜ福祉国家はこのように安定しているのであろうか。次のような強力な政治的力が存在することがその安定の理由であるとピアソンは述べる。

第1に,民主的な政治制度は一般的に保守的な性格をもっているが,福祉国家もいまや現状を代表しており,この地位ゆえに福祉国家はあらゆる点で政治的に有利な立場にある。第2に,福祉国家に対する大衆の支持が低下しているという学者の推測にもかかわらず,実際の世論調査によればそのようなシフトはほとんど示されておらず[15],そのために政治家は大胆な削減政策を実行しよ

うとすれば，非常に高い政治的代価を強いられることになる。第3に，福祉国家の伝統的支持者であった組織労働者の衰退によって，福祉国家の政治的地位が深刻な打撃を受けることはもはやない。というのは，成熟した社会プログラムによる支出の増大は組織労働者に代わって社会サービスの消費者と生産者を福祉国家の味方につけるからである。第4に，経路依存に関する研究が示すように，ひとたび開始されると，ある一定の発展コースを逆転することは難しい。組織と個人は特定の制度に適応し，コミットメントをするので，老齢年金制度の例にみられるように，たとえ潜在的には効率のよい代替案であったとしても，改革のコストは継続のコストよりもかなり高い[16]。

またピアソンはより最近の論考のなかで，福祉国家が以前よりも強い圧力にさらされていることをはっきりと認めるようになってはいるものの，グローバル化が国民国家の問題解決能力を掘り崩し，福祉国家に対する厳しい圧力を課しているという通説に対しては異議を唱えている。福祉国家は実際に未曾有の予算逼迫に直面しているけれど，この圧力は先進諸国内部に生じている一連の「脱工業的」変化に，すなわち，製造業からサービス雇用への大規模なシフトと結びついた生産性の停滞（その結果としての経済成長の停滞），政府コミットメントのゆっくりとした拡大と福祉国家の成熟，その結果としての政府の「限界までの成長」，老齢化人口への人口論的シフト，家族の再編と賃金雇用世界と家族との新たな関係，といった変化に主に関係している。グローバル化はこれらの移り変わりのうちの脱工業化とはわずかに関係しているけれど，後の3つとは基本的に関係がない，と述べるのである[17]。

それでは，このようなピアソンの主張をどのように評価すべきであろうか。たしかに，①福祉国家に対する正面からの攻撃は非常に大きな選挙上のリスクを負うために政府は政治コストを最小化する方法が見つかったときにのみ削減を実行しうるが，そのようなチャンスは実際にはめったにないこと，②福祉国家の成長は福祉をめぐる政治それ自体を変容させ，もはや成立期に福祉国家を支えた集団（たとえば，労働組合）はそれほど重要な役割を果たさなくなったこと，などを実証的に明らかにした点でピアソンの功績は大きい。しかし，彼の説にも問題はある。1つは，加藤とは逆にイデオロギーの役割を過小評価していることである。イデオロギーは福祉国家の諸問題をどのように対処するかを決定する際の重要な文脈を形成するものであり，サッチャーのイギリスに

みられるように，経済危機や財政危機とイデオロギーの変化が結びついた場合にはかなりドラスティックな改革を可能にするのである。ピアソンの説が抱えるさらに大きな問題点は，福祉国家の範囲をあまりにも狭く捉えていることである。労使関係政策，雇用の最大化を目的としたマクロ経済政策，公営企業や規制制度のあり方は文字通り労働者をはじめとした国民の生活と直結するものであり，現実の福祉国家とまったく関係ないとはいえないのである。福祉国家の再編を問題にする場合，なぜそれらの政策が重要な位置を占めるようになるのかについて節を変えて述べることにしよう。

3. 広義の福祉国家の重要性とその転換

3.1 福祉国家の諸定義と広義の福祉国家の重要性

　本書の1章で述べたように，福祉国家の定義にはさまざまなものがある。そこで，英米における代表的な例としてウィレンスキーの定義をあげたが，結局のところ彼の説はピアソンと同様に福祉国家＝社会保障制度という定義である。
　しかし，このようなアングロサクソン諸国で主流の福祉国家定義はあまりにも狭いとして，福祉国家の定義のなかに完全雇用という目的と政策を含めるべきであるという説や[18]，さらに国家による労使関係の安定化政策も完全雇用政策に劣らず重要な要素であるという考え方がある[19]。
　これらを含めることによって福祉国家の対象領域はかなり広くなるものの，それでもなお対労働者向けの政策体系を主な対象にしている。それに対して，わが国の財政学者は福祉国家財政の経費として，公的扶助，租税で賄われる社会保障関係費，社会保険以外にも，地方交付税，義務教育国庫負担金，後進地域への公共事業，中小企業や農業など弱小部分に対する保護費用を含めるべきであるとしばしば主張する[20]。その理由は，これらの経費が低所得，低資産の地域，階層，産業などに所得を再分配したり，稼得機会を付与することによって社会的安定をもたらしているからである。この「広義の福祉国家」という概念はポラニーの「社会保護」という概念に近く[21]，市場圧力からの労働者，農民，中小企業者といった各階層の保護として「福祉」の幅広い概念化をおこなっている。

現代資本主義を分析するにあたって,このような「広義の福祉国家」という概念が重要になるゆえんは,第1次世界大戦以降国家は狭い意味の福祉国家プログラムである社会保障制度のみならず,営業保護,最低賃金制,中央集権的団体交渉制度,製品市場とサービスセクターの規制,生産者への市場管理の委譲,農業保護といった広範な手段を用いて国民各階層に社会保護を提供し,そのことを通じて所得再分配を達成してきたからである。これらすべてが共有する特徴は,それらが市場における結果からある程度切り離すことによって途絶えることなき所得(賃金,雇用,あるいは利潤といういかなる形態をとろうと)を国民各層に保証していることである。そして,「資本主義の黄金時代」の最も重要な特徴は,労働者とその周辺部分に対する社会保障の付与というよりは,あらゆる産業に対して安定した雇用,賃金,投資を付与したことであり,そのことが国民各層の退職後の生活に安定を与えたことであった[22]。これこそ,「長い19世紀」[23]における市場のロジックと浮動性に対するリアクションとしての20世紀福祉国家の特質であった。

そして,この広義の福祉国家に関していうと,1970年代半ば以降,きわめて大きな変化を経験しているといえる。そのなかでもとくに重要なものとして,規制緩和と完全雇用を目標とした財政金融政策の放棄があげられるが,それらの政策転換と一体になって進行した資本主義自体の性格変化も労働者をはじめとした国民各層にきわめて大きな影響を与えた。以下,そのことを変化の震源地であったアメリカを例にとって明らかにしていこう。

3.2 規制緩和と財政金融政策の転換

1970年代後半のカーター政権以降,とくにレーガン政権下で速度を増しながら,航空,鉄道,トラック輸送,電気通信産業,金融業,電力産業で次々と規制が緩和されていった。この規制緩和の波の背後にあったものは,70年代における生産性上昇率の停滞と根強いインフレ体質,そこから派生するアメリカ経済の国際競争力の著しい低下であった。このインフレと経済停滞の時代において,規制制度は価格を硬直化させ,環境の迅速な変化に対応できず,技術や経営の革新にとって足枷となっているとみなされるようになった。

レーガン政権は経済規制の緩和を積極的に推進するのみならず,職業安全保健庁(OSHA),環境保護機関(EPA),雇用機会均等委員会(OECCP)の予

算削減や幹部職員の入替えを通じて社会規制をも緩和していった。また，同政権は最低賃金の引上げを拒否したり，全国労働関係委員会のイデオロギー的スタンスを変えることによって，労働組合の交渉力を弱体化させた[24]。

この規制緩和の波はいろいろなルートを通じて大きな広がりをみせ，世界の福祉国家システムに甚大な影響を及ぼした。というのは，規制緩和は「隠れた社会保護」を解体することによって，当該産業における労働者の雇用保障を侵食し，労働組合の組織率を低下させたのみならず，各国の戦後資本主義に容赦ない競争を再び導入したからである[25]。

財政や金融を政策的に操作することによって景気を高位に安定させ完全雇用や完全稼動を実現させようとする政策は広義の福祉国家政策のなかでも最も重要な政策であった。

1979年末から1980年代初頭にかけてのボルカーとレーガンによるディスインフレ政策への転換はアメリカ資本主義とアメリカ福祉国家にきわめて大きな影響を与えた[26]。それのみならず，ドラスティックな金融引締め政策は世界経済にも破壊的な影響を及ぼし，世界の福祉国家システムの解体を推し進める大きな要因となった。資本移動に対する障害が急速に取り払われた80年代の世界においては，アメリカの異常な高利子率は海外からアメリカへの大規模な資金流入を意味した。他の国々は，利子率を下げたままでドルに対する自国通貨相場の下落を受け入れるか，それとも対ドル相場を維持するために国内利子率を高騰させるかという選択に直面した。前者の道はインフレの加速につながり，後者の道はリセッションを深刻化させ，失業率を上昇させるおそれがあった。反応は国ごとに異なっていたが，総じてヨーロッパをはじめとした先進国は利子率の大幅な引上げを選択し，その結果，産出量と雇用は急激に悪化した。ミッテランのフランスのようにケインズ主義的な内需拡大政策をとっていた国も貿易赤字の急増，インフレの昂進，資本逃避に悩まされ，最終的には緊縮政策への転換を余儀なくされた[27]。また，80年代においてなお完全雇用政策を堅持していたスウェーデンやノルウェーといった社会民主主義諸国も80年代末期にはインフレ高騰に見舞われ最終的には緊縮的財政金融政策に転換していった[28]。

3.3 資本主義の再編

　このようにアメリカに端を発した規制緩和の潮流とそれとほぼ同時に生じた連邦準備制度のドラスティックなインフレ抑制政策への転換はさまざまな経路を通じて他の国々にも多かれ少なかれ類似の政策をとらせることになった。この意味で，アメリカの政策転換が世界における広義の福祉国家システムの転換をリードしたといえる。しかし，問題はそれにとどまらなかった。もっと重要なことは，規制緩和とドラスティックな緊縮政策が当時勃興しつつあった新テクノロジーと一体になって，アメリカ経済の体質を根底から変化させたということである[29]。そして，それは世界市場における競争を通じて各国資本主義と各国福祉国家システムにも大きな影響を及ぼした。経済のグローバル化ももちろんこれに含まれる。そのことについて，以下簡単に記しておこう。

　まずアメリカに関していうならば，さきの2つの政策転換がもたらした，深刻なリセッション，高利子率，ドル高の3点セットが，70年代にインフレと絶え間ないドル価値の下落というぬるま湯的環境によって保護されてきたアメリカ製造業に根本的な再編を迫った。これに対して，アメリカ製造業は新しいテクノロジーの導入や生産の一部の海外移転などによって徹底的なダウンサイジングを図った。この結果，製造業の生産性は上昇したが，そのリストラクチャリングには「スキル・バイアス」[30]が大きくかかり，学歴の低いブルーカラー労働者の需要を崩壊させた。その結果，大卒と高卒の賃金格差は再び劇的に拡大した。1980年代半ばになると，規制緩和のいっそうの進行も手伝って，競争圧力はサービス部門にまで広がっていった。1992年後期あたりからアメリカ経済は回復し始めたものの——いわゆるニューエコノミーと呼ばれる「繁栄の90年代」の開始——その後も持続するダウンサイジングのなかで労働者はレイオフを恐れるようになり，国民のジョブ・セキュリティに対する認識は完全に変わってしまった。

　コミュニケーション・輸送・情報処理プロセスの分野における新しいテクノロジーを原動力とするニューエコノミーは，生産性を高め，人々により良い，より速い，そしてより安い製品とサービスを提供することを可能にした。そのことは90年代におけるアメリカ経済の競争力を格段に強化し，新自由主義的なアメリカ資本主義のあり方の名声を世界的に高めた[31]。しかし，その反面，

経済的不安定性の増大,長時間労働,所得と富の格差拡大,効率的な選別メカニズムをもたらし,その結果,個人,家族,コミュニティの生活をきわめて不安定にした[32]。

いま,アメリカを例にしてみてきたように,80年代以降のスキル・バイアスが強くかかった経済の発展の仕方,それに伴う労働組合の衰退,そしてそれと一体となって進行してきた規制緩和と財政金融政策の転換は戦後において平均的労働者を保護してきた労働慣行や制度を大きく掘り崩した。そういう意味では,広い意味での戦後福祉国家体制は各国において大きく転換したといえる(もちろん,北欧をはじめとしたヨーロッパ諸国において労働組合がまだ強いことにみられるように,各国で濃淡は当然ある)。それでは,狭義の福祉国家はどうなったであろうか。

4. 狭義の福祉国家の持続性とその分岐:財政再分配の推移を手がかりにして

1980年代以降,狭義の福祉国家がどのように変化をしたかについておおよその見当を得るには,まず各国の社会福祉支出がこの間どのように推移したかを見る必要がある。2章において,アメリカ,イギリス,ドイツ,スウェーデン,日本の5カ国の1980年以降における公的社会支出の対GDP比率の推移をみたが,いずれの国も若干の変動はあるものの,基本的な方向としては増大していた。要するに,各国とも国民経済の規模に対する公的社会福祉の支出は安定的に推移しており,社会福祉支出が大きく削減されたという事実はみられない[33]。

しかし,このことは各国において狭義の福祉国家制度がまったく改革されなかったということを意味しない。個別的には,各国において重要な改革がなされた。一番ドラスティックな改革はサッチャー政権下のイギリスでおこなわれた諸改革である。なかでも,1986年社会保障法に基づく所得比例国家年金(SERPS)の私的年金への乗換え促進は大きな改革であった[34]。アメリカにおける福祉削減のための改革はイギリスに比べれば微温なものであったが,1996年の「個人責任と労働機会調整法」に基づく「要扶養児童家族扶助」(AFDC)から「貧困家庭一時援助」(TANF)への切替えなどはアメリカにおける公的

扶助政策の大きな転換だといえなくもない。また，社会民主主義型福祉国家の砦ともいえるスウェーデンにおいてすら，1990年代初頭の深刻な経済危機と財政危機に対処するために大規模な福祉合理化を伴う諸改革を実行した[35]。

しかし，これらの改革は概して福祉国家の解体を意図した体系的改革ではなかった。むしろ，人口動態の変化，社会経済と人々の意識の変容，グローバル化のなかで福祉国家をより適合的なかたちで維持するための改革という側面すらあった。ただし，イギリスが一番大胆な改革をおこなったことからもわかるように，その改革の方向性や程度は各国によってかなりの相違があった。このような各国スタンスの相違をエスピン-アンデルセンは重視して，福祉国家の危機に対する各国の対応の仕方を新自由主義的方向，大陸ヨーロッパ的方向，北欧的方向に分けて考察しているが[36]，このようなアプローチこそ正しいと思われる。というのは，各国の政治的力関係や制度のあり方によって，そして世界経済のなかに占める位置によって，福祉国家の危機の度合いや危機に対する対応の仕方が相当異なるからである[37]。

ところで，福祉国家を財政面から捉えると，それは所得再分配国家となる。それゆえ，1980年代以降の各国における福祉国家の変化の様子を概括的に明らかにするには，各国で財政による再分配の程度がどのように変化したかをみるのがよい。というのは，福祉国家の変化を問題にするばあいには，イデオロギーの変化，制度の変化，実際の政策運営上の変化，そして結果（政策効果）の変化を区別する必要があるが，再分配の変化をみる方法は政策効果の面から福祉国家の変化に光を当てるものであり，グローバル化の下で各国の社会保障給付は「底に向かっての競争（race to the bottom）」をし，既存の福祉国家は解体しつつあるという主張の当否を検証するうえでも有力な手がかりを与えてくれるからである。幸いなことに近年において，かつての最上のデータよりもずっと広範で，詳細かつ正確で，しかも国際比較が可能な所得の公的源泉と私的源泉についてのデータをルクセンブルグ所得研究（LIS）から得ることができるようになった。このLISのデータは全体的な所得再分配の計測を可能にするのみならず，その再分配が税あるいは社会的移転によって達成された度合いも明らかにするし，移転給付のなかの年金，失業補償給付，「その他移転」が所得格差を削減するうえでどの程度貢献したかも明らかにしうる[38]。

本章ではこのLISのデータを用いて各国の再分配の実態を明らかにしたジ

ェスイットとマーラーによって集計されたデータ・セット[39]に依拠して作成した表を参照しながら，代表的な国々の所得分配と所得再分配は1980年代以降どのような変化をしてきたかをみることにしよう。

表1から確認しうることは，70年代末以降，アメリカ，イギリス，ドイツ，スウェーデンのいずれの国の家計においても，市場（民間セクター）に源泉をもつ所得（賃金・俸給・自営業からの所得から構成される稼得所得，財産所得，民間セクターや公務員の私的年金など）の不平等がかなり急速に拡大しているということである。

しかし，財政による所得再分配の格差是正効果（本書では市場所得のジニ係数と可処分所得のジニ係数の間の絶対値の差異で示している）[40]は，ほとんどの国で維持されている（もっとも，格差是正の大きさでみると，アメリカが小さく，スウェーデンが大きいという違いはあるが）。

もう1つ，この表で気になるのは，スウェーデンにおける市場に源泉をもつ家計所得のジニ係数の高さである。所得不平等がきわめて高いアメリカとほとんど変わらない高さである。しかし，これはスウェーデンにおいて賃金をはじめとした稼得所得格差がアメリカ並みに大きいということを示すわけではない。包括的な公的年金制度をもつスウェーデンのような国においては，年金受給者は貯蓄などの他の手段で退職に備えることをあまりしないために，市場所得の不平等の度合いは不自然なほど高くなり，また財政による不平等削減の程度も非常に誇張されることになる。このような問題を避けるために，そして賃金をはじめとした稼得所得の格差の現状をより正確に捉えるためには，勤労（現役）世代が世帯主である家計のジニ係数をみる必要がある。そのような要請に応えたものが，25歳から59歳までの世帯主の家計に焦点を絞った表2である。

この表をみると，ドイツとスウェーデンの民間所得の不平等よりもアメリカ，イギリスの不平等のほうが圧倒的に大きいことがわかる。しかし，約20年間の推移をみれば，ドイツ，スウェーデンも含め，いずれの国においても民間セクターの所得格差は拡大している。なかでも，イギリスの拡大は急ピッチである。所得格差拡大の要因と背景についてはこの表から特定することはできないが，この分野における多くの研究によれば，未熟練労働者の賃金低下を伴う賃金格差の拡大，低所得家計により集中して生じる失業率の増大が最も重要な要因とされている。その他にも，単身世帯の増大，不動産・金融資産格差の増大，

表 1 各国におけるジニ係数、財政再分配、貧困率の推移

国	年	民間所得	可処分所得	財政による再分配	税による再分配	移転による再分配	年金給付	失業補償給付	その他の給付	市場所得貧困率(%)	可処分所得貧困率(%)
アメリカ	1979	0.402	0.301	0.101	0.048	0.052	0.027	0.002	0.023	23.8	15.8
	1986	0.432	0.335	0.097	0.043	0.054	0.034	0.002	0.018	25.0	17.8
	1991	0.439	0.338	0.101	0.042	0.059	0.035	0.003	0.021	26.4	18.1
	1994	0.465	0.355	0.110	0.047	0.063	0.038	0.002	0.023	27.0	17.8
	1997	0.475	0.372	0.103	0.044	0.059	0.037	0.001	0.021	26.2	16.9
	2000	0.469	0.368	0.101	0.050	0.051	0.030	0.002	0.019	23.1	17.0
イギリス	1979	0.396	0.270	0.126	0.028	0.098	0.048	0.007	0.043	23.2	9.2
	1986	0.476	0.303	0.173	0.037	0.136	0.049	0.008	0.079	31.2	9.1
	1991	0.476	0.336	0.140	0.030	0.110	0.041	0.003	0.066	30.3	14.6
	1994	0.502	0.339	0.163	0.030	0.133	0.042	0.003	0.088	32.2	10.8
	1995	0.503	0.344	0.159	0.034	0.125	0.040	0.002	0.083	32.8	13.4
	1999	0.500	0.345	0.155	0.030	0.125	0.042	0.006	0.077	26.2	12.5
ドイツ	1981	0.388	0.244	0.144	0.029	0.115	0.085	0.002	0.028	21.0	5.3
	1983	0.385	0.260	0.125	0.025	0.100	0.077	0.005	0.018	21.8	5.8
	1984	0.445	0.249	0.196	0.064	0.132	0.110	0.005	0.017	26.5	7.9
	1989	0.405	0.247	0.158	0.055	0.103	0.081	0.004	0.018	22.5	5.8
	1994	0.442	0.261	0.181	0.057	0.124	0.084	0.012	0.028	27.4	8.2
	2000	0.459	0.264	0.195	0.055	0.140	0.096	0.010	0.034	29.8	8.3
スウェーデン	1981	0.411	0.197	0.214	0.044	0.170	0.117	0.007	0.046	28.5	5.3
	1987	0.428	0.218	0.210	0.038	0.172	0.126	0.011	0.035	30.2	7.5
	1992	0.461	0.229	0.232	0.030	0.202	0.122	0.026	0.054	32.9	6.7
	1995	0.459	0.221	0.238	0.040	0.198	0.093	0.033	0.072	32.5	6.6
	2000	0.447	0.252	0.195	0.037	0.158	0.075	0.019	0.064	27.7	6.5

注) 財政による再分配は民間所得のジニ係数－可処分所得(財政再分配後所得)のジニ係数の値で示している。
出所) Jesuit and Mahler (2006) の Table A.1、Table A.2、Table A.3、Table A.4 より作成。

表2 各国におけるジニ係数と財政再分配の推移(世帯主が25-59歳の家計)

国	年	民間所得	可処分所得	財政再分配 絶対値	財政再分配 相対値(%)
アメリカ	1979	0.354	0.286	0.068	19.3
	1986	0.390	0.335	0.055	14.1
	1991	0.397	0.328	0.069	17.3
	1994	0.421	0.355	0.066	15.7
	1997	0.433	0.372	0.061	14.1
	2000	0.429	0.360	0.069	16.1
イギリス	1979	0.324	0.255	0.069	21.2
	1986	0.417	0.303	0.114	27.3
	1991	0.413	0.336	0.077	18.6
	1994	0.445	0.339	0.106	23.8
	1995	0.454	0.334	0.120	26.4
	1999	0.443	0.339	0.104	23.5
ドイツ	1981	0.284	0.244	0.040	14.1
	1983	0.299	0.260	0.039	13.0
	1984	0.332	0.268	0.064	19.3
	1989	0.311	0.257	0.054	17.4
	1994	0.353	0.273	0.080	22.7
	2000	0.355	0.254	0.101	28.5
スウェーデン	1981	0.293	0.197	0.096	32.8
	1987	0.299	0.218	0.081	27.1
	1992	0.345	0.229	0.116	33.6
	1995	0.371	0.221	0.150	40.4
	2000	0.366	0.237	0.129	35.2

注)財政再分配の絶対値は(民間所得のジニ係数-財政再分配後所得のジニ係数)の値であり,財政再分配の相対値は $\left(\frac{民間所得のジニ係数-財政再分配後所得のジニ係数}{民間所得のジニ係数}\right)$ の値である。

出所)Jesuit and Mahler(2006)のTable A.5より引用。

離婚によるひとり親家族の増大なども,家計における格差拡大の要因としてしばしばあげられている[41]。

ただし,この現役世代の家計に関しても,財政再分配によって市場格差の広がりが抑えられている。ここでもまた,再分配の格差削減効果はアメリカが一番小さくスウェーデンが一番大きい。なお,ドイツにおいてはこの約20年間で財政再分配が大きくなっている。そのため,ドイツでは他の3カ国に比べて,可処分所得の格差はそれほど広がっていない。

次に再び表1に帰り,税(強制的社会保険料を含む)による再分配と移転給付による再分配が市場所得の格差是正にどの程度貢献しているかをみることに

しよう。ただし，LISの所得調査においては，税のすべてが必ずしも計算されていないことに注意する必要がある。とくに，LISの数字には売上税や付加価値税のような間接税が反映されていない。また，社会給付についても現金給付と現金への換算が比較的容易な社会サービス（食料給付や住宅給付など）は算入されていても，教育や医療サービスのような社会サービスの提供がもつ再分配効果は算入されていない[42]。サービスはそれ自体としては所得分配を変更することはないが，それが無料または低コストで提供され，普遍的に利用可能であれば，サービスは各家計に与えられる均一給付に等しく，各家計の消費の不平等の度合いを低下させる。それゆえ，このLISのデータは近年サービスの普遍的給付（保育や介護サービスに代表される）にいっそう比重をかけるようになったスウェーデン福祉国家の再分配の程度を過小に評価している可能性が高い。

　税による再分配と移転による再分配の所得格差縮小の貢献度に関する比率をみると，アメリカにおいては50対50の比率であるが，他の国においては圧倒的に移転による再分配のほうが大きい。20年間の推移をみると，税による再分配が停滞している（ドイツはやや増大している）のに対して，移転による再分配はアメリカとスウェーデンの2000年を除いて増大してきている。

　次に，この移転による再分配を年金，失業補償給付，「その他」に分けてみてみよう。各国とも量的には年金による再分配効果が圧倒的に大きい。年金の規模，さらに年金が市場からの所得がほとんどない高齢者に向けられることを前提にすれば，このことは何ら驚くべきことではない。ただし，この年金による所得再分配効果のピークは過ぎ（ほとんどの国で80年代後半ごろ），近年低下傾向にあることは注意を要する。失業補償給付による所得再分配効果はアメリカとイギリスでは弱く，ドイツとスウェーデンでは強い。とくに，失業率が高かった1995年のスウェーデンの失業補償給付の再分配効果は0.03ときわめて高くなっている（アメリカにおける年金の再分配効果とほぼ等しい）。アメリカとイギリスにおいて失業補償給付の再分配効果が小さいまま推移しているのは，失業率が両国において相対的に低く推移したことに起因するだけではなく，この間における給付資格の厳格化や賃金代替率の大幅削減なども大きく影響している[43]。

　「その他」の再分配効果が大きな国はイギリスとスウェーデンである。しか

も,両国においてその効果は現在に近づくにつれて大きくなっている。「その他」に分類される社会的給付には,児童・家族手当,疾病手当,障害手当,母親手当,軍人・退役軍人手当,食料・住宅などの現物給付,ミーンズテスト付のさまざまな現金給付が含まれる。イギリスにおいて増加をリードしているのは,ミーンズテスト付の現金給付であり,スウェーデンにおいて増加をリードしているのは,普遍的な児童・家族手当,疾病手当等である。失業補償給付と並んで,この「その他」の増減において,各国福祉国家の個性とその変化の様子が反映されているといえる。

最後に,各国における貧困率の推移をみてみよう。市場所得でみた貧困率は先に述べたように福祉＝再分配が手厚い国ほど高く現れるという問題がある。しかし,現実に生活している人々にとって重要なのは,課税および移転後の可処分所得の動向である。それゆえ,可処分所得でみた貧困率に焦点を絞って,その推移をみることにしよう。全般的にみて,アメリカとイギリスにおいて貧困率が高く,ドイツとスウェーデンにおいて貧困率は低い。この間の推移に注目すると,イギリスの貧困率の上昇が目に付くが,貧困率がきわめて低かったドイツにおいても上昇基調にある。スウェーデンにおいては,1987年に貧困率は上昇したが,その後は若干の低下がみられる。

続いて,日本における財政再分配の推移についてもみていきたいと思うが,残念なことにわが国はLISに参加していない。そこで,厚生労働省の3年毎の「所得再分配調査結果」に基づいて作成した表3を参照しながら,日本における1981年以降の当初(市場)所得の格差と再分配後の格差の推移についてみてみよう。

日本においても1980年代以降,各家計における当初(市場)所得の格差が急速に進んでいることがわかる。この要因としては,しばしば指摘されるように高齢者世帯の増大があるが(公的年金所得が当初所得に含まれないため),それと同時にこの間急激に進行した雇用制度の変化による賃金をはじめとした稼得所得の格差拡大も見逃すことができない[44]。

しかし,日本においても税・社会保障移転による再分配がその格差を緩和している。再分配のうち,税によるものと社会保障によるものの内訳をみると,日本においては先にみた4カ国よりも税による再分配が急速に低下している(ただし,社会保険料が税の項目に入れられていないことに注意する必要があ

表3 日本における所得再分配による所得格差是正効果（ジニ係数）の推移（1981-2002年）

	当初所得	再分配所得		税による再分配所得 （当初所得−税金）		社会保障による再分配所得 （当初所得＋現物給付＋社会 保障給付金−社会保険料）	
	ジニ係数 (A)	ジニ係数 (B)	改善度 $\frac{A-B}{A}$ %	ジニ係数 C	改善度 $\frac{A-C}{A}$ %	ジニ係数 D	改善度 $\frac{A-D}{A}$ %
1981	0.3491	0.3143	10.0	0.3301	5.4	0.3317	5.0
1984	0.3975	0.3426	13.8	0.3824	3.8	0.3584	9.8
1987	0.4049	0.3382	16.5	0.3879	4.2	0.3564	12.0
1990	0.4334	0.3643	15.9	0.4207	2.9	0.3791	12.5
1993	0.4394	0.3645	17.0	0.4255	3.2	0.3812	13.2
1996	0.4412	0.3606	18.3	0.4338	1.7	0.3721	15.7
1999	0.4720	0.3814	19.2	0.4660	1.3	0.3912	17.1
2002	0.4983	0.3812	23.5	0.4941	0.8	0.3917	21.4

注）1999年以前の現物給付は医療のみであり，2002年については，医療，介護，保育を含む。
出所）厚生省「所得再分配調査結果」（平成2年，5年，8年，11年），厚生労働省「所得再分配調査報告書」（平成14年）。

るが）。これは日本において，80年代以降，所得税の累進税率が1984年以前の10～75％の19段階から1999年以降の10～37％の4段階へと大幅に緩和されたことが示すように直接税の累進性が弱まったこと，そして90年代に所得税の減税が大規模に展開されたためである。それに対して，社会保障による再分配が急速に大きくなっている。これは主に高齢化に伴う公的年金給付と医療サービス給付の拡大によるものである。しかし，それでも当初所得の急激な格差拡大を打ち消すにはほど遠い状況である。可処分所得（再分配所得）の格差の大きさやこの間の格差拡大のスピードをみると，日本の福祉国家による再分配効果はドイツやスウェーデンよりも，アメリカやイギリスに近いといえる。

　以上みてきたような先進5カ国における市場所得の分配と財政による再分配の推移からどのような結論を導き出すことができるであろうか。

　まず，日本を含め5カ国において，1980年代以降民間セクターの所得不平等は著しく拡大してきている。これは高齢化世帯の増大や年金制度の成熟化に起因するところが大きいが，現役世代世帯の市場所得の格差も拡大していることからみて，稼得所得の格差の拡大も大きな要因となっていることがわかる。しかし同時に，ほとんどの国において財政による再分配も増大している。したがって，グローバル化に伴う競争の激化によって社会保障給付の「底に向かっての競争」は今のところ目に付くような形では生じていないといえる。それでも，どの国においても再分配の増大は市場所得の格差拡大を打ち消すほど増大

してはおらず，その結果可処分所得の格差は増大している。ただし，格差の規模と増大のスピードは国によって異なっている。すなわち，ドイツやスウェーデンのように市場所得の格差拡大を招くグローバル化の圧力に対して福祉国家の諸制度でもって積極的に対処しようとする国とアメリカ，イギリス，日本のように福祉国家諸制度による対応がより消極的な国に分岐しつつある。

5. むすびにかえて

　経済のグローバル化やそれと同時に進行しつつある経済のサービス化は市場における所得格差の拡大が端的に示すように，各国福祉国家の基盤である各国の資本主義の姿を大きく変容させつつある。また，それは広義の福祉国家政策と呼びうる財政金融政策，公企業や経済規制システム，労使関係制度や労働市場政策の転換にもきわめて大きな影響を及ぼした。しかし，そのような資本主義の大変容も今のところ福祉国家の核心部分である社会保障による再分配を侵食するまでには至っていない。とくに，ドイツやスウェーデンなどのヨーロッパ福祉国家の基盤はまだ根底から揺らいではおらず，そういう意味で福祉国家は決して解体してはいない。とはいえ，長期的にみるとグローバル化が福祉国家システムに及ぼす潜在的インパクトはきわめて大きい。経済のグローバル化が多くの国に対して財政金融政策をはじめとした国民国家の経済政策能力に厳しい制限を課すのみならず[45]，社会賃金を含めた賃金切下げ圧力を課すというのは事実である。

　同時に，グローバル化をはじめとした，成長率の低下と脱工業化，人口の高齢化，家族構造の変容に伴う新しい社会リスクの登場といった挑戦に対して，各国福祉国家は試行錯誤を繰り返しながら自己再編を遂げ，それぞれ独自の方法で立ち向かっているのももう一方の事実なのである。先にみたように，新自由主義ルートを採用した国々においても，福祉国家のドラスティックな削減を試みた国は限られていた。著しく年金に偏った高度に発達した社会保険制度を特徴とする大陸ヨーロッパ諸国はグローバル化の圧力と人口動態の変化のなかで既存福祉国家の厳しい再編をとくに強く迫られているが，それは一方においてEUの経済統合という方向で，そして他方においてマーチン・ローズが「競争的コーポラティズム」と呼ぶ新しい社会契約[46]でもって乗り切ろうとしてい

る。また,スウェーデンをはじめとした北欧諸国は早くも70年代から80年代にかけて積極的労働市場政策,社会サービスの拡張,ジェンダー平等化という方向に政策をシフトさせ,90年代初頭の深刻な経済危機に対しては年金改革に代表されるような福祉国家の長期持続性を維持するための諸改革を実行した。

それゆえ筆者は,加藤やギルバート[47]が述べるように,経済のグローバル化によって福祉国家は解体してしまい,いまや「福祉国家」に代わる「支援国家 (the enable state)」の時代が到来したとは考えない。むしろ,グローバル化,脱工業化とそれに伴う低成長,ジェンダー平等化,個人主義的価値観の浸透という新しい環境において,福祉国家の役割はいっそう高まると考えている。筆者がそのように考える理由は,創造的破壊の痛みを緩和し,事実上のセーフティネットの役割を果たしていた平均賃金のすばやい上昇がみられなくなっており,そのために人々が感じる創造的破壊の痛みに対する緩和装置は以前よりもいっそう必要となっているからである。

第2に,規制制度によって隠れた社会保護を受けていた多数の企業・農民・自営業者・労働者は規制緩和を通じて市場競争へと追いやられたため,今後は狭義の福祉国家とその財政にますます頼らざるをえなくなっている。最後に,経済成長から生まれた利益をより平等に分配する制度がなければ,資本主義経済制度と自由市場制度に対する人々の信頼は長期的に衰退していくことは明らかであるからである。

もちろん,福祉国家の必要性が高まるからといってその存続が現実に保証されるわけではない。その存続,そしていかなる福祉国家をつくるかについての帰趨は社会における闘争にかかっている。その意味で,福祉国家をどのように改革し再編していくかは,今後なおしばらく政治における最も重要なアジェンダであり,社会における最も重要な争点の1つであることだけは確かである。

注

1) グローバル化と福祉国家の関係をめぐる議論としてどのようなものがあるかについては,本書の1章と2章を参照せよ。
2) Offe (1998), pp. 41-43, 邦訳, pp. 55-58 を参照。
3) ヨーロッパ福祉国家の発展にとってカトリック勢力がきわめて大きな貢献をしたという事実については,Wilensky (1981), pp. 15-35 を参照せよ。

4) ミシュラもまたオッフェと同様に，グローバル化が完全雇用と高賃金のフルタイムの仕事を侵食してきた事実とそのことが福祉国家体制に及ぼす影響を重視している。しかし，社会保障制度を中心とした社会保護システムは主に選挙民主制のために今のところそれほど弱体化はしていない，と捉える点では筆者の考え方と近い。Mishra（1999）を参照。
5) Offe（1998），pp. 42-43，邦訳，pp. 56-58．
6) Offe（1998），pp. 45-46，邦訳，pp. 60-61．なお，オッフェは早くから，福祉国家体制の安定的発展によって上層ミドルクラスの所得が高くなり，特権が増えるにつれて，彼らは福祉国家によるサービスよりも民間のサービス（年金と保健に代表される）を好む傾向をもつようになることを強調していた。また，熟練労働者の一部を含む下級ミドルクラスも福祉国家に対する伝統的忠誠心を捨て（とくに失業青年やシングルマザー向けの福祉プログラムを嫌悪するようになり），より個人主義化する傾向をもつと主張する。Offe（1988），pp. 221-223を参照。
7) Offe（1998），p. 46，邦訳，p. 61．
8) 加藤の福祉国家解体説および中期資本主義段階＝福祉国家段階の終焉説については，加藤（1987），加藤（1989），加藤（1995），加藤（2004a）を見よ。ただし，前者の3論文においては，社会主義イデオロギーの衰退，労働組合の衰退，組織資本主義の解体，公企業の民営化，パクスアメリカーナの衰退などでもって福祉国家体制の終焉を根拠づけていたが，加藤（2004a）においては「現在，福祉国家に起こっている事態は，1970年代中頃から始まった資本主義の大転換の一部を，そのもっとも核心的な一部を構成する歴史過程である」（p. 100）として，公的扶助と公的年金の改革を正面から扱っている。しかも，福祉国家以後を「支援国家」と命名するなど，従来の研究よりも格段に積極的な主張となっている。
9) 加藤（2004a），pp. 81-90を参照。
10) 加藤（2004a），pp. 100-103を参照。
11) 筆者の考え方と同様なものとしてEsping-Andersen（2002）がある。また，「連帯主義的個人主義」と「非家父長主義的福祉国家」という概念を導きの糸として，たとえ個人主義的な価値観の明瞭な発展——そして，それらと結びついた選択の自由と個人化された取り扱いという市民からの要求——が社会に浸透しても，普遍主義的福祉国家は十分に存続可能であると示したものに，Rothstein（1998）がある。
12) 1989年策定のゴールド・プラン，1995年策定の新ゴールド・プラン，1997年に制定され2000年から施行された介護保険法という，1990年代登場の日本の新厚生行政に注目して，富永健一は「福祉の下方修正」に終始した1980年代に比べて，1990年代には若干の逆転現象が生じ，日本の福祉国家が新しい段階に到達したという評価を下している。富永（2001）pp. 193-194を参照。福祉サービスに限って言えば，この富永の評価は間違いではない。
13) ピアソンはPierson（1994）で，サッチャーとレーガンの福祉国家削減政策の実態について分析した結果，両国の福祉国家の継続性を強く主張した。さらに，Pierson（1996）において分析対象国としてスウェーデンとドイツをも含め，なぜ福祉国家は攻撃に対して強いのかをより理論的に説明した。
14) Pierson（1996），pp. 173-174．
15) この事実については，Svallfors and Taylor-Gooby ed.（1999）を参照せよ。この中で，福祉国家プログラムの削減が今後いっそう進行するであろうという多くの専門家の予測に反して，世界のほとんどの国において福祉国家の人気が根強いことを世論調査等に基づいて明らかにしている。ピアソンも，オッフェに代表されるような「中産階級の持続的な福祉国家離脱説」に対しては次のような振り子説（林　健久の議論に典型的にみられる）でもって退け

ている。「どの国においても，福祉削減が中産階級の幻滅と退出へと導き，いっそうの削減の基盤を形成することになるという自己促進的な動きが生じるというシナリオを支持するような証拠は存在しない。そうではなくて，世論調査での一般的なパターンは経済パフォーマンス悪化と財政逼迫の後で福祉国家に対する反対が生じ，かなりの削減に遭遇するとすぐその後また福祉支出への支持が復活するというマイルドな左右への揺れである。」(Pierson (1996), p. 175.)

16) Pierson (1996), pp. 174-175. ただし，ピアソンはラジカルな改革や削減がまったく生じないと言っているわけではない。改革を志向する政権党にとって選挙上の余裕が相当にあるばあい，非常な財政危機のばあい，そしてヨーロッパにおいてEUの政策上の意義が重要になるという例にみられるように，福祉国家をめぐる制度の枠組み自体が大きくシフトするばあいなどには，相当規模の削減や改革のチャンスが生じると考えている。Pierson (1996), pp. 176-178 を参照。

17) Pierson, P. (2001), pp. 80-104 を参照。

18) 代表的なものとして，Mishra (1990)，Mishra (1999) がある。

19) 代表的なものとして，Ritter (1991)，Offe (1984) がある。それらの内容については，本書1章を参照せよ。

20) 本書2章を参照せよ。

21) ポラニーは，19世紀社会の歴史は二重の運動の結果であった，と言う。すなわち，一方では，金本位制の庇護のもとで市場は地球上の全地域に広がり，そこに巻き込まれる財の量は信じられないほど増大したのに対して，他方ではもろもろの措置と政策の網の目が，労働，土地，貨幣に関する市場の動きの規制を意図して強力な諸制度へとまとめあげられたのである (Polanyi (1957), p. 76, 邦訳，p. 101)，と言う。このように，ポラニーの「社会の防衛」は労働のみならず，農業や自然，そして生産組織をも市場から保護することを意味する点において，筆者が言う「広義の福祉国家」概念にきわめて近い。

22) Schwartz (2001), pp. 18-19, pp. 31-36 を参照。

23) エリック・ホブズボームやマイケル・マンなどによって使用される言葉で，1914年の第1次世界大戦の勃発から1991年のソ連崩壊までの「短い20世紀」に対して，1760年代の産業革命期から第1次世界大戦の勃発までの，まとまった意味をもつ歴史的時代を指す。この時代に優勢だったのは民間経済の成長であって，国家の拡大ではなかった。Mann (1993) を参照。

24) レーガン政権下で全国労働委員会が雇用主に有利な決定を次々に下していく過程については，Gross (1995), pp. 246-271 を参照せよ。

25) たとえば，アメリカの電気通信分野における規制緩和とAT&Tの分割によって，当該産業での競争が激化し，労働組合の組織率が急速に低下し，賃金格差が急激に広がった。その過程については，本書3章を参照せよ。

26) これについては，本書3章を参照せよ。この時期の反インフレ政策がアメリカにおける雇用政策の転換点となったことについては，Weir (1992), pp. 153-162 を参照せよ。

27) フランスをはじめとした，この時期の世界的なケインズ政策からの転換については，岡本 (1997b), pp. 121-125 を参照せよ。

28) スウェーデンにおける貨幣政策の転換については，本書4章を参照せよ。

29) もちろん，2度にわたる石油危機を契機にした産業構造の転換（第三次産業の肥大化，製造業内部における重厚長大から軽薄短小への重心移行，生産工程のME化と流通システムの情報化など）が規制緩和や民営化といった政策転換を呼び起こした側面もある。

30) 経済の「スキル・バイアス」の度合いとは，新しい生産過程や貿易の拡大が低学歴の労働者に対して高学歴の労働者を優遇する度合いを意味する。詳しくは本書3章を参照せよ。
31) 90年代のアメリカの長期・持続的な好況の実態とその要因，そしてその構造的問題については，河村（2002），pp. 29-35を参照せよ。
32) ニューエコノミーの負の側面については，Reich（2000）が鮮やかに描いている。とくに，雇用関係の変化から生じる雇用不安定性の増大については，Cappelli（1999）を，そして所得格差の増大については，Galbraith（1998）を参照せよ。
33) 各国における狭義の福祉国家の動向についてのより詳細は，本書2章を参照せよ。イギリスとアメリカの動向に関しては，Pierson（1994）が鋭い分析をおこなっている。
34) 1986年社会保障法によるSERPS改革の内容については，越智（1997）と加藤（2004b），pp. 32-36を参照せよ。
35) スウェーデンにおける福祉国家の改革とその意義については，本書の4章と8章を参照せよ。
36) Esping-Andersen（1996），pp. 10-20，邦訳，pp. 16-32を参照せよ。
37) 広義の福祉国家システムに関する国際比較研究の記念碑的労作とも言えるWilensky（2002）において，納税者の反乱に代表されるような反福祉運動が強かった国は租税負担の大きな国ではなく租税負担が目につきやすい国，すなわちデンマーク，アメリカ，イギリス，スイスといった直接税中心の国であったことを明らかにしている（pp. 363-397）。この例にみられるように，まさに福祉国家の制度設計が福祉国家基盤の強弱を決定しているのである。
38) ルクセンブルグ所得研究（LIS）はヨーロッパ，アメリカ，アジア，オセアニアの4大陸にある30カ国（ただし，日本は加入していない）をメンバーとした非営利の共同調査プロジェクトである。その中心目的は，各国の統計局や調査機関によっておこなわれた所得調査において報告されたミクロデータを共通に定義されたフレームワークに合致するよう調整することである。LISデータへのアプローチの仕方，利用方法，内容説明については，http://www.lisproject.org/ を参照せよ。
39) Jesuit and Mahler（2006）。なお，マーラーとジェスイットは，Mahler and Jesuit（2006）において，LISのミクロレベルのデータベースから計算されたデータ，すなわちJesuit and Mahler（2006）を用いながら，先進諸国における財政再分配の実証分析（とくに国際比較と歴史的推移）をおこなううえでこのデータがきわめて有用であることを説得的に明らかにしている。
40) 財政再分配の度合いは（再分配前ジニ係数—再分配後ジニ係数）という絶対値として，また（（再分配前ジニ係数—再分配後ジニ係数））／再分配前ジニ係数）の両方で表すことができる。筆者は，Kenworthy and Pontusson（2005）と同じように，市場所得のジニ係数と再分配後の可処分所得のジニ係数の間の絶対的差異のほうが相対値よりもより解釈しやすい再分配の指標を示していると考えている。この議論については，Kenworthy and Pontusson（2005），p. 476を参照せよ。
41) Kenworthy and Pontusson（2005），p. 453. フランクとクックはFrank and Cook（1995）のなかで「ひとり勝ち（winner-take-all）市場」という概念を用いて，情報処理および情報通信革命の強い影響下にあった過去20年間のアメリカにおいて機会の分布の大変化（「ひとり勝ち市場」の普及）が生じ，そのことが所得格差の大幅な拡大を招いたことを説得的に明らかにしている。トップの報酬をめぐる過剰な競争は今や非生産的になっており，拡大する不平等は経済成長を刺激するよりもむしろ後退させると彼らは結論づける。このような文脈においては，より累進的な税制に代表されるような平等化を促進する政策の多くが経済効率

を削減するどころか上昇させ経済成長を促進させるという主張は本書における筆者の主張と同じである。
42) Kenworthy and Pontusson (2005), p. 455. 医療や教育といった現物給付を含めた福祉国家支出の再分配効果を国際比較（アメリカ，カナダ，イギリス，ベルギー，フランス，ドイツ，オランダ，フィンランド，スウェーデン）した研究として，Gerfinkel, Rainwater, and Smeeding (2004) がある。この研究のなかで彼らは，アメリカの低所得者にとって現物給付が重要な経済資源となっていることを示し，その結果他の国際比較研究よりもアメリカにおける福祉国家の再分配効果を大きく評価している。
43) 先進18ヵ国における失業保険給付と傷病手当の所得代替率の1975年から1999年にかけての推移を研究したものとして，Allan and Scruggs (2004) がある。この論文のなかで著者たちは，所得代替率の観点からみると，福祉国家は全体としてこの間かなり削減されたという結論を導き出している。
44) 日本における所得格差拡大の要因を主に人口の高齢化に求める代表的な研究として，大竹 (2005) がある。それに対して，高齢化以外にも，高失業，非正規雇用の増大，賃金決定の分権化，税・社会保障における再分配の低下など，この間の経済と政策の構造的変化に求める代表的研究として，橘木 (2006) がある。
45) グローバル化にもかかわらず，各国は，とりわけアメリカ，ヨーロッパ，日本のような先進諸国は財政金融政策をはじめとした経済政策を自律的に運営する余地をかなり有しているという主張については，本書5章を参照せよ。
46)「競争的コーポラティズム」とは一見すると撞着語法であるが，ヨーロッパにおける新しい公平をベースにした労使の妥協を探求する姿勢を表現するためにローズによって名づけられた。これについては，本書5章と7章を参照せよ。
47) ギルバートの福祉国家解体説については，Gilbert (2002) を参照せよ。

7章　福祉国家の正統性の危機

1. はじめに

　雇用の危機，所得格差の拡大，構造的財政赤字，医療および年金制度への不信，地域経済の衰退，など先進資本主義国を長期にわたって覆っている社会危機を世界史的な1つの発展段階として福祉国家システムが終焉したことの兆候とみなす見解がある。それに対して筆者は，これらの社会的危機は現代資本主義経済の仕組みが大きく変化しているにもかかわらず，70年代後半から80年代に勃興し，いまや時代遅れとなった新自由主義政策でもって社会経済の諸問題に対処しようとしていることと少なからず関係している，と考えている。これらの問題については，むしろ福祉国家の反省的継続＝福祉国家の改革という基本スタンスに立った新しい経済政策と社会政策でもって対処するのが望ましい。たとえば，歴史的にみて，農業政策や公共事業政策でもって生産と労働意欲を保存しながら福祉政策を補完・代替してきたわが国について述べると，雇用危機や地域経済の衰退に対処するにはひたすら「小さな政府」を目指す構造改革よりも時代の変化に十分に対応しうる大胆な公的投資戦略とより普遍主義的な教育・雇用・福祉政策が社会的にも経済的に有効である。

　この章は，福祉国家は今その正統性を問われてはいるものの，福祉国家の歴史的使命はまだ終わっていないこと，むしろ時代に対応するいくつかの改革をおこなうことによってその可能性はさらに大きく広がることを，市民社会論や規範的な問題をも考慮に入れながら明らかにすることを目的としている。

　第2節においては，福祉国家システムは現在行き詰まっており，持続的な政治経済システムとしての将来展望はないという主張の根拠について検討し，そのような見方は一面的であることを明らかにする。さらに，福祉国家批判として登場し，現代資本主義を組織する原理として福祉国家システムに代わるシステムとして広く目されている新自由主義の限界についても明らかにする。

第3節においては，既存の福祉国家の困難と新自由主義的アプローチの矛盾を突破しようとして，1980年代以降，とりわけ新自由主義の失敗が明らかになった90年代以降，多くの国で人気を博するようになった市民社会という考え方（福祉の側面に限定すると福祉社会という考え方）を検討する。そのさい，既存の福祉国家の意義と限界についての理解を深め，その可能性を探求するうえで最も有益な議論は，ジョーン・キーン，ジーン・コーエン，マイケル・ウォルツァーによって展開された市民社会論であると筆者は考えるので，この3人の議論を紹介・検討する。そして，彼らが提起した問題を考察するなかで，福祉国家と市民社会はトレードオフの関係にあるのではなく，相互補完的な関係にあることを明らかにする。さらにここにおいて，現実の福祉国家の生成・発展にとって重要な役割を果したナショナリズムと福祉国家の関係についても考察し，現在ではナショナリズムを飼い慣らすうえで福祉国家が重要な役割を果たしていること明らかにする。最後に，福祉国家は多くの市民を国家に依存させることによって市民社会の諸関係を貧困化させてきたと考える人は多いが，そのような考え方は一面的であり，決して現実的ではないことを貧困率の国際比較を通して明らかにする。

2. 福祉国家は行き詰まったのか

2.1 行き詰まり説とその問題点

　この間の資本主義の大きな変化のなかで福祉国家の本質部分は解体した，という加藤やギルバートに代表される説についてはすでに6章において，その一面性を批判した。それに対して，福祉国家はいまのところ解体してはいないものの，将来的展望はないという見方がある。そのような主張の根拠として，一般的には，次の7つの傾向が指摘される[1]。

　① 福祉国家は伝統的に経済過程に強く介入する「大きな政府」を抱えてきたが，経済のグローバル化によって，この国家の介入能力は限界を迎えつつある。

　② 福祉国家の財政的基盤は高負担の，累進性をもった課税であったが，これは急激に進行する高齢化社会においては将来の労働人口に耐えられないほど

の負担を課すことになることから限界を迎えている。さらに，このようなかたちでの国家の歳入調達はグローバル化，すなわち資本と労働の国際移動の高まりによっても深刻な挑戦を受ける。

③　福祉国家は完全雇用という目標を掲げてきたが，現在では福祉国家の存在それ自身が最大限の雇用可能性と矛盾している。むしろ，雇用創出マシンとしては低福祉のアメリカの体制のほうが優れている。

④　シティズンシップという考え方は，とりわけ社会的権利の享受は福祉国家の中心的位置を占めてきたが，この考え方は今日においてますます強化されるようになった「雇用をベースにした福祉国家」への呼びかけと対立するようになっている。

⑤　歴史的にみて，福祉国家を支えてきたのは労働組合と労働運動であったが，それらの基盤となる伝統的階級構造は長期衰退傾向を示しており，そのため福祉国家を支えてきたコーポラティズム体制も過去のものとなりつつある。

⑥　福祉国家の基本的目標は富の分配に変更を加え，不平等を減らすことであったが，この目標は今日叫ばれている競争力の強化と成長促進のための経済政策や社会政策と矛盾する。

⑦　過去30年に及ぶ経済と社会の根底的変化によって，福祉国家はかつてのケインズ経済学に代表されるような存続可能な政治経済学を欠如させている。

以上のような福祉国家の行き詰まり説は，福祉国家が今日抱えている，あるいは近い将来直面すると予想される問題について鋭く指摘してはいるものの，やはり一面性を免れない。福祉国家の現実の歴史的展開についての正確な理解がなされていないことがこのような一面的理解の最大の理由である。

①についていうと，戦後福祉国家体制の基本はその経済過程を，とくに生産過程については民間セクターにおける投資にゆだねてきており，一部の国を除けば国家が経済の管制塔の役割をすることはほとんどなかったことがまず注意されねばならない[2]。たしかに，戦争直後の深刻な不況が多くの人によって予想された時期には，イギリス，スウェーデン，ドイツをはじめとしたヨーロッパの国々のみならずアメリカにおいてすら，政府が深く経済に介入する経済の計画化が真剣に議論された。しかし，不況が現実化しないと判明すると，多くの国において保守政党や中道政党，産業界そして労働組合までもが社会民主主義政党の計画化案に反対した。社会民主主義政党も経済の計画化の早急な実施

は政治的に賢明ではないと考え，その計画を事実上棚に上げることになった。それ以降，ケインズ主義が経済の計画化に代わって福祉国家の経済政策を導く公認のイデオロギーとなった[3]。

次に，政府の大きさの基本指標である対 GDP 比率でみた一般政府の財政支出規模は，OECD 全体の平均で 1987 年の 40.6% から 2004 年の 40.8% とほとんど変化していない。福祉国家の大きさの基本指標である対 GDP 比率でみた公的社会支出は，古くからの加盟国から構成されている OECD 21 カ国の平均は 1980 年の 17.7% から 2001 年には 21.9% へと増加している[4]。たしかに，近年におけるわが国にみられるように「小さな政府」のイデオロギーの掛け声は大きく，いたるところで耳にするが，現実の政府規模は長期的にみてほとんど変化していないのが実態であるし，ここ当分の間小さくなる可能性は少ない。また，国によっては年金の民営化，公的サービスの民間委託などは進むかもしれないが，次の章で述べるようにそれらの給付やサービスに対する規制機能は強化される可能性が高い。規制緩和の国のチャンピオンと目されているアメリカにおいてすら，社会と経済に対する規制は近年ますます増加しているのが実態である。

②についていうと，一般政府の税および社会保険料収入の対 GDP 比率は，OECD 諸国全体の平均で 1987 年の 37.4% から 2004 年の 37.5% とほとんど変化していない。その内訳をみても，ユーロ地域の 44.3% から 45.8%，アメリカの 32.7% から 31.7% へとなっており，両地域ともほとんど変化はない[5]。したがって，ここ 20 年来いわれ続けてきた，経済のグローバル化による資本と労働の国際間移動によって各国の租税徴収能力は大きく侵食されるだろうという予測は必ずしも実現していない。

他方，福祉国家税制の象徴として長い間考えられてきた，強い累進性を有した所得税はサッチャー政権下の 1979 年税制改革やレーガン政権下の 1986 年税制改革に典型的にみられるように，大幅な税率構造の簡素化が実施された。また，このような所得税の改革と同時に付加価値税の税率の引き上げが図られたばあいが多い。結果として，所得課税から消費課税へのシフトがかなり進んだ国もある。それにもかかわらず，これらの税制改革はしばしば歳入中立性を維持するように制度設計がなされていたし，税制をよりフラットにしたばあいにも租税ベースの拡大が伴っていた。また，法人税率の引下げも企業に対する投

資促進税制の廃止によって相殺されたばあいが多い。そういう意味で,福祉国家を支える租税レジームが根本的変化を遂げたとは決していえない。

 さらに,注意しなければならないことは,スタイモの比較研究が明らかにしているように[6],かつてのアメリカのように富者に対する所得税の限界税率が高く,法人税収の大きな国の支出を含めた財政全体による所得再分配効果が必ずしも高くないということである。そして,8章で明らかにするように,現在のスウェーデンのようにフラットに近い税率のもとでも,高い水準の公的サービスと公的給付をもつことによって政治的に安定した再分配政策が実現可能だということである。したがって,税率構造の簡素化や消費課税へのシフトがたとえ生じたとしても,そのことがストレートに福祉国家の終焉に導くことはなく,むしろ普遍主義的福祉国家を強化する可能性すらあるのである。

 ③について述べると,たしかに完全雇用政策とその実現は戦後福祉国家政策の重要な特徴であった。そういう意味で,石油ショック以降,北欧に関しては1980年代末以降,先進資本主義諸国が完全雇用を維持できなくなったことは,福祉国家体制の最大の危機であるといってよい。というのは,福祉国家の財政能力は税と社会保険料の大きさによって規定されるが,これらは雇用水準と賃金増加のダイナミックスに大きく依存しているからである。逆に,福祉国家に対する要求の規模(失業補償プログラムに代表されるように)は労働市場の枠組みと市民社会のなかの他の制度(家族によって代表される)を通じて満たされないニーズの量によって規定される。合わせて考えると,雇用機会の縮小によって福祉国家の必要性が高まれば高まるほど,経済パフォーマンスの悪化のために福祉国家の財政能力の限界によって福祉国家本来の役割を演じることができなくなる。

 しかし,このような難題を新自由主義的政策でもって乗り切りことができると考えることは間違いである。たしかに,アメリカとイギリスの失業率はヨーロッパ大陸諸国に比べると低いけれど,これは5章でも述べたように中央銀行の金融政策に対するスタンスとも一部関係しているし,何よりも賃金と労働条件を切り下げることによって雇用を最大化する戦略は戦後資本主義体制のあり方を大きく清算するものであり,民主主義体制下において長期持続性があるものとは思えない。就労していても十分な生活費が稼げないワーキング・プアの問題はアメリカでも大問題であるため,勤労所得税額控除(EITC)などで対

処しようとしているが，低賃金を前提としたうえでの賃金補助であり，実質的には企業への賃金補助金を意味し，低賃金構造の永続化をもたらすだけである。

このように，アメリカの路線が雇用可能性という観点からも最善の道とは決していえず，歴史的にみても，完全雇用と競争力を最もうまく両立させたのは北欧をはじめとした労働市場の制度化と社会的妥協が確立した国であった。そういう意味では，かつてに比べるとその雇用パフォーマンスは十分に回復しているとはいえないものの，ITなど先端産業の積極的導入と積極的労働市場政策や教育政策を組み合わせたスウェーデンや1982年のワッセナー合意によって雇用増大に向けて新しい実験に取り組んだオランダの経験は今後の福祉国家の可能性を切り拓くものしてより注目すべきである[7]。

④については，どうであろうか。T. H. マーシャルの古典的研究が明らかにしているように，シティズンシップという理念は，国民社会のすべての構成員が一連の市民的権利，政治的権利，社会的権利を共通に享受する程度に応じて実現しているといえる。かくして，シティズンシップの達成は本来的に平等主義的な企てなのである。たとえば，市民的権利と政治的権利における差別が取り除かれる度合いに応じて，身分的秩序はかつてもっていたような法的基盤を喪失する。さらに，最低所得の保障や社会サービスの保障といった社会的権利が付与されるようになると，階級格差はいっそう緩和されるようになる。つまり，個人や集団の福祉はある点までは彼らの市場での立場や状況から独立して決定されるようになり，階級的不平等はある程度緩和され，階級がもつ広範な社会的意味合いは削減される[8]。

以上のような意味において，シティズンシップという理念は福祉国家の発展にとってきわめて重要な役割を果してきた。しかし，このシティズンシップという理念のもとで，現実の福祉国家が市民に対して広範囲の社会的資源への無制限のアクセスを保証してきたという一般に流布されているような考えはある意味において的外れである。T. H. マーシャル自身，その著作のなかで「権利と義務のバランス」を強く訴え，福祉国家における義務として納税と保険料拠出の義務，教育と軍役の義務，その他の義務として地域社会におけるサービス提供，そして労働の義務をあげている[9]。

また，現実の福祉国家における政策はシティズンシップや社会権という言葉が示唆する以上に多くの条件がついていた。ほとんどの福祉国家においては，

法的な権利付与は拠出や兵役などのその他の基準を満たす人々に限定されているのが普通であった。そして，これらの資格を欠如させている人々に関しては，給付はより裁量的なかたちでなされてきた。完全雇用の終焉によって，この裁量性が人々の目につくようになったのは確かであるし，「ワークフェア」（就労を条件にした給付）という考え方が近年強くなってきたのも事実である。しかし，「入手可能な仕事に就く意志があるかどうか」をテストする制度は決して新しいものではない。最近の基本所得保障構想の提唱者が述べるような[10]，自発的失業を選ぶかもしれないが，それでも国家によって支援されるという考え方は，現実の福祉国家とは相容れない考え方であった[11]。

シティズンシップと現実の福祉国家における政策を以上のように把握するならば，近年における福祉の責任の一部を国家から個人や企業に移そうとする動きはシティズンシップの概念と福祉国家の枠組みを解体してしまうほどの根底的変化とはいえない。そもそも，今日のような複雑な社会において市民に対する法的エンタイトルメントから国家が完全に撤退することは非常に困難である。むしろ筆者は，「シティズンシップは現状への新たな挑戦を生み出し，それを促進してきたように思われる。つまり，シティズンシップの諸権利はそれ自身の原動力をもっている。ロックウッドが述べるように，『それらの諸権利のなかにはまだ社会関係のなかでは実現されていない未発動の諸原理』がつねに存在する[12]。」というゴルドソープの言葉のなかに真実が含まれていると思う。筆者がここで思い浮かべているのは，近年における女性の権利の拡大，さらには移民や難民，そして障害者の権利の拡大の動きとその可能性についてである。時代の進展とともに，諸権利のかたちは変わっていくのは事実であるが，それでも福祉国家とその中核概念であるシティズンシップの生命力はまだ枯渇してはいない。

⑤についていうと，たしかに近年において，労働組合に組織された労働者数は一般的に減少傾向にあるけれど，各国押しなべてそうだというわけではない。急激な落ち込みを経験しているのは，アメリカ，イギリス，オーストラリア，日本である。他方，スウェーデン，デンマーク，フィンランドをはじめとした北欧諸国の組織率は相変わらず高い[13]。

また，コーポラティズムの衰退もそれほど明白なわけではない。ヨーロッパにおいては，コーポラティズムは衰退したというよりは再編成されつつあると

みなす人もいるのである。たとえば，コーポラティズムの研究者であるローズは，コーポラティズムがもともと強かった国々（フィンランド，デンマーク，ノルウェーなど）では修正されたかたちでコーポラティズムが存続しており，伝統的にコーポラティズムの制度的前提条件が弱かった国々（イタリア，ポルトガル，スペインなど）においても新しい社会契約が出現しつつある，と言う。また，オランダやアイルランドのように，70年代から80年代にかけて死に瀕していたコーポラティズムの伝統が80年代半ば以降再びよみがえった国もある，と言う。彼は，このように1980年代中葉以降に出現した社会契約を「競争的コーポラティズム」と呼び，その出現の根拠をグローバル化，EMSへの加盟と通貨統合に求めている[14]。しかし，それはEMU加入のための戦術的マヌーバーやナショナリズムとネオリベラリズムの便宜的結合としてみなすことはできず，伝統的な所得政策をより斬新な社会保障形態や労働市場の改革と結びつけているところに現代的意義がある，と主張する[15]。これらの協定においては，競争力が重要な関心事となってはいるが，それが最優先の関心事ではない。というのは，これらの協定には「黄金時代」においてすら福祉国家の一貫した特徴であったような種類の公平と効率についての取決めが含まれているからである。このような観点から，彼は結論部分で次のように述べる。「新しい取決めは以前の交渉によって生み出された連帯のジレンマと矛盾への反応でもしばしばあったし，もし古い公平のギャップが満たされて，新しいかたちのエンタイトルメント解体の出現が防げるならば，それらを実際に改善することになるであろう[16]」と。筆者が，新しい社会契約のなかに新しい福祉国家の可能性（女性労働者やパートタイム労働者に対する保護の拡大）を見出すのも，この点なのである。

　最後により重要なことを指摘するが，それは労働者階級が少数になり，労働組合の政治的影響力がたとえ低下したとしても，そのことがそのまま福祉国家の弱体化に繋がることはないということである。というのは，ポール・ピアソンが指摘するように，福祉国家の成長・成熟が福祉国家の支持基盤を変えてしまったからである[17]。たしかに，福祉国家の成立期にあっては，組織労働者は福祉国家の最も強力な支持者ではあったが，こんにちの成熟した社会プログラムは新しい組織利害を生み，ミドルクラスに属する社会サービスの生産者と消費者もまた福祉国家を擁護するようになるからである。

⑥についていうと，福祉国家は所得と富の格差の縮小を追求し，実際に税と社会保障支出などを通じて再分配を行ってきた[18]。その一方で，福祉国家はいかに規制されたものであれ労働市場の存在を受け入れてきた。そして，経済成長と賃金の成長を，格差縮小を達成する主要メカニズムとして積極的に活用してきた。所得の平等を志向する政策と民間の投資家の意思決定に依存している経済のダイナミズムとを両立させることはいずれの福祉国家にとってもつねに慎重を要する困難な仕事であった。高度成長，完全雇用，国民の政府権威を受け入れる気風が強かった1950年代と60年代においては，各国福祉国家はこの仕事を比較的容易に実行しえた。経済成長の停滞，高失業率，政府に対する不信が蔓延する現在においては，この仕事はたしかに困難になっている。

しかし，これが必ずしも不可能になったわけではない。というのは，OECD諸国のなかでも，最も高い課税水準と広範な福祉国家をもつスウェーデンやデンマーク，そしてフィンランドが近年最も競争力も強く，投資家にとっても魅力ある国として評価されるようになったことが示すように，低成長の時代において福祉国家の充実と成長の両立を可能にするいくつかの経路が存在するからである[19]。

最後に，⑦について考察することにしよう。一般に戦後福祉国家はケインズ主義的福祉国家（Keynesian Welfare State）と呼ばれることが多い[20]。そのような呼び名はケインズ理論に基づく政府の公共支出による有効需要管理政策が戦後福祉国家における完全雇用政策において決定的に重要な役割をしたという理解に起因している。しかし，近年のグローバル化の進展によって，財政赤字支出を通じた需要拡大は景気回復を生み出すよりもむしろ国際金融市場による低い評価を生むようになり，雇用を創出する公的セクターの能力も枯渇したと考えられるようになった。その結果，ケインズ主義はもはや機能しないと考えられるようになった。したがって，福祉国家も経済生活を管理するための存続可能で独自性をもった政治経済学をもはや有していないと考えられるようになった。しかし，筆者はこのような理解は一面的であると考えている。

たしかに，福祉国家の発展にとってケインズ主義は理想的なイデオロギーであった。何よりも，介入主義的国家を経済繁栄のための管理者として認めることは社会民主主義者に自由放任主義者に対するイデオロギー的優位性を与えた。さらに，ケインズ的処方箋のマクロ経済的性格は，高賃金，拡大する福祉国家，

成長と雇用の間の避けがたいトレードオフの存在を否定していた。このため，福祉国家の擁護者たちは，福祉国家の諸制度を市場経済の社会的苦難に対して労働者を保護するための手段として位置づける防衛的立場にたんにとどまることなく，福祉国家の諸制度は社会的，経済的平等の確保に貢献するのみならず，それがもつ自動安定化装置としての効果によって経済システム全体の安定性と成長力を強化する手段であると自信をもって積極的に主張しえた[21]。

以上のことは事実であるとしても，戦後直後から第1次石油ショックに至る「資本主義の黄金時代」（これは同時に「福祉国家の黄金時代」でもあった）の経済政策を「ケインズ主義政策」と呼ぶことは果して適切であろうか。

たしかに，戦前においては物価の安定が重視されていたのに対して，戦後は多くの国において何よりも完全雇用が最優先された。しかし，完全雇用を達成するために採られた手段は必ずしも反景気循環的財政政策を中心としたケインズ政策によるものとはいえなかった。アメリカにおいては，1946年雇用法が骨抜きにされて成立したことに示されるように，またコリンズの研究が示すように，積極的な金融政策と消極的な財政政策の組合わせを中心とした非常に消極的ケインズ主義が採用されたにすぎなかった[22]。フランスでは，需要管理よりも計画化と供給側の国家指導に重点が置かれた。イタリアと日本においては，経済再建のための野心的な政府介入がなされたものの必ずしもケインズ主義的考えに基づいておこなわれたわけではなかった。西ドイツにおいては，長い間国内需要の浮揚よりも物価の安定と輸出競争力の育成に重点が置かれ，ケインズ主義が公的な政策ドクトリンとなったのはSPDが政権をとった1966年のことであり，それが実際に用いられたのは1967年雇用安定法においてであった[23]。

以上の国々とは対照的に，イギリス，スカンディナビア諸国，カナダにおいては，財政積極主義と完全雇用を優先するケインズ主義の福音が，政界，学会，官界の主流派によって広く支持されていたとマディソンは述べているが[24]，それらの国々においてもケインズ主義政策の中心的特徴ともいえる裁量的財政政策が実際にどの程度実行されたかとなると話は異なってくる。ケインズの母国のイギリスにおいてすら，戦後長い間財政赤字支出は存在せず，財政政策はおもに消費に対する縮小効果を及ぼした。もし，存在するとしたら，イギリスにおける「ケインズ主義の時代」はポンドが減価して予算赤字が増大した1967

年から労働党が財政による景気浮揚政策は実現不可能であるという結論に達した1976年のわずか10年間であった。スウェーデンにおいても、ケインズ政策でもって景気拡大を図ろうと真剣に試みたのは第1次石油ショック後であった。同じことは、ノルウェーにもあてはまる。ノルウェーにおいて、1945年と1946年に財政は赤字を示したものの、1949年までに財政黒字はGDPの6.9％にも達した。そして、1949年から1962年までは、1954年を例外として財政は絶えず黒字であった。また、1962年から1973年の間も財政黒字が一般的な姿であった[25]。

このように、ケインズ政策の核心を反循環的財政政策と捉えるならば、戦後福祉国家の黄金時代においてはケインズ政策とそれを根拠づけるケインズ経済学はそれほど重要な役割は果たしていなかった（むしろ、黄金時代の繁栄は反循環的財政政策ではなく、完全雇用を低いインフレ率と結びつける能力に依存していた）[26]。それゆえ、黄金時代においてケインズ政策は有効であったが、グローバル化した現在においては効力がないという議論は非常に一面的な議論でしかない。

他方、現在において、広い意味で「新ケインズ主義」として呼ばれるようなアプローチが復活している。このアプローチは、ケインズ的思考の復活に依拠したものであるが、特定の技術的なものというよりは現代経済は多様な市場の失敗に付きまとわれており、それについては何かをなしうるという一般的前提に基づいている。すなわち、これらの新ケインズ主義者は、古典的ケインズ主義は失業と物価のトレードオフを信じていた点、短期において経済をファインチューニングしうる政府の能力を過信していた点で誤っていたが、市場経済は長期的な市場の失敗には弱いと信じていた点、そしてこれらの問題を緩和するために政府がおこないうる介入形態は存在すると信じる点において基本的に正しかったと主張する[27]。これら新ケインズ主義者以外にも、①諸法令や政治的組織の欠如に起因するロシアの価格自由化・民営化プログラムの失敗、②社会保障やセーフティネットの構築をおろそかにしたラテンアメリカの市場志向改革の失敗、③金融規制や金融監督が整わないうちに金融自由化を進めたことに起因するアジア金融危機、などの反省から、市場メカニズムを機能させるうえで国家を中心とした非市場の制度によって支えられる必要があるという議論が力を増すようになってきている[28]。これらのことを考慮に入れると、今日福

祉国家はそれを支える存続可能な政治経済学を欠如させているという議論は明らかに誤っており，将来における福祉国家の発展の指針となるさまざまな潮流の政治経済学はいたるところで出現しつつあるのが現状である。

2.2 福祉国家が存続する理由

先にみたように，福祉国家発展の歴史と現状を冷静に検討していくならば，かつて繁栄を誇った福祉国家が冷戦体制の崩壊やグローバル化をはじめとした社会経済構造の変化によって避けがたい行き詰まりに陥っているという見方は余りにも短絡的である。たしかに黄金時代における順調な経済成長，完全雇用，政府決定の権威を進んで受け容れる国民の心理などは福祉国家の運営を容易にしてきたのに対して，今日における経済成長の停滞，高い失業率，高齢化の圧力，政府に対する不信などは福祉国家の運営を非常に困難にしている。しかし，このことが福祉国家の運営を不可能にしているわけでは決してなく，むしろこれらの挑戦に対処するために福祉国家は現在さまざまな改革を実践しつつある。筆者は，規制改革，税制改革，コーポラティズムの再編といった制度改革や新しいシティズンシップの考え方，新しい政治経済学の思考法のなかに，福祉国家解体の兆しではなく，むしろ福祉国家の新しい可能性の兆候をみるのである。

さらに，筆者が今後もなお福祉国家体制が存続するであろうと考える理由は，「社会国家の諸制度は民主的法治国家の装置として，政治システムの発展推力であることを少なからず明示しているのであって，これに代わるものはわれわれの住む社会には見ることができない——社会国家が充足する機能という点でも，社会国家が満たしている規範的に正当化された要求という点においても[29]。」というハーバーマスの言葉を真剣に受け止めるからである。

筆者もまたハーバーマスと同様に機能的にも規範的にも「いまのところ，福祉国家（社会国家）に代わるものはない」と考える。なぜ，そのように考えるかについては本章全体で明らかにするつもりであるが，ここでは福祉国家批判として登場し，福祉国家システムに取って代わるべき社会の組織化原理として一部の人々によって熱烈に支持されている新自由主義の限界についての筆者の考えを述べることによって，そのことを果たしたい[30]。

基本的に資本主義の「自由放任」への復帰を擁護する新自由主義者は経済と政治の両面について福祉国家を次のように批判する[31]。経済の面においては，

国際競争が激化する環境下での福祉国家の規制政策と財政政策は高賃金を押しつける労働組合と並んで資本に課す負担を増大させ成長率を抑制する。また，社会保障と失業給付の拡大は労働の倫理を衰退させ，労働に対するディスインセンティヴを生む。さらに，福祉国家は市民サービスの専門家と官僚という非生産的な「新しい階級」を出現させ，彼らは高率の課税とインフレによって独立的で生産的な中産階級から富を奪う。

　政治の面においては，社会紛争を解決するために，そして機会の平等を拡大するために福祉国家によって導入された社会的権利と国家セクターの拡大は私有財産権を侵害することによって企業家の自由を奪い，成功よりも失敗に報いることによって労働者の業績向上心を阻害する。さらに，平等の名の下での市民の日常生活への国家による介入は，自由，プライバシー，自律的生活に対する深刻な脅威となる。そのうえ，これらの福祉国家のメカニズムは市民の間で期待の上昇と要求の増大を生み出し，国家は過剰拡張になると同時に権威を弱体化させ，やがて統治不能という状況に陥る。

　これらの新自由主義者の主張は福祉国家システムのもつ欠陥の一部を鋭く突いており，とくに1970年代後期の低成長とインフレ昂進の局面においては多くの国において説得力をもって迎え入れられた。しかしながら，これらの政策が一局面の打開策から長期持続的政策として自己主張をはじめるとたちまち本来の矛盾を露呈するようになる。たとえば，サプライサイダーが投資のディスインセンティブを取り除くための福祉国家を解体しようとすれば，需要を安定化させる緩衝装置までも壊してしまうことになるし，労働者と貧困者に対する社会的経済的支援が労働倫理のたて直しの名の下に廃止されると，市場の規律はたしかに帰ってくるであろうが，福祉国家体制以前の資本主義体制を特徴づけていたはなはだしい不公平，不満，不安定，階級対立もまた帰ってくるのである。だからこそ，福祉国家を本格的に解体し市場中心の社会にしようとする新自由主義者の努力は国民的コンセンサスを得ることが難しく，たとえ実施された場合においても混乱を引き起こすだけで成果が乏しいのである[32]。

　このように，福祉国家も「危機」であり，その危機に対する新自由主義的アプローチも同様の矛盾を抱えているとなると，現代社会は次のような状況のなかで身動きできなくなる。すなわち，平等主義と社会権の名の下で，より多くのパターナリズムと平準化を意味する国家主義を選択するか，それとも日常生

活のさらなる官僚制化を防ぐために自由市場と権威主義的組織を選択して現代社会にビルトインされた民主的，平等主義的要素を放棄するかといったジレンマに陥るのである。コーエンとアレートの言葉を借りれば，これは「自由主義的で民主的な市場経済は福祉国家とは共存できないし，また福祉国家なしで存在することができない」という状況であり[33]，このような状況を突破しようとして，1980年代以降，とりわけ新自由主義の失敗が明らかになった90年代以降，多くの国々で市民社会という考え方（福祉の側面に限定すると，福祉社会という考え方）が人気を博するようになる。

そこで，次の節において市民社会論と福祉国家の関係を考察することにする。それは，市民社会こそ福祉国家に取って代わるべき存在であると考えるためではなく，市民社会の成熟にとって福祉国家の存在が不可欠であると考えるからである。そして，市民社会論の視角を導入することによって福祉国家はその可能性を広げることができると考えるからである。

3. 市民社会と現代国家

3.1 現代における市民社会論：代表的市民社会論の検討

18，19世紀の民主化運動のなかで生まれた市民社会の概念は1970年代における東欧における社会主義的権威主義国家に反対する反体制運動家たちの手によって復活を遂げた。さらに，その後のラテンアメリカにおける権威主義的体制に対する闘争においても，この国家から分離した市民社会の復活という戦略が用いられ，成功を収めた。また，戦後わが国における市民社会論の流行にみられるように，戦前・戦中における国家主義的体制の記憶が強く残っており，しかも戦後もなおその名残が存在した国々においても，市民社会論は民主主義を社会に定着させることを希求した一種の反体制的な議論であった。この市民社会の形成（あるいは再建）という戦略は，社会的紐帯の再建，政治的に意味のある集合的行為，国家統制下のコミュニケーション外での独立した市民に代表されるような社会の自己組織化という考えに基づいていた。しかし，その戦略は同時に選挙民に対して反応的で責任をもつ政治社会と政治制度を創出することも目的としていた。

この市民社会という概念は西ヨーロッパにおいては「新しい社会運動」のなかで復活を遂げた。この運動は階級的抑圧とは異なっているものの，形式的平等にもかかわらず根強く残存し，しかもシステム的な基盤をもったリベラル・デモクラシー内部における支配の様式に挑戦するものであった。ここでは，基本的諸権利の拡張と強化，社会的位階制の削減，身分的不平等を支える文化的伝統の近代化，差別された集団のための抗議，市民的諸組織の活性化，市民の政治社会に対するアクセスと影響力の増大，といったすでに存在する市民社会と政治社会のいっそうの民主化が焦点となった。わが国の学園闘争，反公害運動，反差別運動，女性運動，地方自治の拡充運動などもそのような側面を強くもっていた。

　しかし，市場化とグローバル化が進展した今日では，この市民社会についての概念は異なった政治的文脈のもとで議論されるようになっている。それは一言で述べると，「福祉国家の危機」や「福祉国家の行詰まり」という文脈のなかで用いられるようになったのである。中央集権的国家も市場主義もどちらもポスト工業社会と福祉国家が抱える問題を適切に解決しえない，とますます多くの人が考えるようになった。直接的な規制やトップダウンの行政を通じて政策を実行し，市場，科学技術のイノベーション，社会構造の変化をコントロールする国家の能力に対する信頼は確実に衰退していった。しかし，同時に旧来の貧困と新しい社会リスクもまた近年ますます増大し，しかもその帰着が不平等化しており，福祉国家が背負っていた任務を完全に市場にゆだねることは，それらの問題をいっそう悪化させるだけであった。このようななかで，80年代以降市民社会論は著しい広がりを示すようになった[34]。

　以下においては，以上のことを念頭に置きながら，代表的な市民社会論者である，キーン，コーエン，ウォルツァーの議論を取り上げ，検討を加える。筆者がこのような遠回りが不可欠であると考えるのは，市民社会論の側から現代国家（広義の福祉国家）の現状とそのあり方を照射することによって，現代国家＝広義の福祉国家理解の地平を広げ，そのことによって福祉国家の改革の焦点がどこにあるかをより明瞭にするためである。

(1) ジョーン・キーンの市民社会論
　イギリスにおける現代市民社会論の代表的理論家であるジョーン・キーンは

1988年に編著『市民社会と国家』を，そして 1989年に単著『デモクラシーと市民社会』を出版した。この両著こそ「〈現代的〉市民社会論の嚆矢をなすものであった[35]」という評価を，そしてキーンこそ「国家が再編した市民社会に活力をとりもどすことを要求」する戦略が 1980 年代に広まるのにもっとも寄与した人物である[36]，という評価を得ている。そこで以下においては，主に先の 2 つの著書とグローバル市民社会の可能性について論じた『グローバル市民社会?』における議論を紹介・検討することによって，キーンの市民社会論の特徴とその意義を明らかにしていくことにしよう。

キーンが市民社会について本格的に考察するようになった背景として，1970年代後期から 1980 年代にかけてのイギリス，ドイツ，フランスといったヨーロッパ社会民主主義政権の一連の敗北があげられる。それらの敗北を契機として，西ヨーロッパの社会民主主義者の間で社会民主主義の将来について熱心な議論が展開されたが，そのような議論のうちの重要なものとして，社会民主主義が中央集権官僚主義国家と同一視されたために社会民主主義の人気が低下したのではないかという論争があった。キーンによれば，この論争は時宜を得ており，理論的にも政治的にも非常に重要な意味をもっていた。そのにもかかわらず，社会主義者や労働組合の考え方は古いドグマに囚われたままであったために，その論争は実りあるかたちで進展することはなかった[37]。

このような事態に対して，もし社会主義が理論的に信用を得，現実の政治的，社会的オルタナティヴとして復活したいと考えるならば，従来のドグマから決別し，新しい思考法をとらねばならない，とキーンは主張する。その思考のエッセンスは，「社会主義とはデモクラシーのいっそうの拡大と同義である，すなわち権力の分権化や多元的なシステムと同義である」という発想であり，その多元的システムのなかで，さまざまな性格と規模の集団がメンバー全員の参加のもとで自治的に運営されることこそ現在においては重要なのだと言う[38]。そして，このデモクラシーと社会主義の関係について成果ある回答を出そうとするならば，国家と市民社会との間の関係を再考することが不可欠であると言う。

それでは，キーンは市民社会をどのようなものとして捉えているのであろうか。最も抽象的な意味においては，市民社会とは，「その成員が主に国家以外の複雑な諸活動——経済・文化生産，家族組織，自発的団体における活動——

に従事し、国家の諸制度に対してあらゆる圧力をかけ、コントロールを課すことによって、自分たちのアイデンティティを維持・変容させていく制度の総体である」。より具体的に言うと、市民社会の定義を新保守主義者のように資本家的企業と家父長的家族に限定しないで、自発的組織、コミュニティをベースにしたサービスなどといった多様な公共圏を含むものと考えている[39]。また、後のコーエンなどと対照的に市民社会の定義のなかに資本家的企業を含めていることも彼の議論の大きな特徴といえる。

　市民社会を以上のように定義した後、民主化＝社会主義への道は市民社会と国家との間の境界を維持し、再定義すること、すなわち社会的平等と自由を拡大し、そして国家制度の再編と民主化を図ることである、と彼は言う。そのための条件として、第1に、私的資本と国家の権力のみならず、白人、男性のその他の人々に対する権力も社会闘争と公的政策を通じて削減される必要があること[40]、第2に、国家の諸制度は市民生活の改善のための保護者、調停者、規制者としての役割をもつことによって市民社会に対して説明責任を果たすようにならなければならない、と彼は言う。このような条件を満たしたうえで、国家の諸制度は、法律を制定し、新しい政策を広め、特定利害間の不可避的な対立を法的枠組み内に押さえ込み、そして市民社会が新しい形態の不平等と専制支配の餌食とならないようにするための装置としての役割を果たさなければならない。他方、この体制のなかで、自治的な労働組合、企業、家庭内暴力を受けた女性のための避難所、独立したコミュニケーション・メディア、警察活動監視のための近隣組織といった多様な組織は自分たちの権力を強化しなければならない[41]。

　このようにキーンによれば、自律的な公共圏という安全で独立的な市民社会なしでは、自由、平等、参加による計画化、コミュニティの意思決定のような目標は単なるスローガンに終わってしまうし、他方、国家の保護的、再分配的、紛争調停的機能がなくては、市民社会を変容させようとする闘争は孤立し、分裂し、停滞するか、あるいは市民社会自身が新しいかたちの不平等と自由なき世界を生み出すことになる。このような市民社会と現代国家の役割についてのキーンの理解は正しいと筆者は考える。

　以上、キーンが市民社会についての議論を本格的に着手するようになった問題意識とその議論の概要についてみてきたが、では、キーン市民社会論の特質

と意義はどこにあるのであろうか。それは端的にいうと,市場と企業を市民社会の不可欠の存在として市民社会のなかに含めていることにある。グラムシに代表されるような市民社会（人間がそれ自身目的として扱われる非営利と非政府組織の領域）と市場（人間が単なる手段として扱われる利益追求の生産・交換の領域）との間を区別する考え方をキーンは峻拒するのである。それは資本主義のグローバル化の著しい進展のもとで市場がその他の諸制度から大きく遊離するようになったといわれる状況下においても変わらない，と考えている。

まず経験的事実として,市場と市民社会の分割は存在しない,とキーンは主張する。坂本義和[42]が用いる二元論は幻影であり,悪しき抽象である。生産というものはマルクスが強調しているように,つねに一定の社会形態の内部における,そしてこの社会形態を通じた自然の占有だからである。市場という環境の内部においても,営利活動をおこなう人々は社交性という外部資源に依拠している。彼らの営利活動は時間厳守,信頼,正直,団体への参加,非暴力といった規範によって円滑になっている市民社会の相互関係の内部につねに埋めこまれている。活気があり,柔軟な市民社会の諸制度の必要性はグローバル市民社会のなかで最も生産的なセクターにおいて,とくに高い[43]。また,規範的観点からいっても,市場というのはいくつかの欠陥があるにもかかわらず,永続的な市民社会にとって必要な組織原理であり,これは将来においても,そしてグローバルな市民社会においても変わることはない。さらに,戦略的観点からいっても,市場を抜きにしたポスト資本主義的グローバル社会の純粋概念では決してうまくいかないであろう。もし,市場の諸力を取り除くことによってグローバル市民社会を強化するのが目的となれば,貨幣,仕事,労働者,労働組合など市場に関係するものは定義上文明化という目標を達成するための闘争において有用なものとなりえないことになる[44]。

このような市場と市民社会の不可分ともいえる一体性についてのキーンの強固な信頼感はいったいどこから来るのであろうか。それは市場が人間社会に被害を及ぼすと,社会はそれを防衛する機構が働くという彼の考え方に基づいている。彼はそのことを次のように表現している。

　　「『資本主義の勃興と成熟』は商品と生産の交換の普遍主義的影響,抗しがたい『コミュニティの生活』の破壊,粗野な物質主義と所有個人主義の一般的広がり,中心的社会紛争としての階級紛争の成長と同じではなかった。色々な

時々に，近代市民社会は資本主義経済から構成されてきたのみならず，さまざまな折衷主義的な経済以外の組織からも構成されてきた。近代市民社会は共通の分母，本質的なコア，あるいは生成的な第一原理への還元に抵抗する一群の隣接する，そして変化する要素から構成されてきた。それらには，資本主義経済と家計，社会運動と自発的公共圏（教会，専門職組織や独立したコミュニケーション・メディアや文化的諸制度），政党や選挙組織やその他の国家―市民社会の分割の『門番』，学校や病院や収容所や刑務所のような『矯正のための』制度，などが含まれる。」[45]

このように，キーンは近代市民社会の諸制度の複雑性を巧妙に描き，人間社会にとって抑圧的制度はそれに対抗する運動や制度を生みだし，そのことが市民社会を保護・育成し，社会に活力を与えてきたと考えている。このように市民社会の自己修正能力や市民組織の自己創出能力を高く評価するキーンの理解の仕方は，資本主義の発展を経済中心主義的に，しかも資本の専制と抑圧というモノトーンで描くやり方に対しては有効な矯正となっている。しかし，資本の専制的権力に象徴されるような社会的抑圧に対抗する運動が力をもつには，カール・ポラニーが『大転換』のなかで説得的に描いたように政治理念と政治力，すなわち国家に対する働きかけを必要とする[46]。このように考えると，キーンの議論の立て方にはいくつかの看過できない問題点が含まれているように思われる[47]。

まず第1に，戦後の西側の福祉国家体制を「国家管理社会主義」と呼んでいることは問題である。ソ連・東欧の社会主義体制こそ「国家管理社会主義」という呼び名がふさわしいのであり，下部構造は依然資本主義的である西側の福祉国家については「国家管理資本主義」と呼ぶほうがその実情に合っている。問題はこういった呼び名の適切さのみにとどまらない。福祉国家を「国家管理社会主義」として捉えると，必然的に「国家管理社会主義」対「新保守主義的資本主義」という対立構図が，より単純化していうと「国家」対「市場」という対立構図が生まれ，このような対立図式は国家と市民社会の再構築という代替戦略を受け入れることによって初めて克服されるという議論が導かれる。しかし，実際には福祉国家も新保守主義も資本主義体制の異なった形態であり，それゆえ依然資本は経済発展にとって重要な役割を占めており，それゆえ経済権力の主たる部分を握っている。この点を欠落させたキーンの福祉国家論，そ

して市民社会と国家の再構築論は非現実的なものになりやすい。

すなわち,現在の市民社会を特徴づけている著しい力の不均衡を克服する方法が彼の議論からは出てこない。「私的資本」と「国家権力」に代表される権力は「社会闘争と公的政策のイニシアティヴを通じて削減される必要がある」といっても,どのような社会運動や社会的主体が経済的強者をコントロールし,市民社会が強者にとっての自由の王国となることを阻止できるのかは不明である。いくら市民社会を改革しその機能を強化しようとしても,この私的資本のもつ力の問題は解決できないのである。このことを考慮に入れると,伝統的社会民主主義者や労働運動家が国家に対してとってきた態度はある意味では自然なものであり,それについてのキーンの評価はむしろ誤っているといえる。労働組合が国家に援助を仰ぐことによって労働組合の地位を強化し,私的資本の力にある種の拘束をかけることは,市民社会に対する過剰な国家介入というよりは,市民社会における対等な関係を創出するうえで必要なことだったといえる。

以上,みてきたように,市民社会における複合的な平等と自由を保障するには,私的資本をはじめとした社会的強者のもつ力を抑える国家の力が必要であり,その意味で市民社会の再構築によって従来の福祉国家に置き換えようという主張[48]はかえって市民社会における不平等（とくに,イギリスのように所得格差の拡大が著しく進行している国においては）と経済的沈滞を招く可能性すらあることを忘れるべきではない。

(2) ジーン・コーエンの市民社会論

ジーン・コーエンはアメリカを代表する市民社会についての理論家である[49]。彼女が市民社会について議論を復活させ,さらに独自の新しい概念を生み出そうとしたのは,アメリカにおいてますます影響力をもつようになった新保守主義者[50]の市民社会論に対する批判の必要性を感じたからであった。

福祉国家システムによる生活のパターナリズム,官僚制化に代わる唯一のものは市場を呼び戻すことであると主張する市場主義的な新保守主義者に対しては,このような解決策は政治的に維持不可能であり規範的にも望ましくないのみならず,その他の選択肢は存在しないという誤った考え方に基づいている,と批判する。彼女は,国家と市場という2つの操縦メカニズムの間を左右にシ

フトすることによって社会への経済的浸透や国家による浸透を是正するのではないアプローチが存在することを証明しようと考えた。これらの2つの領域の命令による破壊的浸透と機能化から市民社会を保護しながら，現代国家と現代経済の自律性を保障する社会の仕組みはいかにすれば実現可能か，というのが彼女の市民社会論の問題意識であった[51]。

　新保守主義が「国家に対する社会」というスローガンを掲げる場合，一般的には上記のような市民社会は市場またはブルジョア社会と等しいという考えに基づいている。しかし，『資本主義の文化的矛盾』におけるダニエル・ベルの議論に典型的にみられるように，新保守主義者のなかでも市民社会の文化的次元をきわめて重視する人々がいる[52]。

　ベルたちの議論の大筋は次のようなものである。戦後著しい発展を示してきた福祉国家という枠組みは，市民の国家に対する過剰な要求を許容し，国家を「統治不能」の状態に陥れているが[53]，市民の過剰な物質的要求は福祉制度それ自体によるのみならず，政治，道徳，美学といったあらゆる分野における現代的文化によるところが大きい。これら現代文化は過去において快楽主義を抑制してきた伝統的価値と家族に代表される社会的コントロールのための制度を弱体化させてきた。この傾向を食い止めるためには，自己抑制，規律，権威に対する敬意，業績といった伝統的価値を復活させ，家族，財産，宗教，学校といった秩序を構成する非政治的要素を強化しなければならない。

　このように現実において新保守主義が経済面で規制緩和と民営化を実行しようとすれば，文化面において伝統的で権威主義的な生活秩序の防衛と再生を図らなければならなくなる。コーエンがより本格的に批判の対象とするのは，このような新保守主義的な市民社会論である。コーエンの評価は，伝統主義的な新保守主義者たちの評価とちょうど逆である。コーエンによれば，意味づけ，権威，社会統合のための資源は，批判的思考，討議による問題解決，平等，自律，参加，正義といった諸原理に基づくところの文化的モダニティや政治的モダニティによって解体されるのではなく，ますます非リベラルになっていく法人企業中心の経済と社会領域に介入してくる国家の行政装置の肥大化によって解体されているのである。それゆえ，市民社会の多くの制度がもつ伝統的で位階制的性格，家父長主義的性格，排外主義的性格を維持・再生するために経済権力と政治権力を用いることはかえって人間の依存を促進する[54]。コーエンに

3. 市民社会と現代国家　　261

よれば，福祉国家に反対する新保守主義者によって望まれている自律性，独立心，仲間の連帯に到達する唯一の方法は市民社会の文化と制度のさらなる近代化を目指す以外にない[55]。

さらに，コーエンが市民社会論の言説の復活を図りたいと考える背景には，そのことによって彼女が高く評価する「新しい社会運動」の現代的意義が明らかになり[56]，ひいては民主的で平等主義的な市民社会の形成にも貢献するという理論的確信があった。

以上のような問題意識でもって市民社会についての新しい理論の形成に乗り出したのであったが，彼女の市民社会論の全体的特徴はどのようなものなのか，そしてその市民社会論によって彼女の所期の理論的野心は実現されたであろうか。そのことを以下，順次みていくことにしよう。

市民社会という概念は東欧・ソ連における共産主義独裁，ラテンアメリカ諸国の軍事独裁と闘争するうえで必要だった概念であり，西側社会における機能不全や不公正を批判するうえで有用な武器とはなりえないと考える人たちがいるが，これは誤った考えである。この誤解の原因は市民社会を国家に対立させる2部分モデル（two-part model）にある。自由主義的なものであれマルクス主義的なものであれ，市民社会が国家セクター以外のすべてを含むと考える2部分モデルは今日では役に立たない，とコーエンは主張する[57]。

そして，市民社会，国家，経済の間を区別する3部分モデルの利点について次のように述べる[58]。第1に，国家に対して市民社会を防衛するプログラムに含まれるあいまい性を避けることができる。というのは，このモデルによってcivilとbourgeoisとの間の区別が可能になり，市民社会の自律性は市場の自律性と同じではないということが明瞭になる。経済権力は国家権力と同様に社会的連帯，社会正義，自律性にとって大いなる脅威となりうる。それゆえ，市場経済のロジックが十分に発展した社会においては，経済から区別された市民社会という概念のみが社会における批判的理論の中心となりうるのである。

第2に，3部分モデルは社会生活の保守的概念を批判するうえでも有用な武器となる。このモデルによって，市民社会の擁護が近代的な平等主義的生活世界に対立するような伝統主義的な位階制の擁護を必然的に伴うものではないということも理解可能になる。市民社会が多くの形態をとりうるものだとするならば，市民社会はまた民主化の対象となりうる。

以上のように，3部分モデルがもつ市場主義と社会的保守主義に対する批判理論としての優位性を明らかにした後，コーエン自身の市民社会の定義を改めて明確化している。

　　「私は市民社会を経済と国家から区別された社会的相互作用の領域として，とくにそれは共同組織（家族を含む）と公衆（publics）から構成されているものとして理解している。近代市民社会は集合行為の形態を通じて創出され再生産されている。そして，それは法律，とくに社会的分化を安定化させる個人的権利を通じて制度化されている[59]。」

　このようにコーエンは，市民社会の活性化のためには社会運動や政治活動に代表されるような集合行為が重要であり，それを安定化させるには個人の権利を保障する法律が重要な役割を果たすと主張するのである。このことを根拠にして，彼女は市民社会を活性化させるためには福祉国家を否定するのではなく，「福祉国家の反省的継続」が必要であると主張する[60]。

　さらに，「政治社会」と「経済社会」という概念を導入することによって，市民社会についての彼女の概念をより精緻なものとすると同時に市民社会と国家，そして経済との関係を明らかにしていく。とくに，このような媒介概念を導入することによって，市民社会における政治的役割についての正しい評価も可能になる。その概要を示すと次のようになる。

　市民社会は，政党，政治組織，議会に代表される政治的公共圏から構成させる「政治社会」から，そして通常は企業に代表される生産と分配のための組織，協同組合，団体交渉のための制度，労働組合から構成させる「経済社会」から区別される必要がある。政治社会と経済社会のアクターと制度は国家権力と経済生産に直接的に関わっている。それらは自分たちの戦略的および手段的基準を市民社会に特徴的な規範的統合パターンと開放的コミュニケーションに従属させる余裕をもちえない。市民社会の共同組織はコミュニケーション的に調整されるけれど，近代における政治制度と経済制度はたとえどれほど多くのコミュニケーション的行為が存在しようとも，最終的には権力と貨幣というメディアを通じて調整されなければならない。政治社会における公共圏ですら，そのコミュニケーション過程は純粋におこなわれるのではなくて，相当に儀礼的に，しかも現実政治の制約のなかでおこなわれる。それに対して，市民社会の政治的役割は権力の獲得に直接かかわるのではなく，民主的協同組織の生活と多様

な文化的公共圏における自由な議論を通じた影響力の創出にかかわる。かくして，市民社会と国家の間を媒介する政治社会の役割は必要不可欠であるが，政治社会が市民社会のなかにしっかりと根を下ろしていることも不可欠なのである。このような関係は，市民社会と経済社会との間についてもいえる[61]。

以上のようなコーエンの主張（媒介する制度の導入による3部分モデルから5部分モデルへの修正）から，彼女が市民社会を国家や経済にストレートに対立させて考えていないことも理解しうるであろう。さらにこの概念枠組みを用いることによって，従来のダイコトミー・モデルとそこから派生する一面的な政治モデルを乗り越える視点をも獲得しえる[62]。とりわけ，従来それほど注目されてこなかった「アイデンティティの政治」の意義[63]を明確化したことは彼女の功績であった。

このように，彼女の市民社会論は，現実の社会のなかに国家と経済以外に市民社会の広大な領野が存在し，そこにおけるアクターや運動が国家と経済の両システムを，そして最終的には社会全体を変えうること，市民社会の安定には法や権利付与が必要であること，それゆえ福祉国家の成果は継承される必要があることを明らかにした。また，国家のパターナリズムがもたらす影響をもう1つの社会の植民地化の形態である市場で是正するのではなく，伝統的な福祉国家よりも分権的で，自律的な市民社会をベースにした新しいタイプの福祉国家でもって十分に是正可能であるということも，彼女の市民社会論から引き出すことができる。それゆえ，「福祉国家の反省的継続」と「新しい福祉国家の形成」という思考方法のなかにこそ現代社会が抱える諸困難を解決する鍵があると考える者は，彼女の理論から多くを学びうるのである。

しかしそれと同時に，市民社会の政治は市民社会の諸制度を位階制的で，不平等で，家父長主義的な型から水平的で，性差別否定的で，開放的な型に向けて市民社会の諸制度を変化させることができる，という彼女の主張を近い将来に実現することには困難が伴うということももう一方の冷厳な事実である。というのは，道徳的伝統主義の傾向をもつアメリカ白人労働者や下層中流階級が民主党の経済政策を支持しながらも，民主党の人種差別反対政策や国際主義を嫌って共和党に鞍替えしたことが典型的に示すように，いまなお労働者階級の多くは学生運動，反物質主義運動，ジェンダー区別のあいまい化のなかに道徳的危機をみる傾向にあるからである[64]。

(3) マイケル・ウォルツァーの市民社会論

　社会科学と政治哲学の両分野における最重要著作の1つと数えられる『正義の領分』において，「開かれた平等」と「多元主義」を擁護したウォルツァーは市民社会についても影響力のある議論を展開した[65]。それは1990年10月にストックホルム大学のグンナー・ミュルダール記念講義に招かれ，そこでおこなわれた「市民社会の概念」という題名の講義のなかで展開され，雑誌 *Dissent* の1991年春号に掲載された。それは市民社会について考察する多くの人の間で議論を呼び起こし，市民社会を論ずるいくつかの重要な書物に再録されるようになった。ここでは主に，ウォルツァーが編集した『グローバルな市民社会に向かって』の巻頭に収められている「市民社会の概念」という論考に基づきながら，彼の市民社会論を検討していくことにする。

　彼はまず，市民社会についての形式的な定義（狭義の定義）とその議論の復活過程について次のように述べる。

> 「『市民社会』ということばは非強制的な人間の共同社会（association）の空間とこの空間を満たす一連の関係ネットワーク――家族，信仰，利益，イデオロギーのために形成された――を指す。中・東欧の反体制運動は市民社会が非常に制限された状況下で盛り上りをみせた。反体制活動家によって創出された新しい民主主義の最初の仕事は，労働組合，教会，政党と政治運動，協同組合，近隣，思想学派，色々なことを維持・促進するための協会，といったさまざまなネットワークを再建することであった，といわれている。西側世界においては，われわれは長年にわたって市民社会のなかで暮らしているが，そのことを特別に意識してこなかった。」[66]

　このように市民社会論の復活は東欧革命と強い関連をもっている。それではなぜ，上記のように定義された市民社会が西側の世界においても積極的に議論される必要があるとウォルツァーは考えるのであろうか。

　それは近年，先進資本主義諸国や社会民主主義諸国における共同社会での生活（associational life）がますます危険にさらされるようになり，社会全体がホッブス的世界に近づいていることと無関係ではない。しかも，このような憂慮されるべき状況は，西側に住む人々が連帯や信頼について十分に考察してこなかったことやそれらの将来について計画を立ててこなかったこととも大いに関連がある[67]。

それでは，市民性が形成され，再生される場であるネットワークの育成につながる市民社会論とは一体どのようなものであろうか。ウォルツァーはそれに直接答えるのではなく，19世紀と20世紀の中心的社会思想の批判的検討をへたうえで彼自身最も有効と考える市民社会論についての議論を提出しようとする。

　ウォルツアーによれば，現在までに人間にとっての善き生活（good life）のための社会的環境あるいは枠組みとは何かという問に対して，以下のような4つの回答，すなわち4つの有力なイデオロギーが存在した。①と②はどちらかというと左派からの回答であり，③と④は右派からの回答といってよい[68]。

　①政治的共同体（political community）または民主主義国家（democratic state）：このなかで人間は，政治に自由に参加し，政策決定に十分にかかわるものとして市民になることができる。善く生きるとは，政治的に活動的であり，仲間の市民たちとともに働き，集合的にわれわれの共通の運命を決定することである。これは，古代ギリシャ人，ジャン・ジャック・ルソー，ジョン・スチュアート・ミル，ハンナ・アーレント，1960年代の新左翼，アメリカの共同体主義者によって主唱され擁護されている考え方である。

　②協働経済（cooperative economy）：これはマルクスやそれ以前のユートピア社会主義者によって提唱された考え方である。この枠組みのなかでは，誰もが生産者にも，芸術家にも，発明家にも，また職人にもなれる。いったん，生産力が解放されれば，政治は誰の関心もひかなくなる。このマルクス主義の反政治性のために，民主主義には固有の価値はなく，あくまでも階級闘争の手段としてのみ位置づけられる。

　③市場：善き生活のための好ましい環境とは市場であり，そこでは個々人は生産者であるよりも最大多数の選択肢のなかから自由に選択する消費者である。善く生きるということは政治的決定をすることでもなく，美しい物を創造することでもない，それは個人的選択をすることである。生産もまたマルクス主義の見解におけるように自由で創造的でないとしても自由である。しかしながら，生産者よりも重要なのは企業家である。

　④ナショナリズム：好ましい環境は国民または民族（nation）である。そのなかで人々は，忠誠心ある構成員であり，血縁と歴史とによって結びつけられている。善く生きるとは，他の人々とともに国民的伝統を記憶して，掘り起こ

し，伝えていく活動に参加していくことである。これは市場に道徳と忠誠心が欠如していることへの応答として読み取ることができる。とくに，国家が外国人に支配されていると認識するときには，ナショナリズムは民族解放闘争における自己犠牲にみられるようにより英雄的な忠誠心を要求する。

　ウォルツァーによれば，上記の4つの枠組みはいずれも一面的でそれぞれ固有の限界をもっている[69]。

　①について言うと，そのような生活が善くないというのではなく，その生活が現代世界においては大多数の人々の現実の生活ではないということである。第1に，民主主義国家の権力は参加する市民の要求に部分的に応答して巨大なまでに成長したが，国家は市民の手のなかに完全に掌握されているとはいえない。第2に，人々は政治以外に気にかけなければならないものがありすぎる。とりわけ，人々は生計をたてねばならず，政治共同体よりもむしろ経済に深く組み込まれている。

　②について言うと，マルクス主義の反政治性の深刻さが問題である。それに対して，サンディカリストは，善き生活とは何かという設問に対して，第1と第2の回答の巧妙な混合を提案した。つまり，労働者が自主管理する工場で，男女が同時に市民であり，生産者であり，決定を下し，生産をする，といった枠組みを提案した。マルクスは，工場は民主的であると同時に生産的であることは不可能と考えていたように思われるが，それに対して西欧の民主社会主義者は経済と同様に国家にも焦点を当てながら，第1の回答と第2の回答の混合物をつくろうと努力してきた。

　③について言うと，われわれは自由に処分できる資源をもっているときにのみ効力ある選択が可能であるということである。しかし，人々は根本的に不平等な資源をもって市場に参入してくる。すべての人が商品生産の競争に成功するわけではないし，それゆえにすべての人が商品を手にできるわけではない。自律というのはハイリスクな価値であり，多くの人々は友人からの援助でもってそれをやっと実現しうるのである。

　④について言うと，ナショナリストたちの生活は情緒的に激しいが，社会と経済をどのように運営するかに関しては危険なほど漠然としたものでしかない。困難なときには，その激情は他の国民や，国内にいる他者，すなわち少数民族，外国人などに向けられる。民主的シティズンシップ，労働者の連帯，自由な企

業,消費者の自律,これらはみなナショナリズムよりも排他的ではないが,必ずしもナショナリストの権力に抵抗するわけではない。市民,労働者,消費者が熱狂的なナショナリストに安易になってしまうのは,善き生活に対する最初の3つの答えが不十分であるからだ。

以上,4つのすべての答えは,その純粋な単一性のゆえに判断を誤っている,それらは人間社会の複雑性を見過ごしている。それに対して,ウォルツァーは第5の,最新の答えが存在するという。善き生活は分裂と闘争の場であると同時に連帯の場である市民社会においてのみ可能である,という回答である。この市民社会において,人間は家族,部族,国民(民族),宗教,共同体,兄弟姉妹,利益集団,イデオロギー的運動といった特定の組織のためにではなく,社会性それ自身のために自由に共同組織に参加し,相互にコミュニケーションをおこなう。というのは,人間というのは本来的に政治的,経済的存在以前に社会的存在であるからである[70]。

しかし,彼自身強調しているように,このようなウォルツァーの市民社会論は,善き生活についての上記4つのイデオロギー的説明と並び立つ第5の説明というよりは,4つの説明を部分的に否定し,部分的に取り入れることによって矯正する性格をもったものである。そのことを彼は次のような言葉で説明している。

>「理念的には,市民社会は諸々の枠組み(settings)の枠組み(setting)である。すべての枠組みがそのなかに包摂されるが,どの枠組みも特別に優遇されることはない。4つの回答をすべて受け入れながら,どの回答も他の回答のための余地を残していると主張し,それゆえ最終的にはそれらの回答のどれも受け入れないという意味において,この議論は4つの回答のリベラルな形態である。リベラリズムはここでは反イデオロギーとして現われる。これは今日の世界においては魅力的な立場である。」[71]

このような多元主義的な立場から,4つの回答のそれぞれについてどの要素を否定して,どの要素を積極的に組み込んでいくべきかを検討していく。ここでは4つの回答についてすべてみていくのではなく,筆者の問題関心と一番関連が深い市場について彼がどのように考えているかをみていくことにしよう[72]。

市場を善き生活のための唯一好ましい枠組みとみなす市場帝国主義に対しては不平等を拡大するがゆえに反対する。しかし,市場が市民社会の内部にしっ

かりと埋め込まれ，政治的に規制され，私的イニシアティヴと同様に共同のイニシアティヴにも開かれているならば，不平等性が孕む問題はかなり緩和される，と言う。

　不平等が問題になるのは，市場で成功を収めた人が他の人々よりも非常に贅沢な暮らしをするということにあるのではなく，その不平等が支配と根本的剝奪に〈移行〉してしまうばあいである。この深刻な問題に対して，市民社会の強化こそがそのような〈移行〉を防ぐ，と主張する。というのは，この〈移行する〉という動詞は社会的に媒介される過程について述べているのであるが，その過程は社会的媒介制度の構造によって促進されたり，抑制されたりするからである。支配され剝奪された諸個人は貧困化するのと同様に組織から切り離される傾向をもつ。しかるに，強力な家族，教会，労働組合，政党，民族組織と繋がっている貧困者は長期間支配されたり，剝奪されたりする可能性が少ない[73]。

　企業家のイニシアティヴと消費者の選択という善き生活を送る主体は〈個人〉だというのが資本家的考え方の根本にあるが，実際の市民社会は，家族企業，国有企業や自治体所有の企業，労働者の自主管理企業，消費者協同組合，その他多数の非営利企業といった具合に多様な市場の主体を包摂しているし，包摂しうるのである。これらすべては本来市場の外に生まれたものであるが，市場のなかで機能しており，また機能することができるのである。これらの団体の存在によって消費者の選択はいっそう拡大し，高められる[74]。このように，あらゆる社会形態は市民社会についての議論と現実的根拠に基づいて相対化される。このことは，あらゆる社会形態は競争可能（contestable）であること，さらにその競争はたった1つの好ましい枠組みでもってその優位性を主張することによって勝利しえない，ということを示す。たとえば，市場組織は効率的でありさえすれば民主的である必要がないとか，国営企業は民主的に管理されてさえいれば市場の拘束の内部で運営される必要がない，という議論は通用しないのである。要するに，市民社会における生活の性格は議論の対象となるものであり，このような議論を通じて，われわれは民主主義の形態，労働の性格，市場の不平等の程度と影響についても決定するのである[75]。

　このように市場が共同組織のネットワークのなかに組み入れられるならば，そして所有形態が多元化するならば，市場は市民社会と調和する経済構造であ

る。同様に,政治共同体,協働経済,ナショナリズムも市民社会に組み込まれたならば,共同組織を中心とした市民社会の繁栄にとって有意義な存在となりうるのである[76]。

それでは,共同組織のネットワークがしっかりとしていれば国家はもはやそれほど必要ないのであろうか。福祉国家の可能性について議論するばあいには避けて通ることができない,この問題について,ウォルツァーがどのように考えているのかを確認しておこう。

これに対するウォルツァーの基本的立場は「国家権力は依然として必要であり,無政府主義者のように市民社会のみを選択する可能性は存在しない」というものである。東欧の全体主義に対する反体制派の運動を高く評価しながらも,彼らの市民社会の賞賛に伴う反政治的傾向に対しては,「社会主義的協働も資本主義的競争も国家なしではやっていけない」という厳しい警告を発している。また,権力の掌握を目的としない新しい社会運動のもつ感受性とイデオロギーを高く評価しながらも,国家装置を利用したり,コントロールすることを完全に拒否しては運動の勝利はありえない,と理性的な判断を下している。このようなウォルツァーの厳然たる態度は,国家は市民社会の内部に存在するものの,その他すべての共同組織とは異なり,市民社会の枠組みを形成し,政治活動を含む共同組織の活動の基本ルールを設定する力をもっている,という認識に基づいている[77]。

ウォルツアーは,他の共同組織とつながっている民主的国家は同時に共同組織の質と活力にとって大きな影響力をもっていることを具体的に示すために,現代アメリカにおける次のような事例を引き合いに出している。共稼ぎの家族は公共の保育所としっかりした公立学校というかたちで,少数民族は独自の教育プログラムを組織し維持するうえで国家の援助を必要としている。労働組合は国家による法的承認と「不当労働行為」に反対する法的保証を,専門職協会は免許手続きに対する国家の支援を必要としている。共同組織の全体を通じて,個人は公務員,雇用主,専門家,政党のボス,工場の職長,上司,司祭,両親などの権力から保護される必要がある。そして,弱小の集団は大きくて強力な集団から保護される必要がある。というのは,市民社会というものは,そのまま放置されると,根本的に不平等な権力関係を生み出すからである。それに対して唯一国家権力のみが挑戦し,是正することができる[78]。

もちろん，市民社会もまた国家権力に挑戦する。とくに，世界宗教組織や新しい環境保護組織や多国籍企業にみられるように，共同組織が国外に資源や支援をもっているばあいにはその挑戦は強力なものとなる。しかし，これらの組織もまた政治機関を必要としていることには変わりがない。

　以上の関係をまとめると，民主的国家のみが民主的市民社会を生み出すことができ，民主的市民社会のみが民主的国家を維持することができる，という主張になる。というのは，民主的政治を可能にする市民文化は共同組織のネットワークのなかでしか学びえないし，ネットワークを支える個人の潜在能力は民主的国家によっていっそう促進されるという関係になっているからである。

　ウォルツァーの市民社会論の特徴は「非強制的な共同社会（association）の空間とこの空間を満たす一連の関係ネットワーク」という狭義の市民社会のほかに，「市民社会は諸々の枠組みの枠組みである」という叙述にみられるように，シティズンシップ，労働と生産，市場，国家や国民などを含む社会全体を市民社会として捉えようとしているところにある。そして，シティズンシップ，市場，国家，労働がバランスよく市民社会のなかでそれぞれの役割を発揮することが重要であると言っている。また，国家が現実に果している機能を十分に認識しているために，国家と市民社会を対立させて捉えていない。このようなウォルツァーの市民社会論は，筆者の現代国家論＝広義の福祉国家論にきわめて近い考えかたである。それは，グンナー・ミュルダールが『福祉国家を越えて』で展開した西側の福祉国家についての考え方ともきわめて近い。

　以上，現在における代表的市民社会論といわれるジョーン・キーン，ジーン・コーエン，マイケル・ウォルツァーの議論を紹介・検討してきたが，三者はいずれも既存の福祉国家の限界を突破するには共同組織を中心とした市民社会の活性化が不可欠であると述べると同時に，その市民社会の活性化・安定化には市民に法や権利を付与する福祉国家の諸制度が不可欠であることをも理論的に明らかにしている。筆者もまたこの三者と同様に，福祉国家の諸制度と市民社会の諸制度がトレードオフの関係にあるのではなく相互補完的関係にあるという理論的視角が今後社会と政治経済の変化に合わせて福祉国家を改革するさいにきわめて重要であると考えている。

3.2 ナショナリズムと福祉国家

　ウォルツアーは，ナショナリズムが国民国家を形成するうえで重要な役割を果すと同時にその激情が暴発したことを反省して，それを市民社会のなかで飼い慣らすことの必要性を訴えていた。筆者はナショナリズムを飼い慣らすうえで福祉国家が重要な役割を果すと考えている。他方，ナショナリズムが最も高揚した総力戦であった2つの世界大戦時に福祉国家体制が確立したことからもうかがえるように，現実の福祉国家の生成・発展にとってナショナリズムは重要な役割を果してきたのも重要な事実である[79]。

　上記の一見矛盾するような主張を正しく理解するために，ここでナショナリズムと福祉国家の関係について考察したい。とくに今，ナショナリズムを取り上げる必要性を感じるのは，冷戦終結以降，東・中欧をはじめとした各国において危険なほどナショナリズムの勃興がみられ，それがエスニック・クレンジングといった悲劇を生みだしているからである[80]。また，わが国を含む東アジア諸国の現状と将来に対してナショナリズムは依然無視できない影響をもっていると思われるからである。

　「福祉国家は偏狭かつ非合理なほどナショナリスティックである[81]」というミュルダールの言葉に代表されるように，福祉国家とナショナリズムはあたかも分離しえないものであるかのように一般的に捉えられてきた。これは2章において指摘したように，何もミュルダールだけの見解ではなくて，ケインズやシュンペーターをはじめとした多くの経済学者や政治学者もそのように予想したのであった。そして，そのような見解は戦後直後だけではなく現在においてもなお根強い。たとえば，国際関係論の泰斗ロバート・ギルピンは次のように述べる。

> 「福祉国家では政府は経済的困難から市民を守る義務を負うことになるが，時としてこの目標を達成する最上の方法は他国に経済的困難を転嫁することであり，それゆえ福祉国家は潜在的には非常にナショナリスティックな傾向をもつ。不況になると，大衆の圧力は政府に対して失業や経済調整の問題を他国にシフトするよう促す。かくして，市場メカニズムによる経済的および国家間の競争にゆだねられていた問題が経済的・政治的優位を求める国家間の紛争へと微妙に変化していく。」[82]

筆者は，福祉国家はナショナリスティックな傾向をもつと主張するギルピンの考え方は一面的であり，それはある時代のある特定の福祉国家（戦前・戦時の福祉国家）にはあてはまるものの，戦後のほとんどの先進国の福祉国家は政治と経済の両面においてナショナリズムの暴力性や排他性をある程度緩和したこと，そして福祉国家の健全な発展こそがナショナリズムがもつ激情を飼い慣らす可能性をもつことを明らかにしたい。その前に，ナショナリズムと民主主義の歴史的関係を主にハーバーマスの議論に依拠しながら，考察しておくことにする[83]。

　ハーバーマスによれば，ヨーロッパにおいて18世紀後半以降進行する「貴族からなる国民」から「人民からなる国民」への転換は，知識人層に触発された意識変革を前提にしていた。この意識変革は，都市部の，とくにアカデミックな教養を身につけた中産階級に浸透していき，やがて広範な住民のうちに共感を見出し，徐々に大衆の政治的動員を促進することになる。この意識変革，すなわち人民の国民意識の高まりは「想像の共同体」[84]を生み，それが新しい集団的自己アイデンティティの結晶化の核となる。ただし，ハーバーマスも問題にするように，貴族からなる国民から人民からなる国民へと転換された政治的概念は，血統出自を特徴とする，より古い非政治的概念としての「国民（natio）」から借りていた。その結果，自国民に対する肯定的理解は他国民に対する蔑視，ユダヤ人に代表されるような民族的，宗教的少数派に対する迫害・排除をもたらすことになった[85]。

　ネーションにはこのような負の側面が含まれているものの，「国民の発見」が近代初期国家から民主的共和国への転換にとっての触媒の役割を果たしたのは紛れもない事実であった。国民意識の高まりは，臣民から政治的に活動する市民が生まれる文化的コンテクストを形成し，国民への帰属は，それまで互いに他者として存在していた人々の間に国民としてのつながりを確立した。とくに，国民国家の功績は転換期の社会における大問題であった，国家の正統性の問題と社会統合の問題を一挙に解決したことであった[86]。

　正統性の問題は，宗教の分裂による世界観の多元主義によって，政治権力が「神の恩寵」という宗教的根拠を喪失しつつあったことから生じていた。そのために，世俗国家はそれまでとは異なる源泉から正統性を得る必要があった。もう一方の社会統合の問題は近代初期社会の身分制という社会的拘束から解放

され，地理的にも流動化した住民をいかにまとまりのある集団に統合するかという問題であった。この2つの難局に対して，国民国家は市民の政治的動員によって応え，そこで発生した国民意識はより抽象的なかたちの社会統合と政治決定の新しい構造とを結びつけることを可能にした。すなわち，国民による民主的参加は，国家市民資格の法的地位とともに，法によって媒介された新しいレベルの連帯を生み出し，同時に国家に正統性の世俗的源泉を提供することになった。福祉国家においては，シティズンシップという概念が社会をまとめあげる中核の位置に存在するが，そのシティズンシップを支える凝固剤となっているのが各人の国民としての自己了解，すなわち国民意識であるのである。

人民にこの国民意識がなかったならば，法的—政治的変革は推進力を欠き，形式上は共和国が設立されても生命力を欠いていたであろう。この国民という理念によって，国家の領土内の全住民は法的かつ政治的に媒介された連帯をはじめて意識するようなったのであり，共通の出自，言語および歴史への自覚によって結晶化した国民意識によって，臣民は相互に責任を感じ合える，1つの政治共同体の市民になりえたのである。ハーバーマスの言葉を借りれば，「国民あるいは国民精神（Volksgeist）——集団的アイデンティティの最初の近代的形式——が，法的に構成された国家形式に文化的土台を与えた」のである[87]。

このように国民には国家市民としての顔と人民同胞としての顔という2つの顔があるのである。国家市民は自らの力によって自由と平等の連合を建設する一方で，人民同胞は共通の言語，歴史によって形成された共同体に自己を見出す。それゆえ，国民国家の概念の中には，平等を目指す法治共同体の普遍主義（ハンナ・アーレントが支持したもの）と歴史的運命共同体の個別主義との間の緊張が埋め込まれている。国内の階級闘争が激化し，対外進出によって国内の抗争を緩和する以外に術を見出せなくなったときなどには，この緊張に亀裂が走り，一挙にナショナリズムのほうに傾斜することになる。1870年代から1914年に至る古典的帝国主義段階と第1次世界大戦から世界大恐慌，そして第2次世界大戦に至る激動の30年間はまさにナショナリズムが徐々に高まりを見せ，やがて暴発し，国内少数民族の抑圧や戦争に導くという，国民国家の悲劇を示したものである[88]。再び，このような悲劇を繰り返さないためには，ナショナリズムを市民社会のなかで飼い慣らす必要がある。

とくに今日の先進資本主義社会においては，文化的に同質な市民からなる国

民国家モデルはもはや必ずしも現実的ではなく，文化的生活様式，民族集団，宗派および世界観はよりいっそう多様になりつつある。このような状況下で，同質性を強行に維持しようとすれば，エスニック・クレンジングのような事態を引き起こす。このような事態を回避するために，ハーバーマスは「憲法パトリオティズムがナショナリズムの地位に取って代わることによって，共和主義は自分独自の足で立つことを学ばなければならない」と述べ[89]，テイラーは「排除のジレンマを創造的に対処するうえでカギとなるのは，アイデンティティの空間を共有するという考え方」であると述べる[90]。また，ウォルツァーは「民族諸集団が市民社会における家族，宗教コミュニティと共存し，重なり合う」ことによって，市民社会はナショナリズムを飼い慣らすことが可能である[91]，という。

それに対して，筆者は，福祉国家の充実こそが今日におけるナショナリズムの暴発を抑え，それを飼い慣らすことができると考えている。というのは，戦後ヨーロッパの好ましい自由な状況下における福祉国家の発展のなかでナショナリズムは穏健化したという事実にみられるように，今日の多文化社会のまとまりを維持するうえで多様な市民に自由権と参政権を保障するだけでは不十分であり，社会的かつ文化的共同運営権を現実に行使させることが重要となる。今，イギリスやフランスといった先進諸国において，旧植民地から移住してきた移民家族が多く住む地域において若者の暴動が頻発している[92]。これらの地域は明らかに失業率が全国平均よりも高い地域であり，長年にわたって失業対策や福祉政策が十分に行き渡らなかった地域である。しかも，近年のテロ対策の優先によって，従来の移民融和政策からの転換が引き金となっている場合が多い。1915年から1945年にかけての激動の30年間において，ナショナリズムの暴発によって民主制は危機に陥ったが（そして，その危機は福祉国家によって救われた）[93]，今日の少数民族による暴動の頻発，そしてその背景となっている新しい「下層階級」現象もそれに劣らぬくらいの民主制にとっての危機を意味する。多様な文化的出自をもつ国家市民を抱えた現代民主主義体制を安定化させるためには，少数民族の社会的・文化的な実質的参加が何よりも重要となるが，雇用政策や社会保障をはじめとした福祉国家の充実はその前提条件である。

このような新しい内政重視政策をとろうとするならば，グローバル化の風圧

をまともに受ける新自由主義的な対外経済政策ではすぐに限界にぶつかってしまう。また，60年代の資本主義と福祉国家の黄金時代に経験したようなアメリカのヘゲモニーに依存した国際経済調整も脆弱であったことがわかった。このような限界を克服するには，権威をもった国際的な政府間経済組織と共通のルールのもとで，そしてもちろん国際主義的理想主義の精神のもとで，各国政府が国際的な協力と交渉とによって福祉国家安定のための国民的経済政策の構造を各国共通の利益のために調整する以外にないであろう。もちろん，このようなことは容易に実現できるもではないが，そしてIMFやWTOに代表されるような現在の国際経済組織は必ずしもこのような方向性を指し示しているとはいい難いが，それでもミュルダールが指摘しているように[94]，このような理想を堅持することが長期的には各国の経済協力に積極的な影響を及ぼしていくであろうということももう一方の重要な事実なのである[95]。

3.3 福祉国家と市民社会

　福祉国家は多くの市民を国家に依存させることによって市民社会の諸関係を貧困化させてきたと考える人は多い。さきに検討したジョーン・キーンの主張にもこのような傾向がみられる。このような見方に対して，福祉国家の充実，とくに普遍主義的性格の拡大は市民社会と人々の自律性を強化すると筆者は考えている。なぜ，このように言いうるのかをここで明らかにしよう。

　　コーエンとアレートは，福祉国家政策のうちのあるもの（アメリカのAFDCプログラムにみられるように，特定の行政上の要請が依存を生み出し，侮辱的であるプログラム）は集合性を解体し，国民的連帯を破壊し，私的個人を孤立させ，国家装置に依存させるものの，福祉国家のすべてがそのような特徴をもっているわけではないと言う。彼らは，公的年金保険，健康保険，失業者に対する職業訓練プログラム，失業保険，保育所や両親休暇などはむしろ自律性を強化していると考えている[96]。

　筆者もまた彼らと同様に，ミーンズテスト付の福祉プログラムは長期の依存を生み出すのに対して，社会保険や公的保育や両親休暇などに代表される普遍主義的プログラムは市民の自律性を強化すると考えている。それは，残余主義的で，選別主義的な福祉国家システムを採用しているアメリカのような国よりも，スウェーデンをはじめとした普遍主義的福祉国家システムを採用している

表1 1980年代中頃における各国の貧困率比較　　　　（単位：％）

国名（年）	子供のいる両親世帯			子供のいるひとり親世帯		
	税・移転前	税・移転後	税・移転による救済率	税・移転前	税・移転後	税・移転による救済率
アメリカ（1986）	16.4	17.9	（−9.1）	55.9	53.3	（ 4.6）
カナダ（1987）	14.8	12.2	（14.8）	60.0	48.4	（19.3）
イギリス（1986）	22.6	16.6	（26.5）	72.0	18.0	（75.0）
西ドイツ（1984）	8.2	6.0	（26.8）	38.1	8.9	（76.6）
フランス（1984）	24.2	10.0	（58.7）	38.3	15.8	（58.7）
オランダ（1987）	9.0	7.2	（20.0）	71.2	7.5	（89.5）
スウェーデン（1987）	9.5	5.0	（47.3）	29.1	5.5	（81.1）

注）ここでの貧困率は中位の家族所得の50％以下の所得しかない家族の比率として定義されている。
出典）McFate, Smeeding and Rainwater (1995), pp. 50-51, 53 の Table 1.8 と Table 1.10 より作成。

国々のほうが貧困の排除において圧倒的に成功している事実を筆者が重視するからである。そして，資本主義経済において貧困であることは自律性を欠如させていることを意味しており，社会における貧困率の高低こそ市民社会の自律性を図る最も重要な指標の1つであると考えるからである[97]。

　表1は，1980年代中頃における各国（アメリカ，カナダ，イギリス，西ドイツ，フランス，オランダ，スウェーデン）の子どものいる家庭（非老齢世帯）の貧困率を比較したものである。ほぼどこの国においても，社会は子どもたちの福祉を保障する特別の責任を負っており，それゆえ子どもを抱えた家族は何らかの支援を受けるに値すると考えられている。それゆえ，子どものいる家庭の貧困率をみることはその国の福祉の姿勢，社会の安定性，個人の自律性を図る最も簡明な指標となる。それらの姿勢と状況をより十分に理解するために，子どものいる両親家庭と子どものいるひとり親家庭（主として母子家庭）とを分けてみている。そして，税・移転前の貧困率と税・移転後の貧困率を分けてみている。

　子どものいる両親家庭の税・移転前の貧困率をみると，高い国はアメリカ，カナダ，イギリス，フランスである。低い国は西ドイツ，オランダ，スウェーデンである。これらの低い国々は，当時いずれも賃金水準が高く，失業率が相対的に低い国々であった。次に，税・移転後の貧困率を見ると，アメリカを除いて，いずれの国においても貧困率は減少している。とくに，フランスの税・移転による貧困救済率は58.7％ときわめて高くなっており，フランスの社会福祉政策は両親家庭の貧困を削減するうえで効果的であることを示している。それに対して，アメリカにおいては，移転支出が子どものいる両親家庭を貧困

3．市民社会と現代国家　　277

から脱出させるというよりも，税が貧困率を増大させている[98]。そして，カナダとイギリスにおいても税・移転によって貧困がそれほど緩和されてはおらず，税・移転後の貧困率はアメリカに次いで高い。

　次に，子どものいるひとり親家庭についてみてみよう。税・移転前の貧困率をみると，いずれの国もきわめて高い。3割を切っている国はスウェーデンのみである。これは，ひとり親家庭においては，稼ぎ手が1人しかおらず，その1人の時間を賃金獲得のための仕事と子育てに分割しなければならないからである。税・移転後でみると，アメリカとカナダを除く国々において，貧困率は大きく削減されている。その結果，イギリスとフランスにおいては，税・移転後においてもひとり親家庭の貧困率はまだ18.0％と15.8％と若干高めであるが，スウェーデン，オランダ，西ドイツにおいては，5.5％，7.5％，8.9％と非常に低くなっている[99]。このように，子どもを抱えるひとり親家庭が貧困に陥るリスクはアメリカにおいてはスウェーデンの約10倍の高さになっている。

　アメリカとスウェーデンにおけるひとり親家庭における貧困率の大きな差異は両国の社会経済構造と福祉政策に起因するものと思われる。とくに，税・移転後における大きな差は，アメリカにおける選別主義的福祉制度とスウェーデンにおける普遍主義的福祉制度の貧困削減効果の差に起因すると筆者は考えている。この表からは，富者に課税をして貧者に与えるという公的扶助を中心とした選別主義的制度は貧困者を救済するうえで貧弱な成果しか上げていないことがわかる。なぜ，このようなことが生じるのであろうか。

　一般的にいって，子どものいる家族についていうと選別主義的福祉国家においてよりも普遍主義的福祉国家においてのほうが公的扶助に依存する割合が少ない[100]。とくにひとり親家庭についていうと，独身の母親が稼ぎのある仕事を見つける程度の差がその依存割合に大きく影響を与えていると思われる。アメリカのような選別主義的福祉国家においては，扶養すべき子どもを抱えた独身の母親の典型的状況は次のようなものである。そもそも，保育に対する公的補助がないために，母親はきちんとした収入の仕事に就けない。それゆえ，彼女は税を支払うことはない。つまり，彼女は，能力に応じて社会に貢献することはない。そして，ミーンズテスト付の福祉プログラムから所得を受け取っているので，手続きの公正において違反しているのではないか，すなわち詐取しているのではないかという疑惑に常にさらされることになる。そのことによっ

て，スティグマが伴うようになる。たんに，彼女がミーンズテスト付の扶助を受けているというのみでなく，稼ぎのある仕事がないために彼女自身が社会から疎外されていると思うようになるからである。これらのことは，公的扶助のみならず福祉国家全般の充実を阻むことになり，その貧困救済効果はいっそう小さいものとなっていく[101]。

それとは対照的に，スウェーデンに代表される普遍主義的福祉国家においては，子どもを抱えたひとり親家庭の母親は非常に異なった状況のもとで生活することになる。まず，公的助成のある保育の利用が可能なために，また積極的労働市場政策の援護などによって，彼女は就労が可能になり，税を納めることができる。さらに，この賃金と受給資格をもつ普遍主義的社会給付（たとえば，児童手当）を合わせることによって，ミーンズテスト付の生活保護に頼ることなく生活することができる。そして，彼女が受ける公的支援は手続き上の正義を満たしているため，詐取などの疑惑にさらされることはない。この結果，福祉政策は包括的で普遍的な正義の原理に照らし合わせて正当化されるため，市民社会のなかで安定した制度として受け入れられるようになる[102]。

もちろん，スウェーデンのような普遍主義的福祉国家の国々においても，生活保護制度に依存する人々はいる。しかし，通常はその利用は比較的短期であり，女性も男性も長期にわたってミーンズテスト付の給付に依存することは他国に比べるとずっと少ない[103]。

以上の事実が示すように，福祉国家の充実が市民の自律性と市民社会の活性化を衰退させるという議論は一面的である。福祉国家が普遍主義的形態をとっている場合には，市民の自律性を強化し，そのことが社会や経済の側面で市民の勤労精神や企業精神を，そして連帯感をも呼び起こし，市民社会を活性化する。要するに，国家活動の増大は自動的に市民社会の縮小に導くといった具合に，両者の関係をトレードオフの関係としてみなすことは間違いである。福祉国家についても市民社会の活力を殺ぐものと増大させるものがあるのである。

したがって，福祉国家の正統性の危機は福祉国家を後退させるのではなく福祉国家の改革によって，すなわちサービス重視型の普遍主義的福祉国家の方向へ改革することによって克服可能となる。最後の章で，そのことを明らかにしよう。

4. むすびにかえて

　以上，現実の福祉国家の可能性を明らかにするために本章で展開した議論をここで簡単に要約し，本章のむすびに代えたい。

　冷戦体制の崩壊やグローバル化をはじめとした社会経済構造の根底的な変化によって福祉国家はシステムとして深刻な行き詰まりに遭遇しており将来的展望はないという見方について，筆者は一般によくあげられる根拠の当否を確めながらそれぞれ検討を加えてきた。検討の結果，資本主義の黄金時代に比べて今日の福祉国家を運営することは非常に困難ではあるが，不可能になったわけではないことを明らかにしてきた。現在福祉国家は，低成長や高失業，政府に対する不信などの難題に対処するために新しいシティズンシップの考え方や新しい政治経済学思考法に基づいてさまざまな改革を実施しているが，筆者はそれらを福祉国家解体の兆候としてではなくむしろ福祉国家の新しい可能性を切り拓くものとしてみてきた。

　新自由主義は福祉国家批判として登場し，福祉国家に取って代わるべき社会の組織化原理として一部の人たちによって目されているが，この考え方とそれに基づく政策が1970年代後期の低成長とインフレ昂進の局面打開という役割を超えて長期持続的政策として自己主張し始めると，それらはたちまち矛盾を露呈するようになる。

　福祉国家の「危機」と新自由主義的アプローチの限界という状況を突破しようとして，1980年代以降，とりわけ新自由主義の失敗が明らかになった90年代以降，多くの国で市民社会という考え方（福祉の側面に限定すると，福祉社会という考え方）が人気を博するようになる。筆者は市民社会論の代表的議論として，ジョーン・キーン，ジーン・コーエン，マイケル・ウォルツァーによって展開された議論を検討してきた。その結果，これら三者の市民社会論は既存の福祉国家の限界を突破するには共同組織を中心とした市民社会の活性化が不可欠であると同時に市民社会の活性化と安定化にとって福祉国家の存在が不可欠であるという理論構造となっていることを明らかにしてきた。

　ナショナリズムが最も高揚した総力戦時であった2つの世界大戦時に多くの国々で福祉国家体制が確立したことからうかがえるように，現実の福祉国家の生成・発展にとってナショナリズムは重要な役割を果してきた。しかしながら，

福祉国家はナショナリスティックな傾向をもつとするギルピン等の考え方は一面的であり、それはある時代のある特定の福祉国家（戦前・戦時の福祉国家）にはあてはまるものの、戦後のほとんどの先進諸国における福祉国家システムは政治と経済の両面においてナショナリズムの暴力性と排他性をあるていど緩和してきた。また、文化的に同質な市民からなる国民国家モデルがもはや現実ではなく、文化的生活様式、民族集団、宗派および世界観がより多様化している今日の先進資本主義社会においても、福祉国家の充実は多様な市民に社会的かつ文化的共同運営権を現実に行使させることを可能にし、ナショナリズムの暴発を抑え、それを飼い慣らすことを可能にする。

福祉国家は多くの市民を国家に依存させることによって市民社会の諸関係を貧困化させ、市民の自律性を衰退させてきたという考えは依然根強いものがあるが、このような見方は一面的である。貧困率の国際比較からも明らかなように、スウェーデンなどのように福祉国家が普遍主義的形態をとっている場合には、むしろ市民の自律性を強化し、そのことが社会や経済の側面で市民の勤労精神や企業精神を、そして連帯感をも呼び起こし、市民社会を活性化する。このように、福祉国家の形態によって市民社会の活力を殺ぐものと増大させるものがあるということを十分理解したうえで福祉国家の改革を図る必要がある。このことによって、福祉国家の正統性の危機は克服可能となる。

注

1) 以下の本項の叙述に関しては、Pierson, C. (2001), pp. 114-127 を参照した。
2) たとえば、マディソンなども「黄金時代」における福祉国家化について言及する一方で、「終戦直後に国営化の動きがあったが、公企業における雇用の比重がその後増大することはなかった。そして、多くの西側諸国は、基本的に資本主義にとどまり、生産手段の大半は私的所有に委ねられていた」(Maddison (1989), p. 69, 邦訳, p. 89) と述べている。そういう意味で、ヤーギンとスタニスローの労作である Yergin and Stanislaw (1998) も、戦後各国の資本主義において、国有化政策などを通じて政府が国民経済の戦略的な部分を、すなわち主要企業と産業を支配する政策をとってきたことを過度に強調しすぎているという欠陥をもっている。
3) ヨーロッパ諸国における計画化の議論とその事実上の棚上げについては、Notermans (2000), pp. 156-159 を、そしてアメリカにおける推移、とくに全国資源計画委員会 (NRPB) の完全雇用をはじめとした包括的計画案の推移については、Amenta and Skocpol (1988), pp. 81-122 を参照せよ。
4) 一般政府財政支出と後に述べる租税・社会保険料負担については OECD, Economic Out-

look 77 database に基づく統計表を参照。公的社会支出に関しては，OECD（2004），Social Expenditure Database（SOCX, www.oecd.org/els/social/expenditure）による。
5) 注4) と同じ資料による。
6) Steinmo (1993). とくにその序言におけるスタイモの次の言葉は印象的である。「諸国の税制構造と税制の歴史についてさらに調査を進めていくうちに，私はまた別の驚きを味わった。非常な金持ちに対する限界所得税率はスウェーデンよりもアメリカのほうが歴史的にはるかに高率で，1970年代のイギリスを除けば，イギリスやドイツとほぼ同じだったのである。そして，貧困者または比較的貧困者に対する限界所得税率は，調査した国のなかではアメリカがフランスを除く他のどの国よりもはるかに低率であった。驚いたことに，スウェーデンとイギリスは30％以上という税率から始まる，非常に幅の広い税率区分をもった所得税制度をとっていた。」(Preface, p. xiv)
7) ワッセナー合意については，Visser and Hmerijck (1997), pp. 98-107, 長坂 (2000), pp. 24-29 を参照せよ。この合意の基本構造は，使用者側からは労働時間の短縮，政府からは社会保障給付の代替率引上げを勝ち取る交換として，労働組合が賃金の抑制に同意することにあった。たしかに，戦後直後によくみられた賃金抑制のパターンを復活させたものといえるが，パート労働者にも同一労働同一賃金，同一の社会保障を保証する面で斬新さがあり，将来における低成長下のワークシェアリングを構想するうえで重要な実験であると筆者は考えている。なお，社会民主主義レジームを代表するオランダが，コーポラティスト・レジームを代表するドイツ，自由主義レジームを代表するアメリカよりも，経済成長と効率性，平等と貧困除去，社会統合と個人の自律性のいずれの点についても優れた結果を示しているという研究については，Goodin, Headey, Muffels and Dirven (1999) を参照せよ。
8) T. H. マーシャルの古典的著作である Marshall (1950) は，Marshall (1964) に収められている。マーシャル説の概要とその批判については，岡本 (1992b) を参照せよ。
9) Pierson, C. (2001), p. 122, Marshall (1964), pp. 117-119.
10) 国家によって保証される基本所得は社会政策上の必須事項であり，現在の雇用危機を前提にすれば社会国家の義務であり，今日の経済状況においてもそれは実現可能である，という議論については，Offe, Muckenberger and Ostner (1996), pp. 201-221 を参照せよ。
11) Pierson, C. (2001), p. 123. 加藤 (2004a) は「失業保険は最長3年間（ドイツ）あるいは5年間（フランス，オランダ）も給付を継続した」ことを根拠に，「労働力の脱商品化」と呼ばれる状況が少なくともヨーロッパ大陸の福祉国家では一般的となった (p. 91) と述べているが，これは一部の国のきわめて例外的な状況であり，一般化できないと筆者は考えている。むしろ，寛大な失業給付は厳格な給付期限と失業者を就労へと戻す手段が伴うことによって，社会の一体性を保つ健全な福祉国家を構成しうると考えている。
12) Goldthorpe (1978), p. 202, 邦訳，p. 263. ただし，訳文は一部変えている。
13) Golden, Wallerstein, and Lange (1999), pp. 198-205 を参照。アメリカにおいては，規制緩和の進展に伴って，労働組合の組織率が劇的に削減したこと，そのことが賃金格差の拡大の一原因ともなったことについては，岡本 (2003b)，pp. 80-85 を参照せよ。
14) Rhodes (2001), pp. 165-194.
15) 1980年代中葉以降に出現したすべての社会協約は，賃金の抑制，社会経費の縮減，労働条件の柔軟性の拡大を結びつけようとしている。後の2つの目的は，社会保障システム改革（しばしば，平等の増大を目標としていた）と生産性向上に対する使用者側の要求に対応する内容を含んでいた。たとえば，労働時間や労働者の配置に対する使用者側の自由度

を高める代わりに，労働時間の短縮や雇用水準の維持を含んでいた。Rhodes（2001），p. 180.
16）Rhodes（2001），p. 193.
17）Pierson, C.（1996），pp. 143-179.
18）ただし，一般に誤解されているように，福祉国家はつねに資本から労働へ，そして富者から貧者へと再分配することを公然と追求してきたわけではない。再分配はしばしば，子ども，老人，病弱者に有利なように，すなわち労働者のライフサイクルを通じてなされてきたのであり，それが結果的に人々の経済格差の縮小と生活の安定につながったのである。その点において，スウェーデンをはじめとした北欧の高い課税水準は競争力を削減するがゆえに反生産的であるという新自由主義者の議論も誤解を含んでいる。北欧の高い課税水準と高水準の集合的消費は資本に負担をかけているというよりは，より低い国民の可処分所得によって釣り合いがとられているのである。これらの議論については，Pierson（2001），p. 126, Notermans（2001），p. 260 を参照。
19）北欧の大規模な公的教育投資が国際競争力の源泉となっているという主張については，伊藤（2005），pp. 5-8 を参照せよ。また，スウェーデン国民は，自国のシステムと自国経済の潜在的な発展性に対して強い信頼を置いているという事実については，藤井（2002），pp. 246-247 を参照せよ。
20）代表的なものとして，田口編著（1989），Teeple（1995）がある。
21）Notermans（2001），p. 158 を参照。
22）Collins（1981），pp. 10-17，岡本（1992a），pp. 56-57 を参照せよ。
23）Maddison（1989），p. 69，邦訳，p. 88.
24）Maddison（1989），p. 69，邦訳，p. 88. なお，イギリスにおける経済政策の形成に「ケインズ革命」がどれほど影響を与えたかに関する本格的研究としては Peden（1988）があげられる。①雇用政策としての公共投資に関して 1945-47 年に大蔵省はケインズ思想を積極的に採用する意向を示したものの，結局は戦後の長い好景気のなかでそのような計画は必要とされなかった，② 1954-55 年度になっても大蔵大臣および上級の大蔵官僚は，需要を刺激するための財政赤字という考え方に転向することはなかった，といった諸事実から，ピーデンは「経済政策における『ケインズ革命』は，すべてではないにしてもたいていの革命と同様に不完全であった」と結論している。Peden（1988），邦訳，pp. 75-77 を参照。
25）Notermans（2001），p. 163 を参照。
26）ションフィールドはこのことに関して，1965 年に出版された『現代資本主義』のなかで，①ケインズのメッセージを最も早く，そして最も容易に吸収したイギリスとアメリカとが西側資本主義諸国のなかで第 2 次世界大戦後の経済を管理するうえで最も少ない成功しか収められなかった，②他方，戦後直後においてケインズのメッセージが一般的に受け入れられてこなかったヨーロッパ大陸において，深刻な景気後退が回避され，イギリスやアメリカよりもはるかに高い経済成長率が達成された，という 2 つの事実から，戦後資本主義の高位安定成長にとって「ケインズ革命」はそれほど重要ではなく，むしろ各国における経済秩序の制度的特徴のほうが重要であった，と述べている。Shonfield（1965），pp. 64-65，邦訳，p. 57. また，ギャレットの研究によれば，後期黄金時代の 1966 年から 1973 年において，オーストリアや北欧諸国をはじめとした社会民主主義政党が強力な国のほうがカナダ，日本，アメリカ，フランスよりも財政赤字が少なく，金融政策もより引き締めがちであった。Garrett（1998），pp. 97, 104.
27）Pierson, C.（2001），pp. 115-116.

28) 石井（2003），p. 20. 大沢（2004），pp. 5-11. 経済の安定的発展にとって国家を中心とした社会制度が決定的に重要であるという最近の代表的研究としては，Rodrik（2000），Stiglitz（2002），Siglitz（2003）がある。また，国家や社会の制度や組織を社会資本として再定義し，それらの構造が経済の発展にとって決定的に重要な役割を果すという主張については，Woolcock（1998），pp. 151-208 を参照せよ。
29) Habermas（1985），邦訳，pp. 208-209. ハーバーマスはその直後に「発達した資本主義は社会国家なしでは存在し得ないが，同時にそれを拡充してもやっていけない，というディレンマ」に陥っていると述べているが，筆者はこのディレンマに対して，福祉国家体制の内部でその質的発展を目指す改革によってしか打開の糸口はないと考えている。というのは，ハーバーマスも述べるように，社会主義思想を鼓吹してきた労働社会のユートピア思想は 20 世紀の 3 大プロジェクト（ロシアにおけるソビエト共産主義，イタリアやドイツの権威主義的コーポラティズム，西欧の大衆民主主義における社会民主主義的改良主義）に大きな痕跡を残したが，このうち最後の福祉国家のプロジェクトのみが市民的解放運動の遺産である民主主義的立憲国家を自己のものとして獲得しえた，と筆者も考えるからである。そして，筆者は近代的な自由主義の重要な側面を評価しており，なかでも近代社会が達成した最大の功績の 1 つが消極的自由だけでなく，自らも治める大衆の出現＝積極的自由の発展にあると考えるからである。そして，自治に参加する大衆の政治的自由を保障するうえで今のところ最も安定的で優れた体制は西欧型の福祉国家体制であると考えるからである。Habermas（1985），訳書，pp. 201-202 を参照。
30) 新自由主義の限界は，新自由主義的イデオロギーと政策の本山ともいえるアメリカのレーガン政権以降の，とりわけブッシュ政権（2001 年〜）の行き詰まりを分析することによっても明らかになる。アメリカは根強いアンダークラスの存在，ワーキング・プアの激増，経常収支と財政の赤字の急増，IMF・財務省の対外経済政策路線の矛盾噴出といった内外の深刻な問題を抱えているが，とりわけ近年における軍事単独主義によってアメリカの国力とヘゲモニーは急速に低下している。Gamble（1988）がニューライトの特徴を「自由経済の伝統的自由主義的擁護と国家権威の伝統的保守的擁護の結合」と表現しているように，サッチャー，レーガン，ジョージ・W・ブッシュなどの新自由主義者はポピュリズムに迎合し道徳・宗教・アイデンティティの政治を重視するために，対外面において必要以上に強権的な軍事力に頼りがちである。しかし，統治階級としての自覚を欠き，レッセフェール的心性をもった彼らはそれを短期かつ安上がりでおこなおうとするために（たとえば，アフガニスタンにおいてブッシュ政権によって最小限の費用で行われる治安活動はワシントンにおいて「軽めの国家建設」（nationbuilding lite）と呼ばれた），恒久的な世界の平和維持につながらないというジレンマに陥っている。以上については，岡本（2006）と Ignatieff（2003），pp. 1-7，邦訳，pp. 9-15 を参照せよ。

IMF とアメリカ財務省主導によるグローバル化路線，とりわけロシア，東アジアをはじめとした世界各地における IMF の構造調整政策の失敗については，Stiglitz（2002）において詳細に分析されている。ニューエコノミーと新自由主義政策の広がりによって，学校，医療，福祉サービスなどにおいてアメリカ社会のひずみがいっそう拡大・深化していることについては，Reich（2000），Reich（2004）において明快に描かれている。アメリカのアンダークラスの増大と新自由主義政策の関連については，Wilson（1987），Wilson（1996）を参照せよ。
31) 以下の叙述は，Cohen and Arato（1992），pp. 11-15 に依拠しているが，経済面から福祉国家を批判する新自由主義の代表的議論については Gilder（1981）を，政治面からの批判

についてはHuntington（1975）を参照せよ。
32) 行き過ぎた市場主義とグローバリズムが大きな混乱をもたらした実例については，Stiglitz（2002）とStiglitz（2003）において詳細かつ明快に分析されている。
33) Cohen and Arato（1992), pp. 14-15.
34) 以上の叙述は，Cohen（1999), pp. 209-211, Cohen and Arato（1992), pp. 15-18を参照にした。
35) 吉田（2005), p. 17.
36) Pierson（1991), p. 199, 邦訳, p. 369.
37) Keane（1988a), pp. 1-2.
38) Keane（1988a), p. 3. なお，イギリス人であるキーンはギデンズなどと同様に社会民主主義を「社会主義」と表現している。また，戦後福祉国家体制を「国家管理社会主義（State-administered Socialism）」と呼んでいるが，この呼び名は西側福祉国家体制とソ連・東欧の国家社会主義体制の区別を曖昧にするものであり，適切な名称ではないと筆者は考えている。
39) Keane（1988a), p. 14.
40) キーンは，現実の市民社会は過去においても現代においても男性中心社会であることに十分に気づいており，「今日，この支配は民法と社会政策内部における相違と明白なバイアスから，商品の生産と交換の領域（ジェンダー化した分業とセクハラにおいて明らかなように）における女性差別，そして女性は家事労働や子育てに自然適合的であるという偏見にいたるまで広がっている」（Keane（1988b), pp. 20-21）と述べている。なお，キーンはジェファーソン的共和主義，そしてロバート・ベラー（Robert Bellah）やマイケル・サンデル（Michael Sandel）たちの新共和主義に対して批判的態度をとっているが，その理由として，彼らの議論が男性中心主義である点，そのために彼らの公共圏の概念には経験的内容の点で中身がなく，実現不能でノスタルジックなユートピアとなりやすい点，をあげている。Keane（1998), pp. 235, 242, 邦訳, pp. 161, 169.
41) Keane（1988a), p. 15.
42) Sakamoto（2000), pp. 98-116. なお，坂本の市民社会についての考え方を明らかにした邦語文献として，坂本（1997）がある。そこで坂本は，市民社会とはかつてはマルクスなどが使った「ブルジョア市民社会」の概念に近かったが，自分自身は「人間の尊厳と平等な権利との相互承認に立脚する社会関係がつくる公共空間」の意味に用いていること，それゆえ市民社会とは，経験的に存在している社会関係（分析概念）だけを指すのではなく，1つの批判概念であり，規範的な意味をも含んだものであると述べている。pp. 42-43を参照。
43) 市場と市民社会が堅く結合している事実を示す例として，キーンは韓国企業と事業上の提携を結ぼうとするグローバル企業の行動をあげている。そこでの考察に基づいて，グローバル資本は社会的に根無し草的存在であるという多くの人の主張は非現実的であり，グローバル企業がローカルな市民社会の環境を含む，出現しつつあるグローバルな市民社会から遊離する程度を過大評価していると主張する（Keane（2003), pp. 75-83）。市民社会の非市場的ネットワークの存在も産業の移転を決定する重要な要因であり，したがって経済過程と社会制度との間の相互関係こそがリージョナルな発展やナショナルな発展に貢献する，というキーンの指摘は基本的に正しい。
44) Keane（2003), pp. 75-77.
45) Keane（1998b), pp. 19-20.

46) Polanyi (1957), とくに11章を参照。国家権力と労働運動の成長との関係について長年研究してきたデュボフスキーは，Dubofsky (1994) において国家はアメリカの労働者の歴史と労働運動に例外的な影響力を及ぼしてきたことを実証的に明らかにしている。なお，アメリカの国家と労働との関係については，岡本 (1995a)，岡本 (1995b)，岡本 (1996a) も参照せよ。一般に，市場経済の荒々しさから自身を守る闘争において労働者階級は国家に圧力をかけ，規制や福祉サービスの提供など国家の役割の拡大を導き，このことが資本主義の合理化や市民社会の改革に貢献した。このような関係を一般化して，ブロックは「資本主義の根本的な非合理性にもかかわらず，恐慌とラジカルな労働階級の運動という2つの危機に対応して，先進世界における資本主義は自己を合理化する著しい潜在能力を示してきた」(Block (1987), p. 52) と述べる。この資本主義の自己改造能力のカギとなっているのは，被抑圧者の正当な闘争とそれに対応しようとする国家なのである。

47) 以下の叙述については，Pierson (1991), pp. 204-206, 邦訳，pp. 379-384 を参照した。

48) キーンと同様の主張がローザンヴァロンにも見られる。ローザンヴァロンの主張については，8章を参照せよ。

49) 吉田 (2005) は，市民社会についての現代アメリカの理論状況を代表するものとして，J. L. コーエン・A. アラート『市民社会と政治理論』をあげている (p. 22 を参照)。また，ハーバーマスは同書を自分の《システムと生活世界》という概念構成に共鳴しながら「市民社会概念を現代の民主主義理論にとって実りあるものにしようとする試み」であると高く評価している (Habermas (1990), 邦訳, p. xL)。

50) 新保守主義者 (neoconservative) とは，I. クリストル，D. ベル，N. グレーザー，N. ポドーレツ，M. デッカー，P. バーガー，R. W. タッカー，S. ハンチントン，R. ニスベットなどに代表される知識人のグループである。このグループの台頭は60年代以降の「文化的混乱」と福祉国家化の進展によるアメリカ資本主義体制の内部崩壊の恐れに対する危機意識がばねになっていた。これについては，岡本 (1990b), pp. 23-25 を参照せよ。

51) Cohen and Arato (1992), p. 25. このようなコーエンの主張は，経済と国家装置はシステム的に統合された行為領域であり，それらの内部を民主的に転換しようとすれば，すなわち政治的に統合された状態に転換しようとすれば，そのシステム的な特性が損なわれ，それらの機能低下を招くことになる，というハーバーマスの考え方に影響を受けている。それゆえ，コーエンにとっても，そしてハーバーマスにとっても，目標はシステムそれ自体の改革ではなく，生活世界の領域を植民地化しようとする経済と国家の両システムの命令の干渉を民主的に封じ込めることに置かれる。Habermas (1990), 邦訳，pp. xxvii を参照。

52) ベルは他の新保守主義者よりも福祉国家の必要性をかなり自覚していること，またリベラル・デモクラシーに対しても総じて肯定的に捉えていることなどを考慮に入れると，ベルは厳密には新保守主義者とは言いがたい面をもっている。しかし，ベルの『資本主義の文化的矛盾』はこの時期の「欲望中心の市場経済」とリベラリズムの文化的危機を正面から明らかにした重要な著作であり，70年代における新保守主義の精神を代表すると同時にその後の議論に大きな影響を与えた。この点に関しては，Bell (1976) の2章と6章を参照せよ。また，岡本 (1990b), pp. 23-33 を参照せよ。

53) アメリカ合衆国における統治問題のいくつかは「民主主義の過剰」からきているという判断に基づいて民主主義の均衡回復のためには，「民主主義における大幅な節度」が必要である，という主張については，Huntington (1975) を参照せよ。

54) シェルドン・ウォリンもまたコーエンなどと同様に，「国家財政の危機でもなく，資本蓄積の危機でもなく，権威の危機でもなく，依存こそが真の危機である」と考えている。依

存は行政機関による公的生活の支配のみならず,私的会社組織による経済生活の支配によっても促進されており,したがってこれから脱出するには,各人は精神的に自主性をもった存在であるという理念を回復すること,すなわち各人が政治性(politicalness)をとり戻す以外にないと主張している点もコーエンと同様である。Wolin (1980), pp. 151-168, 邦訳, pp. 259-290 を参照せよ。

55) Cohen and Arato (1992), pp. 24-25.
56) コーエンは全体主義的ユートピアを否定するものの,理想を欠いた社会もまた望ましくないと言う。そういう観点から,市民社会における運動を高く評価して,次のように述べている。「実際に,市民社会の運動はそれ自体新たな種類のユートピアである。その運動の基礎にある規範的諸原理,多元性,公開性,合法性,平等,正義,自発的共同組織,個人の自律性は,高度に分化された社会と両立しうる民主的形態の多元性と社会的・政治的・市民的権利の複合体を要求する自己限定的ユートピアを構成する。」(Cohen (1995), p. 37, 邦訳, p. 46) 筆者もまたこのような視点から,市民社会の運動が既存の福祉国家の現状を厳しく批判するとしても,そのことは福祉国家の解体につながるものではなく,むしろ福祉国家を改革し人間社会における福祉国家の可能性を拡大するものと考えている。
57) Cohen (1995), p. 35, 訳書, pp. 43-44. なお,この3部分モデルの起源はヘーゲルにあるが,グラムシ,パーソンズ,ハーバーマスなどの理論家も用いている。ハーバーマスは今日では一般に「市民社会という語には,労働市場・資本市場・財貨市場をつうじて制御される経済の領域という意味はもはやふくまれていない。……《市民社会》の制度的核心をなすのは,自由な意思にもとづく非国家的・非経済的結合関係である。」(Habermas (1990), 邦訳, p. xxxviii) と述べている。
58) 以下については,Cohen (1995), p. 36, 邦訳, pp. 44-45 を参照。
59) Cohen (1995), p. 37, 邦訳, p. 46.
60) Cohen and Arato (1992), p. 26. なお,この「福祉国家の反省的継続」という言葉はハーバーマスに由来している。
61) Cohen (1995), p. 38, 邦訳, pp. 46-47.
62) 一面的モデルとは,①新しい社会運動のなかの一部にみられるような国家に対抗して市民社会を擁護する立場,②民主主義のエリート理論に代表されるような戦略的観点から政治システムに参加する立場,③参加民主義の共和制モデルにみられるような,市民社会を個人主義的で,反政治的で,私生活中心主義であるとして否定する立場,である。
63) このコーエンが重視する「アイデンティティの政治」とは,公衆が集団で新しいアイデンティティを形成するために,そして制度と文化と規範をつくり変えるために,権力をめぐって意識的に従事する闘争である。市民社会を戦場として戦われ,市民社会を対象としているところに特徴がある。これはギデンズが用いる「生きることの政治」(life politics) に対応した概念である。ギデンズもまた今後《生きることの政治》がますます中心的位置を占めるようになると述べ,その意味を次のように要約している。「生きることの政治は,《ライフチャンス》の政治ではなく,《ライフスタイル》の政治である。生きることの政治は,かつては自然か伝統かどちらかがものごとを定めてきた世界のなかで,私たちが(一個人として,また人類全体として)どのように生きるべきかについての論争や苦闘と関係している。」(Giddens (1994), pp. 14-15, 邦訳, p. 28)
　このギデンズの見解に対して,筆者は現代資本主義の動向(失業率の増大,経済格差の拡大)から判断して,先進資本主義諸国においてもなお「解放の政治」である《ライフチャンス》の政治の重要性は当分続くと考えている。

64) 白人労働者および下層中産階級が道徳および文化上の反発から大挙して民主党から離脱し，それがニューディール秩序の崩壊につながっていったという見解については，Isserman and Kazin (1989) と Rieder (1989) を参照せよ。また，ポピュリズムおよび民主主義の観点から，そういった労働者および中産階級の保守主義を「高度に発達した場の感覚」や「歴史的継続性に対する敬意」という表現で積極的に擁護する主張については，Lasch (1995), pp. 25-49, 邦訳，pp. 33-61 を参照せよ。
65) Walzer (1983) を参照せよ。
66) Walzer (1995), pp. 7-8, 邦訳，p. 10.
67) Walzer (1995), p. 8, 邦訳，pp. 10-11.
68) 以下の叙述は，Walzer (1995), pp. 9-15, 邦訳，pp. 11-20 を要約したものである。
69) Walzer (1995), pp. 9-15, 邦訳，pp. 11-20 を参照。
70) Walzer (1995), p. 16, 邦訳，pp. 20-21.
71) Walzer (1995), p. 16, 邦訳，p. 21.
72) 以下については，Walzer (1995), pp. 18-20, 邦訳，pp. 23-25 を要約したものである。なお，シティズンシップ，生産，ナショナリズムも市民社会に組み込まれると，一元的に他のすべてを吸収していくようなものではなく，他と調和するようなかたちに変化する。今日においては，シティズンシップそれ自体は消極的役割を果たすにとどまっているが，組合，政党，運動，利益集団といった市民社会の共同組織のネットワークのなかでは，市民は数多くの小さな決定をし，国家や経済に関するより遠くの決定についてもある程度影響を及ぼす。より緊密に組織され，より平等主義的な市民社会において，市民はこれらの両方をより効果的におこなうようになる。また，生産もマルクスのいう意味でのそれ自体で創造の機会を提供するというよりも，社会的に有用な無数の活動に変化してしまう。ナショナリズムの質もまた市民社会の内部で決定されるようになる。というのは，市民社会において異なる民族集団が共存し，家族や宗教コミュニティと重複し，学校，運動，相互扶助組織，文化・歴史協会というかたちでナショナリズムが表現されているからである。市民社会がナショナリズムを飼い慣らすという希望を与えるのは，このような集団が似てはいるが異なった目的をもつ他の集団と絡み合って存在しているからである。Walzer (1995), pp. 17-20, 邦訳，pp. 21-26.
73) Walzer (1995), p. 19, 邦訳，p. 24. 平均的な消費物資の量的上昇によって労働者の経済厚生の上昇を証明したとする近年の浅薄な数量経済史家と異なり，「人間がよってたつ地位 (status) をもち，親類や仲間によって定められた行動の型をもつ限り，彼はその地位のために闘うことができ，魂を取り戻すことができる」(Polannyi (1957), p. 99, 邦訳，p. 133) という『大転換』での一文が端的に示すように，ポランニーもまた人間にとって文化と組織の重要性を十分に理解していた。筆者もまたウォルツァーやポランニーと同様に，人間の安定した生活にとって制度と組織は不可欠であると考えている。
74) 多様な市場の主体が消費者の選択を広げる（とくに長期的観点からみるときに）というウォルツァーの指摘は現在において非常に重要な意味をもっている。たとえば，わが国における家族経営の小商店や生協などからなる地域商店街の存続（そして，そのための自治体支援）はますます高齢化する社会において消費者が買い物をはじめとした日常業務を徒歩圏内でおこなううえで不可欠になっており，そういう意味で地域商店街の存続は消費者の選択を広げるものとなっている。
75) Walzer (1995), pp. 19-20, 邦訳，p. 25.
76) Walzer (1995), pp. 17-21, 邦訳，pp. 21-26 を参照。

77) Walzer (1995), pp. 21-23, 邦訳, pp. 27-29.
78) Walzer (1995), p. 23, 邦訳, p. 29. なお,「政府の抑圧」と並んで,「社会的専制 (social tyranny)」を問題にしたのはJ・S・ミルの『自由論』であったが, わが国においては憲法学者樋口陽一が,「社会権力からの自由」の重要性について一貫して主張している。樋口 (1992), pp. 220-223 を参照せよ。
79) イギリスをはじめてとしたヨーロッパ諸国において「民衆政策」の必要性などから, 2つの世界大戦時に福祉国家体制が確立したという見解については, 岡本 (2003a), pp. 22-25, 岡本 (1997a), pp. 34-38 を参照せよ。同様の見解は, Bruce (1968) にもみられる。総力戦においてなぜ民衆政策が必要となるかの説明は, Titmus (1963), 邦訳, pp. 67-79 が優れている。
80) エスニック・クレンジングの歴史と現状については, Mann (2005) を参照せよ。
81) Myrdal (1960), p. 186, 邦訳, p. 248. ただし, 訳文は一部変えている。
82) Gilpin (1987), pp. 60-61, 邦訳, p. 60. ただし, 訳文は一部変えている。
83) 依拠したものは, 主として, ハーバーマス (2004a) であるが, ハーバーマス (2004b) とハーバーマス (1990) も参照した。
84) 国民とはイメージとして心に描かれた想像の政治共同体 (imagined political community) である, という見解については, Anderson (1983) を参照せよ。
85) ハーバーマス (2004a), p. 134. なお, チャールズ・テイラーは, 近代民主国家は過去の位階制的な, そして権威主義的な社会(オーストリー・ハンガリー帝国の古きよき時代が例としてあげられている)によって要求されたよりも強力な集団的アイデンティティをもった〈人民〉を要求するのであり, これこそ近代民主主義からナショナリズムが生まれる究極的根拠であると述べる (Taylor (2003), p. 22.)。それゆえ,「20 世紀が民族浄化の時代であるというのは偶然ではない」のであり, 民主主義の時代は共存に対して新しい障害を提供する。ただしテイラーが, 民主主義は必ず排外主義に導くと主張していない点には注意を払う必要がある。というのは, すべての人民によって政府がつくられるべきだというイデオロギーにみられるように, 近代デモクラシーには「包含」に向かう衝動も強いからである。彼はただ「民主主義には絶えざる排除の誘惑」があると主張しているのである。Taylor (2003), pp. 24-25 を参照。
86) 以下については, ハーバーマス (2004a), p. 135 を参照。
87) ハーバーマス (2004a), pp. 136-137.
88) アーレントはこのような展開を「ネイションによる国家の征服」と呼び, これは「法の支配」に立脚してきた国民国家にとって固有の危機であった, と述べる。というのは, このことによって「ネイションと国家の間の, 人民の意思と法の間の, ナショナルな利害と法的諸制度の間の, つねに不安定な均衡が破れ, デマゴギーに煽動され易い人民の意思や, つねにショーヴィニズムに傾き易いネイションや, もはや真の国民の利益ですらない利益が力を得るようになると, 国民国家の内部崩壊は非常な速さで進行するようになる」からである。Arendt (1951), p. 275, 邦訳, p. 249 を参照。
89) ハーバーマス (2004a), pp. 141-142.
90) Taylor (2003/04), p. 20. なお, テイラーはハーバーマスとは異なり, ナショナルな, あるいは文化的アイデンティティに言及することなく, 純粋に「共和主義的要素」のなかに政治的アイデンティティの根拠を見出す解決法には反対している。というのは, 第1に,〈ナショナリズム〉には多くの意味があり, もともとの考え方は解放的なアイデアであり, デモクラシーと非常に響きあうものであったからであり, 第2に現代社会において, われ

われは異なった〈ナショナルな〉アイデンティティを認めることが可能であり，いや，それらに政治的表現を与えることすら可能だからである（Taylor（2003/04），pp. 19-20）。このように民主主義的排除のジレンマを解決するには，アイデンティティの空間の共有に代わるものは何もなく，その具体的解決法は特定の状況に合うかたちでつくられねばならない（たとえば，連邦制度など），と彼は結論づける。Taylor（2003/04），pp. 19-20 を参照。同じく，ミュルダールもまた，開発途上国で展開するナショナリズムはその国の近代化と民主化を進展させるうえで重要な役割を果たしている，とナショナリズムを高く評価している（もちろん，その潜在的危険性にも十分に注意を払っているが）。Myrdal（1960），pp. 149-167，邦訳，pp. 199-224 を参照。また，あのアーレントですら，「このようにナショナリズムは当初から国家と結ばれ，『国家への忠誠』もしくは国家的性向を捨てたことがなかった。それは真性なものであった限りはつねに，社会と国家の間のもともと不安定で絶えず危険に脅かされている力の均衡をいくらか安定させ，国民国家の市民の少なくとも最低限の公的・政治的関与と公益への関心を維持させる機能を果たしていた」（Arendt（1951），p. 231，邦訳，pp. 177-178）という言葉からうかがえるように，一定の枠組み内に収まるナショナリズムについてはその意義を認めていた。クリストファー・ラッシュもまた，社会の共通の土台を築くうえで中産階級的ナショナリズムが果たしてきた役割を高く評価し，グローバル化による中産階級の衰退と表裏一体になった国民（nations）の弱体化がかえって攻撃的な部族的忠誠心（tribal loyalties）を引き起こしていると主張している。Lasch（1995），pp. 47-49，邦訳，pp. 59-61。

91) Walzer（1995），p. 20，邦訳，p. 25。
92) たしかに現在西ヨーロッパ諸国の多くが直面しているように，移民や難民の存在は短期的には既存の福祉国家体制に緊張を強いる。しかし筆者は，ハーバーマスなどと同様に，こうした緊張関係が生産的に解消されるのであれば，国民国家の内部ですでに生まれている新しい社会運動（平和運動，エコロジー運動，女性運動など）に活力を与え，そのことによって長期的には新しい福祉国家の可能性が広がるものと考えている。ハーバーマス（1990），pp. 288-289 を参照。
93) 2つの大戦と大恐慌は，国民の間の犠牲の平等，人間は皆弱いものであるという感覚に現実味を与え，たんに労働者階級や救済に値する貧困者といった特殊な集団のためだけではない全国民のための福祉プログラムを多数生み出した。その種子が第2次世界大戦後の好条件下で花開き，1960 年代における福祉国家の黄金時代を迎えることになる。これについては，岡本（2003a），pp. 23-25 を参照せよ。
94) Myrdal（1960），pp. 102-214，邦訳，pp. 139-284 を参照せよ。
95) 将来における国際的ガバナンス，グローバル・ガバナンスの現実的可能性を研究したものとして，Held（1995）と Falk（1995），Falk（1999）がある。
96) Cohen and Arato（1992），pp. 24, 612。
97) このような考え方に対して，ハイエクは自由を犠牲にして購える保障を激賞する知的指導者たちの流行ほど致命的なものはない，個人としてのわれわれが自由を保持するためには，激しい物質的犠牲を払う用意をしなければならない，と主張している。Hayek（1944），pp. 132-133，邦訳，p. 175。なお，福祉国家と自由との関係についての主張は同書9章を参照せよ。
98) このような状況を改善するために，1980 年代後半から 90 年代にかけて勤労所得税額控除制度（EITC）の拡大が図られることになった。これについては，3章を参照せよ。
99) 表1からは直接うかがうことができないが，オランダにおける貧困率の大幅削減は寛大

な政府援助によるところが大きい。というのは,スウェーデンにおいてひとり親家庭の母親のほぼ90%が何らかの形の勤労所得を得ているのに対して,オランダのひとり親家庭の母親のうち勤労所得を得ているのは7%未満でしかないからである。McFate, Smeeding, and Rainwater (1995) を参照。なお,充実した両親休暇手当,公的保育,積極的労働市場政策に代表される共稼ぎ家族政策をとっている北欧諸国の児童貧困率は,一般的家族政策をとっている大陸ヨーロッパ諸国や市場志向的家族政策をとっているアングロサクソン諸国に比べて圧倒的に少ないという研究については,Ferrarini and Forssén (2005) を参照せよ。

100) セインズベリーは,1980年におけるアメリカ,イギリス,オランダ,スウェーデンの4カ国におけるミーンズテスト付の公的扶助受給者の男女比を比較し,スウェーデンにおいて女性の比率がかなり低い事実を次の要因でもって説明している。第1に,スウェーデンは多くの所得維持プログラムをもっているが,それらの多くはその受給資格を市民権に置いている。第2に,女性の高い労働市場参加率を通じてスウェーデン女性の大部分は労働市場でのステイタスをもっており,そのため大部分の女性が労働市場での地位に基づく主要な所得維持給付を得る資格を自分自身の権利でもっている。第3に,住宅手当,公的保育の提供などに代表されるスウェーデン独自のプログラムの存在によって,ひとり親家庭の母親は他国の母親に比べ公的扶助に依存せざるをえない状況から免れている。第4に,職業訓練や雇用創出プログラムが女性の高い労働市場参加率を支えている。Sainsbury (1993), pp. 85-89を参照。このようなセインズベリーの研究は,サービス経済化のいっそうの進展のもとで家族関係の変容(ひとり親家庭の増加)が予想される各国の今後の福祉国家のあり方を考えるうえで有用である。なお,スウェーデンにおける女性と福祉国家の一般的関係については,Gould (2001), pp. 103-117をも参照せよ。そこで,ジェンダー平等の追求は1960年代と70年代に社民党政府によって社会目標として取り上げられ,70年代と80年代において児童手当の拡大,親休暇など,女性の独立性を向上させるための制度構築が積極的になされた事実と背景が要領よく述べられている。

101) 102) Rothstein (1998), pp. 185-186を参照。

103) スウェーデンの公的扶助制度の実態と最近における変化については,Gould (2001), pp. 69-73における説明が有用である。とくに,失業の増加につれて若者や難民を中心に長期受給者が増大しているという事実,資格の基準がより厳格化するにつれて貧困であることは以前よりも恥辱的なものとなった,というグールドの指摘はスウェーデン福祉国家の変容を考えるさいに注目すべき事柄である。なお,上記のような近年の傾向は,都村 (1999), pp. 206-212においても明らかにされている。

8章　グローバル社会における福祉国家の可能性

1. はじめに

　前章において，福祉国家システムは行き詰まっており将来的展望はないという議論に対して，福祉国家システムの歴史的使命はまだ終わっていないこと，むしろ時代に対応するいくつかの改革をおこなうことによってその可能性は広がることを，市民社会についての議論などを援用しながら明らかにした。それでは，その可能性を広げるために既存の福祉国家はどのような改革を必要としているのだろうか。この最終章においては，そのことを明らかにしたい。

　この課題に取り組もうとすれば，既存の福祉国家システムに対して現在どのようなオルタナティヴ（とくに将来，福祉国家の可能性を拡大すると見込まれるオルタナティヴ）が存在するのか，そのオルタナティヴはどのような歴史的文脈のなかで生まれてきたのか，そしてどのようなかたちで定着しつつあるのかをまず明らかにする必要がある。そのような知見を得た後，福祉国家がよりよく機能するためのロジックの考察に進み，そのロジックを十分に考慮に入れながら，現在進行中である社会経済の根本的変化を前にしてどのような福祉国家の改革が必要とされているか，また現実性があるかを明らかにする必要がある。そこで，本章は以下のような構成となる。

　第2節においては，福祉国家の新潮流としてどのようなものが存在するかをみていく。新潮流のなかでもとくに重要と思われるのは，福祉における当事者主権という考え方，市民によるボランティア福祉活動，民営化と分権化の議論である。そこで，2.1において，福祉における当事者主権という考え方が新しい社会運動やそれを支える新しい感覚と結びついて生まれてきたこと，そしてそれは新しいかたちの民主主義の深化であることをスウェーデンにおける子供出産サービスの変化を例にとりながら明らかにする。2.2において，ロザンヴァロンなどの議論を参考にしながら，福祉多元主義という考え方の特質とその

意義を明らかにした後，福祉多元主義から生まれてきたボランティア組織と福祉国家との関係を考察する。2.3においては，福祉国家の民営化と分権化の議論について考察する。そのさい，民営化には反動的な性格のものが存在すると同時に「進歩的潜在力」をもつものも存在することに注意を払う。分権化についても同様で，福祉国家に反対する新自由主義的な分権化とは異なった，反大企業，反資本主義の思想を色濃くもち，地域市民のニーズに積極的に応えようとする分権化があることを明示する。

第3節においては，第2節で述べた「進歩的潜在力」をもった民営化と分権化がどのような背景のもとで，どのようなかたちで実行されているのかを主にスウェーデンを例にとりながら考察する。3.1では，保健医療システムの改革に焦点を絞って，スウェーデンにおける公的サービスの民営化の導入は国民の意識変化と財政危機を背景に，福祉国家の持続可能性を維持するためにとられた手段であったことを明らかにする。3.2では，民営化や分権化などの手段を用いて「選択の自由」を拡大する改革は福祉国家の発展史上どのような意味をもつのかを新しい個人主義の台頭との関連で考察する。そして，新しい個人主義は連帯主義的福祉国家に必ずしも致命的打撃を与えるものではないことを明らかにする。3.3においては，3.2で明らかにした観点からさらに福祉サービスの民間委託の問題に光を当てることによって，いくつかの条件が満たされるならば，民営化による選択の自由の増大が必然的に普遍主義的政策の放棄に導くことはないということを明らかにする。

第4節においては，現在かなり成功を収めており，しかもその将来性が高いと考えられる普遍主義福祉国家がどのようなロジックでもって機能しているかを明らかにした後，今日の社会と経済の変化に合致するような福祉国家の改革の方向性を提示する。4.1では，福祉国家が良好に機能するロジックを経済的，政治的，道徳的観点から考察することによって，福祉国家の可能性を拡大するには福祉国家の制度それ自体の正統性の確立が何よりも重要であることを明らかにする。そして，最後に，経済のグローバル化，女性の地位と労働生活の変化，市民と国家の間の関係変化に代表されるような，近年における社会経済の大変化のなかで，福祉国家システムの可能性を広げ，持続可能なものするうえで，どのような改革が必要とされているのかを明らかにする。

2. 福祉国家における新たな展開

　福祉国家の新潮流として，福祉における新しい社会運動ともいえる当事者主権の考え方とその実践，福祉のオルタナティヴ運動がある。以下で，それらの考え方と運動の特質についてみていこう。

2.1　新しい社会運動と福祉における当事者主権

　7章でみたように，市民社会についての議論の復活は新しい社会運動の勃興と結びついていた。それらの運動の代表的なものとしては，平和運動，環境保護の運動，学生と青年の運動，フェミニズム，黒人と公民権の運動，移民や難民，身体障害者等少数派の権利擁護運動，などがあげられる。この新しい運動の考え方は当然，狭い意味の福祉国家のあり方にも大きなインパクトを与えた。そこで，ここでは，これらの新しい社会運動の特質を簡単に述べ，それらの考え方がいかに従来の福祉国家に変容を迫ったかを考察したい[1]。

　一般的に新しい社会運動はその支援を新しいかたちで階級を超えたところから引き出している。また，それらの運動は草の根やインフォーマルな組織形態に価値を置いており，その結果，企業組織や労働組合の位階制，政党や国家の官僚主義に対して疑義をはさむ傾向をもっている。このように，新しい社会運動がかつての民主主義運動や労働運動が目指したような権力を握ることを目的としていないことについて，ウォルツァーは「これはイデオロギーにおいてと同様に感性においても重要な変化があったことを表している。すなわち，全体よりも部分を評価しようとする新しい姿勢，全体的な勝利に至らなくても何かのために問題を解決しようとする新しい意志を反映している」と肯定的理解を示している。筆者もまた運動のこのような特質に対して肯定的評価をしている。しかし，同時にウォルツァーは「国家機構の部分的管理や利用を伴わない勝利というものは決してありえない」とその反政治的姿勢に警告を発している[2]。

　新しい社会運動のもつ反政治的，反国家的傾向に対するウォルツァーの懸念とは対照的に，キーンやメルッチは，日常生活に沈潜した小グループのネットワークから構成され，目立たない立場から日常生活の支配的コードに疑問を投げかけ，挑戦する，これらの運動の反政治的性質のなかにこそ運動のもつ歴史的意義をみて[3]，次のような高い評価を下している。

> 「この正確な意味において，これらの社会運動は中欧と東欧における市民のイニシアティヴと社会運動に対応した西側の運動なのである。それらは明白な反政治的性質によって特徴づけられる。それらの活動は国家権力を把握し変容させるという究極の政治的夢想によって支配されているわけではないし，政党政治にのみ集中するもっと卑しい欲望によって支配されているわけでもない。そうではなくて，それらは自らを取り囲むミクロの権力関係というあまり目立たない分野を明るみに出し，変容させるという劇的でない仕事に集中している。そのことによって，それらは国家と市民社会の分割を深めると同時に新しいかたちの連帯をつくり出す。そして，市民社会それ自身の内部における権力関係の多元化に貢献する。」[4]

キーンが述べるように，新しい社会運動の最大の特質はたしかにミクロの権力関係という目立たない分野を明るみに出し，変容させることにあると筆者も考えるが，そのようなミクロの権力関係の変容がコミュニケーション関係の透明化というプロセスを通じて長期的には市民社会全体の民主化と国家制度と経済制度の民主化につながっていくものと考えている[5]。そのことはとりもなおさず，福祉国家の基盤の強化につながり，それゆえ福祉国家の可能性の拡大を意味する。

新しい社会運動は，平和運動，フェミニズムやエコロジーといった一般的分野のみならず，福祉制度との関係からも次々と生まれている。そして，このような目立たない分野における運動こそそれらの運動の特質をよく表しており，それらの運動は既存の福祉国家に挑戦することになるが，それは同時に福祉国家をより新しいかたちに変革する力をもっている。近年におけるそのような状況をグールドは次のように述べている。

> 「伝統的には，社会政策はサービスと給付の種類に関するものであった。しかし，最近では，その主題は広がりを見せ，『社会的なもの』の他の側面をも含むようになってきた。とりわけ，エスニック集団，障害者，女性の従属的地位が差別と不利な状態についての関心へと導いてきた。その状況を改善するために社会政策が実施されてきたが，今度は逆に，十分に行き届いていないとか，彼ら自身が反対しようとしている行動パターン自身を強化しているといった理由でもって，社会政策が非難されるようになった。この意味において，福祉は平等という考えと，すなわち白人との平等，障害者でない人々との平等，男性との平等といった考えと非常に強いかかわりをもつ。自分たち自身のアイデンティテ

ィを求める闘争において，体系的な差別を被っている集団は時々たんなる平等を超えて価値と制度のオルタナティブを求めるところまで突き進む。」[6]

　福祉におけるノーマライゼーションや最近注目されるようになった「当事者主権」という考え方は，このような運動の考え方や成果がもたらしたものである[7]。ここでは，その例としてスウェーデンにおける出産サービスの変化について述べてみたい[8]。

　1970年代前半ごろまで，スウェーデンにおける子ども出産サービスは（a）妊婦の「自治体への拘束」，（b）出産過程にたいする公的職員の絶対的権力，という今日からみれば硬直的ともいえる原則に基づいて組織されていた。すなわち，妊婦は出産予定日前の4週間は自宅から最も近い病院がある地域から離れることを禁止されていたという点で，「自治体の拘束」に服していた。保健職員である助産婦のほとんど絶対的ともいえる権力は，胎児を身籠った母親は職員の差し出す条件に従って客体化し，処理されていたという事実のなかに明白に示されていた。母親はいかにして出産がおこなわれるか，またどの産院で出産をするか，あるいは出産の過程でだれの援助を受けるかについて影響を及ぼす機会をもてなかった。このように母親たちは出産に当たって「平等な関心」でもって取り扱われてはいたが，考え，行動し，感じる主体として「敬意」をもって扱われずにいた。それゆえ，当時支配的であったイデオロギーは一種専門職のテクノクラシー主義として描くことができよう。

　1970年代の初めに，1人の助産婦シグネ・ヤンソン（Signe Jansson）はフランスに行き，出産の新しい方法を学んできた。その方法を一言で表現するならば，女性が提示する条件で出産するというものであった。そのアイデアは，出産する母親を専門職の構造を通じて処理される受身の客体としてではなく，意識をもった主体として，すなわち出産のプロセスに積極的に参加し，貢献できる存在として扱うという発想に基づいていた。しかしながら，ヤンソンがフランスで学んだ知識をマルメ総合病院で利用しようと試みると，助産婦を中心とした他のスタッフから頑強な反対に遭遇し，そのパイロット事業は11カ月間おこなわれた後終結することになった。

　その後1970年代半ばに，ヤンソンはイスタ市の小さな病院で，国家ではなくて出産する母親が出産の条件を設定するという新しい方法を再開した。徐々に，そのプログラムが発展し，人々に知られるようになると，病院区域以外に

住む女性から「自治体の拘束」を破ることができるかどうか，イスタ病院の産院で出産することが可能かどうかという問い合わせが殺到した。公式的に言えば，それは可能ではなかったが，さまざまな工夫によって，そしてさまざまな理由によって，病院区以外のますます多くの母親がイスタ産院で出産するようになった。これらの女性のすべてから支払いを要求することは純粋に法的一技術的観点から問題となったので，「自治体の拘束」の原理はまもなく崩壊し，選択の完全な自由はすべてのランスティング（landsting）[9]において制度化された。

そのような結果，今日では，スウェーデンにおいて女性は出産に当たって異なったクリニックを選択する権利を完全に利用しうるようになったし，職員の裁量的権力の手中にゆだねられる客体としてではなく出産する主体として扱われたいという自律を求める女性の声は聞き入れられるようになった。

以上の例は，女性の日常生活における新しい感覚とそれに呼応した専門的職業者の実践が出産サービスのあり方を大きく変え，女性が自分の生活条件のより大きなコントロールを獲得するようになった，1つの好例といえよう。これはいうまでもなく，女性による民主的権利の行使であり，民主主義の深化である。ただ，従来のシティズンシップの拡大のための民主主義運動と異なり，ここで女性が達成したものは，社会運動についての理論家であるメルシーが述べるように，感覚（sense）のオルタナティヴな定義の実践であった。別の言葉で表現すると，スウェーデンの女性たちは「非人格的なテクノクラートの権力によって個人と集団の生活がますます決定されるようになっているのとは対照的なアイデンティティの意味と定義を創出した」のであった[10]。

一般に社会福祉システムにおいては，サービスを提供する専門職業者はサービスの受け手を客体として扱う傾向をもつ。しかし，社会が豊かになると，人間は福祉の客体としてではなく主体として扱われたいと望むようになる。そして，実際にサービスの受け手が主体として扱われるようになることによって，サービスの効果が増し，市民の自由も強化されることがしばしばある。今日，社会福祉サービスの対象者を活動的にさせることがなぜ必要かという問いに対して，ヨハノ・シュトラッサーは次のように答えている。

「個人に向けられたサービスは財の生産やその他のサービスの生産とはまったく異なったユニークな生産の典型である。個人向けのサービスにおいては，生産

者を消費者から厳密に切り離すことはできない。その反対に，効果的な生産を確実なものとしようとすれば，生産者と消費者は協力しなければならない。すなわち，サービスの受け手は必然的に生産過程において積極的な役割を演じなければならない。ある程度，この知識は常識である。患者が自分で治ろうと努力しなければ，患者は病気から回復しないであろうことはほとんど真実である。薬物中毒者が陥っている悪循環を自ら断ち切ろうと努力しなければ，だれも彼を助けることはできない。」[11]

　従来の福祉国家はややもすれば，上記に述べたような「参加することによって生まれる生産的力」を体系的に奨励してこないで，むしろ軽視してきた。それは，スウェーデンにおける出産サービスの例で示したように，福祉国家システムが私的利益集団によって支配的影響（この場合は保健職員である助産婦のほとんど絶対的ともいえる権力）を受けてきたためであるし[12]，また誤った組織形態と方法を用いてきたからである。このような状況を変えるには，福祉国家がサービスの受け手の利益に沿ったかたちで徹底的に民主化される以外ない。そして，福祉の分野で生じている「新しい社会運動」はしばしばこの民主化推進力の一翼を担っているといえる。

2.2　既存福祉国家に対するオルタナティヴとヴォランティア組織

　ヨハン・シュトラッサーは，①当時の社会福祉政策にとって必要だった高度経済成長を今後持続していくことは不可能であること，②それ以上に，社会福祉政策を実行するために必要な増税を国民に課すことは困難である，という2つの理由から，1960年代から70年代初頭に西欧諸国で実施されたような社会福祉政策に復帰する機会はないであろうと述べる。それゆえ，福祉国家の擁護者は自らの前提それ自身を考え直し，社会福祉の分野における新しい組織形態と方法を考案する必要がある。そのさい，市場原理主義者による福祉国家批判ではなく，伝統的福祉国家モデルに対するより洗練された批判者であるハンス・アヒンガー，クリスチャン・フォン・ファーバー，フランツ・ゼイヴァ・カウフマン，イヴァン・イリイチ，ピエール・ロザンヴァロンのような論者によって提出された福祉国家批判を真摯に受けとめるべきだと言う。なぜならば，彼らの批判が福祉国家改革のための根拠を明らかにしているからであり，そしてその改革によって変化した経済条件のもとでの高水準の社会保障と社会正義

を保証する手助けとなるからである[13]。

 このようなシュトラッサーの提言は真剣に受け止められるべきである。それでは，彼らの福祉国家批判とオルタナティヴはどのような内容をもち，どのような点に意義があるのであろうか。また，彼らの議論の限界はどの点にあるのであろうか。それらの議論の代表ともいえるロザンヴァロンの議論を例にとって，それらの点を明らかにしよう。

 福祉国家をめぐる現在の議論は国家によるコントロールか，それとも民営化（privatization）という代替案か，という枠内に囚われている，とロザンヴァロンはいう。国家主義のシナリオは二重経済を生み出すだけだし，時計の針を巻き戻す自由主義のシナリオは平等な所得再分配を削減し，正統性の欠如をもたらすだけであり，いずれも福祉国家の危機に対する積極的解決策となりえない。また，「国家化」対「民営化」という観点からのみ問題を立てれば，問題を財政的側面に限定することになってしまい，その結果争点が神秘化されてしまう。「社会的支出の勘定を誰が支払うか」という問題の立て方は「何が公的サービスを構成するのか？」という重要な質問を無視することになる[14]。

 上記の観点から，ロザンヴァロンは福祉国家を前進させる唯一可能な道があるという。それは何よりも多元的でなければならず，公的サービス＝国家コントロール＝利潤追求の否定＝平等，そして民間サービス＝市場＝利潤追求＝不平等という誤った観念を克服し，これらの異なった構成要素の新しい組合せをつくり出すことである。そして，国家化（nationalization）という単一のロジックを放棄し，社会化，分権化，自律性の拡大というダイナミックな3つの組合せに置き換える必要があると主張する。その3つの手段を少し具体的にいうと，次のようになる[15]。

① 官僚制の縮小と主要アメニティと公的サービスの合理化によるより柔軟性に富んだ社会化。この領域においては，行政慣行を単純化し改善するためにより多くのことがなしうるが，それ自体としてはもはや新しいアプローチではない。

② 公的サービスに対する利用者のアクセスを容易にするために，公的サービスの再編と転換による分権化。その目的は地方コミュニティに社会的，文化的な問題により深く関与させ，責任のより大きな割合を引き受けさせるよう奨励することである。

③　公的サービスの責任を国家以外の集団（共同組織，財団，その他）に移譲することによる社会的自給自足（self-sufficiency）の拡大。このアプローチは福祉国家の困難に取り組む上で，そして将来の社会ニーズの問題に対処するうえで最も革新的で，効果的な方法となりうる可能性をもつ。

　より広い観点からは，福祉国家の危機に対するこの代替案は，国家介入の削減，社会機能としての相互支援の復活，社会にとっての可視性の増大という三又のアプローチの一部として意味をもつ，と彼は主張する。このように，彼は行政改革，分権化，社会的自給自足の拡大をたんに狭い意味の福祉国家の危機を克服するための技術的処方箋として捉えているのではなく，相互支援の復活や可視性の増大という社会的仕組みの転換のための突破口として捉えている。

　そういう意味で，ロザンヴァロンの議論はクラウス・オッフェやユルゲン・ハーバーマスなどの議論と同じように，「より少ない国家—より多くの市民社会」という言葉で要約しうる特徴を備えたものといえよう。この議論の特徴は，人々を官僚制に依存させるのではなく，脱官僚主義化と日常の生活世界を強化することによって，労働社会のユートピアの克服を主張するものである。この市民社会の生活世界における連帯の強化は，労働が中心となることがより少ない，そしてそれほど国家中心的ではない新しい福祉パラダイムに正統性を与える。この街区レベルの官僚制や社会的ネットワークを有した新しい社会国家は旧来の福祉国家の管理に対するオルタナティヴとして提示されているのである。そういう意味で，「福祉国家の困難に取り組む上で，そして将来の社会ニーズの問題に対処するうえで最も革新的で，効果的な方法となりうる可能性」を秘めたラジカルな提案である。他方，それゆえに現実性には乏しいといわなければならない[16]。

　たしかに，現代のような複雑な社会においては，専門職によるサービスなしで福祉国家が成り立たないことは明白である一方，ロザンヴァロンが述べるように，専門職業者と専門以外の人々が相互に協力しあうならば，より小さな財政負担で，しかも人々のニーズにより沿ったかたちで社会サービスを提供できるようになるということも事実なのである。しかも現在では，多くの高齢者がコミュニティにとって役立つ機会を求めており，また労働時間を短縮すれば若い人々もコミュニティの活動により従事しやすくなるであろう[17]。ここから，旧来の福祉国家による「救済サービス」に対するニーズは低下していき，市民

としてのヴォランティア，すなわちコミュニティの「社会セクター」が先進国における「成長セクター」になるという，ドラッカーに代表されるような見方が生まれてくる[18]。ただ，注意すべきは，ここ当面においては，市民によるヴォランティア活動が福祉国家に取って代わることは不可能であるということである。そのことは市民によるヴォランティア活動の興隆の歴史をみても，そして最近におけるアメリカでの動向をみても明らかである[19]。

たとえば，全国母親会議（後にPTAに発展）は他の女性ボランティア集団と一緒になって母親年金（後に要扶養児童家族扶助AFDCへと発展する），連邦児童局の設立，母子と幼児の保健を促進するための連邦プログラム（後に1935年社会保障法の一部となる）を含む，アメリカ社会保障政策の歴史的ブレークスルーを推し進めた。同様に，1940年代において，米国在郷軍人会は，高等教育と青年の家族形成への連邦補助としては当時アメリカの最大のプログラムであったGI法の成立に重要な貢献をした。これらの事実から，スコッチポールは，「米国在郷軍人会なしには，第2次世界大戦後アメリカの労働者階級と中流階級にあれほど大学の門が開かれることはなかったであろう。ヴォランタリーな組織と福祉国家は対立的であると保守派は想像するかもしれないが，歴史的には密接に共生するかたちで運営されてきた[20]」と述べている。

以上のようなヴォランティア組織と福祉国家の関係はスウェーデンでもみられた。すなわち，スウェーデンの福祉領域における現代ヴォランティア組織も公的サービスを要求する政治運動をおこなうために，あるいは消費グループの要求や利益を明確化するために形成された。とくに，1960年代以降は障害者の組織に代表されるように，患者やクライアントの権利と利益を明確化する一連の新しいヴォランティア組織が次々に生まれてきた。これらの組織はサービス生産，自助組織，圧力団体を兼ね備えたハイブリッド型組織へと発展していった。しかし，財政的制約から福祉国家が後退の兆しを示すと，これと正反対の過程が生じる。負担のシフトがいまやヴォランティア組織に関しても生じるために，ヴォランティア運動もかつてのような性格を失い，多くの組織は衰退していく傾向を示すのである[21]。

このように，市民社会におけるヴォランティア組織と福祉国家および政治的民主主義との関係は相互促進的，あるいは相互補完的な関係にあるのであって，代替的関係にあるのではない。したがって，福祉国家を縮小して，その埋め合

わせにヴォランティア組織を用いようとする目論見は余りにも楽観主義的であり，非現実的であるといえよう。

2.3 民営化と分権化

次に，民営化と分権化の議論に移ることにしよう。一般的に民営化＝プライヴァタイゼーションといえば，公企業の民営化がすぐ頭に浮かぶ。第2次世界大戦後，イギリスをはじめ各国で実施された一連の産業国有化政策は社会主義理論の「生産手段の社会化」テーゼに影響されて生じたものであるため[22]，広義の福祉国家の重要な一翼を担うものであった。しかし，本章においては，この公企業の民営化については扱わず，社会サービスの民営化に焦点を絞り，それが福祉国家の性格の変化にどのような影響を与えたかを考察することにする。

社会サービスの民営化も多くのかたちをとるが，われわれになじみがあるのはサッチャー政権に代表されるような保守党政権によって着手された民営化である。それらには，政府の仕事を公的サービスから民間契約者に移すこと，民間の病院の設立にみられるように，民間セクターに公的サービスと競争するように奨励すること，人工的な低価格で民間の所有者に公的資産を売却すること，美術館の入場料の引き上げにみられるように，公的サービスのコストのより大きな割合を利用者負担によって確保する政策，学校給食のドラスティックな削減にみられるように，公的サービスの廃止や削減，などが含まれる。

上に述べた民営化は保守的な性格をもっている。変化を防ぐという意味ではなく（反対に，それらは多大な変化を引き起こしている），長年にわたって確立した古い世界観を前提にしてサービスを運営するという意味で保守的なのである。その世界観の中心となっている考え方とは，価格メカニズムと市場関係は資源を配分し，さまざまな問題を管理するうえで最も効率的な方法であるという信念である。多くの新保守主義者は議論をさらに進め，これらの市場関係は道徳的にも優れており，社会にとってもより健全であると主張する。このような議論に対して民営化の反対論者は，公的企業は民間セクターよりもより効率的になりうるし，民間企業ではほとんどできないような分配の問題をも解決できる，と主張する。彼らにとって，保健医療，教育，公共秩序のような事柄に関するサービスの管理において利潤動機はどのような位置も占めることはない。

たしかに，サッチャー政権下でとられたような民営化政策は，階級特権を復活させようとする点において，そしてより貧困な人々にも利用可能なサービスの質を切り下げようとする点において，反動的な性格をもっていた。しかし，それと同時に，国家サービスのいくつかの大きな欠点に対してより洗練されたかたちで対処しようとしていたのも事実なのである。その欠点とは，①顧客に対するアカウンタビリティを保証するための競争やその他の手続きによって律されることのない，無駄の多い管理や貧弱な質のサービス，②異なった公的サービス間の調整が貧弱で，住民のニーズと感情に対する感受性が鈍感である，ことなどである。「民営化の進歩的潜在力」を高く評価するドニソンは，福祉国家の擁護者が福祉国家の存続を願うならば，たんに民営化反対を唱えるだけではなく，これらの問題に対する解決策を見つけなければならない，と主張する。保健医療を例にとれば，民間病院の設立にやみくもに反対するのではなく，民間病院によって提供されるケアの基準とスタッフの勤務条件をコミュニティの代表機関がモニターし，規制するように仕向けるべきである。というのは，反対されるべきは民間イニシアティヴの導入ではなく，医療の管理における主要基準としての利潤導入と利潤を生まない患者をネグレクトすることであるからである。また，国営保健サービス（NHS）の支持者たちは民営化への反感のあまり，各種集団によって開始されつつある，相互援助，自主管理のテクニック，予防的な保健教育の展開に反対すべきではない[23]。

　とくに，ドニソンが公的サービスの抱える問題に対する積極的解決策として提示するのは，①公的サービスの分権化，②経済機会の開発，③新しい企業形態の創出，④コミュニティ開発である。これらはすでに，全国各地で政治スペクトルのさまざまな部分で取り組まれており，しかもいくつかの点で民営化と類似しているものの，それほど保守的な性格はもたず，効率性のみならず公平性をも，それゆえ公的サービスの顧客とより広いコミュニティ全体に対するアカウンタビリティをも満たしている。これらの一連の新しい動きは，コミュニティ，デモクラシー，企業，自主管理，開かれた政府といった新しいトレンドを鼓吹するキー概念を含んでおり，新保守主義の野蛮なかたちの「民営化」に十分に対抗しうる可能性をもつ，と彼は主張する[24]。

　このドニソンの提案にあるように，分権化（decentralization）は民営化と類似のものと考えられているが，それとは非常に異なったかたちで解釈されて

きた流れもある。類似点は，新自由主義的な民営化の擁護者もまた分権化を自分たちの主張の一部分であると考えている点である。すなわち，彼らは国家主義的福祉国家を非常に官僚主義的かつ中央集権的なものとみなし，市場を分権的な，個人の選択と行動の自由ための消費者志向の手段とみなす。したがって，地方分権なども市場メカニズムにより近いものとみなす[25]。

それに対して相違点は，分権化の支持者の多くが資本主義を無条件に支持する民営化論者たちと異なり，反大企業，反資本主義の思想を色濃くもっていた点である。このように，分権化は多かれ少なかれ「緑」の性格をもった，エコロジー主義者，環境保護主義者，フェミニストなどの集団の新しい社会運動の思想であった。彼らにとっては，大企業は既存の福祉国家と同じように中央集権化しており，「市場の自由」は決して現実ではなく想像上のものでしかなかった。「緑」の観点からは，地域住民のニーズに応えるには国家はあまりにも遠く，不適切な存在である。フェミニストの観点からは，既存の福祉国家は性的不平等を助長する傾向があると同時に低賃金の女性労働者を抑圧する傾向をもつ[26]。彼らが目指すものは，民主化，脱官僚主義，参加，ヴォランタリズム，自主管理，相互援助，地方の意思決定という言葉によって集約される世界であった。そういう点で，分権は非商品的意味を与えられており，かくして「市民社会に埋め込まれた戦略」として考えられていた[27]。

上に述べたような民営化と分権化の相違と連関について，スウェーデン福祉国家の変化を研究しているオルソンは次のように整理している。民営化という概念と分権化という概念はともに，①福祉国家の危機に対応して生まれた戦略であり，②中心から非中心への動きを示すものの，あくまでも福祉国家内部における変化である，③それらは市場経済の境界線，私的領域と公的領域の境界線，それぞれの領域内部の境界線の変化を引き起こす[28]。もちろん，このような境界線のシフト＝責任のシフトは色々な水準で生じている。それゆえとくに，民営化を議論する場合には，さまざまな福祉サービスの組織化，財源，生産の間を区別する必要がある。

以上の点を留意しながら，現実の民営化と分権化がどのような背景のもとで，どのようなかたちで実行されたかをスウェーデンを例にとりながらみることにしよう[29]。そして，オルソンが述べるように，あくまでも福祉国家内部における変化だといいうるのかどうかについて考察することにしよう。

3. スウェーデン福祉国家における新しい動き

3.1 スウェーデンにおける民営化と分権化

1980年代,90年代になると,スウェーデンにおいても他の国々と同様に,公的サービスに対する市民＝消費者の不満が高まった。多数の市民が,医療や保育,その他のサービスおいて,どのタイプのサービスを獲得するか,サービスをどこで獲得するかについて選択権をもっていないと感じるようになった。その結果,ますます多くの市民が,サービスの提供者のことを,サービスを必要とする人々の福祉を配慮する人間というよりは自分たちから縁遠い官僚とその代理人とみなすようになった。また。財政危機という環境のなかで,政治家の多くは中央と地方を問わず,福祉サービスを含むすべての公的サービスのコストに強い関心を抱くようになった。

上記の事態に対する穏健党の答えは,サービス提供の質を向上させ,そのコストを削減するために民営化と競争を促進することであった。中央党は分権化を推奨した。社民党もまた,1970年代における選挙上の敗北は市民のニーズに迅速に対応できなかったこと,とくに公的官僚制の対応の鈍さと不人気にあると総括し,1982年の政権への復帰以降,公的サービス提供における権限を下級政府に分権化することを強調するようになった。その具体的現れは公共部門の変革・刷新を意図した行政省の新設であり,分権化戦略の頂点ともいえる1984年のフリーコミューン法の制定であった。このような社民党の分権化政策の目的は公的機関を市民により近づけて,市民の点検,影響力,参加をより受け入れやすくすることであった[30]。

民営化に関しては,最初のうち社民党は公的サービス,とくに福祉サービスの民営化に向けたいかなる動きに対しても反対した。しかしながら,福祉国家の将来の発展の基本原則についての議論において,すなわち民間機関による公的なサービス供給機関との競合が許容されるべきだという議論においてブルジョア政党が徐々に勝利を収めていった。その背後には,何よりもスウェーデン国民が公的供給機関と民間供給機関との間の自由な選択を好むようになったことがある[31]。その結果,社民党も国家規制と国家による資金拠出の枠内で,国家と競合する民間供給者のオプションを受け入れるようになった。他方,穏健

党は民営化と規制緩和という新自由主義的考えをトーンダウンして国家規制の継続についての必要性を受け入れるようになった[32]。

その結果，サービスの提供方法について重要な変化が生じることになったが，それを教育，保育，家庭医について述べると次のようになる。教育において，バウチャー制度が導入された。その制度のもとで，両親は公立学校でも私立学校でもどちらでも選択することができる。私立学校を選択する両親に対して，政府は公立学校における生徒1人当たりの教育費用の85%に等しい金額のバウチャーを配布する。学校はバウチャーによって提供される金額を超えて授業料を徴収することは許されていない。保育サービスにおいても，公的プロバイダーと同じ条件のもとでデイケアを供給する民間プロバイダーの選択が導入された。また，家庭医制度の導入によって，個人は自分たちの家庭医を自由に選択できるようになり，民間の医療制度の可能性は拡大した[33]。この結果，1990年代半ばで，保育施設の約8分の1が自治体以外の施設（大部分は労働者の協同組合か両親の協同組合である）となり，医療の8%，学校の1.5%が民間のプロバイダーによって提供されるようになった[34]。

このようにいずれの領域においても，民間のプロバイダーが大きな役割を演じているということはできない。とくに，医療分野において民間医療サービスの伸びは90年代後半から停滞している。その低落の原因の1つとして民間診療に対する社民党の敵対があり，県（landsting）による民間診療に対する調査権限と規制権限の強化があった[35]。しかし，長期的傾向としては，公的資金による社会サービスの提供において民間企業家，消費者協同組合，生産者協同組合が参入し，市町村（kommun）や県のプロバイダーと競合するというかたちでより多様な方向に進んでいることは確実である。というのは，かつていかなる民営化にも反対であった社民党が，「連帯主義的」財源手当ての枠組み内でなされるのであれば，民間や協同組合のプロバイダーを許容するようになったからである。もちろん，そのような見解の変化の底流には，国民の多くが社会サービスに関しても「選択の自由」を重視するようになったことがある。

以上のことから，スウェーデンにおける民営化の導入は国民の意識変化と財政危機を背景に，スウェーデン福祉国家の現代化を図るために，すなわち福祉国家の持続可能性を維持するためにとられた手段であったことがおおよそ理解できるが，このことについてより正確な理解を得るために，福祉国家を構成

する重要な柱の1つである保健医療システムの改革に焦点を絞って考察してみよう[36]。

スウェーデンの保健医療コストは厳格に管理されてきた。保健医療に関する公的支出の対GDP比率は，1980年の8.45%から1998年には6.64%になり，約2%ポイントの低下となっている[37]。この削減のうちの1%は，1992年実施のエルダー改革によってナーシング・ケアを保健医療からコミュニティの介護に移したことによるものであるが，それでもこの間にコスト抑制に向けたかなりの改革が実行されたことを十分うかがわせる削減となっている。

スウェーデンの場合，1980年代には高齢者の病気と慢性の病気が医療政策において高い優先順位をもっていた。保健医療財政全体のなかで75歳以上の人々に支出される比率は1976年の30%から1985年には40%へと上昇した。この優先順位は公平の原理には適っていても，全体予算の厳格なコントロール下で増大する待ちリストに遭遇することになる納税者の忠誠心に重い負担を強いるものであった。このような展開と並行して，入院や通院のコストは増大し，効用とコストという観点からみた効率性は減少していった。もう1つの変化は，国民とくに流動的な中間層の間でのイデオロギー上の変化である。すなわち，彼らを中心に，国民の多くは，権威や行政に対する，そして福祉国家の家父長的側面に対する否定的態度を含む，より個人主義的価値観に向かう傾向を示すようになっていた。保健医療を含む公的サービス全体に即して述べると，国民は公的サービスの財源に関しては連帯を強力に支持するものの[38]，サービス供給のあり方に関していうと個人の要求を尊重し，より敏感であれと強く望むようになった。

保健医療サービス内部における上記のような諸問題に対して，すでに1980年代初期において，何らかの対策が講じられなければならないという認識が政治家の間で強まっていた。そのときの対応は地方への分権化であった。国の当局による保健医療とその他サービスの詳細な規制は廃止され，政治的責任はより明瞭なかたちで県と市町村に分権化された。その基本的考え方は，地方の政治家のほうが地方の世論により敏感であり，そのため地方の要求と優先順位に合致するようにサービスを方向づけることができるというものであった。1983年保健医療サービス法[39]はそのような考え方に基づく戦略から生まれたものであった。

しかし，上記のような戦略にも限界があった。システムをより効率的にし，より反応的にすることは地方の政治的決定を通じてすら容易なことではなかった。というのは，住民がサービスをいかに評価するかは現場における医者や看護婦との接触に依存しており，それぞれの状況下で現場の職員がどのように行動するかは容易に統制できない問題であったからである。そのようななかで，保健医療機関において職員がうまく仕事をしているか，それともまずい仕事をしているかについての明瞭なサインを示すところの明白なインセンティヴがなければならないという認識が高まった。政治的責任の分権化はこの問題については直接的な解決にはならなかった。

国が地方自治体に厳格な経済的制限を設けるようになると，地方分権による解決の限界がいっそう明らかになった。すなわち，国の財政危機に伴って，県や市町村に対して補助金を削減する一方で，地方所得税の引上げを禁止するようになると[40]，一体だれが政治責任を負っているのかが不明瞭になった。サービスの運営に責任を負っている地方政治家なのか，経済コントロールとコスト抑制に責任を負っている国の政治家なのか，それともだれが医療を受け，だれが待機すべきかを日々決定している保健医療の現場の担当者なのか。その結果，保健医療の職員，地方政治家，選挙民の間である種の無力感が生まれてきた。このような無力感は政治コントロールに対する信頼を侵食し，より市場志向の解決法を準備することになった。

1990年代において，スウェーデンはイギリスや他のヨーロッパ諸国と同じように一連の保健医療改革を開始した。その改革は一言で述べると，購入者と供給者（プロバイダー）を分離し，「内部市場」あるいは一種の「社会市場」の形態を導入するものであった[41]。1990年代前半に導入された主なパターンは，政治的コントロールを購入者側にのみ限定し，生産者にはそれから免除するというものであった。しかし，民間の保健医療機関は若干増加しつつあるとはいえ，ほとんどのプロバイダー（病院と一般医）は公的なままであった。プロバイダー間の競争は患者の間での一般医と病院に対する選択の自由を通じて保証される。購入機関（主に県）の間での競争は許可されていない。国民は居住する場所に基づいてそれぞれの購入機関に割り当てられ，各人の保健医療にかかわるコストは約5％をカバーする本人負担を除いて購入機関によって支払われる。病院は患者の診断と年齢に基づいて支払いを受ける。

契約が購入機関とプロバイダーの間で締結されるが，患者は自分たちが居住する地域の購入機関が結んだ契約とはかかわりなく，どのような病院や民間開業医からも診察を受けることができるという完全な「選択の自由」が存在するようになった。支払いの勘定書は患者が選択した病院から患者が所属する購入機関に送付される。このように「選択の自由」がきわめて高い政治的優先順位を与えられたのである[42]。

それでは，このような内部市場の導入やその他の手段を用いて「選択の自由」を拡大する改革は福祉国家の発展史上どのような意味をもつのであろうか。次に，この問題について考察することにしよう。

3.2 新しい個人主義と選択の自由

福祉国家が批判されるようになった理由として，イデオロギーの転換や「個人主義の台頭」をあげる人は多い[43]。たしかに，戦後福祉国家が成熟した1980年代にもなると，先進資本主義諸国のほとんどの国で「個人主義の台頭」が明瞭に語られるようになった[44]。スウェーデンにおいても『権力研究』の最終報告書などで，新しい市民が出現したこと，より大きな知識と能力をもった市民が出現したことがますます強調されるようになった。市民の高い教育水準によって専門家のサービスに対して疑問を投げかけることが可能になっていること，サービスにおける差別化についての市民の要求が普遍主義的で標準的な解決法にとって困難を生み出していることなど，その報告書は従来の市民からの変貌ぶりとそれが生み出す問題点を描いている[45]。

公的サービスに関して，スウェーデンの福祉モデルは「高水準の標準的解決策」と呼ばれるものに従って構築されてきた。底流にある考えは，より良いオプションに対する要求が生じないように，公的サービスの質を非常に高くすることにあった。この考えの背後には，公的サービスは貧しい人々に向けた二流の代替物であってはならず，普遍主義の原理が支配的であるべきであるという規範的思考と，より富裕な社会グループも公的サービスが満足できる水準のものであれば，普遍主義的福祉政策をより積極的に支持するようになるであろうという戦略的思考の2つが存在する。また，「標準的解決策」という概念は，当該サービスはあらゆる場所で，あらゆる人に対して同じであり，政治的，専門的性格をもった中央政府からの指令に従って組織されていることを意味し

た[46]。

　市民の間の文化的差異は少なく，個々人の状況に適合的なサービスに対する要求もほとんど存在せず，オルタナティヴなライフスタイルにほとんど遭遇しない社会は中央集権的に処方されたモデルを市民が受け入れる社会でもあり，そのような社会においては「高水準の標準的解決策」はかなりうまく機能した。しかし，現在においては，文化的差異は拡大し，ますます多くの市民が自分の人生を個人主義的に計画されたプロジェクトである，そして自分のライフスタイルを個人の選択の問題であると考えるようになっている。そのうえ，市民の知識水準は高まり，各人の利益を守る市民の能力は高まっている。そのような社会においては，「高水準の標準的解決策」は解決策になるよりもより多くの問題を生むようになる[47]。

　長年にわたってスウェーデン福祉国家の正統性に関する研究をつづけてきたロスタインによれば，自律性と選択の自由に対する要求の増大によって3つの問題が生じる。

　第1の問題は現状に対する国家の対応能力の問題である。もし，サービスの内容に影響力を行使したいという市民の要求が急激に増大するなかで，「平等な関心と敬意」という原則を守りながら，給付とサービスというかたちで「基本的ケイパビリティ」を市民に提供したいと考える国家は現実問題としてこれをどのようにして実行しうるか。ますます個人主義化が進む状況下で，これらの考えの両方を実現することは可能であろうか，という問題である。

　第2の問題は，規範的な性格の問題である。中央の官僚と政治家は基本的に公的サービスを管理しえない。市民が教室やケア・センターの治療室などで現場のサービス執行組織と遭遇したときに実際に生じていることに対して，中央から影響を及ぼすことはほとんど不可能である。市民が最も大切であると考えるサービスの質を実際に維持するうえで現場の職員の態度や積極性が決定的に重要な役割を果たす。そのため，市民が伝統的に異なったサービス生産者の間を選択する権利を享受してこなかったスウェーデンのようなシステムにおいては，結果的に民主的過程における「ブラックホール」が生み出されることになる。というのは，普遍主義的福祉国家の背後にある全体的考えは，生活の基本的サービスは公的に生産されるべきであるというものであったからである。たとえば，もし身体障害者が自分で個人的な援助者を選ぶ（そして拒否する）こ

とができないで，むしろ中央行政によって提供された人々を受け入れざるをえないとすれば，結果的に障害者をチェックされない権力の行使にさらすことになる。

　第3の問題は，選挙上の問題である。つまり，普遍主義的福祉政策に対する政治的支援にかかわる問題である。もし，富裕で個人主義的志向をもった市民の多くが，一方における公的サービス生産者に対する彼らの要求（プログラムの制度設計，自己決定，個人の自律性に関する）と他方におけるこれらの要求に応えるサービス生産者の能力と意思との間の溝があまりにも乖離しすぎていると考え始めたら，一体何が生じるだろうか。この市民グループはこれらのサービスを公的分野以外のところで獲得することを選び，そして彼ら自身でその費用を支払うことを選ぶ可能性が高まる。そして，このような傾向は中所得層にまで広がる可能性をもつ。このようになると，経済的に，そして選挙において公的セクターに貢献しようとする中所得層の意思は劇的に削減する。

　これらの3つの問題に対する解決策は，2.1で述べた，スウェーデンにおける出産サービスの改革例のなかに見出すことができる。第1に，異なったサービスの選択肢の間で選択する権利を市民に保障することによって，市民を「平等な関心と敬意」でもって扱うことと市民に「基本的ケイパビリティ」を提供することの間のジレンマを解決しうる。第2に，市民はこの選択の自由（自分たちの要求を満たさないサービス生産者と手を切る権利の保障）によってデモクラシーのブラックホールに対処することができる。第3に，上記の2つの問題をクリアできれば，いかなる理由によっても，これらのサービスの財源を公的財政で賄うことに対する支援を放棄する集団はいない。よって，選挙上の問題もまたクリアできるのである。

　多くの人は，新しい個人主義は必然的にこれらのプログラムの連帯主義的，公的財源拠出という考えを侵食していくであろう，と考えがちである。しかし，今日の福祉国家が直面している個人主義的精神をもった市民はエゴイスティックな市民と同じではないということに注意する必要がある。というのは，一方における集団主義と個人主義という価値次元と他方における利他主義と利己主義という価値次元は各々異なったものであるからである。ロスタインは，スウェーデンにおける青年の価値観に関する多くの研究を読み込んだ後，若くて高学歴の市民はより集団主義的志向をもった市民よりも普遍主義的福祉国家に批

判的ではないという事実に基づきながら，次のように述べている。

「これらの研究が示すものは，もしそのような表現が許されるとすれば，エゴイスティックな個人主義ではなく連帯主義的な姿である，といいうる。この連帯主義的個人主義は次のような態度を表明したものとみなされる。公的サービスが自分の状況とニーズに合致した仕方で提供されることを市民Xは要求する。しかし同時に，支援が互恵的であるならば，つまり条件付同意理論の一部である正当なコストの分配という要求が満たされているならば，市民Yのまったく異なった状況に合致したサービスを獲得したいという市民Yの要求を支援する用意もある。さらに，選択の自由の要求と公的サービスにおける個人重視型の対応は条件付同意理論との関連で提出された手続き的正義の要求の表現としてみなすこともできる。つまり，公的サービスの生産がその具体的組織において選択の自由と個人重視の要求を満たす──そのことによって〈デモクラシーのブラックホール〉を消す──度合いに応じて，市民はサービス・コストの支払いのために連帯主義的に拠出しようという気になるであろう。」[48]

このようにロスタインは新しい個人主義は連帯主義的福祉国家に致命的打撃を与えるものではなく，既存の福祉国家が個人主義的要求をうまく取り込むならば，福祉国家の現代化が図られると述べている。計画化された市場と公共部門における競争を研究している，ソルトマンとオッターもほぼ同様の見解を示している[49]。筆者もまた同じように考える。そして，このような視点でもって民営化や民間委託の問題に光を当てると，現在の福祉国家の再編も違ったかたちで浮かび上がってくる。

3.3 民営化・民間委託と福祉国家

前に述べたように，福祉サービスの提供は公的部門自らが担当するという原則が重視されてきたスウェーデンにおいても，1990年代に入ってから市町村の委託を受けて民間業者が福祉サービスの提供主体となるケースが増えてきている。とくにそれは高齢者福祉サービスにおいて強くみられる[50]。現在スウェーデンのすべてのコミューンで，入札制度に基づく民間業者への委託がおこなわれているわけではないが，Sollentunaコミューンの50％，Trasaコミューン，Linköpingコミューン，Velingeコミューンの40％という具合に，都市部では民間委託の割合は非常に高くなっている[51]。

スウェーデンにおける多くの民営化と同様に，この高齢者福祉サービスの財

源は税であり，サービスの提供のみが民間に委託されている[52]。このような民間委託は福祉国家と市民にとってどのような意味をもつのであろうか。加藤やギルバート，そしてポンツソンとクレイトンなどがいうように，福祉国家の解体を示すものであろうか。

ドナヒューの研究が明らかにしているように，公的事業の民間委託が大々的に失敗したケースがある。それは事業内容が非常に複雑で，しかも曖昧な政策理論でもって仕事が遂行され，結局のところ契約書を正確に作成することができなかった活動に民営化が適用されたためである[53]。それでは，公的業務の実施を民間またはその他の非国家組織に委託するのが適切となるためには，どのような一般的条件が満たされなければならないのであろうか。民営化の影響についての実証的結果を編纂した研究者たちに依拠しながら[54]，ロスタインは次の3つの条件が決定的に重要だと述べる。

1. 国家と生産者の間の契約が正確に記述されうること。
2. 国家が生産者を評価する（たとえば，未達成の契約を破棄しうるように），そして提供されたサービスの質を評価する資源をもっていること。
3. 異なった生産者の間で機能的競争が創出可能であること。

第1の条件は，望むものが何であるかを示すことができなければ，期待していたものと異なるものを手に入れたとしても驚くべきことではないという原則に基づいている。第2の条件は，国家に今日適用しているのとは異なった要求を課す。すなわち，生産者と同義である国家というよりも公的サービスの生産者と対立する市民の利益を代表するのが国家であるという性格を帯びるようになる。第3の条件についていうと，このような競争は公的生産者と民間の生産者の間で起こりうるが，また公的生産者の間でも，そして民間の生産者の間でも起こる場合もある。以上の3つの条件が満たされるならば，公的サービスの生産を民間企業に委託するのに原理上の障害はなんら存在しない，とロスタインは言う。というのは，政治システムが基本的な点，すなわち「平等な関心と敬意」に関わる点で，サービス運営をめぐる統制権を保持しているからである[55]。

中央集権的で，標準的な解決という以前の考え方がもはや国民の大部分によって受け入れられなくなったことによって，既存の福祉政策は深刻なリスクを抱えるようになったことはすでに述べた。そして，当事者主権の考え方を取り

入れ，選択の自由を制度化することによって，福祉国家はそのリスクを取り除く試みをしていることもすでに述べたとおりである。しかし，競争と選択の自由を導入することについての伝統的不安は，強者が弱者を犠牲にして選択の自由のあらゆる利点を利用することによって社会的分離の問題が生じ，普遍主義の原則が侵食されるのではないかというものである。

ロスタインは，このような不安には確かな根拠があるものの，その危険をあまりにも過大視すべきではないと主張している。そして，バウチャーのような「特定サービスに関してのみ使用される通貨」のかたちを利用しながら，普遍主義的福祉政策と選択の自由の要求を結びつけることを可能にするには，どのような条件が満たされねばならないかを問い，その条件は次の4点であると述べている[56]。

第1に，民間，組合，あるいは公的部門を問わず，すべてのサービス生産者は質と基準に関して同じ基本的ルールに従う。どのような「基本的ケイパビリティ」を国家が市民に提供すべきかについては，市民自身が民主的過程を通じて自分たちで決定すべき問題であり，生産者の裁量にゆだねることはできない。

第2に，非公的サービス生産者は公的生産者によって課される手数料を超える手数料を課すことを慎まなければならない。金銭面に関して，すべての市民は「平等な関心と敬意」をもって取り扱われなければならない。そうでないならば，その結果は非公然なかたちでスティグマ付のミーンズテストを導入することになるであろう[57]。

第3に，すべてのサービス生産者はコストが高くつく困難な境遇の人についても，公平な割当て分を引き受けなければならない。このことがなされないならば，再び非公然なかたちでいつのまにか社会サービスのミーンズテスト化が生じるであろう。というのは，もし困難なケースが公的生産者の側にのみ割り当てられるならば，公的生産者は平等な条件で競争することができないであろうし，それらは徐々に劣等な代替手段となっていくからである[58]。

第4に，すべての市民は「平等な関心と敬意」という原則に基づいて，これらのサービスに対するアクセスを享受しなければならない。したがって，生産者は人種，宗教，ジェンダー，社会的地位，その他に基づいて顧客を差別することは許されるべきではない。

このような4つの条件が満たされるならば，民営化による選択の自由の増大

が必然的に普遍主義的政策の放棄に導くことはない。逆に，普遍主義的政策を維持するために民営化＝選択の自由を排除する必要もない。しかし，これら4つの条件を満たそうとすると，国家は既存の福祉国家とは異なった役割を果たさなければならなくなる。すなわち，以前に比べて，生産者に対する評価，検査，コントロールのような機能がより重要になってくるのである[59]。

　要するに，本来の国家の役割とサービスの生産という役割が明白に分離されるようになる。契約書を作成し，その規定が達成されているかどうかをみる責任をもつ公務員は生産それ自身に責任をもつ組織から完全に自由で独立していることが決定的に重要になる。達成されるべき公共の仕事を特定し，それらがルールに従って実際に達成されたかどうかを証明する仕事と規制された市場において競争を強いられながら仕事それ自身を実行することはまったく別の仕事である。ロスタインが述べるように，これは「2つの異なった種類の能力と2つの異なった種類の規範システム」であり，この2つの規範システムが混合すると道徳的混乱を引き起こす[60]。

　それゆえ，保育所，学校，高齢者ケア施設はたとえ公的施設であったとしても，もはや国家の機関としてではなく，自分たちの組織の責任において公的仕事を実行する半自治組織となる。公的施設であれ，民間の施設であれ，公的仕事を実行する生産組織は先に述べた一般的条件にしたがって契約を実行する。このことはまた現在の倫理的，および専門職の基準にしたがって職務を遂行する責任を伴う。これらの現場の組織の存続はこれらの基準を達成できるかどうかにかかっており，それゆえこれらの組織は学習し，将来を予見し，柔軟な体制でなければならない[61]。

　他方，国家のほうは，ルールを設定し，検査し，評価するという，より古典的な国家義務に専念することになる。これこそ古くからの国家の仕事であり，国家が得意とするところである。

　以上のような役割の分離の結果，公的サービスに関して社会は二重の信号システムを設けることができる，とロスタインは述べる。第1のシステムは，生産者が提供するサービスが政治的に決定された基準を満たしているかどうかに関して，生産者に明白な信号を送る，中央システムである。第2のシステムは，市民がある生産者を選択し，他の生産者を拒絶するときに，市民によって送られる信号に基づいた分権的システムである。このことによって，サービス生産

組織は公私を問わず二重の圧力を受けることになる。すなわち、それらの組織は中央で決定された基準に従わなければならないし、顧客を引きつけるために市民の要望に対して十分に敏感でなければならない[62]。

再度ここで確認しておくと、このような分離構造のもとでは、保育所、学校、病院、大学、高齢者施設はたとえ公的に運営されていようとも、もはや国家の一部ではない。むしろ、それらは市民社会の半自治組織である[63]。というのは、それらの組織は自分たちの責任に基づいて自分たちの義務を果たしているからである。その結果、市民はもはやこれらの制度の裁量にゆだねられる存在ではなく、むしろこれらの組織こそ市民の満足のために存在するという関係になる。市民は異なったサービス生産者を自由に選択する権利を行使することによって、これらの組織を「下から管理」することが可能になるのである。

以上述べてきたように、市民による選択の自由と自己決定に対する要求の高まりは決して普遍主義的福祉国家の終焉を意味するものではない。たしかに、「選択の自由」はその登場のタイミングからみても新自由主義イデオロギーの勃興と結びついてきた。しかし、この結びつきはロスタインが指摘するように、事態の一面でしかない。というのは、あらゆる民主主義システムは民主主義の集合的・コミュニタリアン的理想と個人主義的・自律的理想との間のバランスを打ち立てなければならないが、このバランスをどのあたりに打ち立てるべきかは、社会の価値の変化によって動く。ロスタインは、もし市民の価値において個人主義の方向に大きな変化が生じたならば、民主主義の集合的理想と個人主義的理想との間のバランスは同様の方向へとシフトされるべきだと主張しているが[64]、筆者もまた民主主義の正統性の持続のためには必要なことであると考えている。

以上のことから、筆者は「選択の自由」を民主主義の否定ではなく、民主主義の集合主義的、そしてコミュニタリアン的形態の否定とみなす。同様に、選択の自由を取り入れた民間委託や公的セクターでの選択の導入といった福祉国家の諸改革は福祉国家の解体ではなく[65]、福祉国家体制の枠組み内部でその現代化を図るための改革であると考える[66]。

4. グローバル社会における福祉国家の可能性

　福祉国家の改革案を提示するには，福祉国家が，とりわけ現在かなり成功を収めており，しかもその将来性が高いと考えられる普遍主義福祉国家がどのようなロジックで機能しているかを明らかにしておく必要がある。そのロジックを踏まえることによって，より現実的な改革案が提示されうるのである。

4.1　福祉国家の経済的・政治的・道徳的ロジック

　以下においては，福祉国家のロジックを経済的，政治的，道徳的側面から順次考察していくことにする。

(1) 福祉国家の経済的ロジック

　福祉国家の経済的基盤が資本主義であることは確かである。資本主義であるかぎり，利潤原理と効率性が不可欠の基準となるのであるが，それでもこの基盤となる資本主義は19世紀的な資本主義ではなく，福祉国家の枠組みのなかで変容し，そして発展してきた現代資本主義である[67]。このことを確認したうえで，福祉国家の経済的ロジックとして何が重要であるかを考えてみることにしょう。

　福祉国家の経済ロジックとして真っ先に挙げるべきは，競争力を保ちながらできるだけ完全雇用に近い経済を維持することである。大量失業は福祉国家にとって政治的に耐えられないのみならず，経済的にも効率悪化をもたらす。何よりも，長期に及ぶ大量失業は経済にとって貴重な資源の浪費を意味するからである。また，福祉国家は成長と平等の両立を目指す体制であるが，長期にわたる成長と低失業こそ不平等に対する最上の治癒策である。というのは，長期に及ぶ高雇用のもとでは，わずかの技能しかもたない人も雇用を獲得し所得を改善するより多くの機会に恵まれるようになる。それが失業者の社会的スキルと職業的スキルを向上させる積極的労働市場政策と結びついた場合はとくにそのようになる。

　さらに，長期に及ぶ高雇用によって生産性が上昇する可能性も高まる。1990年代のアメリカ経済の成功と失敗を分析したスティグリッツは，成功の1つとして失業率が低下し，生産性と成長率が上昇したことをあげており，その関係

について次のように述べている。「これらの成功はたがいに緊密な関係にあった。失業率を低下させることによって，人々がリスクを引き受けることを可能にした。そして，リスクこそ起業家精神（entrepreneurship）の基盤であり，それこそが90年代の本当の成功の核心であった[68]。」このような時代においては，若者たちは勤めている会社が倒産するかどうか心配する必要がなかった。というのは，いつでも転職が可能であったからである。当然，このような時代にはより多くの労働者が活動的な労働力となり，彼らのスキルも改善される。それと反対に，失業率が高まると若者がリスクをとる精神も衰退し，長期的に経済のいっそうの停滞を招く。

しかし，長期にわたる完全雇用はインフレを引き起こしやすいという問題を孕んでいる。1979年のイギリスとアメリカ，そして1982年のフランス，1990年のスウェーデンをはじめ，近年におけるドラスティックな雇用重視政策の放棄はすべて加速化するインフレを阻止するためであった。したがって，インフレを加速化することなく，経済を成長させ，完全雇用に近い状態にもってくることこそ長期安定的な福祉国家の経済政策として要請されるのである[69]。そういう意味では，経済の規制緩和や貿易の自由化は福祉国家の経済ロジックと必ずしも矛盾しない。むしろ，ミクロの供給条件の改善によって物価を安定させ，成長志向型，雇用重視型の貨幣政策を採りやすくする側面をもっているのである。

このように福祉国家のアキレス腱であるインフレ問題や近年における経済のグローバル化の急速な進展を考慮すると，福祉国家の経済政策としては一方において柔軟な構造をもち国際経済にきわめて開放的な高生産性，高技術，高付加価値の産業を育成すること，そしてそのための研究，教育・職業訓練などの政策が不可欠となる。他方において，そういった高付加価値産業や高度な研究・教育を間接的に支えるために，高い品質の保育，初等・中等教育，医療・介護サービスの充実が重要になってくる。この両者の組合せによって安定的な福祉国家の経済基盤が可能になるのである。

(2) 福祉国家の政治的ロジック

福祉国家が安定的に維持されるには，多数派によって支持される必要がある。より具体的にいうと，福祉国家的政策を推進する政党が選挙によって多数を獲

得しなければならない。そのためには，これらの政党はますます減少していく労働者階級のみならず，ホワイトカラー労働者やサービス労働者といった中間階級によって好まれる福祉政策を作成しなければならない。しかしながら，そのような政策スタンスをとると，福祉を推進する政党の内部で緊張を生み，それらの政党を支持してきた伝統的な労働者階級の有権者によって非連帯主義的であると拒絶される恐れを生む[70]。このようなジレンマに対処するうえで最も成功している政党の代表としてしばしばスウェーデンの社民党があげられる。社民党は，党の伝統的な労働者階級のみならずホワイトカラー勤労者とミドルクラスの支持を獲得するようなかたちの福祉政策を形成し，ブルーカラー労働者の利害とホワイトカラーの利害の間のバランスを打ち立てるのに成功してきた。

そこで，再分配政策を損なうことなく，多数派を形成するにはどのような政治的ロジックが必要であるかを，スウェーデンを例にとってみていくことにしよう。

表1はロスタインによって作成された表に倣い，それをより現実に合うように若干修正して，スウェーデン福祉国家の再分配の実状を単純化し，モデル的に示したものである。この表においては以下のことが仮定されている。人口は5つのグループに分かれ，それぞれの平均所得は200から1,000になっている。すべての人口によって，比例所得税として40%が支払われる。福祉国家の活動は単純化され，サービス（所得と逆の関係にあるニードにしたがって分配される保健医療サービスのような）と現在または過去の所得と比例的に関連する（所得階層の両端は若干の修正を受け，給付の格差縮小が図られている）現金給付といった2種類の活動に限定されている。ミーンズテスト付の救貧的な社会福祉手当は現金給付全体の10%しか占めていないがゆえに，考察の対象から外されている。

この単純化された表から次のことが導き出される[71]。

① 2つの高所得グループの拠出額は相当額に上るけれど，ネットの所得喪失は14%，7.5%とそれほど大きくはない（このことは高額所得者の普遍主義的福祉国家に対する抵抗はそれほど激しいものとはならないことを示唆している）。にもかかわらず，最高所得グループと最低所得グループの間の格差は5対1から2.5対1と半分に縮まっており，再分配効果はかな

表1　普遍主義的福祉国家の再分配効果

5分位	平均所得	40%所得税	支出		純所得
			サービス	現金給付	
A	1000	400	80	180	860
B	800	320	100	160	740
C	600	240	120	120	600
D	400	160	140	80	460
E	200	80	160	60	340
A/E	5/1	5/1	1/2	3/1	2.5/1

注）この数字はスウェーデンやその他の国の分配を正確に表わしたものではないが，普遍主義的福祉国家の安定性と帰結にとって戦略的重要性をもついくつかの争点を描いている。
出典）Diederichsen（1995），p.145.

りのものである。

② 年金をはじめとした現金給付のほとんどは過去の所得によって関連づけられて分配される（このような性格は，中・高所得者の年金制度等に対する賛成を確保するうえで重要な要素となっている）。他方，保健医療やその他サービスはニードに関する専門家の評価にしたがって分配される。国民全体がこの評価は公平であると信じ，制度がこれらの原理にしたがって動いているかぎり，制度の正統性は高く維持される。

③ もし，人が自分の経済的利益にしたがって投票行動を行うと仮定するならば，普遍主義的福祉国家を支持する多数派を獲得するためには，グループDとグループEの政治勢力は少なくともグループCの政治的代表と妥協を達成しなければならない。

このように，普遍主義的福祉国家を維持するうえで，中間グループであるグループCの役割は決定的に重要である。なぜそうであるのかを，ここで経済と政治の両面から考えてみよう[72]。

第1に，このグループにとって，普遍主義的福祉政策はほとんど経済的な迂回である。つまり，この集団はサービスと給付のかたちで取り戻すのと同じだけの額を税で支払っており，経済的に利得を得ることもないし，損失を被ることもない。それゆえ，彼らが厳密に合理的な経済論理にしたがって行動すると仮定すると，他のどのグループよりも浮動的な立場を示すことになる。彼らは，支払う価値に十分に見合う価値のものが返ってくると考えると普遍主義的福祉国家を支持するが，公的サービスは低品質であるとか，アクセスしにくいとか，何らかの受け入れがたい性格をもっていると考えるならば，普遍主義的福祉国

家を支持する気持ちを喪失するであろう[73]。

　第2に，自己利益に基づくような投票行動についての合理的仮定が正しいとするならば，グループCは選挙上決定的に重要な集団である。合理的見解にしたがえば，グループDとグループEは経済的に利得を得るがゆえに，普遍主義的福祉国家を支持する。同様に，グループAとグループBは取り戻す以上のものを税というかたちで支払うがゆえに，そのようなシステムには反対するであろう（もちろん，それらのグループもその政策を支持することができるが，それは後に述べるように経済的理由以外の理由からである）[74]。このように考えれば，一国の政策の方向性を決定するのはグループCということになる。彼らの投票こそがどちらの側が多数派になるかを決定するからである。

　以上のことから，北欧のような普遍主義的福祉政策をもつ国々においては，グループC，グループD，グループEの間の政治的同盟が成功裏に形成されてきたことが容易に推測されよう。実際，普遍主義的福祉国家を築くために，そして自己の支持基盤を強化するためにスウェーデン社会民主主義者たちが意識的に追求してきた戦略をエスピン-アンデルセンは次のように述べている。

> 「社会民主主義者は国家と市場，そして労働階級と中間階級の間のデュアリズムを許容しないで，むしろ他国で追求されるような最低限のニーズの平等ではなく最も高い基準の平等を促進する福祉国家を追求してきた。このことは，第1に，サービスと給付は最も鋭い批評眼のある新中間階級の好みに釣り合った水準にまでグレードアップされるということを，第2に，より裕福な人々によって享受されている諸権利と同じ資格に完全参加させることを労働者に保証することによって平等を提供することを意味する。」[75]

社会民主主義型福祉国家の核心的特徴を描いたこのアンデルセンの言葉からも，安定的で平等主義的な普遍主義的福祉国家を形成するうえで中間階級からの支持を得ることの重要性が確認されるであろう。

(3) 福祉国家の道徳的ロジック

　さきの福祉国家の政治的ロジックでの議論においては，政治行動は自己利益に基づいてなされるということが前提されていた。しかし，富裕なグループAとグループBの一部も経済的には損をするとわかっていながら，自国の福祉国家が正統性をもつと考えると支持をするのである。このように，福祉国家，

とりわけ普遍主義的福祉国家の存続と発展は狭い経済合理主義的仮定にのみ基づいては説明することはできない。実際，スウェーデンをはじめとした北欧諸国において，富裕者を代表するブルジョア政党が過去において比較的長期間権力を掌握してきたが，それにもかかわらず，このブルジョア政権の期間中，福祉支出の削減やより選別主義的な福祉政策への転換を遂げた国はなかった。また，レーガンやサッチャーといった新自由主義を標榜する政権ですら，正面から貧困者向け福祉プログラムを大胆に削減することはできなかったことも，その反証としてあげることができよう[76]。

福祉国家，とくに普遍主義的福祉国家は政治的ロジックと同様に道徳的ロジックをも体現しており，このことを考慮に入れないと，なぜ北欧の普遍主義的福祉国家が長期にわたって多くの人の支持を得ているのかを十分に理解することはできない。それゆえ，ここでは国家の正統性や社会規範を考慮に入れ，どのような性格の福祉国家が国民の多くに支持を得るのかについて考察することにしよう。とくに，この道徳的性格の議論は中間グループの人々の間で最も重要な意味をもっている。というのは，先に例示した福祉システムに直面したかれらの効用計算はプラスでもなくマイナスでもないゼロとなっており，効用の合理的計算の結果が不明瞭であるときには道徳的な説得が個人の行動にとってとくに重要になりうるからである。

多くの人々が福祉国家を道徳的に支持する第1の条件は，その福祉国家が一般的に公平であると，すなわち実質的正義を体現しているとみなされるときである。何が実質的に公平であるか，より具体的には国家は市民に対して何をすべきか，という問題は時代とその国の伝統的イデオロギーによって規定されるが，普遍主義的福祉国家の場合についていうならば，すべての市民を「平等な関心と敬意」でもって扱い，市民の間の差別をしないこと，貧困者を他の市民から分離して，彼らを異なったかたちでは扱わないことなどが一般的なポイントとなるであろう[77]。

福祉国家を道徳的に支持する第2の条件は，福祉政策が公平な仕方で実施されているかどうかに関わる問題である。これは手続き上の正義に関わる問題である。これと関連して，福祉システムの運営が成功するには，福祉システムが表明した目的が実際に意図されたとおりに実施されていると市民が信じていなければならない。

この点に関して，スウェーデンの比例年金や児童手当のような典型的な普遍的福祉プログラムは選別主義的プログラムに比べて実施が非常に容易で，行政的に安上がりである。というのは，普遍的プログラムにおいては選別主義的プログラムに付随する2つのタイプの受給資格テスト（①申請者は支援を受ける資格があるかどうか，②もし，資格があるとすれば，どの程度支援する必要があるか）を実施する責務をもつ行政組織の必要性がないからである。これらのプログラムにおいては，受給資格の基準は，たとえば年齢といった具合にきわめて簡単に作成されているので，そのプロセスの自動化が可能である。かくして，社会給付は明確に決められた市民の権利というかたちで与えることが可能になるし，国家の社会的義務も厳格に規定することが可能になる。

　それに対して，選別的プログラムは実施にあたって深刻な問題を呼びおこしがちである。というのは，それらのプログラムは受給者を選別するのに使用可能な基準を見出すことが困難であるために，行政官に広範な裁量的行為を許容するからである。この行政官の裁量的権力を扱うことの困難さは2つの重要な帰結をもたらす。すなわち，権力の官僚主義的濫用とクライアントの側での不正である。これらはしばしば正反対のことと考えられているが，実際にはそれらは同じコインの表と裏である。選別システムにおける申請者は自分の置かれた状況を実際よりも悪く主張し，自分自身で問題を解決する展望を過小に申告する傾向をもつのは自然である。そのようなシステムにおいて，行政官はクライアントの申告に疑いをもつ傾向ある。このため，選別主義的システムをとっている国においては，福祉当局はクライアントを調査するのに，そして現場の職員に膨大な資源を投入している[78]。

　この手続き的正義の問題は選別主義的システムにおいては非常に大きな位置を占めており，福祉国家の正統性を大きく侵食する傾向をもつ。詐欺，権力の濫用のケースは実際にはそれほど多くはないとしても，今日の福祉国家はマスメディアの論理とともに生きていかなければならず，一旦そのような事件が大々的に報じられると，福祉国家全般に対する公衆の支援は大きく侵食されるのである[79]。

　福祉国家を道徳的に正しい存在として支持するための第3の条件は，すべての市民が政策コストの一定の負担部分を担っているかどうかという問題と関係する。つまり，それは負担の正当な分配に関するものである。

市民は他のすべての市民もまた政策遂行のために貢献していると信じているかぎり，たとえその政策によって自分が直接利益を得ていると確信できなくとも，当該プログラムを支持する気になる。つまり，市民の拠出する意思はたんに実質的正義と手続き的正義の要求を満たすことに依存しているだけではなく，集団的努力のための信頼の置ける組織が存在することにも依存しているのである（わが国における社会保険庁に対する人々の不信が年金制度全体への不信を倍増していることからも，このことは容易に理解されよう）。このような組織の存在によって，他の人々が自分たちの連帯を利用して不当な利益を得ることはないと市民が信じるならば，市民は共通財に対して積極的に拠出をおこなう。
　この点に関しても，普遍主義的福祉国家と選別主義的福祉国家は異なる。選別主義的福祉国家においては，他の手段では自らの生計を立てることのできない，あるいは基本的ニーズを満たすことのできない市民に対してのみ扶助がなされる。このことは，原則として，そのような市民には所得がない，それゆえ税を支払わない，ということを意味し，彼らは経済的に拠出しない特別なカテゴリーを構成する。それに対して普遍主義的福祉国家の場合，純受益者（表1でいうと，グループDとグループE）ですら自分たちの能力に応じて税を支払っている。このように，低所得者ですら自分たちの能力に応じて支払いに貢献するパートナーとしての役割を演じることのできるように福祉システムが制度設計されているほうが，福祉政策の正統性は増す。というのは，このようなかたちをとることによって，「われわれ」が「貧しい彼ら」についていかにすべきかという問題から，市民が自分たちの共通の問題の解決にいかにして取り組むべきかという問題に変化するからである[80]。
　それゆえ，福祉国家の道徳的ロジックという観点からみた場合，普遍主義的福祉国家の方が明らかに優れている。選別主義福祉国家においては，たとえ市民の大多数が原則的に自国の福祉国家政策を支持する気になっていたとしても，不正受給や官僚主義的権力濫用，無駄，非効率といった事柄が絶えず報道されるようになると，福祉政策全体がお金と時間の無駄，そして欠陥だらけのものであるという見解を市民はとるようになる。それとは対照的に，普遍主義的福祉国家システムにおいては，この種の議論は生じない。ニーズの審査は不必要であるか，自動化されるようなかたちで簡単におこないうるからである。この普遍主義的プログラムの単純明快さ，政治責任の明瞭性，市民全員の能力に応

じた拠出は福祉国家の正統性を大いに強化するのである。

4.2 福祉国家の新たな姿に向けて

以上述べてきたことから，福祉国家を改革し，将来における福祉国家の可能性をいっそう拡大しようとするならば，福祉国家を取り囲む社会・経済の状況よりも福祉国家の制度それ自体の正統性の強化が何よりも重要であることがわかる。市民は福祉国家の目的が正しいと信じるならば，そして福祉国家の手続きと執行過程が公平であると信じるならば，そして他の大部分の市民もまた誠実に租税や保険料を支払い，そのシステムを欺いていないと信じるならば，市民は福祉国家を支持する可能性が高い。それゆえ，福祉国家改革の一環として地方分権化と税制改革などを実行するにあたっても，この視点が重要となる。

とはいっても，福祉国家を取り巻く社会と経済の近年における変化を無視しては，福祉国家の可能性の拡大につながるような改革の成功は望めない。それらの変化のうちでも，経済のグローバル化，女性の地位と労働生活の変化，市民と国家の間の関係変化といった3つの変化が今日の福祉国家にとってとくに重要である。このような視点でもって福祉国家の現代化（時代の大きな流れに適用していくだけでなく，積極的に対応していく改革）を図ろうとするならば，イギリス労働党の指導者であったジョーン・スミスによって設立された「社会正義に関する委員会」の1994年報告書[81]における分析と政策提示は大いに参考になる。というのは，この報告書の作成には，アンソニー・アトキンソン[82]に代表されるような福祉国家の基本的構成についての専門的知識をもった多数の経済学者や社会政策学者が関与しており，福祉国家についての緻密な現状分析と冷静でかつ先見性のある政策提言がなされているからである。もちろん，いうまでもなく当時のイギリスの経済と社会の文脈でなされたものであり，それをそのまま他の国の福祉国家システムの問題点の分析に当てはめることはできない。それにもかかわらず，当時のイギリス福祉国家が抱えていた苦境がもつ普遍的性格も手伝って，それらの分析と提言は世界の福祉国家システムが直面している問題と改革の方向性を考えるうえで信頼が置けるものとなっている。

報告書が有益な第1の理由は，改革の方向性を導き出すにあたって，現在社会正義として何が重要かという考察から始めている点である。このような視点はどの国の改革においても最初に据えられるべき視点であり，現在においてこ

の視点を欠如させた福祉国家改革は短期的にはとにかく長期的には成功する可能性は少ない。報告書は重要なものとして次の4点をあげている。

第1に，現代自由社会の基礎はすべての市民に平等な価値を置くことであり，それは政治的自由と市民的自由，法の前の平等な権利といった基本的なかたちで表現される。第2に，シティズンシップの権利として，だれもが所得，住居，その他の必需品に対する基本的ニーズを満たすことができる。第3に，自尊と平等なシティズンシップは基本的ニーズを満たす以上のことを要求する。それゆえ，機会の分配と再分配こそが重大な関心事となる。第4に，必ずしもあらゆる不平等が不正義であるわけではないけれど（資格のある医者は医学生よりも多くの賃金を得るべきである），社会正義についての上記3つの条件を達成するために，正当とはいえない不平等は削減されるべきであり，可能なところでは排除されるべきである[83]。

このような社会正義を福祉国家の改革の基礎に据えることは，ますます競争が激化しているグローバル経済のもとでの経済的成功や生き残りと果して両立しうるのか，という疑問が当然提出されよう。そのような疑問に対して，この報告書は「わが国の経済的成功はもっと多くの社会正義を必要とする」という立場を堅持している[84]。この立場は，近年において経済的格差が増大しつつある日本などにおいても同様に有効である。というのは，貧困と犯罪の急増は膨大な社会的，経済的コストを引き起こすし，失業は本来ならば自立して経済に貢献したであろう人々を維持するために資源を用いることになる。また，非効率で貧弱な教育や若者に希望を与えることのできない教育システム，そして若者の失業は多くの潜在的能力を無駄にし，将来の労働生産性を低下させる。同時に，ある程度の経済的成功なしには社会正義を維持することができないこともまた真実である。年金をはじめとした社会保障給付は支払われなければならないし，経済はますます縮小していく部門からますます増大していく受給者や貧困層への限りない所得移転を支えることはできない。この報告書が正しく述べているように，社会的正義と経済的成功は両立可能であり，国民の経済機会の増大こそがその結節点に位置する。

さらに，この報告書はこれらの社会正義を実現するために，次の4つの提言をおこなっている[85]。

1. 福祉国家を困難なときのセーフティネットから経済機会のための跳躍台

へと変容させる必要がある。というのは，いまなお報酬労働こそ貧困から脱出するうえで最も確実で，持続可能な方法であるからである[86]。
2. 教育と職業訓練へのアクセスを根底から改善する。そして，すべての国民の才能に投資する。
3. 雇用，家族，教育，レジャー，退職の間で新しいバランスを打ち立て，生涯における選択の可能性を広げる。
4. 国の社会資本を再建する。人々が安心して生活することができる社会環境を提供するために家族から地方政府に至る社会制度を強化しなければならない。

なぜ，このような改革の方向性が多くの福祉国家にとって必要であるのかを，報告書での叙述をも交えながら，述べることにしよう。

1の，失業中の人々に現金を給付する消極的福祉国家から，人々に機会を作り，保障を拡大し，コミュニティへの責任を促進するのを助ける積極的福祉国家への変容がなぜ必要かは，十分な普遍的現金給付と同様に高水準の保育サービスを提供しているスウェーデン福祉国家において貧困率が最も低く，そして福祉国家の正統性が最も高いというさきの説明からも明らかであろう。とくに貧富の格差が拡大する傾向にある国々においては，福祉国家の最大の任務は有償労働をしている普通の人々が福祉の世話にならないですむよう助けることである。また，スウェーデンの両親休暇などにみられるように，子どもやその他の家族をケアする価値を重視したファミリー・フレンドリーな福祉政策は女性の就労を助けるのみならず，今後ますます重要な課題となる有償労働と無償労働との間の新しい関係を打ち立てるのを助けることになるであろう[87]。

2の，教育と職業訓練が福祉国家の改革にとってなぜ不可欠かというと，グローバル化した現代経済においては教育とスキルこそ，機会，雇用可能性（employability），保障をもたらす最も確実な方法だからである。近年，わが国などにおいても若者のフリーターやニート化が問題になっているが[88]，それに対処する最も確実な方法はすでにヨーロッパ諸国で着手されているような教育・職業訓練をはじめとした積極的労働政策を充実させることである[89]。

従来の福祉国家が安定的で予測可能なライフサイクル（教育の後に，雇用と退職が続く）を前提にして組み立てられていたのに対して，今日では教育期間はかつてより長く続き，また人生の異なった時点で受けなければならないこと

も多い。男性も以前は女性によって担われていた家庭内のケアの責任の一部を引き受けなければならなくなっている。それゆえ，人々は人生のそれぞれの段階で報酬労働，教育，家族への責任の間の新しいバランスを打ち立てなければならない。それらの流れに適応するのみならず積極的に対応しようとするならば，すなわち人々の選択と保障をいっそう促進しようとするならば，雇用政策や年金制度の分野における福祉国家政策もまた改革されねばならないのである[90]。これが第3の提言が必要な理由である。

　第4の社会資本の再建の必要性は，個人主義的願望がますます強まっているにもかかわらず，われわれの現実の生活はますます相互依存的になっているという現実から生じる。われわれの生活の質はコミュニティの質に依存している。安全な公共のスペース，快適でリーズナブルな料金の交通機関，有能で信頼しうる地方政府，協同組合，多様なコミュニティ組織，合唱団や文化サークル団体，さらに市民的規範や社会的信頼といった「社会資本」の質がわれわれの生活の質を規定している[91]。先に述べたように，この社会資本の質が近年アメリカにおいて急速に衰退していることをロバート・パットナムは明らかにしたが[92]，何もこのことはアメリカやイギリスに限ったことではない。最近のマンションの耐震データ偽造問題や食品の産地偽装表示問題などが大きく報じられたことからもわかるように，わが国などにおいても社会的規範や信頼の衰退ぶりは顕著である。

　それでは，このやせ衰えた社会資本を復元するにはどうしたらいいのだろうか。本章のなかで一部述べたように，既存の福祉国家を個人の自立を促す普遍主義的福祉国家へと，そして経済的不平等をできる限り縮小する福祉国家へと再編すること，そして地域社会を復活させることが社会資本の復活の鍵になろう。

　アスレイナーのアメリカにおける実証研究が明らかにしているように，経済的不平等や物質主義的姿勢の強化は社会資本の核たる社会における信頼（trust）を低下させる[93]。それに対して，スウェーデンのように普遍主義的福祉国家システムをとっている国においては，80年代以降においても他人に対する信頼は低下していない[94]。そして，この信頼が強化された社会は市民の間で協力精神を生み，市民参加を促進する。さらに，協力精神は市民をして持たざる者により多くを支出する権限と権威を政府に付与するよう導く。すなわ

ち，人々の相互信頼が高い社会は持てる者から持たざる者へ再分配できる社会であり，このような経済格差の縮小がよりいっそうの信頼を生むという好循環を導くのである[95]。

次に，地域社会を強化するにはどうすればいいだろうか。有力な1つの方法として国の権限と財源の多くを地方に移譲し，政治と社会における市民の積極的参加を図ることが考えられる。そのことによって，地方政府の地域社会に対する統治はより透明で責任あるものとなる可能性が高まる。パットナムのイタリアの地方制度の分権化についての研究が明らかにしたように，政府パフォーマンスが良好な地方（もちろん，失敗した地方も多くあった）は，革新的な保育プログラムや職業訓練センターを創出し，投資と経済開発を促進し，環境基準や家庭医制度の設立の先駆けとなり，地域経済を活性化し，地域住民の満足度を高めた。そして，このことがまた市民の地域社会への積極的参加を呼び起こすのである。このような地方分権化やコミュニティの自立政策は今日新自由主義者が福祉国家の縮小や解体の常套手段として用いるような分権化とは区別される必要がある。新自由主義的な分権化の問題点は，前ブッシュ政権（1989-1992年）の分権化戦略に対するパットナムの次のような指摘によって余すところなく示されている。

>「ブッシュ政権期を通じて，コミュニティの自立——『千の光点』——は，政治的意思の欠如の言い訳としてわが国の公的財政の窮乏を利用してきた政権にとってのイデオロギー的隠蔽として非常にしばしば機能してきた。保守派が中間組織の価値を強調する点で正しいが，民間組織と政府の間の潜在的な相乗作用を誤解している。社会資本は有効な公共政策の代替物ではなくて，むしろそのための前提条件なのであり，部分的にはその帰結なのである。」[96]

このように権限と財源を分権化するにあたっても，民間組織と政府の間の潜在的な相乗作用を，そして中央政府と地方政府の間の相乗作用を十分に理解したうえで，国民の間の平等という観点や国全体の「社会資本の形成」という観点からおこなわれる必要があるし[97]，権限を移譲された地方政府や民間組織は地域における投資や経済開発を地域社会における「社会資本の形成」を促すという観点からおこなうべきである[98]。

以上述べてきたように，今日社会経済においてきわめて大きな変化が進行しつつあるなかで，福祉国家の改革を成功させようとすれば，第1に，機会の平

等を積極的に図ったり，正当とはいえない不平等はできるかぎり縮小するなど，社会正義を基礎に据える必要がある。第2に，国際競争が激化する経済のグローバル化に耐えうるような人的資本の形成や地域社会におけるインフラ形成を重視した改革である必要がある。このためには，国家は労働と資本の生産性（短期の生産性ではなく環境をも考慮した長期の生産性）を上昇させるために人的資本と固定資本における公的支出を積極的におこなう「投資国家」の側面をもつ必要がある[99]。第3に，男女平等の意識の高まりを十分に踏まえ，労働市場進出をはじめとした女性の社会進出を支援するような改革であることが要請される。第4に，労働時間の短縮・柔軟化やそれに対応した社会保障制度の改革に代表されるような，男女とも家庭でのケアに従事したり，生涯学習に従事することが十分に可能になるような改革が要請される。最後に，個人の選択の自由を大幅に認めると同時に，社会資本＝市民間の相互信頼関係のネットワークの形成を促進するような改革でなければならない。福祉国家の分権化を推進するにあたっても，社会資本の形成を積極的に図るにはどうすればいいかという観点が不可欠となる。

　福祉国家形態をとる先進資本主義諸国は人類史的にみるならば物質的には過剰ともいえるほど豊かであり，以上のような改革を採用しうる客観的条件は十分ある。たしかに，そのピークは過ぎたとはいえ，経済のグローバル化が進むなかで市場万能主義的な考え方は相変わらず根強い。しかしその一方で，市場は政治的性格をもっており，価値，制度，政治決定によって規制されて（ポラニーの言葉を借りれば，「社会のなかに埋め込まれて」）はじめて有用なものとなりうるという理解も進んできている。それゆえ，このような改革の実現は十分に可能であり（スウェーデンをはじめとした北欧諸国ではすでに一部実施されている），改革をへることによって市民社会のなかでの福祉国家の可能性はいっそう広まるであろう。

注

1) 新しい社会運動と市民社会論との関係については，Cohen and Araro (1992), pp. 492-563 が詳しい。また，新しい社会運動については，ハーバーマス (1987), pp. 411-418 をも参照せよ。そこで，ハーバーマスは，これらの運動のうち市民的・社会主義的解放運動の伝統に立っているのは女性解放運動だけである，と述べている。また，左派からの新しい社会運動

批判については，Hirsch（1990），邦訳，pp. 155-166 を参照せよ。
2) Walzer (1995), p. 22, 邦訳, p. 28.
3) メルッチによれば，女性運動，環境運動，青年の運動，平和運動などはシティズンシップに関わるものではないというところに最大の特質がある。女性運動の場合にも，権利，不平等，排除の問題はその動員過程において大きな部分を占めているものの，意味（sense）のオルタナティヴな定義を実践することにこそ最も重要な特質であり，それゆえ，これらの集合的行為を政治的観点からのみ見る人々は視野が狭く，観察力も浅い。「運動」という行為に収斂する前に現実には多様な要素が存在するのであり，「運動」(19 世紀産業社会の理論的世界と言語的世界を反映している）という用語は集合的行為の社会的説明をするうえで今や不十分であるとして，その過剰使用を戒める。このようなメルッチの視点は，新しい運動の歴史的位相を捉えるうえで魅力ある視点である。Melucci (1988), pp. 246-248 を参照。
4) Keane (1988b), pp. 12-13.
5) 市民社会におけるミクロ権力関係の変容が国家制度や経済制度に対する制御を強化し，さらにはそれら制度の民主化の可能性を拡大するという議論については，アレイト，コーエン (1997), pp. 67-75 を参照せよ。
6) Gould (2001), p. 103.
7) 福祉における「当事者主権」という考え方および「当事者運動」の歴史については，中西・上野（2003）において簡潔にまとめられている。
8) 以下の事例は，Rothstein (1998), pp. 188-192 を要約したものである。
9) スウェーデンにおいて，保健医療サービスの提供について責任をもつ地域政府機関（日本での県に相当する）である。
10) Melucci (1988), p. 247.
11) Strasser (1995), pp. 191-192.
12) 私的利益集団の強力な影響力によって，そしてそれを許容する利益集団リベラリズムというイデオロギーによって福祉国家が弱体化したという主張については，Lowi (1979), 岡本 (1990a), 岡本 (1990b) を参照せよ。
13) Strasser (1995), pp. 180-181, 邦訳, pp. 216-217.
14) Rosanvallon (1988), pp. 199-201.
15) Rosanvallon (1988), p. 201.
16) Olsson (1990), pp. 247-248 を参照。なお，このようなロザンヴァロン，オッフェ，ハーバーマスの議論は，膨張する官僚制が人々の期待を膨らませ，家族，地方コミュニティのような中間組織の統合機能を弱体化させ，アノミー傾向を促進したと捉える，すなわち社会民主主義者の姿勢を保ちながらも現代福祉国家制度の特定の傾向を批判的に捉え，自己規制の強化と市民参加の必要性を訴える，モーリス・ジャノウィツの考え方にきわめて近い。Janowitz (1976) を参照。
17) このように脱官僚主義化と相互扶助による日常の生活世界の強化にとって労働時間の短縮や基本所得（basic income）の導入など，社会から労働のもつウェイトを引き下げることが必要となる。オッフェとヴィーゼンタールは，基本所得の導入によって，労働市場への非参加が公的に容認されたオプションとなる条件が生み出されるがゆえに，「市民社会の内部に有用な活動のコミューン的形態への再興へと導く可能性をもつ」と労働社会のユートピア＝雇用制度と深く結びついた現状の福祉国家のあり方を克服する必要性を訴えている。
18) ドラッカーの「社会セクターを通じた市民的責任の遂行」という考え方については，Drucker (1993), pp. 168-178, 訳書, pp. 281-296 を参照せよ。

19) アメリカはヴォランティア組織でもって福祉国家を代替しようとする志向が一番強い国であるが、ニューエコノミーの興隆後、労働時間がますます長期化し、家族機能が衰退し、ヴォランティア活動も停滞傾向（人間関係もまた商品化する傾向）にあることについては、Reich (2000)、岡本 (1998) を参照せよ。なお、市民社会についての今日のアメリカの議論の背後にある中心的考え方は、社会統合、市民の義務、活気ある民主主義制度にとって信頼が必要であり、その信頼はヴォランタリーな組織によって生み出されるというものである。このようなアメリカの議論は一面的であり、「民主的政治の範囲を狭めようとしている政治エリートや市民生活を再び伝統的なものにし、福祉国家の公共サービスと再分配努力をローカルな〈ヴォランティアリズム〉によって置き換えようとする社会的保守派の思うつぼにはまり込む」(p. 212) ことになるという点で、政治的に危険なものであるという批判については、Cohen (1999), pp. 208-248 を参照せよ。コーエンがこの論文において批判の対象としているのは、「市民社会を自発的協同組織に次元に還元」しようとするロバート・パットナムのアプローチであり、彼の議論においては「自発的アソシエーション内部で生み出された社会的信頼を一般化するものについて何も語っていない」こと、すなわち「民主的政治制度、公共圏、法律が社会的信頼の発展の仕方についての理論的分析から抜け落ちている」(p. 219) 点を批判している。パットナムの社会資本（社会的信頼）についての考え方については、Putnam (1993b) の 6 章, pp. 163-185, 訳書, pp. 200-231 を、そして本章の注の91) と 98) を参照せよ。

20) Skocpol (1996), p. 21. このように、①アメリカにおける組織された市民社会＝自発的市民団体は積極的な政府と包括的な民主主義政治から離れて繁栄したことは決してなかった、②市民のヴァイタリティは階級と地域をまたがる活発な結合に依拠していた、という 2 点を根拠にしてスコッチポールは、アメリカ人が市民社会を修復しようと本気で考えるのであれば、政治民主主義を再活性化し、政治における金権支配を弱め、ビジネス・エリートや専門職エリートといった特権的アメリカ人も広範な市民的努力にその仲間の市民とともに参加しなければならない、ときわめて理にかなった主張をしている。Skocpol (1996), p. 25 を参照。なお、母親年金の成立の歴史的背景については、Skocpol (1992), pp. 311-539 において詳細な研究がなされている。

21) Sunesson et al. (1998), p. 26. スネソンたちはまた福祉国家の興隆期においては、市民組織と国家の協力形態は福祉イデオロギーに根拠をもっていたが、移行期の今日においては、形式化された基準と明確化された契約を優先するようになり、その結果ヴォランティア組織は自己の地位を再定式化する必要に迫られている (p. 27)、と今日のヴォランティア組織に対して悲観的な見解を述べている。

22) 西田 (1992), p. 145. なお、サッチャリズムと民営化に関しは、広い視野のもとで書かれた、この西田論文が非常に参考になる。また、民営化のアメリカ版ともいえるアメリカの規制緩和政策と福祉国家との関係については、本書の 3 章を、またプライヴァタイゼーションこそ資本主義の世界史的大転換＝福祉国家システムの解体再編を印すもっとも重要な運動であるという議論については、本書の 2 章と加藤 (1991) を参照せよ。Cerny (1999) もまた各国における民営化と規制緩和の背後には世界における経済競争の変化＝グローバル化があることを強調している。なお、民営化推進派の論理、とくに人的サービスの民営化については、Butler (1985) の議論が非常に参考になる。

23) Donnison (1984), pp. 49, 55.

24) Donnison (1984), pp. 49-51, 55 を参照。

25) このような考え方を最も典型的に表したものとして、消費者一投票者の「足による投票」

を根拠にして国家公共財よりも地方公共財を擁護するティーボウの議論があげられる。Tiebout (1956), pp. 416-424. アメリカの保守主義者＝レッセフェール保守主義者が地方分権を好むのも，このような考え方に起因する。これについては，Rossiter (1962) が参考になる。

26)「緑」の運動とフェミニズムの観点からの福祉国家批判については，さしあたり Pierson (1991), pp. 69-101，邦訳，pp. 133-196 を参照せよ。

27) Olsson (1990), p. 252 を参照。わが国における地方分権の支持者たちも反大企業，反国家，福祉の拡大を標榜する革新主義政党を中心とした集団であった。これはわが国の戦前・戦中の労働運動や社会主義運動に弾圧的な中央集権的国家主義に関する記憶を抜きにしては考えられない。なお，このような歴史的制約のもとで発展した地方分権論は，①福祉国家と地方分権のもつ対立的性格，②納税者主権と社会的基本権の相互緊張関係，③不定形な市民参加がもたらす公と私の不明瞭な領域の拡大，などに注意を向けない平板な議論となりやすいという主張については，金子 (1986), pp. 252-255 を参照せよ。

28) Olsson (1990), pp. 245-254 を参照。なお，オルソンは，分権化に分類しうるものとして，脱官僚主義化，規制緩和，民主化，参加，地方の意思決定，自主管理を，そして民営化に分類しうるものとして，再民営化，再商品化，市場化，商業化，民間委託，自助，ヴォランタリズム，相互援助，家族（インフォーマル）ネットワークをあげている（p. 253 の図 1 を参照）。この分類によって，分権化はあくまでも政治次元の出来事であること，民営化は市場と市民社会といった 2 つの領域に福祉の責任をゆだねるという出来事であることがより明確になる。

29) 筆者がスウェーデンの民営化と分権化の動向を考察の対象にするのは，そこにはたんに新自由主義からの福祉国家攻撃への対応に収まらない，新しい動きがみられるからである。なお，アメリカの分権化の背景と実態，およびその歴史的意義については，岡本 (1988), 岡本 (1991), 岡本 (1999) を参照せよ。

30) Olsson (1990), pp. 275-276. なお，フリーコミューン法は一言で述べると，地方自治体に対する中央政府の規制を緩和することによって，従来の官僚主義的傾向を是正することを意図するものであった。その内容については，藤井 (2003), pp. 100-102, ボルデシュハイム，ストールパリ編著 (1995), 1 章, 6 章を参照せよ。

31) ここで注意すべきは，スウェーデンの国民の大多数は公的プロバイダーと民間プロバイダーの間で選択を容認されることを好むのであって，民間プロバイダーが必ずしもよいとは考えていないことである。反対に，保育を除く主要サービス（教育，保健，高齢者ケア，ソーシャルワークなど）については，約 8 割の人が「国または地方自治体」がサービス提供者として最も適していると考えている。Svallfors (1995), pp. 58-59. 保育についても，福祉国家の危機（1992 年から 1996 年にかけての）をへた後，公的機関によるサービス提供が最も望ましいと考える人が増大している（48.4％ から 63.6％ に）。Svallfors (1999), pp. 36-37 を参照。

32) とはいっても，サービスを受ける人にとっての平等という目標にどれくらい重要性を置くかに関しては微妙ではあるが重要な相違が存在した。穏健党の多くは個人や家族が民間のサービスに対して特別料金の支払いをするのを許容するが，社民党はこれによってサービスについて 2 つの階級が生まれるという理由から反対している。さらに，社民党と自由党の多くは，学校による入試選抜に反対している例が示すように，いかなる民間のオルタナティヴにせよ，選抜とそれに伴う社会ダンピングの問題を回避する必要性を強く主張している。Huber and Stephens (2001), pp. 247-248.

33) 家庭医制度の改革については，西村（1999），pp. 244-245 を参照せよ。
34) Huber and Stephens (2001), p. 248. 1990 年代に入ってから，市の委託を受けて民間事業者が高齢者福祉サービスの提供主体となるケースが徐々に増えているが，その民間委託の現状と問題点については，井上（2003），pp. 159-163，奥村（2000），pp. 256-263 を参照せよ。なお西下彰俊は，高齢者ケア施設の民間委託の現状と官民競争原理がもたらす光と影について詳細な分析をおこなっている。西下（2004），pp. 7-12.
35) Gould (2001), p. 247 を参照。
36) 以下の叙述は，Diderichsen (1995), pp. 146-153 に依拠している。保健医療制度の改革の背景については，Brunsdon and May (1999), pp. 1-21 も参照せよ。なお，スウェーデン保健医療制度の歴史的特質については，Immergut (1992), pp. 179-225 が詳しい。
37) 本書の 4 章を参照せよ。
38) 筆者は Svallfores の一連の研究などから，この時期においても，スウェーデン国民は保健医療サービスをはじめとした税を財源とした普遍主義的な公的サービスを支持していたと考えている。それに対して，クレイトンとポンツソンは公的サービスの分野においてとくに大規模な削減と市場志向の改革がみられたと述べている。そして，この福祉国家再編における反サービス的偏りは「輸出志向の民間セクターの雇用者と労働者連合の利益の表明」であると述べている（Clayton and Pontusson (1998), p. 71）。この見解は，スウェンソンの次のような分析を踏襲したものである。「西ドイツに比べてすら，スウェーデン福祉国家に雇用されている労働者の数は多く，しかも賃金も高い。この理由から，この時期スウェーデンにおける民間セクターの労働組合が福祉国家の抑制と改革を先頭に立って主導するようになったことは，なんら驚くべきことではない。金属や繊維のようなスウェーデンの民間セクターの労働組合は公的部門の労働組合に比べて，厳しい国際競争に直接的にさらされているので，福祉国家を制限することに関心を抱く外部の集団と連合することに強力な経済的および政治的利益をもっている」(Swenson (1991), p. 394)。しかし実際には，1990 年代において，①スウェーデンのますます多くの人々が，保健医療，老人ケア，子供の保育といったサービスを提供するうえで国家と地方自治体が最も適していると考えるようになったし，②スウェーデン人の圧倒的多数はこれらのサービスの財源は税と雇用者拠出の保険料によって賄われるべきであり，社会サービスや保健サービスを賄うためにはより高い税を払ってもよいと考えていた。ただし，エリート層に関しては，福祉国家のいくつかの側面について支持率を低下させていたことには十分に注意しておく必要がある。したがって，セクター間における賃金における対立と公的サービスの量と質をめぐる対立とを安易に結び付けないことが大切である。競争部門の労働者が公的部門の労働者の大規模な賃上げに反対することは自然なことであるが，彼らは公的な社会サービスと保健サービスの範囲と質の低下を望まない。むしろ，連帯主義的な財源のもとで個人が受けるサービスの向上を望んでいたのである。この問題については，Timonen (2003), pp. 129-142 を参照した。
39) この法律によって，医療供給は原則としてすべての権限が県に付与されることになった。西村（1999），p. 229-230.
40) 国の経済政策の観点から，1991 年から 1994 年の間，法律によって地方所得税の税率が凍結されたことについては，室田（2003），p. 191，藤井（2003），pp. 59-60 を参照せよ。
41) イギリスとフィンランドの改革については，Saltman and Von Otter (1992), pp. 22-37, 57-75 を参照せよ。西村はこの購入者と供給者の分離を，税による公的保障を維持しながら市場原理を導入するという意味で「擬似市場・内部市場の導入」と表現している。なお，西村（1999），pp. 242-244 はこの改革の内容についても詳細に述べている。また，Le Grand

and Bartlett (1993) は「イギリス以外の他の国々においても福祉における擬似市場が既に生じたり，現在生じつつあることは注目に値する」(p. 9) と述べ，世界的潮流となりつつある擬似市場の導入による社会政策（医療，社会ケア，教育など）の改革の背景とその現状について明らかにしている。

42) Diederischen (1995), p. 150.

43) 代表的なものとして，加藤 (2004a), pp. 83-88, Offe (1988) がある。

44) 「個人主義の台頭」という場合の「個人主義」の定義であるが，筆者は次のような Pettersson の定義が優れていると考えている。

「個人主義は彼の人生のさまざまな側面に関して個人が目標となり，基準となる。一般的に家族と社会生活の両面において以前支配的であったような義務とコミットメントを一部犠牲にして，自己実現と個人の福祉が優先される。何が正しくて，何が間違っているか，何が良くて，何が悪いかについての個人の判断が伝統的な規範や価値よりも優先される。個人の表現手段に課せられるさまざまな規制や拘束を受け入れることは難しいと個人は思うのである。」Pettersson (1992), p. 51. 訳出にさいしては Rothstein (1998), p. 193 を参照した。このような個人主義が支配的になる社会はギデンズやベックのいう脱伝統化社会と同義である。Giddens (1994), Beck (1986) を参照せよ。なお，個人の自律性の要求増大と福祉国家の関係については，Inglehart (1990), p. 11, 邦訳，p. 10 をも参照せよ。

45) Rothstein (1998), pp. 192-193.

46) Rothstein (1998), pp. 194-195.

47) Rothstein (1998), pp. 195-197.

48) Rothstein (1998), p. 199.

49) Saltman and Otter (1992) を参照。

50) スウェーデンにおける高齢者福祉サービスの民間委託の現状と問題点については，井上 (2003), pp. 159-163, 奥村 (2000), pp. 256-263 を参照せよ。

51) 西下 (2004), p. 8. なお，西下が調査し (2003年と2004年)，回答を得られた71コミューンにおける民間委託割合の平均は 7.3% となっている。社会保険庁が高齢者ケアサービスの運営主体別利用者割合を，スウェーデン全体を対象にして調べたところ，2002年でコミューン運営が 89.5%，民間事業者運営が 10.5% となっている。西下 (2004), pp. 8-9.

52) 奥村芳孝は，「民営化」との関連でスウェーデンの福祉活動を次の4種類に分けている。①財源が公的で，公的部門によって運営されている（これはスウェーデンにおいておこなわれている主な方法で，公的機関が決定し運営もおこなっている）。②財源は私的であるが，公的部門が運営している（スウェーデンには存在しない）。③財源が公的で，私的部門によって運営されている（運営だけが委託され，その利用者に関しては，行政機関が法律に基づいて個人に対する援助として決定することが多い）。④財源が私的で，運営も私的である（シニア住宅における場合のように，業務監督を除いて行政機関は財源と運営にまったく関与しない）。奥村 (2000), p. 256. それに対して，あらゆる生産活動は，(a) 規制（活動のためのルールを誰が設定するか，そしてルールが遵守されていることを誰が監督するか），(b) 財源（費用はいかにして支払われるか），(c) 生産（その活動に対して誰が直接責任を負うか）の3つの側面があることから，ロスタインは「公」と「私」の組合せとしては8つのバリエーションがあり，純粋な形で「公」と「私」の間を選択しなければならないということは実際にはそれほどない，と述べている。Rothstein (1998), pp. 204-205 を参照。なお，「民営化」と「民間委託」のことばに関して述べると，①スウェーデンの高齢者ケアは措置制度に基づいて実行されており，サービスを提供する対象者および提供されるサービスの量

の決定についてはコミューン職員がおこなっていること，②民間事業者が参画しえるのは入札によって獲得したサービス提供の権利のみであり，高齢者ケア施設そのものの建設はコミューンのみが責任主体であることから，西下は「スウェーデンのこうした状況は，民営化ではなく，民間委託と言った方が正しい」と「民営化」という言葉の使用を戒めている。西下(2004), p. 8 を参照。

53) ドナヒューはその最も重要な事例として，アメリカの軍事契約を挙げている。Donahue (1989), pp. 101-129.
54) これらの研究とは，Kettl (1993) と Donahue (1989) である。
55) Rothstein (1998), pp. 207-208.
56) Rothstein (1998), pp. 210-212. この4つの条件は，効率性が国家の目指すべき唯一の目標ではなく，国家は①法の支配，②すべての市民を「平等な関心と敬意」をもって扱う，③市民に対する政治責任，といった条件をも満たさなければならないことからきている。このように経済インセンティブは一方において強力な管理手段を提供するものの，他方において競争は望ましからぬ影響をしばしばもたらすがゆえに，厳格な公的規制と質の管理が何よりも重要なのである。Rothstein (1998), pp. 204-205 を参照。なお，ケトルもまた同様に近年における企業家政府と民営化に対する熱狂振りに対して，競争は効率性を高める可能性をもちうるが，「競争という処方箋は魔法の力をもったエースではない。政府の民間セクターとの関係は放っておいても自己管理できるという性格のものではない。むしろ，それらは強力で有能な政府による積極的な管理を必要とする。」(Kettl (1993), pp. 5-6.) と述べ，民間市場に依存することによって政府の問題を解決しうると考える楽観主義に対して警告を発している。
57) 前に述べたように，スウェーデンにおいて私立学校は政府によって付与されるバウチャーを超えて授業料を徴収できないようになっているのは，この理由のためである。
58) スウェーデンの社民党が優秀な生徒のみを入学させる私立学校による入試選抜に反対するのは，この理由のためである。しかし，この第3の基準を達成することはしばしば困難である。というのは，営利を目的とした民間施設には「美味しいところだけを掠め取る」インセンティヴがいっそう強く働くため，高齢者や障害者のケアなどに関しては特別に注意を要する。なお，アメリカではニューエコノミーの到来後，地域，学校，民間医療保険における選別メカニズム（たとえば，公的資金によって運営されているチャータースクールですら，望ましくない生徒を巧妙に排除する方法を採用している）がいっそう効率化している点については，Reich (2000), pp. 194-213, 邦訳，pp. 311-344 を参照せよ。
59) ケトルもまた，「競争という処方箋は政府を削減するというよりは政府の役割を根本的に変える」のであり，政府が引き起こす問題の多くは，「政府が民間セクターにますます依存するようになり，公─私の関係を管理する能力を欠如させている」ことに起因していると述べている。Kettl (1993), p. 6.
60) Rothstein (1998), p. 212. なお，Jacobs (1992) は，組織や制度が自らに妥当する規範システムを別の規範システムと混同した場合（たとえば，市場の規範システムと統治の規範システムの混同），どのような機能的・道徳的泥沼に陥るかをテーマにしている。
61) Rothstein (1998), p. 213.
62) Rothstein (1998), p. 213.
63) ロスタインの卓抜した言葉を借りれば，これらの組織は半独立的組織となった結果，自己の活動の正統性を「全体としての市民（「契約」に従うことによって）と個人としての利用者（サービスがつねに需要されるように十分に魅力的にすることによって）の両方のなかに

しっかりと結びつけなければならなくなった」(p. 220).
64) Rothstein (1998), p. 214. 今日では個人の創造性と独創力を広く認める社会であることが以前よりも必要とされていると主張するイングルハートも，レーガンとサッチャー流の反福祉国家路線は政治的抵抗にあう可能性が高いがゆえに，「未来は，個人の自由と中央の権威の間のバランスをいかに効果的に取りうる社会であるかにかかっている」(Inglehardt (1990), p. 10, 邦訳, pp. 9-10) と述べている．筆者もまた，時代の進展とともに人々の価値観も必然的に変わり，そのことによって福祉国家の内容も変化していく点を重視している．
65) 個人主義の台頭と選択の自由の要求が福祉国家の解体に直結するという議論については，Offe (1988) を参照せよ．
66) 筆者と同様の考えは，ヨーロッパにおける医療制度の改革を研究している，ソルトマンたちの次の議論においてもみられる．「概念的にみると，公的セクターにおける選択の行使は内容民主主義（content democracy）の既存の諸要素のうえに手続き民主主義（process democracy）の実効的側面を付け加えることになろう．コミュニティに縛られた人的サービスに公的セクターの選択を付け加えることは，政治的，社会的，経済的民主主義を行使する現在の機会をかなりの程度の市民的民主主義（civil democracy）と結びつけることによって，福祉国家内部における民主的生活の既存のフレームワークを広げることになるであろう」(Saltman and Von Otter (1992), pp. 108-109).
67) 林は，福祉国家体制とは「その経済的内実は資本主義であるのに，政治的上部構造には人間平等，生存権保障という社会主義の魂を忍び込ませて」いる体制であり，「効率と利潤が価値基準である前者にとって，後者は基本的に重荷であり，しかもその負荷は年とともに加重される傾向にある」と述べている．林 (2002), pp. 200-201 を参照．たしかにその通りであるが，下部構造としての資本主義はもはや 19 世紀的資本主義ではなく，きわめて生産力の高い，しかも管理通貨制度によって保護され，そして独占禁止法や証券取引法，そして労働諸立法によって規制された資本主義であることを忘れるべきではない．そして，本文に述べるように，このような現代資本主義にとっては，規制政策や福祉国家政策は経済全体の効率性（とくに，長期的に見たばあいは）を必ずしも阻害せず，むしろ高めるばあいすらあるのである．また，福祉国家の政治的上部構造も必ずしも「人間平等」という理念だけではなく，「階層化」を固定する側面をもっていることも忘れるべきではない．これについては，Esping-Andersen (1990), pp. 23-25, 邦訳, pp. 25-28 を参照せよ．
68) Stiglitz (2003), p. 293, 邦訳, p. 356.
69) 4 章と 5 章でみたように，インフレは戦後福祉国家の長期持続性にとって最大の敵であった．他方，インフレ収束後にもなお存続するヨーロッパにおける過度なインフレ警戒心が硬直的な「安定化協定」を生み，そのことが雇用の安定を目標とした柔軟な財政政策を阻んでいるのも事実である．Stiglitz (2003), p. 298, 邦訳, p. 362 を参照．
70) 社会民主主義政党が多数派を形成する必要上から中間階級を取り込まざるを得ないこと，そしてそれが政党内部でどのような緊張を生じさせるということに関する研究は，Przeworski (1985) が優れている．
71) Diderrichsen (1995), p. 145 を参照．
72) 以下の叙述については，Rothstein (1998), pp. 153-154 に依拠している．
73) 経済的な利得がなくとも，このグループが普遍主義的システムを支持する合理的理由として，福祉制度の保険的性格があげられる．将来に十分な備えがあると確信できない人にとっては，統計的にみて経済的利得は得られなくともそのシステムを支持する理由はある．失業や病気によって生じる予期せぬ経済的困難に遭遇した場合には，中間グループにとっては選

別主義的福祉国家（資産があると援助が受けられない）よりも普遍主義的福祉国家によって保護されるほうが望ましいと考えるからである。Rothstein (1998), p. 154 を参照。このように現実の福祉国家の保険的機能をも考慮に入れると，中間グループによる普遍主義的福祉国家の支持は十分な経済合理的根拠をもつ，と筆者は考える。
74) 実際に，Svallfor (1991) の実証研究によっても，社会階級の地位が上がれば上がるほど，福祉国家に対する支持は少なくなっている。
75) Esping-Andersen (1990), p. 27, 邦訳，p. 30. ただし，訳文は邦訳どおりではない。
76) Rothstein (1998), p. 155. 両政権が貧困者向けプログラムの大胆な削減を試みても，これらのプログラムのシンボル的重要性から「公平性の争点」が政治の前面に出てくることを恐れ，所期の目的を十分に果せなかった。このことについては，Pierson (1994), pp. 100-103 を参照せよ。
77) 以下の叙述は，Rothstein (1998), pp. 157-166 に依拠している。そして，ここでの福祉国家がどういう条件であれば，人々の支持が増大するかという議論は，マーガレット・レヴィの「条件付同意（contingent consent）」という議論に基づいている。彼女の基本的主張は次の一文によって示される。「従う（従わない）ことや志願する（しない）ことを決定するさいには，規範的要素と道具主義的要素の両方がある。たしかに，市民の中には効用関数が単一である人々がいる。それらの人々は純粋に所得最大主義者であったり，純粋に道徳主義者である。しかしながら，大部分の人々は2つの効用をもっているように思われる。彼らは社会財（social good）に貢献したいと考えている。少なくとも，社会財は生産されつつあると信じている限りにおいては。彼らはまた自分たちの個人的利益ができるだけ満たされつつあることを確認したいと考えている」(Levi (1991), p. 133)。このように，レヴィのいう「条件付同意」は，市民がある条件のもとでなら集合行為に同意するということを意味している。すなわち，市民は規範にしたがって行動したいという気持ちと自分たちの合理的自己利益とのバランスをとろうとしているのだ，という考えである。Rothstein (1998), p. 136 を参照。
78) Rothstein (1998), p. 161. わが国の生活保護法は，困窮するすべての国民に対して無差別平等に保護請求権を保障する一般扶助主義を採用している。しかしそのことがかえって，「濫救」を招いているのではないかという福祉行政当局の疑念を絶えず呼び起こし，実際の保護認定に関して「適正化」を名目に選別主義を恣意的に強化し，保護を必要とする人々に対してすら生活保護から排除している現実がある。これらの問題は選別主義福祉政策が本来的に抱える問題の典型例といえよう。
79) アメリカにおける福祉国家形成の遅れの重要な一因として，度を越した南北戦争後の軍人恩給のばら撒きをはじめとした腐敗した「パトロネッジ・デモクラシー」に対する改革志向のエリートや世論の反感があった。このように国家組織に対する信頼の程度が高いと福祉国家の形成・発展は促進され，低いと発展は阻害される。これについては，岡本 (1992a), pp. 60-62, Orloff (1988), pp. 42-44, Skocpol and Ikenberry (1983), pp. 106-116 を参照せよ。近年においては，アメリカの「包括的雇用及び職業訓練（CETA）プログラム」がレーガン政権下でいとも簡単に廃止されたのは，行政執行過程の腐敗や無駄といった不面目な結果に起因するところが大きかったといわれている。これについては，Weir (1992), pp. 126-129 を参照せよ。それとは対照的に，スウェーデンにおける積極的労働市場政策が成功したのは，レーン-メイドナー・モデルのような内容面で優れていたのみならず，それを管理する「全国労働市場委員会（AMS）」の組織能力の卓越性にあったといわれている。これについては，Rothstein (1996), pp. 106-135, 169-190 を参照せよ。
80) Rothstein (1998), pp. 163-164.

81) Commission on Social Justice (1994). 本文における内容紹介が示すように、この委員会の主張は、ギデンズに代表されるような「第三の道」の擁護者の主張と多くの共通点をもっている。雇用中心の福祉政策や財産に基づく平等主義を強調している点、人的資本の質的向上、福祉から就労へといった提案などはほぼ同じである。しかしながら、2つのアプローチにはいくつかの重要な相違がある。この委員会の報告においては、福祉国家は福祉国家自身の矛盾によって圧倒されたというよりも外部環境の変化によって圧倒されたのであるという視点が明確であり、そのため新自由主義的な福祉国家批判にそれほどシンパシーを示してはおらず、ヴォランタリー組織など市民社会のイニシアティヴを高く評価すると同時に、福祉国家の積極的な役割を高く評価している。そういう意味で、筆者の福祉国家の現状認識や福祉国家改革論ときわめて近い立場にある。

なお、「第三の道」の思想および政策については、Giddens (1998) にて概要が把握しうる。しかし、ギデンズが「第三の道」に到達するに至った過去の思想的総括および未来社会の構想を正確に理解しようとするならば、Giddens (1994) を丹念に読まなければならない。ギデンズの思想および現状理解、および斬新な未来構想(とくに、ユートピア現実主義という姿勢)については多くの点で肯定しうるが、福祉国家の限界についての理解において筆者とギデンズは決定的に異なる。ギデンズは現実に進行している富の分配や著しい不平等についてそれほど関心を払っておらず、そのため国家の役割、とりわけ国家による再分配と公的サービスの提供の役割を軽視している。それに対して筆者は、経済のグローバル化のもとでもこのような国家の役割は依然重要であり、しかも実行可能であると考えている。

さらに、世界の福祉国家改革における「第三の道」の影響力を測るうえで、「社会主義の終焉後の社会民主主義」や「近代化された社会民主主義」として自らを描く「第三の道」の政治的インスピレーションは、実はビル・クリントンによって採用された「新しい革新主義」にあったという事実は重要である。それは「官僚主義的現状を擁護するリベラルの心情と政府を解体縮小しようとする保守派の試み」に対するアメリカ的なオルタナティヴとして提出されたものであった。したがって、これらの出自を前提にすれば、「第三の道」の創出はイギリスにおける社会民主主義の思想や大陸ヨーロッパや北欧における改良主義的左翼の伝統にそれほど負ってはいないように思える。それゆえ、スウェーデンをはじめとした北欧諸国の社会民主主義者とっては、「第三の道」路線は「自分たちの国ほど十分に福祉国家化していない国々(エスピン-アンデルセンの言葉を借りれば「自由主義的福祉国家レジーム」をとる国々)」における議論であり、自分たちの将来の指針としてそれほど有用でないと考えるのはある意味で当然であった。以上の議論については、Pierson, C. (2001), pp. 127-131 を参照した。

82) アトキンソンの所得分配研究および福祉国家研究についての概要については、Atkinson (1995) を参照せよ。

83) Commission on Social Justice (1994), pp. 17-18.

84) Commission on Social Justice (1994), p. 18.

85) Commission on Social Justice (1994), pp. 20-22.

86) 筆者も同様に考えている。このような観点から、すべての人々に国家が基本所得を保障する「基本所得」構想は大多数の人々にとっては受け入れがたく、それゆえ当面の導入の実現の見込みがないと考えている。

87) 原 (2005) は、スーザン・ヒンメルワルトの議論を参照しながら、無償労働、とりわけ家庭内ケア労働と有償経済との関係を考察している。そこで原は、①ケア労働は「個人の社会化と潜在能力」を生産するところに意義がある、②「市民的責任」や「規範」や「善意」と

等値される「個人の社会化」は有償経済にとっても不可欠な社会の信頼関係を築き，社会秩序を安定化させるうえできわめて重要な貢献をしている，と述べている。筆者もまたこのような原の見解と同様に，無償労働は社会において積極的役割を果たしており，それゆえ福祉国家の改革にとっても無償労働の役割を正当に位置づけることが不可欠であると考えている。原（2005），p. 18 を参照。

88) わが国のニートとフリーターの実態を学問的に明らかにした研究としては，小杉編（2005）が優れている。そこでは，このようなフリーター現象は家庭における貧困と教育における機能不全が大きな原因となっていることが丁寧に報告されている。

89) わが国の積極的労働市場政策に関する公的支出（1998 年）の対 GDP 比率は 0.25％であり，ドイツの 1.26％，スウェーデンの 1.96％に比べると相当低い。なお，これはアメリカ（0.17％）やイギリス（0.31％）に関してもあてはまることである。OECD（2001b）を参照。

90) Commission on Social Justice（1994），p. 21. なお，このような方向での福祉国家の改革は 1980 年代以降のオランダの雇用制度改革と社会保障改革が参考になる。

91) ここでの「社会資本」は調整や協力を促進するネットワーク，規範，信頼のような社会組織の特徴を指すものである。パットナムによれば，この社会資本は物的資本と人的資本における投資利益を高める。Putnam（1993a），pp. 35-36 を参照。イタリアにおける各州政府のパフォーマンスの比較調査に基づく，社会資本が民主主義をいかに有効に機能されかについての実証的研究は，Putnam（1993b）においてなされている。なお，このような意味での現代社会における社会資本の重要性についての最初の研究は普通，Coleman（1988）に求められるが，筆者はその着眼の嚆矢は Jacobs（1961）であると考えている。その著書の全体を通じて，ジェイコブズはアメリカの近代的都市計画者を批判し，都市近隣住区における「関係」とそこから発生する教育の重要性を繰り返し指摘しているが，このような「関係」とそこから派生する教育効果こそパットナムやコールマンがいうところの「社会資本」である。実際にジェイコブズは「近隣住区におけるネットワークは何によっても置き換えることのできない社会資本である」（p. 138，邦訳，p. 182.）と「社会資本」という言葉を用いている。

92) Putnam（1995）を参照せよ。なお，Lasch（1995）はアメリカにおける社会資本の衰退をメリトクラシーの台頭とグローバル化＝国民国家の衰退との関連で明らかにしている（pp. 44-49）。これについては，岡本（1998），pp. 54-56 をも参照せよ。また，Reich（2000）は社会資本の衰退を，情報技術を基盤にしたニューエコノミーの台頭と関連づけている。

93) Uslaner（2002），pp. 186-189 を参照。また，LaFree（1998）は，戦後アメリカの犯罪率の急激な上昇（50 年間でおおよそ 8 倍）は政治に対する信頼の喪失，経済的不平等の拡大，家族解体の増大と強く結びついていることを実証的に明らかにしている。

94) テイラーは，アメリカのような社会で再分配のルールに賛成する人々の多くは「人間は相互に強い共通の帰属意識をすでにもっている」と考えている人々であることを根拠にして，自由社会はどちらかというと強い共同体意識を必要としていることを理解しないロールズとドゥオーキンを批判している。筆者もまたテイラーと同様に，共通の帰属意識が福祉国家の存続・発展にとって必要であると考えている。テイラー（1996），pp. 18-19 を参照せよ。

95) Rothstein（2002），pp. 319-323. なお，ロスタインはスウェーデンにおける市民社会での信頼は衰退しなかったけれど，労使関係（とくに，LO と SAF との関係）における組織的社会資本＝自発的信頼関係は 70 年代以降，双方の非妥協的態度によって衰退したと述べている（pp. 324-331 を参照）。

96) Putnam（1993a），pp. 41-42. 同様の観点から，ラッシュもまた「福祉国家の解体はインフ

ォーマルな協力——『千の光点』と呼ばれる——の復活を保証するのに十分であると公衆に思わせようとするのは，ナイーブすぎるか，皮肉がすぎるかのどちらかである」と言って，ブッシュの分権化戦略を批判している。ただし，筆者は「市場メカニズムは公共的信頼の構造を修復するものにはならないであろう」というラッシュの見解に同意するが，福祉国家もまた公共的信頼を腐食させるものという見解は一面的であると考えている。これはアメリカの選別主義的な福祉国家についてはあてはまっても，公衆の自助自立を促進する普遍主義的な福祉国家にはあてはまらないからである。なお，ラッシュのこれらの見解については，Lasch (1995), p. 100, 訳書，p. 124 を参照せよ。

97) このような分権化論の代表的主張として，神野・金子編 (1998)，池上 (2004)，持田 (2004) がある。

98) 社会資本の形成を促進するプログラムの例として，パットナムは，企業，学校，コミュニティの自発的組織を革新的な地域パートナーシップへとまとめあげる職業訓練プログラムに対する地方政府による補助金支出をあげ，社会資本衰退のリスクをはらむものとして，工場の閉鎖や既存の社会的ネットワークを根絶するような都市計画と公営住宅計画をあげている。Putnam (1993a), p. 39. このような観点からみると，Jacobs (1961) や Wilson (1987)，Wilson (1996) が明らかにしているように，アメリカの都市政策や貧困政策の大部分は失敗の歴史といえる。そして，このことがさらにアメリカ人の政府に対する信頼の低下を呼び起こすという悪循環を生み出しているのである。

99) Commission on Social Justice (1994) も述べているように (pp. 94-98)，投資国家戦略はコミュニティの倫理と市場経済のダイナミックスとを結合しうる戦略であると筆者は考えている。そして，経済機会の拡大は経済の繁栄の源であるのみならず，社会正義の基盤でもあると考えている。技術革新と品質向上が競争上の重要なポイントとなっているグローバル経済のもとでは，一国における一部エリート層のみならず，あらゆる人々が国の経済的更新に貢献する必要がある。この要求を満たそうとすれば，強力な社会制度（保育所，学校，大学，病院，介護施設など），強力な家族，強力なコミュニティが必要である。それらは，人々と企業が成長し，適応し，成果をあげるのを可能にするからである。変化と革新に拍車をかけるものとして不安を利用しようとする新自由主義者と異なり，筆者は変化と革新の基盤としては保障と安定が重要であると考える。そして，所得を再分配するのみならず，機会を再分配することによって保障を達成することこそ現在の福祉国家の最大の課題であると考えている。このように社会的正義をも考慮に入れた投資戦略を通じて，経済政策と社会政策は結合しうる（その結節点は「財政」にある）のであり，福祉国家の持続的発展が可能になるのである。われわれは，「社会的公平と経済的公平を達成するうえで経済政策を社会政策よりも上位に置いた」ミュルダールの精神に立ち帰る必要がある。

参考文献

相澤與一（1999），「『福祉国家の終焉』と21世紀〔上〕〔下〕」『週刊社会保障』1999年5月17日，5月24日）．
飯野　靖（1994），「財政と租税制度」岡沢憲芙・奥島孝康編『スウェーデンの経済』早稲田大学出版部．
池上岳彦（2004），『分権化と地方財政』岩波書店．
石井菜穂子（2003），『長期経済発展の実証分析』日本経済新聞社．
伊集守直（2004），「スウェーデンにおける1991年の税制改革」『エコノミア』55巻1号．
井手英策・高端正幸（2005），「スウェーデンにみる財政危機下の財政調整制度改革と民主主義」地方財務協会『地方財政』2005年11月号．
伊藤隆敏，トーマス・カーギル，マイケル・ハッチソン著，北村行伸監訳（2002），『金融政策の政治経済学（下）』東洋経済新報社．
伊東弘文（1999），「『社会国家』と『生活関係の統一性』――ドイツ福祉国家の一側面――」坂本忠次・和田八束・伊東弘文・神野直彦編『分権時代の福祉財政』敬文堂．
伊藤正純（2001），「高失業状態と労働市場政策の変化」篠田武司編『スウェーデンの労働と産業』学文社．
伊藤正純（2005），「北欧諸国はなぜ『成長競争力』が強いのか」『経済理論学会第53回大会報告要旨』．
井上誠一（1998），「スウェーデンの年金改革①②③④」『週刊社会保障』，No. 2014-2017.
井上誠一（2003），『高福祉・高負担国家　スウェーデンの分析』中央法規．
稲上　毅，H.ウィッタカー（1994），「スウェーデン・モデルの崩壊」稲上　毅他『ネオ・コーポラティズムの国際比較』日本労働研究機構．
宇野弘蔵（1946），「資本主義の組織化と民主主義」『世界』1946年5月号．
運営委員会（1984），「福祉国家をどう把えるか」東京大学社会科学研究所編『福祉国家1：福祉国家の形成』東京大学出版会．
大内　力（1970），『国家独占資本主義』東京大学出版会．
大内　力（1976），「現代財政の基本問題」大内　力編『現代資本主義と財政・金融　1　国家財政』東京大学出版会．
大内　力（1979），「現代資本主義と国家」『経済学批判』6号，社会評論社．
大内　力（1983），『国家独占資本主義・破綻の構造』御茶の水書房．
大内　力（1985），『経済学方法論』東京大学出版会．
大沢真理（2004），「社会的セーフティ・ネットと市場経済」『生活協同組合研究』No. 343.
大嶽秀夫（1997），『「行革」の発想』TBSブリタニカ．
大竹文雄（2005），『日本の不平等：格差社会の幻想と未来』日本経済新聞社．
大宮英一・大浦一郎（1994），『ニュージーランドの財政金融』世界書院．
岡本英男（1988），「アメリカ―レーガン政権の歴史的位置」吉田震太郎編著『80年代の国

家と財政』同文舘.
岡本英男（1990a），「ローウィの多元主義批判について」『東北学院大学論集・経済学』第113号.
岡本英男（1990b），「財政危機・市民意識の危機・公的権威の危機」『東北学院大学論集・経済学』第115号.
岡本英男（1990c），「レーガン政権下における連邦補助金の改革」『東北学院大学論集・経済学』第116号.
岡本英男（1992a），「アメリカ福祉国家財政の特質とその形成要因」林　健久・加藤榮一編『福祉国家財政の国際比較』東京大学出版会.
岡本英男（1992b），「福祉国家のメルクマールとは何か」『東北学院大学論集・経済学』第120号.
岡本英男（1995a），「アメリカにおける国家と労働（上）」『東北学院大学論集・経済学』第129号.
岡本英男（1995b），「アメリカにおける国家と労働（中）」『東北学院大学論集・経済学』第130号.
岡本英男（1996a），「アメリカにおける国家と労働（下）」『東北学院大学論集・経済学』第131号.
岡本英男（1996b），「コーポリット・リベラリズム理論による革新主義解釈」『東北学院大学論集・経済学』第132号.
岡本英男（1997a），「世界の財政と日本の財政：現代財政の歴史的位置」片桐正俊編『財政学：転換期における日本財政』東洋経済新報社.
岡本英男（1997b），「経済のグローバル化と福祉国家システムの転換」『専修経済学論集』第32巻第1号.
岡本英男（1998），「アメリカ社会と資本主義の現在──福祉国家システムを解体するアメリカ資本主義──」『神奈川大学評論』創刊30号記念号.
岡本英男（1999），「ニクソンの新連邦主義構想と補助金改革（1）」『東京経大学会誌・経済学』211号.
岡本英男（2000），「日本における福祉国家論の展開とその理論的特質」『東京経大学会誌・経済学』217号.
岡本英男（2001），「アメリカにおける福祉国家財政の再編」日本財政法学会編『社会保障と財政』龍星出版.
岡本英男（2003a），「国民国家システムの再編」SGCIME編『国民国家システムの再編』御茶の水書房.
岡本英男（2003b），「アメリカにおける規制緩和と福祉国家システムの再編」SGCIME編『国民国家システムの再編』御茶の水書房.
岡本英男（2004a），「福祉国家財政論の到達点と今後の課題」林　健久・加藤榮一・金澤史男・持田信樹編『グローバル化と福祉国家財政の再編』東京大学出版会.
岡本英男（2004b），「グローバル化と福祉国家―トン・ノータマンズの所説の検討―」『アソシエ』13号.
岡本英男（2005a），「福祉国家の改革と経費構造の変化：スウェーデンを例として」伊東弘文編著『現代財政の変革』ミネルヴァ書房.

岡本英男（2005b），「スウェーデン福祉国家システムの再編とその歴史的意義」村上和光・半田正樹・平本　厚編著『転換する資本主義：現状と構想』御茶の水書房。
岡本英男（2006），「ブッシュ政権下におけるアメリカ福祉国家システムの展開」『東京経大学会誌・経済学』251号。
岡本英男書評（1998），「渋谷・井村・中浜編著『日米の福祉国家システム』」『社会科学研究』第49巻第5号。
萩原　進（1974），「戦後資本主義の組織化と限界」『経済セミナー』1974年，2月号。
奥村芳孝（2000），『新スウェーデンの高齢者福祉最前線』筒井書房。
越智洋三（1997），「サッチャー政権の年金制度改革」『専修経済学論集』第32巻第1号。
貝塚啓明（1985），「福祉国家論―イギリスとアメリカ―」東京大学社会科学研究所編『福祉国家　3』東京大学出版会。
片桐正俊（1995a），「アメリカ福祉国家の問題先鋭化」『東京経大学会誌・経済学』191号。
片桐正俊（1995b），「アメリカ福祉国家財政の問題先鋭化」河村哲二・柴田徳太郎編『現代世界経済システム』東洋経済新報社。
片桐正俊編（1997），『財政学―転換期の日本財政―』東洋経済新報社。
片桐正俊（1999），「米国の福祉をめぐる政府間財政関係」坂本忠次・和田八束・伊東弘文・神野直彦編著『分権時代の福祉財政』敬文堂。
片桐正俊（2005），『アメリカ財政の構造転換：連邦・州・地方財政関係の再編』東洋経済新報社。
加藤榮一（1973），『ワイマル体制の経済構造』東京大学出版会。
加藤榮一「現代資本主義の歴史的位置―「反革命」体制の成功とその代価―」『経済セミナー』1974年2月号。
加藤榮一（1976），「現代資本主義論の視角」『経済学批判』第1号。
加藤榮一（1978），「自由主義国家論ノート」金子ハルオ・鶴田満彦・小野英祐・二瓶剛男編『経済学における理論・歴史・政策』有斐閣。
加藤榮一（1979），「組織資本主義論と現代資本主義」『経済評論』1979年7月号。
加藤榮一（1980），「現代資本主義と国家―その福祉国家的側面―」『経済理論学会年報第17集：現代資本主義と国家』青木書店。
加藤榮一（1985），「福祉国家財政の国際比較」東京大学社会科学研究所編『福祉国家3　福祉国家の展開［2］』東京大学出版会。
加藤榮一（1987），「福祉国家と社会主義」『社会科学研究』第38巻5号。
加藤榮一（1988），「西ドイツ福祉国家のアポリア」東京大学社会学研究所編『転換期の福祉国家［上］』東京大学出版会。
加藤榮一（1989），「現代資本主義の歴史的位相」『社会科学研究』第41巻1号。
加藤榮一（1991），「福祉国家システムの再編―プライヴァタイゼーションの歴史的意味―」東京大学社会科学研究所編『現代日本社会　1　課題と視角』東京大学出版会。
加藤榮一（1995），「福祉国家と資本主義」，工藤　章編『20世紀資本主義Ⅱ：覇権の変容と福祉国家』東京大学出版会。
加藤榮一（2003），「ドイツ2001年年金改革の歴史的意味」『現代福祉研究』第3号。
加藤榮一（2004a），「20世紀福祉国家の形成と解体」加藤榮一・馬場宏二・三和良一編『資本主義はどこへ行くのか』東京大学出版会。

加藤榮一（2004b），「年金改革の潮流とグローバリゼーション」林　健久・加藤榮一・金澤史男・持田信樹編『グローバル化と福祉国家財政の再編』東京大学出版会。
金澤史男編著（2002），『現代の公共事業』日本経済評論社。
金子　勝（1986），「地方自治と納税者主権―「地方分権」論の再検討―」佐藤進教授還暦記念論文集刊行委員会編『現代財政・税制論』税務経理協会。
金子　勝（1997），『市場と制度の政治経済学』東京大学出版会。
河村哲二（2002），「1990年代の『持続的好況』の特徴と問題点」『経済理論学会年報第39集：アメリカの「繁栄」を問う』青木書店。
規制緩和・民営化研究会編著（南部鶴彦・江藤勝代表）（1994），『欧米の規制緩和と民営化』大蔵省印刷局。
小泉和重（1999），「アメリカの財政政策」大島通義・神野直彦・金子　勝編著『日本が直面する財政問題』八千代出版。
小杉礼子編（2005），『フリーターとニート』勁草書房。
小林健一（1999），「アメリカ電力産業の規制緩和とクリーン・エネルギー（1）――2つの規制緩和論――」『東京経大学会誌・経済学』213号。
斉藤弥生（1994），「エーデル改革の政治経済学」岡沢憲芙・奥島孝康編『スウェーデンの経済』早稲田大学出版部。
榊原英資（1987），「国際金融市場の発展とその影響」館龍一郎・蠟山昌一編『日本の金融II　国際化の展望』東京大学出版会。
坂本義和（1997），『相対化の時代』岩波書店。
佐々木隆雄（1997），『アメリカの通商政策』岩波書店。
佐々木毅（1984），『現代アメリカの保守主義』岩波書店。
佐藤隆行（2006），「社会保障年金改革をめぐる4つの対立軸」渋谷博史・中浜　隆編『アメリカの年金と医療』日本経済評論社。
清水谷諭（2005），『期待と不確実性の経済学：デフレ経済のミクロ実証分析』日本経済新聞社。
篠田武司編著（2001），『スウェーデンの労働と産業』学文社。
渋谷博史（1992），『レーガン財政の研究』東京大学出版会。
渋谷博史・井村進哉・中浜　隆編（1997），『日米の福祉国家システム』日本経済評論社。
渋谷博史・内山　昭・立岩寿一編（2001），『福祉国家システムの構造変化』東京大学出版会。
渋谷博史（2003），「基軸国アメリカが示す福祉国家モデル」渋谷博史・渡瀬義男・樋口　均編『アメリカの福祉国家システム』東京大学出版会。
渋谷博史（2005a），『20世紀アメリカ財政史［I］：パクス・アメリカーナと基軸国の税制』東京大学出版会。
渋谷博史（2005b），『20世紀アメリカ財政史［II］：「豊かな社会」とアメリカ型福祉国家』東京大学出版会。
渋谷博史（2005c），『20世紀アメリカ財政史［III］：レーガン財政からポスト冷戦へ』東京大学出版会。
神野直彦（1992），「日本型福祉国家財政の特質」林　健久・加藤榮一編『福祉国家財政の国際比較』東京大学出版会。
神野直彦（1998），『システム改革の政治経済学』岩波書店。

神野直彦 (2001),『二兎を得る経済学』講談社。
神野直彦・金子　勝編 (1998),『地方に税源を』東洋経済新報社。
関根友彦 (1974),「現代経済における脱資本主義化傾向」『経済セミナー』1974 年, 2 月号。
田口博雄・翁百合 (1992),「国際通貨体制Ⅱ― EMS と欧州通貨統合構想」伊藤隆敏編『国際金融の現状』有斐閣。
田口富久治 (1989),『ケインズ主義的福祉国家：先進 6 ヵ国の危機と再編』青木書店。
田尻嗣夫 (1997),『中央銀行：危機の時代』日本経済新聞社。
田多英範 (1994),『現代社会保障論』光生館。
田多英範 (2004),「生活保障制度から社会保障制度へ」田多英範編『現代中国の社会保障制度』流通経済大学出版会。
橘木俊詔 (1998),『日本の経済格差』岩波書店。
橘木俊詔 (2006),『格差社会：何が問題なのか』岩波書店。
土田武史 (1999),「介護保険の創設とその後の展開」古瀬　徹・塩野谷祐一編『先進諸国の社会保障　4　ドイツ』東京大学出版会。
都村敦子 (1999),「家族政策・社会扶助・住宅手当等」丸尾直美・塩野谷祐一編『先進諸国の社会保障　5　スウェーデン』東京大学出版会。
戸原四郎 (1984a),「福祉国家をどう把えるか」東京大学社会科学研究所編『福祉国家 1』東京大学出版会。
戸原四郎 (1984b),「福祉国家論」根岸　隆・山口重克編『二つの経済学』東京大学出版会。
富永健一 (2001),『社会変動の中の福祉国家：家族の失敗と国家の新しい機能』中公新書。
長坂寿久 (2000),『オランダモデル』日本経済新聞社。
中西正司・上野千鶴子 (2003),『当事者主権』岩波新書。
仲野組子 (2000),『アメリカの非正規雇用』桜井書店。
西下彰俊 (2004),「高齢者ケア施設の運営に関する入札制度と官民間競争原理」高齢者住宅財団『いい住まい、いいシニアライフ』Vol. 62.
西田洋二 (1992),「サッチャリズムとプライヴァタイゼーション」林健久・加藤榮一編『福祉国家財政の国際比較』東京大学出版会。
西村周三 (2000)「メディケアとメディケイド」藤田伍一・塩野谷祐一編『先進国の社会保障　7　アメリカ』東京大学出版会。
西村万里子 (1999),「医療保障改革における地方分権と市場原理の活用」丸尾直美・塩野谷祐一『先進国の社会保障　5　スウェーデン』東京大学出版会。
新田俊三 (2001),『ヨーロッパ中央銀行論』日本評論社。
仁田道夫 (1985),「デ・レギュレーション下のアメリカ労使関係（上）（下）」『日本労働協会雑誌』1985 年, 4 月, 5 月号。
仁田道夫 (2000),「規制緩和と雇用」橋本寿朗・中川淳司編『規制緩和の政治経済学』有斐閣。
日本政治学会編 (1989),『転換期の福祉国家と政治学』岩波書店。
日本労働研究機構 (2001),『アメリカの非典型雇用―コンティンジェント労働者をめぐる諸問題』日本労働研究機構。
根岸毅宏 (1999a),「アメリカの EITC（勤労所得税額控除）と所得保障政策」『国学院経済学』第 47 巻, 第 1 号。

根岸毅宏（1999b），「アメリカの EITC（勤労所得税額控除）の政策的意義と問題点」『国学院経済学』第 48 巻，第 1 号．
納富一郎（1998），「アメリカ連邦政府の財政再建」古川卓萬編著『世界の財政再建』敬文堂．
納富一郎（2005）「予算変革のダイナミズム：アメリカの予算」伊東弘文編著『現代財政の変革』ミネルヴァ書房．
野口悠紀雄（1995），『1940 年体制』東洋経済新報社．
橋本寿朗・中川淳司編（2000），『規制緩和の政治経済学』有斐閣．
馬場義久（2001），「スウェーデンの個人資産所得税制」『租税研究』2001 年 1 月号．
馬場宏二（1997），「過剰富裕化の時代」馬場宏二『新資本主義論』名古屋大学出版会．
土生芳人（2004），「長期不況と財政」『学士会会報』No. 844，2004 年 1 月．
林　健久（1985），「福祉国家の財政構造」東京大学社会科学研究所編『福祉国家 5　日本の経済と福祉』東京大学出版会．
林　健久（1987），『財政学講義』東京大学出版会．
林　健久（1992），『福祉国家の財政学』有斐閣．
林　健久（1994），「現代福祉国家と地方財政」佐藤　進・林　健久編『地方財政読本』東洋経済新報社．
林　健久（1995），『財政学講義（第 2 版）』東京大学出版会．
林　健久（2002），『財政学講義（第 3 版）』東京大学出版会．
林　健久・加藤榮一編（1992），『福祉国家財政の国際比較』東京大学出版会．
林　健久・加藤榮一・金澤史男・持田信樹編（2004）『グローバル化と福祉国家財政の再編』東京大学出版会．
原　伸子（2005），「ジェンダーと『経済学批判』：ケアの経済学に向けて」法政大学比較経済研究所・原　伸子編『市場とジェンダー』法政大学出版局．
樋口　均（1999），『財政国際化トレンド』学文社．
樋口　均（2003），「グローバリゼーションと国民国家」『経済理論学会年報第 40 集：日本資本主義の混迷を問う』青木書店．
樋口陽一（1992），『何を読みとるか：憲法と歴史』東京大学出版会．
日高　晋（1991），「段階論の効用は何か」法政大学経済学会『経済志林』第 59 巻第 3 号．
福武　直（1965），『地域開発の構想と現実』東京大学出版会．
藤井　威（2002），『スウェーデン・スペシャル I：高福祉高負担政策の背景と現状』新評論．
藤井　威（2003），『スウェーデン・スペシャル III：福祉国家における地方自治』新評論．
藤岡純一（1992），『現代の税制改革：世界的展開とスウェーデン・アメリカ』法律文化社．
藤田伍一（2000），「医療改革の動向」藤田伍一・塩野谷祐一編『先進国の社会保障　7　アメリカ』東京大学出版会．
升味準之輔（1969），『現代日本の政治体制』岩波書店．
丸尾直美（1992），『スウェーデンの経済と福祉：現状と福祉国家の将来』中央経済社．
皆川尚史（1989）「メディケア・メディケイド」社会保障研究所編『アメリカの社会保障』東京大学出版会．
宮崎義一（1995），『国民経済の黄昏：「複合不況」その後』朝日新聞社．
宮本太郎（1999），『福祉国家という戦略：スウェーデンモデルの政治経済学』法律文化社．
村上泰亮（1992），『反古典の政治経済学（下）』，中央公論社．

村松岐夫（1988），『地方自治』東京大学出版会．
室田哲男（2003），「スウェーデンの財政調整制度」神野直彦・池上岳彦編『地方交付税　何が問題か：財政調整制度の歴史と国際比較』東洋経済新報社．
持田信樹（2004），『地方分権の財政学：原点からの再構築』東京大学出版会．
吉田健三（2003），「アメリカの企業年金：確定拠出型年金と金融ビジネス」渋谷博史・渡瀬義男・樋口　均編『アメリカの福祉国家システム』東京大学出版会．
吉田傑俊（2005），『市民社会論：その理論と歴史』大月書店．
若田部昌澄（2005），『改革の経済学：回復をもたらす経済政策の条件』ダイヤモンド社．

アレイト，アンドルー，ジーン・コーエン（1997），「市民社会と社会理論」ジェイ・マーティン編，竹内真澄監訳『ハーバーマスとアメリカ・フランクフルト学派』青木書店．
オッフェ，クラウス（1988），『後期資本制社会システム』寿福真美訳，法政大学出版局．
クルーグマン，ポール（1998），『資本主義経済の幻想』北村行伸編訳，ダイヤモンド社．
クルーグマン，ポール（2002），『恐慌の罠』中岡望訳，中央公論新社．
ザップ，ウォルフガング（1990），「ドイツ社会国家の発展，構造および展望」白鳥　令・R. ローズ編著『世界の福祉国家』新評論．
シュミッター，フィリップ（1984），「いまなおコーポラティズムの世紀なのか？」シュミッター，レームブルッフ編，山口　定監訳『現代コーポラティズム I』木鐸社．
シュムペーター，ジョセフ（1962），『資本主義・社会主義・民主主義』中山伊知郎・東畑精一訳，東洋経済新報社．
ソールスベック，ヨハン（1991），「スウェーデンにおける最近の税制改革」『租税研究』1991年1月号．
テイラー，チャールズ（1996），「多元主義・承認・ヘーゲル」『思想』No. 865，1996年7月号．
ノッデル，ジェーン（1997），「コミュニティ開発における地方政府の役割」渋谷博史・井村進哉・中浜　隆編著『日米の福祉国家システム』日本経済評論社．
ハーバーマス，ユルゲン（1987），『コミュニケーション的行為の理論（下）』丸山高司・丸山徳次・厚東洋輔・森田数実・馬場孚瑳江・脇　圭平訳，未來社．
ハーバーマス，ユルゲン（1990），「国家市民資格とナショナル・アイデンティティ」ユルゲン・ハーバーマス著，『事実性と妥当性（下）』河上倫逸・耳野健二訳，未來社，2003年．
ハーバーマス，ユルゲン（2004a），「ヨーロッパの国民国家―主権と国家市民資格の過去と未来」ユルゲン・ハーバーマス著，高野昌行訳『他者の受容』法政大学出版局．
ハーバーマス，ユルゲン（2004b），「包括―受容か包囲か？　国民，法治国家，民主制の関係」ユルゲン・ハーバーマス著，高野昌行訳『他者の受容』法政大学出版局．
バンクス，ドウェイン（1997），「医療費抑制政策と制度改革」渋谷博史・井村進哉・中浜　隆編著『日米の福祉国家システム』日本経済評論社．
ボルデシュハイム，ハラール，クリステル・ストールバリ編著（1995），大和田建太郎・小原亜生・廣田全男訳『北欧の地方分権改革』日本評論社．

Aaron, Henry J. (2003), "The Prescription Drug Bill: Many Steps Backward", Brooking Institution, November 21, 2003.

Albert, Michel (1991), *Capitalisme Contre Capitalisme*, Editions du Seuil. ミシェル・アルベール著，小池はるひ訳，久水宏之監修，『資本主義対資本主義』竹内書店新社，1992年。

Allan James P. and Lyle Scruggs (2004), "Political Partisanship and Welfare State Reform in Advanced Industrial Society", *American Journal of Political Science*, Vol. 48, No. 3, July 2004.

Amable, Bruno (2003), *The Diversity of Modern Capitalism*, Oxford University Press. 山田鋭夫・原田裕治ほか訳，『五つの資本主義』藤原書店，2005年。

Amenta, Edwin and Theda Skocpol (1988), "Redefining the New Deal: World War II and the Development of Social Provision in the United States", in Margaret Weir, Ann Shola Orloff and Theda Skocpol eds., *The Politics of the United States*, Princeton University Press.

Anderson, Benedict (1983), *Imagined Communities: Reflections on the Origin and Spread of Nationalism*, Velso. ベネディクト・アンダーソン著，白石 隆・白石さや訳，『想像の共同体：ナショナリズムの起源と流行』リブロポート，1987年。

Anderson, Thomas, Torbjorn Fredriksson and Roger Svensson (1996), *Multinational Restructuring, Internationalization and Small Economies: The Swedish Case*, Routledge.

Annaert, Jan (1999), "Globalization of Financial Markets" in Frans Buelens ed., *Globalisation and the Nation-State*, Edward Elgar.

Arendt, Hannah (1951), *The Origins of Totalitarianism: New Edition with Added Preface*, Harcourt, 1979. ハンナ・アーレント著，大島通義・大島かおり訳，『全体主義の起原 2 帝国主義』みすず書房，1972年。

Arndt, Heinz Wolfgang (1972), *The Economic Lessons of the Nineteen-Thirties*, Frank Cass. H. W. アーント著，小沢健二・長部重康・小林襄治・工藤 章・鈴木直次・石見徹訳，『世界大不況の教訓』東洋経済新報社，1978年。

Atkinson, Anthony B. (1995), *Incomes and the Welfare States: Essays on Britain and Europe*, Cambridge University Press. A. B. アトキンソン著，丸谷冷史訳，『アトキンソン教授の福祉国家論I』晃洋書房，2001年。

Aylott, Nicholas (2001), "The Swedish Social Democratic Party", in Ton Notermans, ed., *Social Democracy and Monetary Union*, Berghahn Books.

Batt, Rosemary, and Jeffrey H. Keefe (1997), "United States", in Harry C. Katz ed., *Telecommunications: Restructuring Work and Employee Relations Worldwide*, ILR Press.

Baude, Annika (1979), "Public Policy and Changing Family Patterns in Sweden, 1930–1977", in Jean Lipman-Blumen and Jessie Bernard ed., *Sex Roles and Social Policy: A Complex Social Science Equation*, Sage Publications.

Beck, Ulrich (1986), *Riskogesellshaft: Auf dem Weg in eine andere Moderne*, Suhrkamp Verlag. ウルリヒ・ベック著，東 廉・伊藤美登里訳，『危険社会：新しい近代への道』法政大学出版局，1998年。

Bell, Daniel (1976), *The Cultural Contradictions of Capitalism*, Basic Books. ダニエル・ベ

ル著,林雄二郎訳,『資本主義の文化矛盾(上)(中)(下)』講談社学術文庫,1976年。
Birnbaum, Jeffrey H. and Alan S. Murray (1987), *Shawdown at Gici Gulch: Lawmakers, Lobbyists, and the Unlikely Triumph of Tax Reform*, Vintage Books.
Block, Fred (1987), *Revising State Theory*, Temple University Press.
Blumberg, Linda (2004), "Health Savings Accounts and Tax Preferences for High Deductible Policies Purchased in the Non-Group Market: Potential Impacts on Employer-Based Coverage in the Small Group Market", Statement of Small Business Committee of United States House of Representatives, March 18, 2004.
Boix, Carles (1998), *Political Parties, Growth and Equality*, Cambridge University Press.
Briggs, Asa (1961), "The Welfare State in Histrical Perspective", *European Journal of Sociology* 2, 1961.
Bruce, Maurice (1968), *The Coming of the Welfare State*, 4th ed. モーリス・ブルース著,秋田成就訳,『福祉国家の歩み:イギリスの辿った途』法政大学出版局,1984年。
Brunsdon, Edward and Margaret May (1999), *Swedish Health Care in Transition*, British Library Document Supply Center.
Bryan, Lowell and Diana Farrell (1996), *Market Unbound: Unleashing Global Capitalism*, John Wiley & Sons. ローウェル・ブライアン,ダイアナ・ファレル共著,横山禎徳・川本裕子訳,『市場の時代』東洋経済新報社,1995年。
Burman, Leonard and Linda Blumberg (2003), HSAs Won't Cure Medicare's Ills, The Urban Insttitute. http://www.urban.org/uploadedpdf/1000578_HSAs_wont_cureMedicaids_ills.pdf
Bush, George W. (2001), The Speech of Inauguration 2001. http://www.pbs.org/newshour/inauguration/speech.htm/
Bush, George W. (2002), State of the Union Address, January 29, 2002. http://www.whitehouse.gov/news/releases/2002/01/20020129-11.html
Butler, Stuart M. (1985), *Privatizing Federal Spending: A Strategy to Eliminating the Deficit*, Universe Books. スチュアート・M・バトラー著,長富祐一郎監訳,『民活導入への道』東洋経済新報社,1986年。
Cappelli, Peter (1999), *The New Deal of Work: Managing the Market-Driven Workforce*, Harvard Business School Press. ピーター・キャペリ著,若山由美訳,『雇用の未来』日本経済新聞社,2001年。
Cates, Jerry R. (1983), *Insuring Inequality*, The University of Michigan Press.
Cerny, Philip G. (1999), "Reconstructing the Political in a Globalising World: States, Institutions, Actors and Governance", in Frans Buelens ed., *Globalization and the Nation-States*, Edward Elgar.
Clayton, Richard and Jonas Pontusson (1998), "Welfare-State Retrenchment Revisited: Entitlement Cuts, Public Sector Restructuring and Inegalitarian Trends in Advanced Capitalist Countries", *World Politics* 51.
CMS Legislative Summary (2004), Summary of H.R.1 Medicare Prescription Drug, Improvement, and Modernization Act of 2003, *Public Law* 108-173.
Cohen, Jean (1995), "Interpreting the Notion of Civil Society", in Michael Walzer ed.,

Toward a Global Civil Society, Berghahn Books. マイケル・ウォルツァー著, 石田淳・越智敏夫・向山恭一・佐々木寛・高橋康浩訳, 『グローバルな市民社会に向かって』日本経済評論社, 2001年。
Cohen, Jean L. (1999), "Trust, Voluntary Association and Workable Democracy: the Contemporary American Discourse of Civil Society", in Mark E. Warren ed., *Democracy and Trust*, Cambridge University Press.
Cohen, Jean L. and Andrew Arato (1992), *Civil Society*, MIT Press.
Coleman, James S. (1988), "Social Capital in the Creation of Human Capital", *American Journal of Sociology Supplement*, 94.
Collins, Robert M. (1981), *The Business Response to Keyes, 1929-1964*, New York.
Commission on Social Justice (1994), *Social Justice: Strategies for National Renewal*, Vintage.
Conlan, Timothy J., Margaret T. Wrightson, and David R. Beam (1990), *Taxing Choices: The Politics of Tax Reform*, Congressional Quartely Inc.
Conybeare, John A. C. (1988), *United States Foreign Economic Policy and the International Capital Markets*, Garland Publishing, Inc.
Cook, Fay Lomax and Edith J. Barrett (1992), *Support for the American Welfare State: The View of Congress and the Public*, Columbia University Press.
Cooper, Richard N. (1987), *The International Monetary System*, The MIT Press. R. クーパー著, 武藤恭彦訳, 『国際金融システム』HBJ出版局, 1988年。
Cornwall, John (1990), *The Theory of Economic Breakdown*, Basil Blackwell.
Council of Economic Advisers (1999), *1999 Annual Report of the Council of Economic Advisers*. 平井規之監訳, 「1999米国経済白書」『エコノミスト』臨時増刊, 1999年5月31日号。
Council of Economic Advisers (2000), *2000 Annual Report of the Council of Economic Advisers*. 平井規之監訳, 「2000米国経済白書」『エコノミスト』臨時増刊, 2000年5月29日号。
Council of Economic Advisers (2004), *2004 Annual Report of the Council of Economic Advisers*. 萩原伸次郎監訳, 「2004米国経済白書」『エコノミスト』臨時増刊, 2004年5月17日号。
Council of Economic Advisers (2005), *2005 Annual Report of the Council of Economic Advisers*. 萩原伸次郎監訳, 「2005米国経済白書」『エコノミスト』臨時増刊, 2005年5月23日号。
Cox, Robert W. (1987), *Production, Power, and World Order: Social Forces in the Making of History*, Columbia University Press.
Cox, Robert W. (1997), "Economic Globalization and the Limits to Liberal Democracy", in Anthony McGrew ed., *The Transformation of Democracy?*, Polity Press.
Dahrendorf, Ralf (1979), *Lebenschancen: Anlaufe zur sozialen und politischen Theorie*, Suhrakamp Verlag. ラルフ・ダーレンドルフ著, 吉田博司・田中康夫・加藤秀治郎訳, 『新しい自由主義：ライフ・チャンス』学陽書房, 1987年。
Dempsy, Paul Stephen and Andrew R. Goetz (1992), *Airline Deregulation and Laissez-*

Faire Mythology, Greenwood, 1992. P. S. デンプシー, A. R. ゲーツ著, 吉田邦郎・福井直祥・井出口哲生訳, 『規制緩和の神話―米国航空輸送産業の経験』日本評論社, 1996年。
Diderichsen, Finn (1995), "Market Reforms in Health Care and Sustainability of the Welfare State: Lessons form Sweden", *Health Policy* 32.
Donahue, John D. (1989), *The Privatization Decision: Public Ends, Private Means*, Basic Books.
Donnison, David (1984), "The Progressive Potential of Privatisation", in Julian Le Grand and Ray Robinson, *Privatisation and the Welfare State*, George Allen & Unwin.
Drucker, Peter F. (1993), *Post-Capitalist Society*, Harper Business. P. F. ドラッカー著, 上田惇生・佐々木実智男・田代正美訳, 『ポスト資本主義社会』ダイヤモンド社, 1993年。
Drucker, Peter F (1995), *Managing in a Time of Great Change*, Truman Talley Books. P・F・ドラッカー著, 上田惇生・佐々木実智男・林 正・田代正美訳, 『未来への決断』ダイヤモンド社, 1995年。
Dubofsky, Melvyn (1994), *The State and Labor in Modern America*, The University of North Carolina Press.
Dufey, Gunter and Ian H.Giddy (1978), *The International Money Market*, Prentice-Hall. G・ドゥフェイ, I. H. ギディ著, 志村嘉一ほか訳, 『国際金融市場』東京大学出版会, 1983年。
Eatwell, John and Lance Taylor (2000), *Global Financial Risk: The Case for International Regulation*, The New Press. J. L. イートウェル・L. J. テイラー著, 岩本武和・伊豆 久訳『金融グローバル化の危機』岩波書店, 2001年。
Edsall, Thomas B. and Mary D. Edsall (1992), *Chain Reaction: The Impact of Race, Rights, and Taxes on American Politics*, W. W. Norton.
Erixon, Lennart (1996), *The Golden Age of the Swedish Model: The Coherence Between Capital Accumulation and Economic Policy in Sweden in the Eearly Postwar Period* (http://www.ne.su.se/paper/lerixon.pdf).
Esping-Andersen, Gøsta (1990), *The Three World of Welfare Capitalism*, Princeton University Press. G. エスピン-アンデルセン著, 岡沢憲芙・宮本太郎監訳, 『福祉資本主義の三つの世界』ミネルヴァ書房, 2001年。
Esping-Andersen, Gøsta (1996), "After the Golden Age? Welfare State Dilemmas in a Global Economy", in Gøsta Esping Andersen ed., *Welfare States in Transition: National Adaptations in Global Economies*, Sage Publications.
Esping-Andersen, Gøsta (2002), "Toward the Good Society, Once Again?", in Gosta Esping-Andersen with Duncun Gallie, Anton Hemerijck, and John Myles, *Why We Need a New Welfare State*, Oxford University Press.
Falk, Richard (1995), *On Humane Governance: Toward a New Global Politics*, Polity Press.
Falk, Richard (1999), *Predatory Globalization: A Critique*, Polity Press.
Ferrarini, Tommy and Katija Forssén (2005), "Family Policy and Cross-National Patterns of Poverty", in Olli Kangas and Joakim Palme eds., *Social Policy and Economic Development in the Nordic Countries*, Palgrave Macmillan.

Flora, Peter and Arnold J. Heidenheimer (1981), "The Historical Core and Changing Boundaries of the Welfare State", in Flora and Heidenheimer ed., *The Development of Welfare States in Europe and America*, Transaction, Inc.

Flora, Peter ed. (1983), *State, Economy, and Society in Western Europe 1815-1975*. Campus Verlag. ペーター・フローラ編著,竹岡敬温監訳,『ヨーロッパ歴史統計:国家・経済・社会 1815-1975(上)(下)』原書房, 1985, 1987 年。

Forrest, Ray and Alan Murie (1988), *Selling the Welfare State: The Privatisation of Public Housing*, Routledge.

Forsyth, Douglas J. and Ton Notermans (1997), "Macroeconomic Policy Regimes and Financial Regulation in Europe, 1931-1994", in Douglas J. Forsyth and Ton Notermans eds., *Regime Changes*, Berghan Books.

Frank, Robert H. and Phillip J. Cook (1995), *The Winner-Take-All Society*, The Free Press. ロバート・H・フランク,フィリップ・J・クック著,香西 泰監訳『ウィナー・テイク・オール』日本経済新聞社, 1998 年。

Freeman, Richard B. and Lawrence F. Katz (1995), *Differences and Changes in Wage Structures*, The University of Chicago Press.

Fukuyama, Francis (2006), "After Neoconservatism", *The New York Times Magazine*, February 19.

Furniss, Norman and Timothy Tilton (1977), *The Case for the Welfare State*, Indiana University Press.

Galbraith, James K. (1998), *Created Unequal: The Crisis in American Pay*, The Free Press.

Gale, William G. and Peter R. Orszag (2004), "Bush Administration Tax Policy: Revenue and Budget Effects", *Tax Notes*, October 4.

Gale, William G., Peter R. Orszag, and Isaac Shapiro (2004), "Distributional Effects of the 2001 and 2003 Tax Cuts and Their Financing", Tax Policy Center Publications, June 3, http://www.taxpolicycenter.org/UploadedPDF/41108_tax_cuts.pdf.

Gamble, Andrew (1988), *The Free Economy and the Strong State: The Politics of Thatcherism*, Macmillan. A. ギャンブル著,小笠原欣幸訳,『自由経済と強い国家』みすず書房, 1990 年。

Garfinkel, Irwin, Lee Rainwater, and Timothy M. Smeeding (2004), Welfare state expenditures and the distribution of child opportunities. Working paper 379. Luxembourg Income Study. http://www.lisproject.org/publications/liswps/379.pdf.

Garon, Sheldon and Mike Mochizuki (1993), "Negotiating Social Contracts", in Andrew Gordon ed., *Postwar Japan as History*, University of California Press. アンドルー・ゴードン編,中村政則監訳,『歴史としての戦後日本(上)』みすず書房, 2001 年。

Garrett, Geoffrey (1998), *Partisan Politics in the Global Economy*, Cambridge University Press.

Giddens, Anthony (1994), *Beyond Left and Right: The Future of Radical Politics*, Stanford University Press. アンソニー・ギデンズ著,松尾精文・立松隆介訳,『左派右派を超えて』而立書房, 2002 年。

Giddens, Anthony (1998), *The Third Way*, Polity Press. アンソニー・ギデンズ著, 佐和隆光訳, 『第三の道』日本経済新聞社, 1999 年。

Gilbert, Neil (2002), *Transformation of the Welfare State*, Oxford University Press.

Gilder, George (1981), *Wealth and Poverty*, Basic Books. ジョージ・ギルダー著, 斉藤精一郎訳, 『冨と貧困』日本放送出版協会, 1981 年。

Gill, Stephen (1993), "Global Finance, Monetary Policy and Cooperation among the Group of Seven", in Philip G. Cerny ed., *Finance and World Politics*, Edward Elgar.

Gilpin, Robert (1987), *The Political Economy of International Relations*, Princeton University Press. ロバート・ギルピン著, 佐藤誠三郎・竹内 透監訳, 大蔵省世界システム研究会訳, 『世界システムの政治経済学』東洋経済新報社, 1990 年。

Gilpin, Robert (2000), *The Challenge of Global Capitalism*, Princeton University Press. ロバート・ギルピン著, 古城佳子訳, 『グローバル資本主義』, 東洋経済新報社, 2001 年。

Golden, Miriam A., Michael Wallerstein and Peter Lange (1999), "Postwar Trade-Union Organaization and Industrial Relations in Twelve Countries", in Herbert Kitschelt, Peter Lange, Gary Marks, John D. Stephens eds., *Continuity and Change in Contemporary Capitalism*, Cambridge University Press.

Goldthorpe, John H. (1978), "The Current Inflation: Towards a Sociological Account", in Fred Hirsch and John H. Goldthorpe eds., *The Political Economy of Inflation*, Harvard University Press. フレッド・ハーシュ, ジョン・H・ゴルドソープ編, 都留重人監訳『インフレショーンの政治経済学』日本経済新聞社, 1982 年。

Goodin, Robert E., Bruce Heady, Ruud Muffels and Henk-Jan Driven (1999), *The Real Worlds of Welfare Capitalism*, Cambridge University Press.

Goul Andersen, Jørgen (2006), "Nordic Welfare States in Global Economy: The Danish Case", Paper presented at symposium on "Nordic Social, Political and Economic Life in Perspective", European University Institute, Florence, 29–30 May, 2006.

Gould, Arthur (2001), *Developments in Swedish Social Policy: Resisting Dionysus*, Palgrave.

Gouph, Ian (1979), *The Political Economy of the Welfare State*, Macmillan. イアン・ゴフ著, 小谷義次ほか訳, 『福祉国家の経済学』大月書店, 1992 年。

Greider, William (1987), *Secrets of the Temple: How the Federal Reserve Runs the Country*, Simon and Schuster.

Gross, James A. (1995), *Broken Promise: The Subversion of U. S. Labor Relation Policy, 1947–1994*, Temple University Press.

Habermas, Jurgen (1985), "Die Krise des Wohlfahrtsstaates und die Erschopfung Utopischer Energien", *Auszuge in: Merkur, H. 431 Januar 1985*, in Die Neue Unubersichtlichkeit, Suhrkamp Verlag. ユルゲン・ハーバーマス著, 河上倫逸監訳, 『新たなる不透明性』松籟社, 1995 年。

Habermas, Jurgen (1990), *Strukturwandel der Offentlichkeit, Suhrkamp Verlag*. ユルゲン・ハーバーマス著, 細谷貞男・山田正行訳, 『公共性の構造転換（第 2 版）』未來社, 1994 年。

Hans Svensson and Jan-Ake Brorsson (1997), "Sweden: Sickness and Injury Insurance: A

Summary of Developments", *International Social Review*, Vol. 50 No.1.
Hayek, Friedrich A. (1944), *The Road to Serfdom*, The University of Chicago Press. F. A. ハイエク著, 一谷藤一郎訳, 『隷従への道』東京創元社, 1954 年。
Heclo, Hugh (1981), "Toward a New Welfare State?" in Peter Flora and Arnold J. Heidenheimer, eds., *The Development of Welfare States in Europe and America*, Transaction Books.
Held, David (1995), *Democracy and the Global Order: From the Modern State to Cosmopolitan Governance*, Stanford University Press.
Helleiner, Eric (1994), *States and the Reemergence of Global Finance*, Cornell University Press.
Higgs, Robert (1985), "Crisis, Bigger Government, and Ideological Change: Two Hypotheses on the Ratchet Phenomenon", *Explorations in Economic History*, Vol. 22, No. 1, January 1985.
Hinrichs, Karl, Claus Offe and Helmut Wiesenthal (1988), "Time, Money, and Welfare State Capitalism", in John Keane ed., *Civil Society and the State*, Verso.
Hirsch, Fred and John H. Goldthorpe ed. (1978), *The Economy of Inflation*, Martin Robertson Ltd. フレッド・ハーシュ, ジョン・H・ゴールドソープ編著, 都留重人監訳, 『インフレーションの政治経済学』日本経済新聞社, 1982 年。
Hirsch, Joachim (1990), *Kapitalismus ohne Alternative?*, VSA Verlag. ヨアヒム・ヒルシュ著, 木原滋哉・中村健吾訳, 『資本主義にオルタナティブはないのか?』ミネルヴァ書房, 1997 年。
Hirsch, Joachim (1995), *Der Nationale Wettbewerbsstaat*, Edition ID-Archiv. ヨアヒム・ヒルシュ著, 木村滋哉・中村健吾訳, 『国民的競争国家』ミネルヴァ書房, 1998 年。
Hirst, Paul and Grahame Thompson (1999), "The Tyranny of Globalisation: Myth or Reality?", in Frans Buelens ed., *Globalisation and Nation-State*, Edward Elgar.
Hobsbawm, Eric (1994), *Age of Extremes: The Short Twentieth Century 1914-1991*, Michael Joseph Ltd. エリック・ホブズボーム著, 河合秀和訳, 『極端な時代: 20 世紀の歴史 (上) (下)』三省堂, 1996 年。
Holtz-Eakin, Douglas and Jeff Lemieux (2003), "The Cost of Medicare: What the Future Holds", Heritage Lectures No.815, The Heritage Foundation.
Howard, Christopher (1997), *The Hidden Welfare States: Tax Expenditure and Social Policy in the United States*, Princeton University Press.
Huber, Evelyne and John D. Stephens (2001), *Development and Crisis of the Welfare State: Parties and Policies in Global Markets*, The University of Chicago Press.
Huntington, Samuel P. (1975), "The United States", in M. Crozier, S. P. Huntington, and J. Watanuki eds., *The Crisis of Democracy*, New York University Press. サミュエル・P・ハンチントン, ミッシェル・クロジエ, 綿貫譲治著, 綿貫譲治監訳『民主主義の統治能力』サイマル出版会, 1976 年。
Ignatieff, Michael (2003), *Empire Lite: Nation-Building in Bosnia, Kosovo and Afghanistan*, Vintage. マイケル・イグナティエフ著, 中山俊宏訳, 『軽い帝国』風行社, 2003 年。
Ikenberry, G. John (2001), *After Victory: Institutions, Strategic Restraint, and The*

Rebuilding of Order After Major Wars, Princeton University Press. G・ジョン・アイケンベリー著, 鈴木康雄訳, 『アフター・ヴィクトリー:戦後構築の論理と行動』NTT出版, 2004年。

Immergut, Ellen M. (1992), *Health Politics: Interests and Institutions in Western Europe*, Cambridge University Press.

Inglehart, Donald (1990), *Culture Shift in Advanced Industrial Society*, Princeton University Press. R・イングルハート著, 村上　皓・富沢　克・武重雅文訳『カルチャーシフトと政治変動』東洋経済新報社, 1993年。

Isserman, Maurice and Michael Kazin (1989), "The Failure and Success of the Mew Radicalism", in Steve Fraser and Gary Gerstle eds., *The Rise and Fall of the New Deal Order, 1930-1980*, Princeton University Press.

Jacobs, Jane (1961), *The Death and Life of Great American Cities*, Vintage Books. J・ジェコブズ著, 黒川紀章訳, 『アメリカ大都市の死と生』鹿島出版会, 1969年。

Jacobs, Jane (1992), *Systems of Survival, A Dialogue on the Moral Foundations of Commerce and Politics*, Random House. ジェイン・ジェイコブズ著, 香西　泰訳『市場の倫理　統治の倫理』日本経済新聞社, 1998年。

Jacoby, Sanford M. (1997), *Modern Manors: Welfare Capitalism since the New Deal*, Princeton University Press. S. M. ジャコービィ著, 内田一秀・中本和秀・鈴木良治・平尾武久・森 杲訳, 『会社荘園制』北海道大学図書刊行会。

Janowitz, Moris (1976), *Social Control of the Welfare State*, Elsevier Scientific Publishing. M. ジャノウィッツ著, 和田修一訳『福祉国家のジレンマ』新曜社, 1980年。

Janzen, Russell and L. Anders Sandberg (1998), "Good Work, Productivity and Sustainability in Canadian Forestry", *Economic and Industrial Democracy*. 19.

Jenkins, Michael B. and Emily T. Smith (1999), *The Business of Sustainable Forestry*, Island Press. M. B. ジェンキンス, E. T. スミス著, 大田伊久雄・梶原　晃・白石則彦編訳, 『森林ビジネス革命』築地書館, 2002年。

Jesuit, David K. and Vincent A. Mahler (2006), Fiscal Redistribution Data Set, August, 2005-Updated July 28. 2006. http://www.lisproject.org/publicatiobs/fiscalredisdata/fiscal_redistribtion_data.xls.

Johnson, Chalmers (2000), *Blowback: The Costs and Consequences of American Empire*, Owl Books. チャルマーズ・ジョンソン著, 鈴木主税訳『アメリカ帝国への報復』集英社, 2000年。

Johnson, Chalmers (2004), *The Sorrows of Empire: Militarism, Secrecy, and the End of the Republic*, Metropolitan Books.

Jonas Pontusson (1997), "Between Neo-Liberalism and The German Model: Swedish Capitalism in Transition", in Colin Crouch and Wolfgang Streeck eds., *Political Economy of Modern Capitalism*, SAGE Publications. コーリン・クラウチ, ウォルフガング・ストリーク編, 山田鋭夫訳『現代の資本主義制度』NTT出版, 2001年。

Juhani Lehto, Nina Moss and Tine Rostgaard (1999), "Universal Public Social Care and Health Services?" in Mikko Kauto et al. eds., *Nordic Social Policy: Changing Welfare States*, Routledge.

Katz, Harry C. ed., (1997), *Telecommunications: Restructuring Work and Employment Relations Worldwide*, Cornell University Press.
Katz, Harry C. and Darbishire, Owen (2000), *Converging Divergences: Worldwide Changes in Employment Systems*, Cornell University Press.
Kauto, Mikko et al. eds. (1999), *Nordic Social Policy: Changing Welfare States*, Routledge.
Keane, John (1988a), *Democracy and Civil Society*, Verso.
Keane, John (1988b), "Introduction", in John Keane ed., *Civil Society and the State*, Verso.
Keane, John (1998), "The Philadelphia Model", in Takashi Inoguchi, Edward Newman and John Keane eds., *The Changing Nature of Democracy*, United Nations University Press. 猪口 孝, エドワード・ニューマン, ジョン・キーン編『現代民主主義の変容』有斐閣, 1999年。
Keane, John (2003), *Global Civil Society?*, Cambridge University Press.
Keane, John ed. (1988), *Civil Society and the State*, Verso.
Keefe, Jeffrey and Boroff, Karen (1994), "Telecomunications Labor-Management Relations: One Decade After Divestiture", in Paula B. Voos ed., *Contemporary Collective Bargaining in the Private Sector*, Industrial Relations Research Association.
Kennedy, Paul (1987), *The Rise and Fall of the Great Powers*. ポール・ケネディ著, 鈴木主税訳『大国の興亡(上)(下)』草思社, 1988年。
Kenworthy, Lane and Jonas Pontusson (2005), "Rising Inequality and the Politics of Redistribution in Affluent Countries", *Perspectives on Politics*, September 2005, Vol. 3, No. 3.
Kettl, Donald F. (1993), *Sharing Power: Public Governance and Private Markets*, The Brooking Institution.
Keynes, J. M. (1931), *Essays in Persuasion*, Macmillan. J・M・ケインズ著, 宮崎義一訳, 『説得論集』東洋経済新報社, 1981年。
Kitschelt, Herbert, Peter Lange, Gary Marks and John D. Stephens (1999), *Continuity and Change in Contemporary Capitalism*, Cambridge University Press.
Klausen, Jytte (1998), *War and Welfare: Europe and the United States, 1945 to the Present*, St. Martin's Press.
Korpi, Walter (1983), *The Democratic Class Struggle*, Routledge & Kegan Paul.
Krugman, Paul (1996), *Pop Internationalism*, MIT Press. ポール・クルーグマン著, 山岡洋一訳, 『良い経済学 悪い経済学』, 日本経済新聞社, 1997年。
Kupchan, Charles A. (2002), *The End of the American Era: U. S. Foreign Policy and the Geopolitics of the Twenty-First Century*, Alfred A. Knopf. チャールズ・カプチャン著, 坪内 淳訳, 『アメリカ時代の終わり(上)(下)』日本放送出版協会, 2003年。
Kuttner, Robert (1991), *The End of Laissez-Faire*. ロバート・カットナー著, 佐和隆光・菊谷達弥訳, 『新ケインズ主義の時代：国際経済システムの再構築』日本経済新聞社, 1993年。
LaFree, Gray (1998), *Losing Legitimacy: Street Crime and the Decline of Social Institutions in America*, Westview Press. ゲリー・ラフリー著, 宝月 誠監訳『正統性の喪失』東信堂, 2002年。

Lasch, Christopher (1995), *The Revolt of the Elites and the Betrayal of Democracy*, W. W. Norton. クリストファー・ラッシュ著, 森下伸也訳, 『エリートの反逆』新曜社, 1997年。
Le Grand, Julian and Will Bartlett (1993), *Quasi-Markets and Social Policy*, The Macmillan Press.
Lehto, Juhani, Nina Moss and Tine Rostgaard (1999), "Universal Public Social Care and Health Services?", in Mikko Kautto et al. eds., *Nordic Social Policy: Changing Welfare State*, Routlege.
Levi, Margaret (1991), "Are There Limits to Rationality?", Archives Europeenes de Sociogie, 31.
Levy, Frank (1998), *The New Dollars and Dreams: American Incomes and Economic Change*, The Russel Sage Foundation.
Lindbeck Assar (1997), *The Swedish Experiment*, SNS Förlag.
Loriaux, Michael (1991), *France after Hegemony: International Change and Finacial Reform*, Cornell University Press.
Loriaux, Michael et al. (1997), *Capital Ungoverned: Liberalizing Finance in Interventionist States*, Cornell University Press.
Lowi, Theodore (1979), *The End of Liberalism: The Second Republic of the United States*, Second ed., Norton. セオドア・ロウィ著, 村松岐夫監訳, 『自由主義の終焉』木鐸社, 1981年。
Luttwak, Edward (1999), *Turbo Capitalism*, HarperCollins Publishers. エドワード・ルトワク著, 山岡洋一訳, 『ターボ資本主義』TBSブリタニカ, 1999年。
Maddison, Angus (1982), *Phases of Capitalist Development*, Oxford University Press.
Maddison, Angus (1989), *The World Economy in 20th Century*, OECD. アンガス・マディソン著, 金森久雄監訳『20世紀の世界経済』東洋経済新報社, 1990年。
Mahler, Vincent A. and David K. Jesuit (2006b), "Fiscal Redistribution in the Developed Countries: New Insights from the Luxembourg Income Study", *Socio-Economic Review*, Vol. 4, No. 3.
Mann, Michael (1993), *The Sources of Social Power Vol.2: The Rise of Classes and Nation-States, 1760-1914*. マイケル・マン著, 森本 淳・君塚直隆訳, 『ソーシャルパワー：社会的な〈力〉の世界史II─階級と国民国家の「長い19世紀」(上)(下)』NTT出版, 2005年。
Mann, Michael (2003), *Incoherent Empire*, Verso. マイケル・マン著, 岡本 至訳, 『論理なき帝国』NTT出版, 2004年。
Mann, Michael (2005), *The Dark Side of Democracy: Explaining Ethnic Cleansing*, Cambridge University Press.
Marshall, Thomas Humphrey (1950), *Citizenship and Social Class: and Other Essays*, Cambridge University Press.
Marshall, Thomas Humphrey (1964), *Class, Citizenship, and Social Development*, Doubleday.
Martin, Andrew (1984), "Trade Unions in Sweden: Strategic Responses to Change and Crisis" in Peter Gourevitch, Andrew Martin, George Ross, Christopher Allen, Stephen

Bornstein and Andrei Markovits, *Unions and Economic Crisis: Britain, West Germany and Sweden*, George Allen & Unwin.

McFate, Katherine, Timothy Smeeding and Lee Rainwater (1995), "Markets and States: Povety Trends and Transfer System Effectiveness in the 1980s", in Katherine McFate, Roger Lawson and William Julius Wilson eds., *Poverty, Inequality, and the Future of Social Policy*, Russel Sage Foundation.

Meeropol, Michael (1998), *Surrender: How the Clinton Administration Completed the Reagan Revolution*, The University of Michigan Press.

Melucci, Alberto (1988), "Social Movements and the Democratization of Everyday Life", in John Keane ed., *Civil Society and the State*, Verso.

Mishra, Ramesh (1990), *The Welfare State in Capitalist Society*, Policies of Retrenchment and Maintenance in Europe, North America and Australia, Harvester Wheatsheaf. レーミッシュ・ミシュラー著，丸谷冷史他訳『福祉国家と資本主義』晃洋書房，1995年。

Mishra, Ramesh (1999), *Globalization and the Welfare State*, Edward Elgar.

Mollenkopf, John (1998), "Urban Policy at the Crossroads," in Margaret Weir ed., *The Social Divide: Political Parties and the Future of Activist Government*, Brooking Institution Press.

Moses, Jonathon W. (2000), "Floating Fortunes: Scandinavian Full Employment in the Tumultuous 1970s–1980s", in Robert Geyer, Chritine Ingebritsen and Jonathon W. Moses eds, *Globalization, Europeanization and the End of Scandinavian Social Democracy?*, Macmillan & St. Martin Press.

Moynihan, Daniel Patrick (1996), *Miles to Go*, Harvard University. ダニエル・モイニハン著，島 信彦監訳，『政治家は未来を告げる声を聞く』社会思想社，1998年。

Mueller, John (2005), "The Iraq Syndrome," *Foreign Affairs*, November/December 2005. ジョン・ミューラー「イラク・シンドローム」『論座』2006年1月号。

Myrdal, Gunnar (1957), "Econmic Nationalism and Internationalism," *The Australian Outlook*, vol. 11. no. 4, December.

Myrdal, Gunnar (1960), *Beyond the Welfare State: Economic Planning in the Welfare States and its International Implications*, Yale University Press. G. ミュルダール著，北川一雄監訳，『福祉国家を越えて』ダイヤモンド社，1963年。

Newhouse, Joseph P. (2002), "Medicare", in Jeffrey A. Frankel and Peter R. Orszag, eds. *American Economic Policy in the 1990s*, MIT Press.

Nordlund, Anders (2000), "Social Policy in Harsh Times: Social Security Development in Denmark, Finland, Norway and Sweden during the 1980s and 1990s", *International Journal of Social Welfare*, Vol. 9.

North, Douglass C. (1981), *Structure and Change in Economic History*, Norton. ダグラス・ノース著，中島正人訳，『文明史の経済学』春秋社，1989年。

Notermans, Ton (2000), *Money, Markets, and the State*, Cambridge University Press.

Notermans, Ton (2001), "Conclusions", in Ton Notermans ed., *Social Democracy and Monetary Union*, Berghahn Books.

O'Connor, James (1973), *The Fiscal Crisis of the State*, St. Martin's Press. ジェームズ・オ

コンナー著, 池上 淳・横尾邦夫監訳,『現代国家の財政危機』御茶の水書房, 1981 年。
OECD (1987), *Historical Statistics 1960-1985*, Paris.
OECD (1991), *Historical Statistics 1960-1989*, Paris.
OECD (1992), *Regulatory Reform, Privatisation and Competion Policy*, Paris. OECD 編, 山本哲三, 松尾 勝訳『規制緩和と民営化』東洋経済新報社, 1993 年。
OECD (1994), *Sweden: Economic Surveys*, Paris.
OECD (1996), *Historical Statistics 1960-1994*, Paris.
OECD (1997), *Regulatory Reform I: Sectoral Studies*, Paris. OECD 編, 山本哲三, 山田弘監訳『世界の規制改革 (上)』日本経済評論社, 2000 年。
OECD (1999a), *A Caring World: The New Social Policy Agenda*, Paris.
OECD (1999b), *The Public Employment Service in the United States*, Paris .
OECD (1999c), *Economic Surveys 1998-1999 Sweden*, Paris.
OECD (2001a), *OECD Historical Statistics 1970-2000*, Paris.
OECD (2001b), *Social Expenditure Database 1980-1998*, Paris.
OECD (2002), *Economic Surveys 2001-2002 Sweden*, Paris.
OECD (2004a), *Social Expenditure Database 1980-2001*, Paris.
OECD (2004b), *Sweden: Economic Surveys*, Paris.
OECD (2006), *Economic Outlook*, No. 80, Paris.
Offe, Claus (1984), *Contradictions of the Welfare State*, Hutchinson.
Offe, Claus (1988), "Democracy against the Welfare State? Structural Foundations of Neo-conservative Political Opportunities", in J. Donald Moon ed., *Responsibility, Rights, and Welfare: The Theory of the Welfare State*, Westview Press.
Offe, Claus (1998), "Fifty Years after the 'Great Transformation': Reflections on Social Order and Political Agency", in Takashi Inoguchi, Edward Newman, and John Keane eds., *The Changing Nature of Democracy*, United Nations University Press. 猪口 孝, エドワード・ニューマン, ジョーン・キーン編,『現代民主主義の変容』有斐閣, 1999 年。
Offe, Claus, Ulrich Muckenberger and Ilon Ostner (1996), "A Basic Income Guaranteed by the State: A Need of the Moment in Social Policy", in Claus Offe, *Modernity and the State*, The MIT Press.
Ohmae, Kenichi (1990), *The Borderless World*, Harper Collins Publishers. 大前研一著, 田口統吾訳,『ボーダレスワールド』プレジデント社, 1990 年。
Olsson, Sven E (1990), *Social Policy and Welfare State in Sweden*, Arkiv förlag.
Olsson, Ulf (1993a), "Sweden and Europe in the 20th Century: Economics and Politics", *Scandinavian Journal of History* 18.
Olsson, Ulf (1993b), "Securing the Markets, Swedish Multinationals in a Historical Perspective", in Geoffrey Jones and Harm G. Schroter, *The Rise of Multinationals in Continental Europe*, Edward Elgar.
Orloff, Ann Shola (1988), "The Political Origin of American's Belated Welfare State", in Margaret Weir, Ann Shola Orloff and Theda Skocpol eds., *The Politics of Social Policy in the United States*, Princeton University Press.

Palme, Joakim (2005), "Features of the Swedish Pension Reform", *The Japanese Journal of Social Security Policy*, Vol. 4, No. 1.

Peden, G. C. (1988), *Keynes, the Treasury and British Economic Policy*, Macmillan Education. G. C. ピーデン著, 西沢 保訳『ケインズとイギリスの経済政策』早稲田大学出版部, 1996年。

Perez, Sofia A. (1997), "'Strong' States and 'Cheap' Credit: Economic Policy Strategy and Financial Regulation in France and Spain", in Douglas J. Forsyth and Tonn Notermans eds., *Regime Changes*, Berghahn Books.

Peterson, Mark A. (1998), "The Politics of Health Care Policy: Overreaching in an Age of Polarization", in Margaret Weir ed., *The Social Divide: Political Parties and the Future of Activist Government*, Brooking Institution Press.

Peterson, Paul E. (1995), *The Price of Federalism*, The Brooking Institution.

Peterson, Wallace C. (1991), *Transfer Spending, Taxes, and the American Welfare State*, Kluwer Academic Publishers.

Pettersson, Thorleif (1992), "Välfärd, Värderingsförändringar och Forkrörelseengagemang", in Sigbert Axelsson and Thorleif Pettersson eds., *Mot Denna Framtid*, Carlsson Förlag.

Pierson, Christopher (1991), *Beyond the Welfare State?*, Basil Blackwell. クリストファー・ピアソン著, 田中 浩・神谷直樹訳,『曲がり角にきた福祉国家』未來社, 1996年。

Pierson, Christopher (2001), *Hard Choices: Social Democracy in the 21st Century*, Polity.

Pierson, Paul (1994), *Dismantling the Welfare States? Reagan, Thatcher and the Politics of Retrenchment*, Cambridge University Press.

Pierson, Paul (1996), "The New Politics of the *Welfare State*", *World Politics* 48 (2).

Pierson, Paul (2001), "Post-industrial Pressures on the Mature Welfare States", in Paul Pierson ed., *The New Politics of the Welfare State*, Oxford University Press.

Piore, Michael J. and Sable, Charles F. (1984), *The Second Industrial Divide*, Basic Books. マイケル・J・ピオリ, チャールズ・F・セーブル著, 山之内靖・永易浩一・石田あつみ訳『第二の産業分水嶺』筑摩書房。

Ploug, Niels (1999), "Cuts in and Reform of the Nordic Cash Benefit Systems", in Mikko Kauto et al. eds., *Nordic Social Policy: Changing Welfare* States, Routledge.

Ploug, Niels and Jon Kvist (1996), *Social Security in Europe: Development or Dismantlement?*, Kluwer Law International.

Polanyi, Karl (1957), *The Great Transformation*, Beacon Press. カール・ポラニー著, 吉沢英成・野口建彦・長尾史郎・杉村芳美訳,『大転換』, 東洋経済新報社, 1975年。

Pontusson, Jonas (1997), "Between Neo-Liberalism and the German Model: Swedish Capitalism in Transition," in Colin Crouch and Wolfgang Streeck eds., *Political Economy of Modern Capitalism*, Sage Publications, 1998. 山田鋭夫訳,『現代の資本主義制度』, NTT出版, 2001年。

Pontusson, Jonas and Peter Swenson (1996), "Labor Markets, Production Strategies, and Wage Bargaining Institutions: The Swedish Employer Offensive in Comparative Perspective", *Comparative Political Studies*, Vol. 29, No.2.

Przeworski, Adam (1985), *Capitalism and Social Democracy*, Cambridge University Press.
Putnam, Robert D. (1993a), "The Prosperous Community: Social Capital and Public Life", *The American Prospect*, No. 13. Spring.
Putnam, Robert D. (1993b), *Making Democracy Work*, Princeton University Press. ロバート・D・パットナム著, 河田潤一訳, 『哲学する民主主義』NTT出版, 2001年.
Putnam, Robert D. (1995), "Turning In, Turning Out: The Strange Disappearance of Social Capital in America", *Political Science & Politics*, December.
Reich, Robert B. (1991), *The Work of Nations*, Alfred A. Knopf. ロバート・B・ライシュ著, 中谷 巌訳, 『ザ・ワーク・オブ・ネーションズ』ダイヤモンド社, 1991年.
Reich, Robert B. (2000), *The Future of Success: Working and Living in the New Economy*, Vintage Books. ロバート・B・ライシュ著, 清家 篤訳, 『勝者の代償』東洋経済新報社, 2002年.
Reich, Robert B (2004), *Reason: Why Liberals Will Win the Battle for America*. Vintage Books. ロバート・B・ライシュ著, 石塚雅彦訳, 『アメリカは正気を取り戻せるか』東洋経済新報社, 2004年.
Rhodes, Martin (2001), "The Political Economy of Social Pacts: 'Competetive Corporatism' and European Welfare Reform", in Paul Pierson ed., *The New Politics of the Welfare State*, Oxford University Press.
Rieder, Jonathan (1989), "The Rise of the 'Silent Majority'", in Steve Fraser and Gary Gerstle eds., *The Rise and Fall of the New Deal Order, 1930–1980*, Princeton University Press.
Rieger, Elmar and Stephan Liebfried (1998), "Wefare State Limits to Globalization", *Politics & Society*, Vol. 26, No. 3.
Ritter, Gerhard A. (1991), *Der Sozialstaat Entstehung und Entwicklung im Internationalen Vergleich*, R. Oldenbourg Verlag. ガーヘルド・A・リッター著, 木谷 勤他訳, 『社会国家：その成立と発展』晃洋書房, 1993年.
Rodrik, Dani (1997), *Has Globalization Gone Too Far?*, Institute for International Economics.
Rodrik, Dani (2000), "Institutions for High-Quality Growth: What They Are and How to Aquire Them", *Studies in Comparative International Development*, Vol. 35, No. 3.
Rosanvallon, Pierre (1988), "The Decline of Social Visibility", in John Keane ed., *Civil Society and the State*, Verso.
Rossiter, Clinton (1962), *Conservatism in America, the Thankless Persuasion*, second edition, Vintage Books. クリントン・ロシター著, アメリカ研究振興会訳, 『アメリカの保守主義』有信堂, 1964年.
Rothstein, Bo (1996), *The Social Democratic State: The Swedish Model and Bureaucratic Problem of Social Reform*, University of Pittsburgh Press.
Rothstein, Bo (1998), *Just Institutions Matter: The Moral and Political Logic of the Universal Welfare State*, Cambridge University Press.
Rothstein, Bo (2002), "Sweden: Social Capital in the Social Democratic State", in Robert D. Putnam ed., *Democracies in Flux: The Evolution of Social Capital in Contemporary Soci-*

ety, Oxford University Press.
Ruggie, John Gerard (1982), "International Regimes, Transactions, and Change: Embedded Liberalism in the Postwar Economic Order", *International Organization* 36.
Ryner, Magnus (1997), "Nordic Welfare Capitalism in the Emerging Global Political Economy", In Stephen Gill ed., *Globalization, Democratization and Multilateralism*, United Nation University Press.
Ryscavage, Paul (1999), *Income Inequality in America: An Analysis of Trends*, M. E. Sharpe.
Sainsbury, Diane (1980), *Swedish Social Democratic Ideology and Electoral Politics 1944–1948: A Study of the Functions of Party Ideology*, Almqvist & Wiksell International.
Sainsbury, Diane (1993), "Dual Welfare and Sex Segregation of Access to Social Benefits: Income Maintenance Policies in the UK, the US, the Netherlands and Sweden", *Journal of Social Policy*, Vol. 22, No. 1.
Sakamoto, Yoshikazu (2000), "An Alternative to Global Marketization", in Jan Nederveen Pieterse ed., *Global Futures: Shaping Globalization*, London.
Saltman, Richard B. and Casten Von Otter (1992), *Planned Markets and Public Competition: Strategic Reform in Northern European Health Systems*, Open University Press.
Schwartz, Herman (1994a), "Small States in Big Trouble: State Reorganization in Australia, Denmark, New Zealand and Sweden in the 1980s", *World Politics*, Vol. 46, No. 4.
Schwartz, Herman (1994b), "Public Choice Theory and Public Choices: Bureaucrats and State Reorganization in Australia, Denmark, New Zealand, and Sweden in the 1980s", *Administration & Society*, Vol. 26, No. 1.
Schwartz, Herman (2001), "Round up the Usual Suspects!: Globalization, Domestic Politics, and Welfare State Change", in Paul Pierson ed., *The New Politics of the Welfare State*, Oxford University Press.
Schwarz, B. and Gustafsson, B. (1991), "Income Redistribution Effects of Tax Reforms in Sweden", *Journal of Policy Modeling* 13(4).
Shapiro, Isaac and Joel Friedman (2004), *Tax Returns: A Comprehensive Assessment of the Bush Administration Tax Cuts*, Center on Budget and Policy Priorities.
Shaw, Martin (1994), *Global Society and International Relations*, Polity Press. マーチン・ショー著, 高屋定国・松尾　眞訳『グローバル社会と国際政治』ミネルヴァ書房, 1997年。
Shaw, Martin (2000), *Theory of the Global State: Globality as an Unfinished Revolution*, Cambridge University Press.
Shonfield, Andrew (1965), *Modern Capitalism: The Changing Balance of Public and Private Power*, Oxford University Press. アンドリュー・ションフィールド著, 海老沢道進・間野英雄・松岡健二郎・石橋邦夫共訳,『現代資本主義』オックスフォード出版局, 1968年。
Skocpol, Theda (1992), *Protecting Soldiers and Mothers: The Political Origins of Social Policy in the United States*, The Harvard University Press.
Skocpol, Theda (1996), "Unravelling from Above", *The American Prospect* 25, March/April.,

Skocpol, Theda (1999), *Boomerang: Clinton's Health Security Effort and the Turn against Government in U. S. Politics*, W. W. Norton & Company.

Skocpol, Theda and G. John Ikenberry (1983), "The Political Formation of the American Welfare State", *Comparative Social Research*, Vol. 6.

Södersten Bo (2004), "The Welfare State as a General Equilibrium System", in Bo Södersten ed., *Globalization and the Welfare State*, Palgrave Macmilan.

Soros, George (1998), *The Crisis of Global Capitalism*, Public Afairs. ジョージ・ソロス著, 大原　進訳,『グローバル資本主義の危機』日本経済新聞社, 1999年。

Stenimo, Sven (1993), *Taxation and Democracy: Swedish, British and American Approaches to Financing the Modern State*, Yale University Press. スヴェン・スティモ著, 塩崎　潤・塩崎恭久訳,『税制と民主主義』今日社, 1997年。

Steinmo, Sven (2002), "Globalization and Taxation: Challenges to the Swedish Welfare State", *Comparative Political Studies*, Vol. 35, No. 7.

Stephens, Philip (1996), *Politics and the Pound*, Macmillan.

Steuerle, C. Eugene (1992), *The Tax Decade: How Taxes Came to Dominate the Public Agenda*, The Urban Institute Press.

Steuerle, C. Eugene (1996), "Financing the American State at the Turn of the Century", in W. Elliot Brownlee, *Funding the Modern American State, 1941-1995*, Cambridge University Press.

Steuerle, C. Eugene (2004), *Contemporary U. S. Tax Policy*, The Urban Institute Press.

Stewart, Michael (1984), *The Age of Interdependence: Economic Policy in a Shrinking World*, The MIT Press.

Stiglitz, Joseph E. (2002), *Globalization and Its Discontents*, W. W. Norton. ジョセフ・E・スティグリッツ著, 鈴木主税訳,『世界を不幸にしたグローバリズムの正体』徳間書店, 2002年。

Stiglitz, Joseph E. (2003), *The Roaring Nineties*, W. W. Norton. ジョセフ・E・スティグリッツ著, 鈴木主税訳,『人間が幸福になる経済とは何か』徳間書店, 2003年。

Stiglitz, Joseph E. (2006), *Making Globalization Work*, W. W. Norton. ジョセフ・E・スティグリッツ著, 楡井浩一訳『世界に格差をバラ撒いたグローバリズムを正す』徳間書店, 2006年。

Stockman, David A. (1986), *The Triumph of Politics: Why the Reagan Revolution Failed*, Harper & Row.

Strange, Susan (1994), *States and Markets: An International Political Economy*, 2nd ed., Pinter Publishers. スーザン・ストレンジ著, 西川　潤・佐藤元彦訳,『国際政治経済学入門：国家と市場』東洋経済新報社, 1994年。

Strange, Susan (1996), *The Retreat of the State: The Diffusion of Power in the World Economy*, Cambridge University Press. スーザン・ストレンジ著, 櫻井公人訳,『国家の退場』岩波書店, 1998年。

Strange, Suzan (1998), *Mad Money*, Manchester University Press. スーザン・ストレンジ著, 櫻井公人・櫻井純理・高嶋正晴訳,『マッド・マネー』岩波書店, 1999年。

Strasser, Johano (1995), "Between Social Darwinism and the Overprotective State: Some

Reflections on a Modern Concept of Social Welfare Policy", in Michael Walzer ed., *Toward a Global Civil Society*, Berghan Books. マイケル・ウォルツァー編, 石田 淳・越智敏夫・向山恭一・佐々木寛・高橋康浩訳, 『グローバルな市民社会に向かって』日本経済評論社, 2001年。

Sunesson, Sune et al. (1998), "The Flight from Universalism", *European Journal of Social Work*, Vol. 1, No. 1.

Svallfors, Stefan (1991), "The Politics of Welfare Policy in Sweden: Structural Determinants and Attitudial Cleavages", *British Journal of Sociology* 42.

Svallfors, Stefan (1995), "The End of Class Politics? Structural Cleavages and Attitudes to Swedish Welfare Policies", *Acta Sociologia*, No. 38.

Svallfors, Stefan (1999), "The Middle Class and Welfare State Retrenchment: Attitudes to Swedish Welfare Policies", in Stefan Svallfors and Peter Taylor-Gooby eds., *The End of the Welfare State?: Responses to State Retrenchment*, Routledge.

Svallfors, Stefan and Peter Taylor-Gooby eds. (1999), *The End of the Welfare State?: Responses to State Retrenchment*, Routledge.

Svensson, Hans and Jan-Ake Brorsson (1997), "Sweden: Sickness and Injury Insurance: A Summary of Developments", *International Social Review*, Vol. 50, No. 1.

Swank, Duane (2002), *Global Capital, Political Institutions, and Policy Change in Developed Welfare States*, Cambridge University Press.

Swenson, Peter (1991), "Labor and the Limits of the Welfare State: The Politics of Interclass Conflict and Cross-Class Alliances in Sweden and West Germany", *Comparative Politics* 23.

Swenson, Peter and Jones Pontusson (2000), "The Swedish Employer Offensive Against Centraized Wage Bargaining", in Torben Iversen, Jonas Pontusson and David Soskice eds., *Unions, Employers, and Central Banks*, Cambridge University Press.

Taylor, Charles (2003), "No Community, No Democracy", Part 1, *The Responsive Community*, Vol. 13, No. 4, Fall 2003.

Taylor, Charles (2003/04), "No Community, No Democracy" Part 2, *The Responsive Community*, Vol. 13, No. 5, Winter 2003/04.

Taylor-Gooby, Peter (1988), "The Future of the British Welfare State: Public Attitudes, Citizenship and Social Policy under the Conservative Governments of the 1980s," *European Sociological Review* 4.

Teeple, Gary (1995), *Globalization and the Decline of Social Reform*, Garamond Press.

Temin, Peter (1987), *The Fall of the Bell System: A Study in Prices and Politics*, Cambrige University Press. P. テミン著, 高橋洋文・山口一臣監訳, 『ベル・システムの崩壊：20世紀最大の企業分割』文眞堂, 1989年。

Temin, Peter (1989), *Lessons from the Great Depression: The Lionel Robbins Lectures for 1989*, The MIT Press. ピーター・テミン著, 猪木武徳ほか訳, 『大恐慌の教訓』東洋経済新報社, 1994年。

Tiebout, Charles M. (1956), "A Pure Theory of Local Expenditures", *Journal of Political Economy*, LXIV, October.

Timonen, Virpi (2003), *Restructuring the Welfare State: Globalization and Social Policy Reform in Finland and Sweden*, Edward Elgar.

Titmuss, Richard M. (1963), *Essays on the Welfare State*. R. M. ティトマス著, 谷　昌恒訳, 『福祉国家の理想と現実』東京大学出版会, 1967年.

U. S. Bureau of the Census (1998), *Current Population Reports P 60-203, Measuring 50 Years of Economic Change*.

U. S. Congress, House of Representatives, Committee on Ways and Means (1998), *Green Book* (http://aspe.hhs.gov/98gb/7afdc.htm).

U. S. Department of Labor , *Value of the Federal Minimum Wage, 1938-1977* (http://www.dol.gov/dol/esa/public/minwage/chart2.htm)

U. S. Department of Treasury (1984), *Tax Reform for Fairness, Simplicity, and Economic Growth*, Vol. 1. アメリカ財務省著, 塩崎　潤訳, 『公平・簡素および経済成長のための税制改革』今日社, 1985年.

U. S. Social Security Administration (1999), *Social Security Bulletin*, Vol. 62, No. 2.

U. S. Social Security Administration (2000), *Social Security Bulletin*, Vol. 63, No. 1.

Uslaner, Eric M. (2002), *The Moral Foundations of Trust*, Cambridge University Press.

Visser, Jelle and Anton Hemerijck (1997), *'A Dutch Miracle': Job Growth, Welfare Reform and Corporatism in the Netherlands*, Amsterdam University Press.

Volker, Paul and Toyoo Gyohten (1992), *Changing Fortunes*, Random House. ポール・ヴォルカー著, 江澤雄一監訳, 『富の興亡』東洋経済新報社, 1992年.

Walt, Stephen M. (2005), "Taming American Power," *Foreign Affairs*, September/October 2005. スティーブン・ウォルト,「アメリカの強大化と世界の反発」『論座』2005年11月号.

Walter, Andrew (1993), *World Power and World Money: The Role of Hegemony and International Money Order*, Harvester Wheatsheaf. アンドリュー・ウォルター著, 本山美彦監訳, 『ワールドパワー＆ワールドマネー』三嶺書房, 1998年.

Walzer, Michael (1983), *Spheres of Justice: A Defense of Pluralism and Equality*, Basic Books. マイケル・ウォルツァー著, 山口　晃訳, 『正義の領分』而立書房, 1999年.

Walzer, Michael (1995), "The Concept of Civil Society", in Michael Walzer ed., *Toward a Global Civil Society*, Berghan Books. マイケル・ウォルツァー編, 石田　淳・越智敏夫・向山恭一・佐々木寛・高橋康浩訳, 『グローバルな市民社会に向かって』日本経済評論社, 2001年.

Weaver, P. Kent (1998), "Ending Welfare as We Know It", in Margaret Weir ed., *The Social Divide: Political Parties and the Future of Activist Government*, Brooking Institution Press.

Weir, Margaret (1992), *Politics and Jobs: The Boundaries of Employment Policy in the United States*, Princeton University Press.

Weir, Margaret (1998), "Wages and Jobs: What Is the Public Role", in Margaret Weir ed., *The Social Divide: Political Parties and the Future of Activist Government*, Brooking Institution Press.

White House of President George W. Bush (2003), President Signs Medicare Legislation. http://www.whitehouse.gov/news/release/2003/12/20031208-2.html

Wilensky, Harold L. (1975), *The Welfare State and Equality*, University of California Press. ハロルド・ウィレンスキー著, 下平好博訳, 『福祉国家と平等』木鐸社, 1984年.

Wilensky, Harold L. (1981), "Leftism, Catholicism, and Democratic Corporatism: The Role of Political Parties in Recent Welfare State Development", in Peter Flora and Arnold J. Heidenheimer ed., *The Development of Welfare States in Europe and America*, Transaction Books.

Wilensky, Harold L. (2002), *Rich Democracies: Political Economy, Public Policy, and Performance*, University of California Press.

Wilson, William Julius (1987), *The Truly Disadvantaged: The Inner City, the Underclass, and Public Policy*, University of Chicago Press. ウィリアム・J・ウィルソン著, 青木秀男監訳, 『アメリカのアンダークラス』明石書店, 1999年.

Wilson, William Julius (1996), *When Work Disappears: The World of the New Urban Poor*, Alfred A. Knopf. ウィリアム・J・ウィルソン著, 川島正樹・竹本友子訳, 『アメリカ大都市の貧困と差別』明石書店, 1999年.

Wolin, Sheldon S. (1987), "Democracy and the Welfare State: The Political and Theoretical Connections Between Staatsrason and Wohlfahrtsstaatsrason", *Political Theory*, Vol. 15, No. 4.

Wolin, Sheldon S. (1980), "The Idea of the State in America", *Humanities in Society*, Vol. 3, No. 2. シェルドン・S・ウォリン著, 千葉　眞, 中村孝文, 斉藤眞編訳, 『政治学批判』みすず書房, 1988年, 所収.

Woolcock, Michael (1998), "Social Capital and Economic Development: Toward a Theoretical Synthesis and Policy Framework", *Theory and Society*, Vol. 27.

Yergin, Daniel A. and Stanislaw, Joseph (1998), *The Commanding Heights: The Battle Between Government and the Maeketplace That is Remakinng the Modern World*, Simon & Schuster. ダニエル・A・ヤーギン, ジョセフ・スタニスロー著, 山岡洋一訳, 『市場対国家（上）（下）』日本経済新聞社, 1998年.

あとがき

　本書において，1980年代以降，とりわけ1990年代に急速に進展したグローバル化に伴う福祉国家の再編の実態を明らかにするには，狭義の福祉国家と広義の福祉国家という両面から福祉国家の転換の有無を捉えなおすことの必要性を述べてきた。そして，そのような視点から，アメリカとスウェーデンの福祉国家がどのように再編されてきたのかを明らかにした後，広義の福祉国家は近年の経済社会の大変容に伴って大きく転換しているものの，狭義の福祉国家はいくつかの重要な再編や改革をおこないながらも全体的には根強く存続しているという結論を導き出した。さらに，福祉国家は今その正統性を問われているものの，福祉国家の歴史的使命はまだ終わっていないこと，むしろ時代に対応するいくつかの改革をおこなうことによってその可能性は広がることを明らかにしてきた。

　このような本書の結論は，福祉国家はすでに解体期に入っているという説があまりにも悲観的な見方であるという批判を受けやすいのとちょうど反対に，今生じている現実のさまざまな動向や言説（たとえば，「格差社会」の広がりなど）を無視したあまりにも楽観的な結論であるという謗りを受けるかもしれない。しかし，福祉国家とそれを取り巻くさまざまな重要な出来事（イデオロギーの変化，財政の推移，制度改革，実際の政策運営と人々のwell-beingの変化など）を冷静に観察した結果，本書は全体としてこのような結論に達したのである。したがって，近年におけるわが国の貧困の拡大についても，本書の8章で述べた方向で福祉国家システムの強化を図ることによって相当程度緩和しうると考えている。

　さらに，ここで正直に述べると，この福祉国家システムの根幹部分は今後も当分解体しそうにないという見込みをもっている。それは，本書が今日の社会

にとって国家と公的権威による所得の再分配が依然不可欠であると深く確信しているからにほかならない。このような観点からすると，第1次大戦後の西欧で，そして後にアメリカや日本などにおいて福祉国家システムが出現したことの歴史的意義はきわめて大きく，短期的な変動はいざ知らず長期的にみて，そのような体制が経済のグローバル化や市場万能主義の高まりのなかであっさりと消失していくとは考えられない。また近い将来，国民国家を超えたグローバルな再分配の仕組みを何らかのかたちで本格的に具体化せざるをえなくなるときが到来するであろうが，それもこの福祉国家システム・モデルの経験を踏まえて案出する以外ないであろう。

　本書はまだ究明すべき部分を多く残した未熟な作品にすぎないが，それでも本書が成るにあたっては，実に多くの方々のお世話になった。わたし一人の力ではとうてい不可能であった。そのことは本書の各章の元になった論文の多くが，日本財政法学会「社会保障と財政」(2000年3月17日，関西大学)，経済理論学会「アメリカの『繁栄』を問う」(2001年10月21日，駒澤大学)，日本財政学会「グローバル化は西欧型福祉国家を変えたのか」(2004年10月31日，東北学院大学)，経済理論学会「新自由主義と現代社会の危機」(2005年10月16日，大東文化大学)といった，各学会共通論題のシンポジウムにおける報告から生まれたものであることからもわかるであろう。これらのシンポジウムの参加者との討議から得られた多くの批判や教示が反映されていない論文はないといってよい。また，正式の学会報告以外にも，本書を構成する論文やその元になるアイデアのほとんどは，林　健久東京大学名誉教授と故加藤榮一東京大学名誉教授が共同で主催されてきた「現代財政学研究会」にて報告された。そこに参加するメンバーからの忌憚のない批判をいただくことによって，わたしの考えはより明瞭になり，原稿は大いに改善されたに違いない。

　本書を書き上げるまでにわたしは多数の師友の教えと励ましを受けてきた。
　だれよりも先に感謝申し上げなければならないのは，東北大学名誉教授吉田震太郎先生である。吉田先生からは大学院，助手時代のみならず，東北学院大学に勤めるようになってからも財政学や経済学について懇切丁寧な指導を受けてきた。わたしがまだ大学院生あるいは助手といった身分でしかなかったにもかかわらず，東北地方の中堅あるいは大家とよばれる先生方から構成される

「経済学文献研究会」への参加を特別に許されていたのもきっと吉田先生の強い推薦があったからだと思っている。未熟なわたしをなんとか早く一人前にしてやろうという先生の親心あふれる計らいに対してあらためて感謝申し上げたい。わたしは今ときどき，研究の焦点がなかなか定まらない院生時代のわたしに向かって「若いころは古典をしっかりと読んでおくとよい」とおっしゃり，古典派の財政学から勉強をはじめることをすすめてくださった先生の悠然とした姿を思い出すことがある。そして，そのような先生の指導方法は正しかったとますます確信するようになっている。吉田先生は今年の2月に傘寿を迎えられた。先生のご健康といっそうの長寿を祈りたい。

　次に感謝申し上げなければならないのは，東京大学名誉教授林　健久先生と同じく東京大学名誉教授故加藤榮一先生である。林先生には先に述べた「現代財政学研究会」にて今なお指導をしていただいているのみならず，ときには議論の相手にもなっていただいている。さらにわたしは林財政学の徒として，平易に書かれてはいるものの揺るぎのない視点と明晰な論理でもって現代財政の全体を明らかにした2つの名著『財政学講義』と『福祉国家の財政学』からまだまだ多くを学ばせていただいている。加藤先生からは，現代資本主義論，福祉国家論，さらには「社会科学としての財政学」はどうあるべきかを含め，実に多くのことを教わってきた。わたしは加藤先生がいつまでも傍にいて自分を指導し，議論の相手になってくれるものとばかり思っていた。それゆえ，2005年1月7日に先生と永遠にお別れしなければならなくなったことは，わたしに言いようのない深い悲しみと寂しさをもたらした。しかし今思えば，先生にとってもわたしにとっても思い出の地である仙台にて，先生が入院されるわずか4日前の2004年10月31日に開催された日本財政学会のシンポジウムで先生とご一緒でき，同じ壇上から「福祉国家の変容をどうみるか」について報告できたことはわたしにとって幸せなことであった。

　また，東北学院大学の越智洋三教授にも感謝申し上げたい。越智教授には長年にわたって学問上の相談のみならず，人生の重要な節々で生活上の相談にものってもらってきた。このほかにも，わたしには若いころから一緒に勉強をつづけてきた仲間や，いつも学問的刺激を与えつづけてくれた先達が数多くいる。これを機会にこれらの方々に感謝申し上げたい。とくに，今井勝人武蔵大学教授，片桐正俊中央大学教授，神野直彦東京大学教授，渋谷博史東京大学教授，

金子　勝慶応義塾大学教授，金澤史男横浜国立大学教授，持田信樹東京大学教授，池上岳彦立教大学教授には，日ごろの感謝の気持ちを申し伝えたい．

　本書を書くにあたっては，海外の研究者や政策担当者の方々のお力添えも得た．コーネル大学のセオドア・ロウィ教授はアメリカの政治経済学や国家と政策について懇切丁寧な指導をしてくださった．ヨナス・ポンツソン教授（現在はプリンストン大学教授）は欧米の福祉国家論，そして福祉国家研究における労使関係研究の重要性について教えてくださった．また，ボー・ロスタイン教授（ヨーテボリ大学），ヨアキム・パルメ教授（未来研究所所長兼ストックホルム大学），ヨルゲン・グル・アンデルセン教授（オールボー大学）をはじめとした北欧の研究者にも感謝申し上げたい．これらの優れた研究者と議論するなかで，わたしは北欧福祉国家の性質をよりいっそう理解しうるようになったし，これらの国々が現在取り組んでいる改革は福祉国家存続のための改革であるとますます確信するようになった．さらに，スウェーデン福祉国家は実際にはどのように運営されているかを丁寧に教えてくださった，リンショピン市の経済財政の担当責任者，高齢者介護サービスと幼児教育の担当責任者，そして現場の介護施設や保育施設の施設長の方々にも感謝申し上げたい．これらの方々の説明によって福祉国家が今抱える問題や問題解決に向けて試行錯誤している姿をよりリアルに捉えることができた．

　また，わたしの財政学や福祉国家論の講義を辛抱づよく聴いてくれた東京経済大学，恵泉女学園大学，法政大学，北海道大学，東京大学の学生諸君にも感謝の気持ちを述べたい．講義のなかでわたしの考えを説明し，講義の後で質問を受けるという過程を繰り返すなかで，わたしは福祉国家とその財政についてよりいっそう深く考えることができた．

　本書の準備と刊行にあたっては，関科学技術振興記念財団の研究・出版助成金と東京経済大学の 2005 年度学術図書刊行助成をいただいた．助成審査の過程で原稿をお読みくださり，改善のための貴重な助言をくださった先生方をはじめ，関係各位に深く感謝申し上げる．

　出版にさいして，東京大学出版会編集部の池田知弘氏にはひとかたならぬお世話になった．池田氏は，原稿を何度も書き直しなかなか完成原稿を渡そうとしないわたしを辛抱づよく待ってくれたのみならず，内容と編集上のアドバイスから表記の統一，索引作成にいたるまでさまざまな局面でわたしを助けてく

れた。この場を借りて，お詫びとこころからのお礼を申し上げたい。

　本書は，亡くなられる直前まで，学問とは何か，学問精神とは何かについて教えつづけてくださった故加藤榮一先生に捧げられる。

2007 年 2 月　岡本英男

初出一覧

1章　福祉国家論の生成と展開
　　「日本における福祉国家論の展開とその理論的特質」『東京経大学会誌・経済学』217号，2000年3月，を加筆修正
2章　福祉国家財政論の到達点と課題
　　「福祉国家財政論の到達点と今後の課題」林　健久・加藤榮一・金澤史男・持田信樹編『グローバル化と福祉国家財政の再編』東京大学出版会，2004年1月，を加筆修正
3章　アメリカ福祉国家システムの再編
　　「アメリカにおける福祉国家財政の再編」日本財政法学会編『社会保障と財政』龍星出版，2001年4月，を加筆修正
4章　スウェーデン福祉国家の危機と再編
　　「福祉国家の改革と経費構造の変化：スウェーデンを例にして」伊東弘文編著『現代財政の変革』ミネルヴァ書房，2005年2月，「スウェーデン福祉国家システムの再編とその歴史的意義」村上和光・半田正樹・平本　厚編著『転換する資本主義：現状と構想』御茶の水書房，2005年6月，を加筆修正
5章　マクロ経済政策と福祉国家
　　「グローバル化と福祉国家：トン・ノターマンズの所説の検討」『アソシエ』13号，御茶の水書房，2004年4月，を加筆修正
6章　福祉国家はどのように変容したか
　　「福祉国家はどのように変容したか」日本財政学会編『グローバル化と現代財政の課題』(『財政研究』第1巻) 有斐閣，2005年10月，を加筆修正
7章　福祉国家の正統性の危機
　　書き下ろし
8章　グローバル社会における福祉国家の可能性
　　書き下ろし

人名索引

あ 行

アーレント，H. 266, 274, 289, 290
ウィレンスキー，H. L. 5, 6, 10, 35, 222
ウォルツァー，M. 265, 266-268, 270, 271, 288, 295
エスピン-アンデルセン，G. 9, 14, 31, 55, 322, 340
大内 力 5, 10, 12, 36
オッフェ，C. 7, 8, 212, 215-218, 236, 332

か 行

カーター，J. E. 92, 93
加藤榮一 12, 15, 17-19, 41, 48-50, 215, 217, 218
キーン，J. 255, 256, 258-260, 285, 295, 296
ギデンズ，A. 285, 287, 340
ギルバート，N. 239
ギルピン，R. 8, 272
グラムシ，A. 258, 287
クリントン，W. J. 79, 81, 82, 87-89, 91, 92, 95, 125, 340
クルーグマン，P. 3-5, 211
ケインズ，J. M. 61, 96, 272, 283
コーエン，J. L. 260-264, 276, 286, 287, 332

さ 行

サッチャー，M. 52, 53, 216, 220, 226, 304
シュンペーター，J. E. 47, 61, 272
スティグリッツ，J. E. 211, 318
ストレンジ，S. 97, 99, 100, 133, 191, 211
ソロス，G. 3-5, 33, 211

た 行

テイラー，C. 275, 289, 341

な 行

ノータマンズ，T. 157, 192-199, 201-205

は 行

ハーバーマス，J. 252, 273-275, 284, 286, 287, 289, 290, 331, 332
パットナム，R. D. 329, 330, 332, 341, 342
林 健久 17-19, 21, 41, 49, 50, 69, 132, 133, 338
ピアソン，P. 60, 143, 220, 221, 236, 237
フェルト，K.-O. 153, 154, 156, 159, 176, 177, 180
ブッシュ，G. W. 118, 119, 128, 284
ベル，D. 63, 261, 286
ポラニー，K 44, 132, 222, 237, 259, 288, 331
ボルカー，P. 93, 224
ポンツソン，J. 335

ま 行

マーシャル，T. H. 246, 282
マルクス，K. 258, 266, 267, 288
ミシュラ，R. 6, 7
ミュルダール，G. 8-10, 16, 20, 21, 27, 35, 37, 45, 61, 211, 271, 272, 276, 290, 342
ミル，J. S. 289
村上泰亮 42, 44

ら行

ライシュ, R. B.　130, 136, 191, 208

レーガン, R.　51, 78, 88, 91, 131, 132, 223, 224, 339
ローズ, M.　234, 239
ロスタイン, B.　311, 314-317, 337, 341

事項索引

あ行

赤字支出　250
新しい個人主義　313
新しい社会運動　255, 295, 296, 299, 331
アブセンティズム　166
アメリカ雇用政策　132
アメリカ資本主義　70
アメリカ福祉国家　70, 126, 128
　　──の特質　114, 129
アメリカ福祉国家システム　69, 102, 114, 118
安定成長協定　206
イラク戦争　118-120
インフレーション（インフレ）　12, 36, 56, 58, 91-93, 112, 151, 152, 157, 158, 160, 175, 178-180, 186, 198, 201-203, 206, 223, 225, 319, 338
　　──抑制政策　225
　　──率　154
　　──・レジーム　158
ウェルフェア・キャピタリズム　77, 117, 130
ヴォランティア組織（活動）　299, 302, 303, 333, 340
「埋め込まれた自由主義（embedded liberalism）」　95, 132
エーデル改革　167
黄金時代　147-149, 223, 248, 250, 251
欧州中央銀行　206
大きな政府　3, 209, 242
オランダ・モデル　195, 207

か行

介護サービス　54

開発主義　42
格差　71, 108, 109, 193, 225, 233, 327
隠れた（hidden）福祉国家　76, 129
貨幣政策　57
　　拡張的な──　203
　　緊縮的な──　56
為替管理　203
　　──の規制緩和　177, 179, 186
完全雇用　13, 15, 29, 44, 53, 55, 56, 140, 145, 160, 161, 179, 180, 198, 201, 206, 243, 245, 246, 250, 318, 319
　　──の終焉　247
　　──政策　7, 14, 22, 36
管理通貨制度　12, 14, 36, 56
機会　342
　　──の拡大　327, 342
　　──の平等　330
企業内福祉　29, 46, 47, 76, 77, 114
技術革新　107, 108
規制緩和　48, 49, 70, 103, 105, 107, 108, 199, 223, 225, 226
　　金融の──　97, 155, 177-179, 199
　　国際金融取引の──　58
　　電気通信分野の──　106
　　電力の──　103
規制制度　101
狭義の福祉国家　144, 145, 215, 226
競争的コーポラティズム　234, 239, 248
金本位制　55, 57, 199
金融資本の国際的移動　155
金融引締め　93
勤労所得税額控除　→ EITC
クリントンの医療保険計画　72, 76
グローバル化　39, 60-62, 191, 192, 209, 219, 328
　　金融の──　32, 33, 59, 98, 100, 133, 202
　　経済の──　32, 59-61, 144, 202, 209, 216,

事項索引　377

217, 234, 326, 331
　生産の—— 59
グローバル金融市場　99
グローバル経済　342
グローバル資本主義　99
軍事　18, 19, 120, 132, 133
軍事費　96, 119, 129, 133
経済再建租税法（1981 年）　→ ERTA
経済危機　157, 160, 167, 170, 177, 180, 222
経済規制　101
経済構造の変化　111
経済・通貨同盟（EMU）　193, 194
系譜論　49
ケインズ革命　283
ケインズ経済学　218
ケインズ主義　249, 250
　——政策　7, 60, 63, 202, 224, 250, 251
　——的社会民主主義　197
　——的福祉国家　249
　　新——　251
ケインズ理論　249
減税法（2001 年）　121
減税法（2003 年）　121
現代資本主義　5, 11-17, 19, 62, 100, 338
　——国家　19
　——論　12
広義の経済学　211
広義の福祉国家　12, 26, 55, 100-102, 145, 215, 222, 223
　——の再編　172
　——論　5, 25, 26, 33, 42, 44
広義の福祉国家システム　107
構造的権力　97, 99, 100, 133
公的社会支出　51, 52
公的年金制度　74
公的扶助　73, 74
高度成長　23, 217
コーポラティスト的妥協（制度）　147, 151, 156
コーポラティスト的福祉国家　10, 11, 31
コーポラティズム　27, 37, 58, 101, 173, 191, 198, 209, 210, 247
国際競争力　152, 173, 194, 208, 223, 246, 249, 318
　——の低下　117

国際金融システム　95, 97, 100
個人主義　310-312, 336
個人責任・勤労機会法（1996 年）　80
国家安全保障戦略　120
国家独占資本主義　12-15, 37
　——論　5, 11, 17, 36
国庫支出金　45
雇用法（1946 年）　115

さ 行

財政赤字　54, 57, 94, 128, 145, 152, 156, 160, 171, 180, 181, 206, 249
財政危機　54, 160, 222, 306
財政金融政策　55, 57, 58, 223
　——の転換　223, 226
財政拘束時代（Fiscal Straitjacket Era）　78, 94
財政再建　171
財政再分配　226
最低賃金　91
　——の引上げ　86
サッチャリズム　333
サプライサイド経済学　91, 117, 218
産業規制　102
産業政策　44
支援国家（the enabling state）　218, 235
ジェンダーの平等性　185, 187, 235, 291
市場　258, 262, 268, 269, 285
失業　205
失業保険　168
　——制度　90, 132, 170
失業問題　204
シティズンシップ　246, 247, 267, 271, 274, 288, 298, 327
資本移動　144, 156, 186
　——の規制緩和　98, 141, 178, 218
市民社会　254-265, 268-271, 279, 317
　——論　254, 256, 261, 262, 265
社会コーポラティズム　45, 144, 192
社会国家　7
社会資本　329-331, 333, 341, 342
社会主義　8, 12, 13, 15, 18, 47-49, 129, 218, 256, 257
社会的信頼　329, 333

社会の防衛　237
社会福祉支出　71-73, 161, 163
社会保険　22, 72, 73
　——制度　74
社会保障　20
　——制度　18, 19, 49
社会民主主義型福祉国家　10, 139, 161, 183
自由主義的社会民主主義　193, 198
自由主義的福祉国家レジーム　9
少子高齢化　53, 217
消費税（消費課税）　176, 244, 245
傷病手当　164, 166
　——の拡大　70, 109
所得課税　244
所得再分配　228, 231
　——国家　227
所得税　79, 176, 233
　——改革　78
所得政策　151
所得不平等　109, 228, 233
新自由主義　98, 100, 139, 144, 155, 156, 193, 198, 208, 219, 225, 253, 254, 284, 305, 307, 317
　——者　252, 253
　——的政策　177, 178, 245
新保守主義　50
信用割当　178, 179
スウェーデン・モデル　145-150, 183
スウェーデン経営者連盟　→ SAF
スウェーデン社会民主労働党　140
スウェーデン福祉国家　139, 143, 145
　——の改革　166, 172
　——の転換　142
　——の特質　161
スウェーデン労働組合連合　→ LO
スカンディナヴィア・モデル　195, 196, 207
スキル・バイアス　111-113, 225, 226
スタグフレーション　90, 94
生活保護法　339
生産性　225
　——の上昇　48, 112, 113, 223
税制改革　177
　　スウェーデンの——　174, 176, 177
制度的福祉国家　142, 143, 161-163

石油危機　140, 145, 150
石油ショック　104, 151
積極的労働市場政策　161, 168-170, 235, 318, 328, 341
全国産業復興庁（NRA）　101
選択の自由　307, 310, 311, 315-317
選別主義的福祉国家　276, 325, 342
選別主義的福祉制度　278, 339
組織資本主義　29, 32
租税改革法（1986年）　78, 84
租税優遇処置　76

た 行

第1次世界大戦　49
第三の道　153-156, 185, 192, 196, 197, 210, 340
大衆　25
　——の政治参加　21
大衆民主主義　15, 22, 43, 44, 63
大都市の貧困　113
大量失業　160, 170, 180, 205, 318
ダウンサイジング　112, 225
多国籍企業　59, 60, 186
段階論　21, 22, 28, 49
　——的把握　32
男性稼得家族　217, 219
単独行動主義　119
地域開発政策　43
地域政策　43, 44, 47
小さな政府　50, 80, 244
　——論　139
地方交付税　45
　——制度　46
地方分権　309
中央銀行　65, 157, 187, 205, 206
中央集権的団体交渉　155, 172-174
　——制度　141, 156
中央と地方の行財政関係　46
中小企業政策　44
賃金稼得者基金　150
賃金ドリフト　151, 159, 174
通貨危機　145, 160, 180
通貨切下げ　154
低金利政策　56

事項索引　379

ディスインフレ・レジーム 158
デフレーション（デフレ） 56, 57, 63, 201
デモクラシー 256, 289
当事者主権 295, 297, 314, 332
都市政策 87, 88
都市プログラム 88
都市問題 88
ドル不信（危機） 91-94, 225

な 行

ナショナリズム 61, 266, 268, 270, 272-275, 288-290
西側国家 132, 133
ニューエコノミー 92, 113, 209, 225, 333, 337
ニューディール（政策） 13, 14, 49, 52, 69, 101-103, 134
年金 53, 231
年金改革 54, 171
　　スウェーデンの―― 144
農業政策 44, 47

は 行

パックス・アメリカーナ 147
貧困家庭一時援助　→ TANF
貧困率 232
フィスカル・ポリシー 12, 55, 56, 59, 63, 65, 92, 151-153
福祉改革法（1996年） 130
福祉国家
　　――の解体 217, 317
　　――の危機 16, 300, 301, 305, 334
　　――の経済的ロジック 318
　　――の国際的連携 118, 136
　　――の政治的ロジック 319
　　――の正統性 241, 324
　　――の正統性の危機 281
　　――の道徳的ロジック 322, 323, 325
　　――論 5
福祉国家解体説 215, 218, 236, 239
福祉国家経費 51
福祉国家財政 41, 50, 72
　　――論 41

福祉国家システム 26-28, 45, 46
　　――の解体 191, 333
　　――論 5, 33
福祉国家存続説 220
福祉国家体制 4, 5
ブッシュ減税 120, 122, 123
普遍主義 142, 144
　　――的福祉国家 162, 276, 279, 311, 312, 321-323, 325, 329, 342
　　――的福祉政策 310, 316
プライヴァタイゼーション 47-49, 333
ブラケット・クリープ 175
フリンジベネフィット 31
ブレトンウッズ体制 95, 96, 98, 133, 147, 148
分権化 300, 303-306, 308, 330, 331, 334, 342
　　賃金交渉の―― 110, 141, 172-174
ヘゲモニー国家 95, 96, 100
包括的所得税 79
保健医療 167, 168, 308, 309, 335
　　――改革 309
保健医療貯蓄勘定（HAS） 127
補助金 46
ポスト・フォーディズム 140
ボルカー・シフト 92, 93

ま 行

マーシャル・プラン 95
マクロ経済 204, 205
マクロ経済政策 57
　　――の自律性 144, 192
　　拡張的な―― 201, 202, 209
　　緊縮的な―― 199
マネタリズム 218
マルクス経済学 11, 12, 15-17, 37
マルクス主義 7, 13, 16-18, 266, 267
ミーンズ・テスト 84
民営化 48, 168, 300, 303-307, 313-316, 333, 334, 336, 337
民間委託 313, 314, 335-337
民主主義 114, 269, 286, 317
　　――の深化 298, 299
メディケア 72, 75, 77, 124-127, 129, 136

――の改革　124
メディケア改革法（2003年）　125, 128
メディケイド　72, 75

や 行

ユーロ市場　96-98, 133
ユーロダラー市場　97
要扶養児童家族扶助　→ AFDC

ら 行

累進所得税　79, 176, 242, 244
冷戦の終了　39, 119
レーガン保守革命　51
レーン＝メイドナー・モデル　147
レギュラシオン学派　14, 140, 145
連帯主義的賃金政策　173, 174, 183
連邦補助金　88
労働組合　20, 28, 30, 31, 45, 58, 86, 90, 91, 108, 110, 113, 135, 152, 159, 168-170, 173, 179, 191, 192, 224, 226, 247, 248

――の衰退　110, 111
労働者階級の同権化　8, 17, 19, 21, 48
労働生産性の上昇　111
労働力の非商品化　14

わ 行

ワーキング・プア　84-86, 126, 128, 245
ワークフェア　247

アルファベット

AFDC（要扶養児童家族扶助）　52, 73, 80-83, 226
EITC（勤労所得税額控除）　52, 82-88, 131, 245
ERTA（経済再建租税法）　78, 85
LO（スウェーデン労働組合連合）　146, 150, 155, 159, 172-174
SAF（スウェーデン経営者連盟）　141, 150, 173
TANF（貧困家庭一時援助）　80, 82, 226

著者略歴
1951 年　兵庫県に生まれる
1980 年　東北大学大学院経済学研究科博士課程修了
現　在　東京経済大学経済学部教授
　　　　経済学博士（東京大学）

主要業績
『国民国家システムの再編』（共著，御茶の水書房，2003 年）
『グローバル化と福祉国家財政の再編』（共著，東京大学出版会，2004 年）
「ブッシュ政権下におけるアメリカ福祉国家システムの展開」
　『東京経大学会誌・経済学』251 号，2006 年 10 月
『財政学―転換期の日本財政―（第 2 版）』（共著，東洋経済新報社，2007 年）
「世界システムとしての福祉国家体制の成立」『東京経大学会誌・経済学』262 号，2009 年 3 月

福祉国家の可能性

　　　2007 年 3 月 22 日　初　版
　　　2009 年 9 月 30 日　第 2 刷
　　　　　　［検印廃止］

著　者　　岡本英男
　　　　　おかもとひでお

発行所　　財団法人　東京大学出版会
代表者　　長谷川寿一
　　　113-8654 東京都文京区本郷 7-3-1 東大構内
　　　電話 03-3811-8814　FAX 03-3812-6958
　　　振替 00160-6-59964

印刷所　　株式会社精興社
製本所　　誠製本株式会社

© 2007 Hideo Okamoto
ISBN 978-4-13-046093-4　Printed in Japan

Ⓡ〈日本複写権センター委託出版物〉
本書の全部または一部を無断で複写複製（コピー）することは，著作権法上での例外を除き，禁じられています．本書からの複写を希望される場合は，日本複写権センター（03-3401-2382）にご連絡ください．

林　健久・加藤榮一・金澤史男・持田信樹　編
グローバル化と福祉国家財政の再編　　　　　　　　　　　A5・5200 円

加藤榮一・馬場宏二・三和良一　編
資本主義はどこに行くのか　二十世紀資本主義の終焉　　　A5・3800 円

渋谷博史・内山　昭・立岩寿一　編
福祉国家システムの構造変化　日米における再編と国際的枠組み　A5・4200 円

渋谷博史・渡瀬義男・樋口　均　編
アメリカの福祉国家システム　市場主導型レジームの理念と構造　A5・4800 円

渋谷博史　著
20 世紀アメリカ財政史
　　Ⅰ　パクス・アメリカーナと基軸国の税制　　　　　　A5・6200 円
　　Ⅱ　「豊かな社会」とアメリカ型福祉国家　　　　　　A5・6200 円
　　Ⅲ　レーガン財政からポスト冷戦へ　　　　　　　　　A5・6400 円

渋谷博史　著
レーガン財政の研究　　　　　　　　　　　　　　　　　　A5・4000 円

持田信樹　著
地方分権の財政学　原点からの再構築　　　　　　　　　　A5・5000 円

　　　　　ここに表示された価格は本体価格です。御購入の
　　　　　際には消費税が加算されますので御了承ください。